KB231429

일상언어 자동사 낱말밭

김 응 모

한국문화사

머리글

인간은 언어를 사용함으로써 신이 위협을 느낄 정도로 하늘에 접근한다. 이렇듯 공동의 언어는 대단한 결집력을 가지고 있으며, 한 사회의 구성원들은 정보 공유의 그물 속에 결집시킨다. 누구든 현재나 과거의 타인들이 축적해 놓은 모든 천재적 업적과 우연한 행운 또는 시행착오를 거친 지혜의 혜택을 누릴 수 있다. 언어는 인간의 경험 속에 아주 단단히 짜여져 있어서 언어 없는 생활이란 상상하기조차 어렵다. 아마도 지구상의 어느 곳에서든 두 명 이상의 인간이 모이면 곧 말을 주고받을 것이다. 사람들은 대화할 상대가 없으면 자기 자신에게, 자신이 기르는 개에게, 심지어 자신이 기르는 식물에게까지 말을 건다. 우리 사회에서 승리는 재빠른 자의 것이 아니라, 언어적인 자의 것이다.

언어의 내용 연구는 그 시대의 텍스트를 대상으로 하여 낱말밭에 따라 어휘를 발췌하여 그 분절구조를 연구하는 것이 바람직한 연구이다. 더욱이 언어 속에 내재해 있는 언어의 세계상을 발견하기 위한 가장 좋은 연구는 현재 우리 언어공동체가 일상생활에 사용하고 있는 언어재를 중심으로 연구하던가, 현재의 문헌이나 언어매체에서 낱말을 발췌하여 연구하는 것이 가장 좋은 방법이라고 허 발 선생님께서는 누누이 강조하고 권유하고 계시다. 그러나 필자의 게으름으로 인하여 방대한 문헌에서 한 낱말밭의 어휘를 발췌하여 연구하기란 감히 엄두도 못내고 있는 형편이다. 정년퇴임 후 차근차근히 연구하려고 마음에 다짐하곤 한다.

이 연구는 언어표현에 관련된 자동사의 어휘에 대하여 틈틈이 발표한 논문을 수정 보완하여 하나의 책으로 묶으려 하였으나, 어휘의 수가 2,369개에 이

4

르고 있어 한 책으로 묶을 수가 없어, 일상적인 언어표현 자동사의 내용 1,409 개 낱말은『일상언어 자동사 낱말밭』으로 묶고, 실용성을 지닌 자동사의 내용 960개 낱말은『언어표현 자동사 내용연구』로 묶어서 두 책으로 나누어 발간하게 되었다.

언어표현 자동사의 전체의 낱말은 부록에서 낱말밭 번호의 뒤에『일상언어 자동사 낱말밭』의 책에 수록된 것은 〈-①〉로 표시하고,『언어표현 자동사 내용연구』의 낱말에는 〈-②〉로 표시하여 수록함으로써 독자들의 편의를 제공하려고 노력하였다. 그리고 두 책 전체의 결론을『언어표현 자동사 내용연구』의 결론 3.2에 수록하여 언어표현 자동사의 전제적인 결론을 수록하였다.

언어표현 자동사의 내용이 매우 다양하고 낱말의 수도 방대하여 작은 낱말밭의 분류에 무척 힘이 들었으며, 비속어의 낱말과 비유적으로 표현된 낱말 및 의성어·의태어로 구성된 상징어가 많이 있고, 언어표현은 심리적이고 정감적인 표현이 많아 어휘의 변별에 많은 어려움이 따랐다. 그리고 어떤 것이 일상적인 언어이며, 어떤 것이 실용적인 언어인가의 구별도 모호하여 객관성에서 무리가 따르게 되었다. 따라서 작은 밭의 분류나 일상언어와 실용언어의 구별에서도 객관성에 필자 스스로 아쉬움을 느낀다. 동학 여러 분의 질정을 받아 수정 보완할 것을 약속한다.

열악한 출판업에도 불구하고 이 책의 출판을 기꺼이 맡아주신 한국문화사 김진수 사장님께 감사하며, 책의 내용보다 책의 모양새를 더 예쁘게 꾸며주신 임직원 여러 분께 아울러 고마움을 전한다. 육십 평생이 넘도록 필자의 곁에서 연구를 도와준 혜집, 혜원이 할머니께도 지면을 빌어 감사의 뜻을 전한다.

2000년 1월 25일 풍덕천 일암 서재에서

필자 씀.

차 례

I. 서 론

1.1 연구의 목적과 방법

언어내용연구(Sprachinhaltsforschung)는 훔볼트(M.V. Humboldt)의 동적 언어이론과 언어 철학을 바이스게르버(Leo Weisgerber)가 계승하여 완성한 내용 중심의 언어학이다. 앞선 연구가로는 훔볼트 이외에도 헤르더(G. Herder)가 있으며, 동반자적 연구가로 트리어(J. Trier)가 있다.

모든 언어에서 정신적-내용적 측면이 가장 중요하고, 음성형태는 내용을 위한 부수적인 수단에 불과하다. 따라서 모든 언어 연구의 지상의 과제는 언어의 내용-의미[1] 방면을 파악하고 그 특성을 가시화하는 것이다.

훔볼트는, 언어는 세계에 다가가는 정신적인 통로를 열어주며, 따라서 조음된 음성에 사상을 표현할 수 있도록 해주는 정신의 영원한 활동이라는

---

1) 허 발 엮어 옮김(1997:399)에서 "의미는 언어표현과 의미의 사용뿐만 아니라, 동시에 의미와 의미에 상응하는 표현을 통해서 창출되는 활동으로서 의도적 목적적이며 자연에 의해서 제약되어 있는 것은 아니다. 언어는 근원적으로는 의미의 창조이며, 이 의미가 사람과 다른 사람, 사람과 세계와의 실제적인 교제에서 이용될 수 있는 것이다. 언어는 의미를 지닌다. 즉 언어는 의미이다. 의미란 의식 내용으로서의 경험의 대상을 구조화하는 것이며, 또한 사람의 주관적인 의식 내용이 객관화된 것이라고 생각한다. 의미는 본디 외적인 '사물'을 형성하는 것이 아니라, 다만 내적인 '사물' 즉 의식 내용으로서의 경험의 대상만을 형성한다. 이를테면 '나무'라는 낱말은 감각적인 지각이 아니라, 사람에 의해서 파악된 것, 즉 의식 내용으로서의 나무를 의미한다. 따라서 의미는 주관적인 지식 내용의 객관화이다. 의미의 완전한 객관성은 상호 주관성에 의해서, 즉 언어의 역사성에 의해서 얻어지는 것이다."고 하였다.

14

의미로 인식 수단임을 명시하였다. 바이스게르버는 훔볼트의 사상을 언어학의 이론으로 정립하였다. 훔볼트가 언어는 Ergon(작품)이 아니라 Energeia (활동)[2]이며, 언어의 상이는 소리나 기호의 상이가 아니라 오히려 세계관 자체의 상이에 있다고 하였다. 그리고 언어는 단순히 상호 이해를 위한 교환수단이라기보다는 정신이 자신의 힘의 내적인 활동을 통해 자신과 대상 사이에 설정하지 않으면 안될 하나의 참된 세계라고 했다. 이에 대하여 바이스게르버는 언어를 개개인의 삶과 민족의 역사에서 작용하는 힘(wirkende Kraft), 인간의 사유와 행위를 공동 규정하는 힘으로서 파악하는 동태적인 언어학의 기초를 닦았으며, 정신적 중간세계(die geistige Zwischenwelt)의 해명이 언어연구의 궁극적 목적이라고 하였다(허 발, 1993:5-6).

　이 연구는 낱말밭(Wortfeld)[3] 이론에 근거하여 현대 국어 중 일상언어 자동사가 지니고 있는 개개의 낱말(word)[4]들이 하나의 낱말밭 속에서 차지하

---

2) 허 발 엮어 옮김(1997:398)에서 에네르게이아와 에르곤의 관계를 다음과 같이 개관하고
있다.

층위 ＼ 관점	enérgeia Tätigkeit 활동	dýnamis Wessen 지식	érgon Produkt 산물
보편적인 층위 universell	말하는 것 일반 Sprechen im allgemeinen	말하는 지식 elokutionelles Wissen	"말한 것"의 전체 Gesantheit des "Gesprochenen"
역사적 층위 historisch	구체적인 언어 konkrete Sprache	개별언어의 지식 einzelsprachliches Wissen	(추상적인 언어) (abstrakte Sprache)
개인적 층위 ingividuell	담화 Diskurs	표현적 지식 expressive Wissen	"텍스트" "Text"

3) Leo Weisgerber(1964:70)는 "ein sprachliches Feld ist ein Ausschnitt aus der muttersprachlichen
Zwisschenwelt, der durch die Ganzheit einer in organischer Gliederung zusammenwirkenden
Gruppe von Sprachzeichen aufgebaut wird."라고 하였다.
　신익성(1974:57)은 "개개의 언어 요소는 더욱 큰 단계 안에서 지양되고, 이 관계로부터
비로소 의미 혹은 내재적인 규정을 얻는다는 견해는 현대 언어학의 체계 개념이다. 낱
말밭은 언어 내용 연구의 방법론적 중심 개념이고 동시에 언어적 세계상을 알아내기
위한 열쇠이다. 우리는 낱말밭 안에서 언어 내용의 각인(刻印)과 한계를 위해서 결정적
인 모국어의 전체를 파악한다"고 하였다.
4) E.A. Nida(1979:32)는 "To determine the linguistic meaning of any form contrast must be found,

고 있는 위치가치(Stellenwert)[5]를 우리 언어공동체의 세계관(Weltansicht)과 관련하여 고찰해 보려고 시도된 것이다. 여기에서는 개별낱말들이 다른 낱말과 변별되는 특성을 해명하는 데 주안점을 두었다.

언어의 내용 연구는 문헌학적 조작방법이 낱말밭 연구에 있어 가장 믿을만한 방법이다. 즉 어느 시대의 어느 문헌을 중심으로 어휘를 발췌하여 낱말밭에 따라 어휘를 연구하여야 그 시대에 살아 움직이는 언어의 내용을 파악하게 되고, 또 언어 속에 내재해 있는 민족의 세계상을 고찰할 수 있게 된다(허 발, 1985:173):

이 연구에서는 이희승(1985) 「국어대사전」에서 어휘를 발췌하고, 신기철·신용철(1982) 「새우리말큰사전」, 한글학회 편(1992) 「우리말큰사전」, 금성사 편(1997) 「국어대사전」, 김광해(1993) 「유의어·반의어사전」에서 어휘를 점검 보충하였다.

이 연구는 글이나 말로써 자기의 생각과 느낌을 표현하고 주장하는 언표행위(言表行爲)[6]를 연구의 대상으로 하였다.

논의의 방법은 어휘의 내용(Inhalt)에 따라 원어휘소(Archilexem)[7]를 중심

---

for there is no meaning apart from significant difference. If all the universe were blue, there would be no bluness, since there would be nothing to contrast with blue. The same is true for the meaning of word. They have meaning only in term of systematic contrast with other words which share certain features with them but contrast with them in respect to other features."라고 하였다.

5) 홍승우(1988:93)는 "일정한 구성 요소의 수로 이루어진 한 낱말 영역 내에서 그 구성 요소가 차지하는 위치를 말한다. 한 낱말의 내용은 그 낱말의 고유가치(Eigenwert)와 위치가치(Stellenwert)에서 생긴다. 이때에 때로는 해, 달처럼 고유가치가 우세할 때도 있고, 위치가치가 결정적일 때가 있다"고 하였다.

6) 여기에서 언표행위는 언어나 문자 및 기호나 부호를 가지고 자기의 생각과 느낌을 표현하는 모든 행위를 말한다. 따라서, 필담(筆談), 수화(手話), 암호, 신호 등 모든 의사표현 행위가 포함된다.

7) Horst Geckeler(1973:23-30)는 "원어휘소는 한 낱말 전체(또는 상위분절) 내용에 상응하는 것으로서, 밭(Feld) 속에서 기능하는 모든 어휘소에 대하여 내용적 기초를 제공하는 공통분모(Nenner)이다. 일정한 밭의 어휘소는 개별 언어에 있어서 어휘적 단위로서 현실적

으로 하여 부분밭(Teilfeld)으로 분류하고, 먼저 큰밭(Groβfeld)[8]의 공통 특성을 논의한 후 여기에서 분절되어 나온 작은 영역의 공통 특성을 부가하였다. 그리고 개별 낱말의 변별적 특성(Unterscheidende züge)을 추가하였다.

우리는 언어표현 자동사의 분절성(Artikulation, Gliederung)[9]을 고찰함으로써 언어표현 자동사의 의미 요소가 우리 민족의 정신적 중간세계(die geistige Zwischenwelt)[10]에서 어떻게 분절되어 있는가를 밝히게 되며, 자동사의 어휘체계를 수립하는 데 기여하게 된다.

언어표현 자동사의 상위 분절 구조는 다음과 같다.

으로 실현될 수도 있고, 존재하지 않을 수도 있다. 어휘소는 낱말밭 속에서 기능하는 단위이다"라고 하였다. 따라서, 한 낱말은 원어휘소로 집약되고, 낱말밭 구성 요소가 어휘소(Lexem)이며, 이것이 다시 의의소성(Sem)으로 분석되는 것이다. 원어휘소는 원의미소(Archisememe)의 어휘적 실현이다.

E.A. Nida(1979:187)는 "Generic meanings are nomally listed at the begining of a set, either as constituting a separate domain or as fulfilling the funtion of a title for a domain. Such generic terms may be called archilexems in hierachical classification"이라고 하였다.

8) 李益煥(1986:66)은 "color : red, black, yellow 등에서 color는 포괄적인 단어이며, red는 부분장이다. 부분장들은 그 단계에서는 하나의 독립된 장 역할을 하고, 그 장은 다시 자신이 거느리는 부분장들을 갖게 된다. 이렇게 하여 낱말밭은 계층적 성격을 띠게 된다"고 하였다.

9) Jost Trier(1973:7)는 "언어의 기본적인 본질은 분절이므로(Das durch die ganze Spracheherrachende Prinzip ist Atikulation) 분절의 결과인 최종의 구성 요소는 본질과 작용에서, 그리고, 그 언어 전체에서의 분절성에 의하여, 그 위치가치에 의하여 규정되어 있다. 개개의 낱말들은 전체 영역에서 차지하는 수와 위치에 의하여 상호 그것들의 의미를 규정하며, 개개 낱말의 이해는 전체 영역과 그것의 특별한 구조가 마음에 나타나는 것에 달렸다"고 하였다.

10) 허 발(1979:91)은 정신적 중간세계를 "음성형식이 여러 가지로 나타나는 「물건」과 「일」에 마주치는 것은 정신적인 중간층을 통해서이다. 이 때에 음성형식이 언어(모국어)에 속해 있다는 것은 틀림없다. 「물건」과 「일」은 외계(자연, 물질문명)에 그 위치가 주어지게 될 것이다. 그러나 두 영역은 직접적으로 마주칠 수 없다. 언제나 정신적 중간세계가 포함되어야 하며, 한편으로는 음성형식, 다른 한편으로는 「물건」과 「일」이라는 양자의 결합을 가능케 하는 사고상(Gedankengebilde)이 본질적인 것으로 들어온다."고 하였다.

Leo Weisgerber(1971:121)는 정신적 중간세계를 다음과 같이 도시하였다.

[그림1] 언어표현 자동사의 상위 분절구조(1)

〈언표성〉— 말하다, 언급하다, 수화하다, 신호하다, 토로하다
　　　　　술회하다, 실토하다, 확언하다, 사담하다, 언파하다
〈담화성〉이야기하다, 담화하다, 한담하다, 잡담하다, 농담하다
〈정담성〉정담하다, 환담하다, 사랑속삭이다
〈밀담성〉밀담하다, 귓속말하다, 소곤거리다, 속삭이다, 사어하다
〈독백성〉독백하다, 혼잣말하다, 독어하다, 독언하다
〈어눌성〉말더듬다, 다달거리다, 아름거리다, 쭝얼거리다, 군소리하다
〈횡설수설성〉횡설수설하다, 몽중몽설하다, 동지서지하다, 콩팔칠팔하다
〈수다성〉— 수다떨다, 재잘거리다, 사부랑거리다, 떠들다, 법석이다
　　　　　수선떨다, 호들갑떨다, 훤요하다, 소요하다, 뇌까리다
〈능변성〉선어하다, 치변하다, 웅변하다, 현하구변하다, 준변하다
〈재담성〉익살부리다, 재담하다, 새살거리다, 쾌사떨다, 넉살부리다
〈장담성〉장담하다, 입찬말하다, 큰소리치다, 호언장담하다
〈질문성〉질문되다, 반문하다, 기어하다, 불치하문하다, 시문하다
〈응답성〉대답하다, 응답하다, 회답하다, 자문자답하다, 말대꾸하다
〈문답성〉문답하다, 질의응답하다, 동문서답하다, 묵묵부답하다
〈원망성〉원망하다, 종종거리다, 앙알거리다, 원천우인하다, 오오하다
〈고함성〉소리치다, 고함치다, 악쓰다, 규소하다, 제창하다
〈절규성〉절규하다, 부르짖다, 아우성치다, 울부짖다, 호천하다, 비명치다
〈말참견 행위성〉말참견하다, 곁말달다, 맞장구치다, 흥야부야하다, 덥적이다
〈함구 무언성〉함구하다, 불언하다, 함묵하다, 말삼키다, 함구무언하다
〈잔소리 행위성〉잔소리하다, 번설하다, 구시렁거리다, 잔주하다

(의사표현)

Lautformen	geistige Zwischenwelt	Außenwelt
	Gedankengebilde	Erscheinungsfulle
Baum ——————>	Baum <——————	<—————— Dinge
Tisch ——————>	Tisch <——————	<—————— Sachen

[그림2] 언어표현 자동사의 상위 분절구조(2)

<질책성>꾸지람하다, 책망하다, 핀잔주다, 견책하다, 호통치다
<불평성>불평하다, 게정부리다, 두덜거리다, 볼통거리다, 가탈부리다
<억지쓰는 행위성>억지쓰다, 언집하다, 발악하다, 생떼쓰다, 치근거리다
<다짐하는 언표성>다짐하다, 맹세하다, 언약하다, 밀약하다, 서약하다
<보고성>보고하다, 복명하다, 회보하다, 첩보하다, 상소하다
<허언성>거짓말하다, 허언하다, 빈말하다, 구허날무하다, 혹세무민하다
<허풍성>과장되다, 큰소리하다, 호언장담하다, 허풍떨다, 과언하다
의
사   <식언성>식언하다, 일구이언하다, 발라맞추다, 반덕떨다
표   <아첨성>아첨하다, 감언이설하다, 알랑거리다, 교언하다, 면종복배하다
현   <실언성>말실수하다, 실언하다, 군소리하다, 도구염불하다, 주접떨다
성   <망언성>괴망떨다, 망발하다, 망언하다, 망령부리다, 망발풀기하다
<폭언성>폭언하다, 포악부리다, 발끈하다, 볼똑거리다
<공갈성>공갈놓다, 엄포놓다, 으르대다, 협약하다, 우격다짐하다
<이간성>이간질하다, 말전주하다, 언사질하다, 간언들다
<변명성>변명하다, 발명하다, 해조하다, 표백하다, 발뺌하다
<욕설성>욕설하다, 상욕하다, 포탈부리다, 욕먹다, 피방하다
<음담성>음담하다, 음담패설하다, 추담하다, 추언하다, 추설하다

1.2 언어의 본질

유구한 역사 가운데 인간은 하나의 객체로서 한 순간만 살다가 사라진다. 그러나 인간은 주어진 한 순간을 무한히 연장할 수 있는 능력을 가지고 있다. 인간이 살아온 역사는 언어에 의하여 계승되고 축적되어 다음 세대로 물려주는 것이다. 그러므로, 인간이 이루어 놓은 과거와 현재의 문화유산은 언어에 의하여 무한한 미래로 전달되는 것이다. 다른 동물과는 달리 인간만이 정해 내려온 문화유산과 역사를 교훈으로 삼아 현재의 삶

을 풍요롭게 하고 무한히 확대시킬 수 있다. 이 모든 것들은 오로지 언어에 의해서 성립되는 것이다. 그리고, 인간의 정신활동도 모국어를 매개로 하여 성립된다. 인간이 소유하고 있는 언어의 중요성은 무어라고 강조하여도 지나친 말이 아니다[11].

인간은 상호간에 의사를 소통하기 위하여 언어를 매개체로 사용한다. 인간이 가지고 있는 언어사용능력은 천부적인 것으로 인식되어 왔고, 정상적인 인간이면 당연히 언어를 사용할 수 있다고 믿어 왔다. 따라서 5-6세의 어린이가 되면 웬만큼 자기의 의사를 표현할 수 있다. 즉, 인간은 '말하는 동물(Talking animal)'이요 이 말하는 능력은 다른 동물에 비하여 매우 월등하다. 다른 동물도 '언어'라고 할 수 있을 만큼 복잡다양한 의사소통 체계(Commumication system)를 가지고 있다. 그 예로서 벌들(Bees)이나 돌고래들(Dolphins) 등은 훌륭한 언어를 가지고 있음이 최근에 발견되었다. 그러나 고도로 분화된 분절성이 없음으로 하여 인간의 언어와는 비교도 되지 않는다. 정상적인 인간이라도 선천적으로 물려받은 언어능력은 언어수행 능력과 언어 이해능력 뿐이다. 인간에 언어는 유전에 의한 것이 아니고 후천적으로 언어를 습득한 것이다(대구언어학회 편, 1985:9 참조).

의미론의 목적은 의사 전달의 신비를 밝히는 데 있다. 공기나 물과 같이 언어는 인간의 일거수일투족에서부터 인간의 가치 판단에 이르기까지 시간과 공간을 초월하여 결속시키는 매개물이다. 이 의미 전달의 과정에는 반드시 의미가 개입되어야 한다. 곧 인간들은 자기의 생각이나 느낌 및 의견을 표현하기 위하여 듣고 읽게 된다. 이렇게 의사소통에서 의미가 차지하고 있는 비중은 절대적이다. 최근에 접어들어 의사소통은 사회조직의 중대한 요인으로 인정받게 되었고, 의사소통과 의미는 불가분의 관계

---

11) R. Jakobson(1953:12) Results of Conference of Anthropologist and Linguestics: Supplement to Internation of Journal of America Linguestics. Vol. 19, No. 2(김방한 외 3인, 1991:14)에서 재인용.

20

를 맺고 있다는 인식에서 양자에 대한 이해의 필요성이 나날이 증대되고 있는 추세이다[12]. 그리고 의미론의 또 하나의 목적은 인간의 정신활동의 신비를 밝히는 데 있다. 곧 사고과정, 언어적 중간세계, 인식작용 같은 정신활동은 언어로써 이 세상의 모든 현상에 대하여 우리 언어공동체의 경험을 분류하고 전달하는 방식과 복잡 다양하게 얽혀 있다. 개념화와 같은 정신활동은 언어로써 이 세상 삼라만상에 대한 우리 자신의 경험을 분류하고 전달하는 방식과 실타래처럼 복잡하게 얽혀 있다. 이러한 비밀을 철학자나 심리학자들은 오랫동안 언어의 연구를 통해서 풀어보려고 애써 왔다. 클라크 & 클.라크(H.H. Clark & E.V. Clark, 1977:4)에서는 우리가 언어의 참된 구조와 기능을 발견할 수만 있다면 사고의 보편적인 법칙을 발견할 수 있을 것이라고 하였다(임지룡, 1993:23-24 참조).

---

12) 의사소통에 관한 최근의 가장 주목되는 업적의 하나는 D. Sperber & D. Wilson(1986)의 Relevance: Communication and Cognition을 들 수 있다. 관련성 이론(relevance theory)은 화맥에서 개별발화의 해석, 신-구 정보, 은유, 아이러니를 포함한 문체적 효과를 고려함으로써 화용론과 커뮤니케이션 이론에 대한 새롭고 야심에 찬 저술로 평가된다(임지룡, 1993:24)에서 재인용.

Ⅱ. 언어표현 자동사의 내용

2.1 말하다

2.1.1 말하는 내용

이 부분은 의사표현 자동사 가운데 언어표현의 내용이므로 〈생각, 느낌을 언어로 표현성+언표성〉이 공통으로 부가된다.

(1) 발성(發聲)하다[13]　　　　　(2) 발음(發音)하다

(3) 입짓하다

위의 낱말들은 말을 하기 위해 발음기관을 움직여 소리를 내는 내용을 함유하고 있어 〈발음기관을 작동성 → 언표할 목적성〉이 공통으로 추가된다. 따라서 (1)과 (2)는 "소리를 내다"의 개념을 공유하고 있어 〈발성성 → 언표할 목적성〉이 공통으로 추가되나, (1)은 "녹음한 것을 다시 소리로 환원하다"의 개념도 가지고 있어 〈녹음성 → 소리로 환원성〉이 더 추가되고,

---

13) 김한영 외 2인 옮김(1998:244)는 "말을 할 때 우리는 평소의 호흡 리듬에서 벗어나 공기를 빠르게 들이쉰 다음, 늑골 근육을 이용해서 탄력적인 허파의 반동력을 억제하면서 들이쉰 숨을 일정하게 내뱉는다. 즉 호흡을 조절하여 섬세하게 조율된 산소를 조절된 피드백 고리(feedback loop)를 억제하고, 대신 말하고자 하는 구나 문장의 길이에 맞춰 숨을 내쉬며 소리를 낸다."고 하였다.

(2)는 "말의 음운을 음성화하다"의 개념을 더 가지고 있어 〈음운을 음성으로 환원성〉이 더 추가되어 분절한다. 그리고 (3)은 "뜻을 전하기 위하여 입을 움직이다"의 개념이므로 〈입을 움직이는 동작성 → 의사를 표현할 목적성〉이 추가되어 분절한다.

(4) 필담(筆談)하다

위의 낱말은 "말이 통하지 아니할 때에 글을 써서 서로 의사소통을 하다"의 개념이니 〈언어 불통성→필기로 의사 소통성〉이 추가된다.

앞에서 논의한 개별 낱말의 분절구조는 다음과 같다.

[그림3] 언어표현 작용의 분절구조

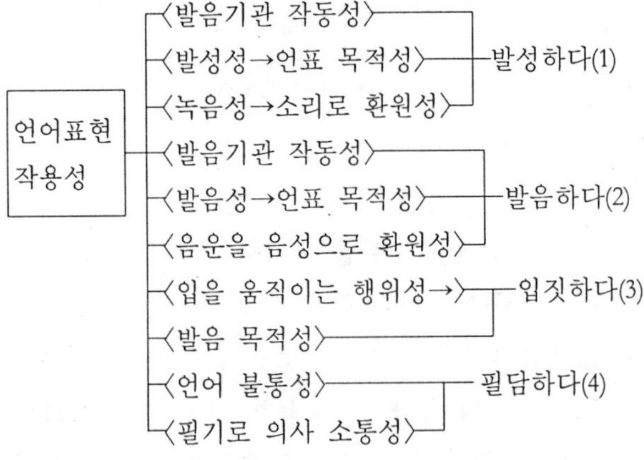

* 숫자는 낱말 번호이다. 이하도 같다.

다음은 자기의 생각이나 느낌을 말로 나타내는 내용이다.

(5) 말하다   (6) 말씀하다

(7) 혀굴리다   (8) 혀놀리다[14]

위의 (5)는 "생각이나 느낌을 말로 나타내다"의 개념(concept)[15]이니 〈생각, 느낌을 언어로 표현성〉이 추가되고, 또 "어린 아이가 처음으로 말을 시작하다"의 개념도 가지고 있어 〈[어린 아이]→말을 시작성〉이 추가되고, "부탁하다"의 개념일 경우는 〈부탁성〉이 추가되나, 부탁의 내용이나 목적은 무표로 되어 있고, "말리는 뜻으로 꾸짖다"의 개념일 경우는 〈질책성→화해할 목적성〉이 내용에 따라 추가되는 다의어(多義語)[16]이다. 그리고 (6)은 "웃어른이 말하는 것을 공대하여 이르는 말. 웃어른이 말씀하다"의 개념이니 〈웃어른의 말씀을 공대성〉과 〈[어른]→언표성〉이 내용에 따라

---

14) 김한영 외 2인 옮김(1998:246)은 혓소리에 대하여 "언어를 '혀의 선물'이라고 할 만큼 혀는 가장 중요한 발성기관이다. 혀는 세 개의 기관, 즉 혓등 또는 혓몸, 혀끝, 혀뿌리로 되어 있고, 혀가 구강의 앞부분에 있으면 혀의 뒤에 있는 인후부의 기공은 길어지는 반면, 구강 내의 기공은 짧아지므로 공명 가운데 하나가 변하게 된다."고 하였다.

15) 김봉주(1988:26)는 "개념은 개개인의 정신적 구성물뿐만 아니라, 동일 언어를 구사하는 사회적 집단들이 받아들인 단어들 및 기타의 기호들의 의미를 가리킨다. 동일 속성을 가진 대상들로부터 추상화된 일반화된 관념이고, 다양한 사물에서 그 공통된 성질에 의하여 하나의 통일된 생각을 결합시킨 하나의 심적 통일체이다."라고 하였다.

　R.M. Kemposon(1977:21)은 "언어는 전적으로 동시에 존재하는 다른 용어들로부터 기인하는 상호 의존적 용어들의 한 체계이다. bachelor는 spinter, woman, husband, boy와 같은 단어들에 의하여 의미를 갖게 된다. 이와 같이 주변의 여러 가지 어휘를 통해서 올바른 의미가 부여되는 것이다."고 하였다.

16) 李益煥(1986:95)은 "다의어(polysemy)는 하나의 어휘가 둘 이상의 의미적 장(semantic field)에 참여하거나 혹은 하나의 場 내에서 같은 어휘가 더 포괄적인 장에 속하고, 또 그 장 내의 더 독특한 부분장(sub-field)에도 속하는 경우가 될 때 나타난다."고 하였다.

　金敏洙(1983:50)는 "多義性과 관련된 것은 의미적 유연성이다. 이것은 어떤 단어의 의미에서 다른 의미가 파생될 경우, 그 原義와 轉義의 사이에 파생의 연유가 되는 어떤 聯想關係가 있어서 생긴다. 그런데 原義가 사라지지 않고 계속 쓰이면 그 단어의 두 의미는 유연적 다의성이 된다."고 하였다.

　Kempson(1980:9-10)은 "한 어휘에 두 가지 해석을 줄 수 있는 하나의 환경에서 동시에 가능한 상황에서만 그 어휘의 다의성이 인정된다. 그렇지 않는 경우는 모두 동음이의어로 처리해야 한다."고 하였다.

추가되고, (7)과 (8)은 "'말을 하다'를 얕잡아 이르는 말"의 개념을 공유하고 있으므로 〈언표 행위성을 속되게 비유성〉이 공통으로 추가되는 유의어이므로 한 동아리에 묶었다.

(9) 항언(恒言)하다   (10) 상담(常談)하다

위의 낱말들은 "보통 쓰는 평범한 말을 하다"의 내용(inhalt)[17]을 공유하고 있어 〈상용어를 사용성〉이 공통으로 추가된다.

(11) 개구(開口)하다   (12) 말꼭지떼다
(13) 말문떼다   (14) 말문열다
(15) 서두놓다(序頭-)

위의 낱말들은 "처음으로 입을 열어 말을 꺼내다"의 내용을 함유하고 있어 〈처음으로 개구성→발언성〉이 공통으로 부가된다. 따라서 (11)은 "입을 열어 말을 꺼내다"의 개념이니 〈개구성→발언성〉이 추가되고 또 "입을 열다"의 개념도 가지고 있어 〈입을 여는 행위성〉이 더 첨가되며, (12)는 "첫 마디의 말을 시작하다"의 개념이므로 〈첫 마디의 말을 시작성〉이 추가된다. 그리고 (13)-(15)는 "입을 벌리어 이야기를 시작하다"의 개념을 공유하고 있어 〈개구성→처음으로 발언성〉이 공통으로 추가되는 유의어(類義語)[18]이므로 한 동아리에 묶었다.

---

17) 金敏洙(1983:13)는 "언어는 음성형식으로써 정신 내용을 전달한다. 그런데 형식적인 음성은 물리현상이며, 내용인 의미는 순전한 정신 현상이다. 정신 현상의 연구는 심리학의 영역이지만, 전달 행위에서 음성과 관련지어진 심리현상은 언어학의 대상이다."고 하였다.

18) Palmer, F.R(1976:95)는 "유의성은 의미의 동질성을 뜻한다. 감정적 의미(emotive meaning) 또는 평가적 의미(evaluative meaning)에서 다르나 인지적 의미(cognitive meaning)은 동일

(16) 발어(發語)하다   (17) 발언(發言)하다
(18) 구술(口述)하다   (19) 구진(口陳)하다
(20) 구연(口演)하다

위의 (16)과 (17)은 "말을 내다. 말을 꺼내다"의 개념을 공유하고 있어 〈발언성〉이 공통으로 추가되고, 또 "구두로 의견을 진술하다"의 개념도 공유하고 있어 〈구두로 의견을 진술성〉도 공통으로 추가된다. 그리고 (18)과 (19)는 "구두로 이야기하다"의 개념을 공유하고 있어 〈구담성〉이 공통으로 추가되는 유의어이므로 한 동아리에 묶었으며, (20)은 "문서에 의하지 아니하고 입으로 사연을 말하다"의 개념이므로 〈구두로 사연을 진술성〉이 추가되어 분절한다.

(21) 말건네다   (22) 대어(對語)하다
(23) 번제(煩提)하다

위의 (21)은 "상대편에게 말을 하다"의 개념이니 〈상대에게 발어성〉이 추가되고, (22)는 "상대해서 말하다"의 개념이므로 〈대면성→발언성〉이 추가되며, 또 "숙어의 조직에 사물을 상대시키다. 대소(大小), 도리(桃李), 화조(花鳥) 등"의 개념도 가지고 있어, 숙어를 만드는 방법에 대한 내용이므로 〈상대적 언어를 조합성→숙어를 조어성〉이 더 추가되기도 하고, "위와 아래, 적극과 소극 등 의미를 대응시키다"의 개념도 가지고 있어 〈의미의 대응성→의미의 전달에 효용성〉이 더 추가된다. 그리고 (23)은 "번거롭게

하다."고 하였다.
   남기심 외 2인(1985:156)은 "어떠한 맥락 속에서나 똑같은 개념적 의미, 감정적 어조, 정서적 가치를 지니고 쓰이는 동의어들은 존재하기 힘들다. 고로 유의어라 부르는 것이 편리하다. 우리말에는 고유어와 한자어의 대립으로 되는 유의어의 유형이 크게 발달되어 있으며, 또한 외래어와의 대립 유형이 있다."고 하였다.

말을 꺼내다"의 개념이니 〈번거롭게 발어성→의표가 난해성〉이 추가되어 분절한다.

[그림4] 말하는 분절구조

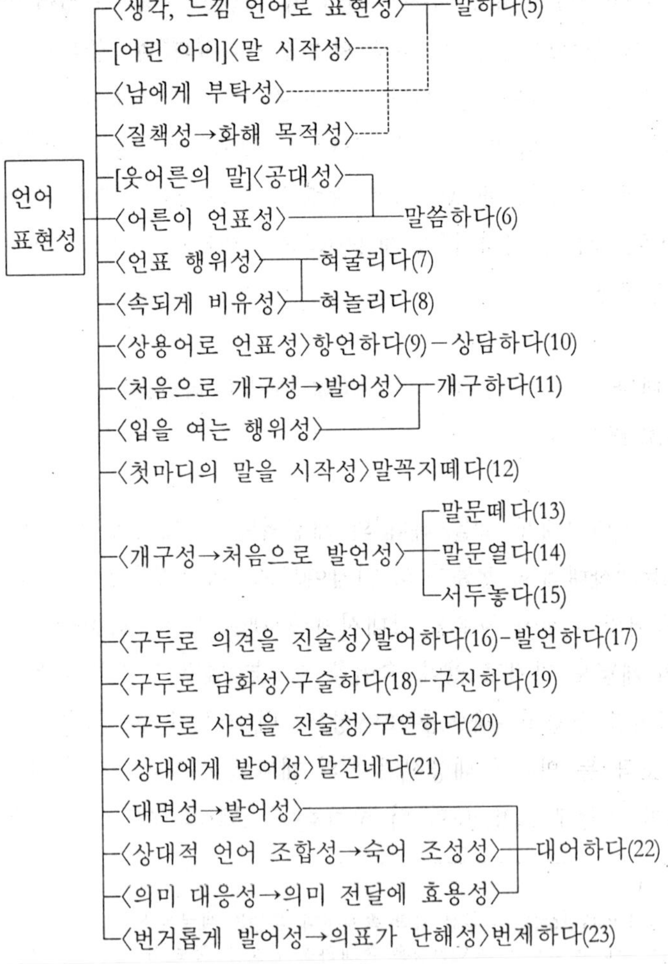

앞에서 논의한 개별 낱말의 분절구조를 그림으로 그려보면 [그림4]와 같은 수형도(tree diagram)[19]가 된다.

다음 (24-35)까지는 상대에게 존대말을 쓰거나 하대말을 쓰는 내용이므로 〈공대말·하대말 사용성〉이 내용에 따라 부가된다.

(24) 말공대하다(-恭待-)[20)]   (25) 상경(相敬)하다

(26) 합쇼하다   (27) 합시오하다

(28) 하오하다   (29) 하소하다

(30) 말하대하다(-下待-)   (31) 하게하다

(32) 해라하다   (33) 반말하다(半-)

(34) 반말지거리하다(半-)   (35) 반말질하다(半-)[21)]

위의 낱말들은 화자와 청자간에 이루어지는 화계(話階)에 따라 공대와 하대에 대한 내용이므로 공대어의 사용과 하대어의 사용이 변별성을 지

---

19) 언어의 분석을 수형도에 의하여 명시적으로 표시하는 것은 오늘날 언어학에서 많이 활용되고 있다. 이는 19세기 중엽 A. Schleider가 생물학의 본보기에 따라, 인구어의 분화 과정을 수형도로 표시한데서 유래한다.

특정적 성분의 도식화 방법에는 수형도(tree giagram) 방식, 공간분할(space) 방식, 묶음(matrix) 방식 등이 있는데, 이 연구에서는 변별의 경제성과 그리기 쉬운 이점을 고려하여 수형도 방식을 취한 것이다. 성분의 도식화 방법에는 E.A. Nida(1979:40) 참조.

20) 황적륜(1875:39)은 "국어의 화계(話階)는 화자와 청자간의 힘(power), 친소(soridarity), 격식(formal)/비격식(informal)의 세 차원을 중심으로 하여 성립하며, 이에 따라 실제 사용에 있어서는 4가지의 화계가 존재한다. 국어 사용자들은 화자와 청자 사이에 개재되어 있는 사회적 지위, 연령, 성별, 친족, 직업 등의 요인과 친소 관계, 상호 작용 등, 사회적 심리적으로 복잡한 여러 요인들이 작용하여 화계의 선택이 결정된다."고 하였다.

21) 서정수(1975:25)는 "동작성 선행요소+질(M+질)는 국어의 비동작성 명사의 일부, 동작성 명사의 일부, 동사의 어간 등에 '-질-'이 첨가되면 '-하-'의 선행요소가 된다. 그리고 '-질-'은 '노릇'이라는 말과 같이 동작성 기능 표시의 의미요소이다. Martin은 '-질-'을 'act, behavior, way of doing'이라 하였고, 송병학이 'action nominal marker'라 한 것도 동작성 표시 기능을 지적한 것이라고 생각한다. '-질-'이 첨가되면 품위 없는 말이 되기도 한다."고 하였다.

니고 있으므로 〈[화자와 청자]→공대어＋하대어 사용성〉이 공통으로 부가 된다. 따라서 (24)-(29)까지는 "공대어로 말하다"내용을 함유하고 있어 〈공대어 사용성〉이 공통으로 추가되고, (30)-(35)까지는 "하대어로 말하다"의 내용을 함유하고 있어 〈하대어 사용성〉이 공통으로 부가된다. 따라서 (24) 는 "말로써 공대하다"의 내용이니 〈공대어 사용성〉이 추가되고, (25)는 "서로 경어를 쓰다"의 개념이니 〈[상호]→경어 사용성〉이 추가되고, 또 "서로 공경하다"의 개념도 가지고 있어 〈[상호]→공경성〉이 더 추가되며, (26)과 (27)은 "「합쇼체」의 말씨를 써서 말하다. 존경하는 말씨를 쓰다"의 개념을 공유하고 있어 〈합쇼체 경어법 사용성＋매우 높임〉이 공통으로 추가된다. 그리고 (28)과 (29)는 "「합쇼체」보다는 낮게, 「하게체」보다는 높 은 화계를 써서 말하다. 상대자를 예사로 높이어 말하다"의 개념을 공유 하고 있어 〈하오체 경어법 사용성＋예사 높임〉이 공통으로 추가되고, (30) 은 "하대말을 쓰다"의 개념이므로 〈하대말을 사용성〉이 추가되며, (31)은 "「하게」체의 말씨를 쓰다"의 개념이니 〈하게체 하대법을 사용성＋예사 낮춤〉이 추가된다. 그리고 (32)는 "「해라」체의 하대말을 쓰다"의 개념이 니 〈해라체 하대말을 사용성＋매우 낮춤〉이 추가되고, (33)-(35)는 "말 끝 이나 조사 같은 것을 줄이거나 또는 분명히 달지 아니하고 존경 또는 하 대의 뜻이 없이 어름어름 말하다"의 개념을 공유하고 있어 〈반말 행위성 ＋존대법을 무시성〉이 공통으로 추가되며, 또 "손아랫사람에게 낮추어 말 하다"의 개념도 공유하고 있어 〈손아랫사람에게 반말을 사용성〉도 공통 으로 추가되나, (34)와 (35)는 "반말로 함부로 지껄이다. 반말투를 좋지 않 게 이르는 말"의 개념도 공유하고 있어 〈반말로 속된 표현성〉과 〈결례적 언표 행위성〉이 내용에 따라 공통으로 추가된다. 위에서 논의한 언어의 공대법에 대한 개별적인 분절구조는 다음과 같다.

[그림5] 언어 공대법의 분절구조

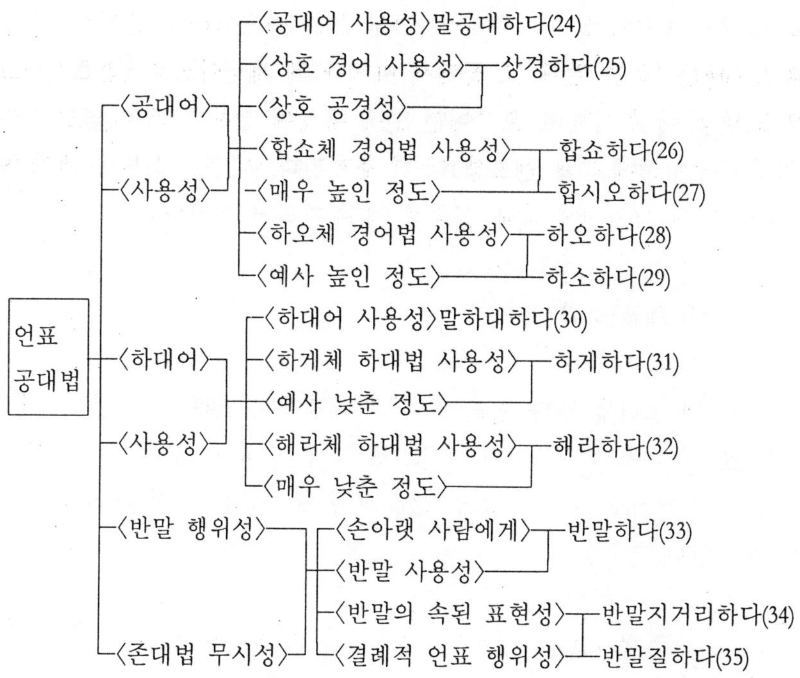

다음은 어떠하게 표현하는 내용이므로 〈어떠하게 언어표현성〉이 동통으로 부가된다.

(36) 비린내나다   (37) 섬어(纖語)하다
(38) 수어(數語)하다   (39) 운하다(云-)
(40) 언급(言及)하다   (41) 자언(自言)하다

위의 (36)은 "언행이 매우 어리고 애티가 나다"의 개념이니 〈언행에 애티가 표출성〉이 추가되고, (37)은 "목소리를 가늘게 하여 말하다"의 개념이므로 〈가는 음성으로 발어성〉이 추가되며, (38)은 "두어 마디 말을 하다.

몇 마디의 말을 하다"의 개념이니 〈두어 마디로 언표성〉이 추가된다. 그리고 (39)는 "무엇이라고 이르다"의 개념이니 〈무엇이라고 발어성〉이 추가되고, (40)은 "하는 말이 그 곳까지 미치다"의 개념이므로 〈언표성→그 곳에 도달성〉이 추가되며, 또 "어떤 일에 대하여 말하다"의 개념도 가지고 있어 〈어떤 일에 대해 언표성〉이 더 추가된다. (41)은 "제 말을 제가 하다"의 개념이니 〈자신에 대해 진술성〉이 추가되어 분절한다.

    (42) 단음(斷音)하다

이는 "내던 소리를 끊다. 음을 끊다"의 개념이니 〈발음을 중단성＋발성을 중단성〉이 내용에 따라 추가되고, 또 "자음의 하나. 숨이 발음과 함께 끊어지다"의 개념도 가지고 있어 〈발음과 함께 날숨을 단절성〉이 더 추가되어 분절한다.

    (43) 상략(上略)되다　　　　(44) 중략(中略)되다
    (45) 후략(後略)되다　　　　(46) 하략(下略)되다
    (47) 헐후(歇後)하다

위의 낱말들은 "말이나 글에서 어떤 부분을 생략하다"의 내용을 함유하고 있어 〈어문(語文)에서 어떤 부분을 생략성〉이 공통으로 추가되므로 생략되는 부분이 변별력을 지니고 있다. 따라서 (43)은 "말이나 글의 서두를 줄이다"의 개념이니 〈어문의 서두를 생략성〉이 추가되고, (44)는 "말이나 글의 중간을 줄이다"의 개념이므로 〈어문의 중간을 생략성〉이 추가되며, (45)-(47)은 "말이나 글의 뒤를 줄이다"의 개념을 공유하고 있어 〈어문의 말미를 생략성〉이 공통으로 추가되나, (47)은 "예사로워서 대수롭지 않다"의 개념도 가지고 있어 〈예사로운 상태성→중요하지 않은 상태성〉을 가

지고 형용사의 밭에서도 분절한다.

  (48) 시조(時調)하다   (49) 시적거리다[22]

  (50) 시적시적하다[23]   (51) 긴말하다

 위의 (48)은 "시조를 부르듯이 언행을 느리게 하다"의 개념이니 〈시조하 듯 느린 언행성＋비유적 표현성〉이 추가되고 또 "남이 말하는 것을 얕잡 아 일컫는 말"의 개념도 가지고 있어 〈타인의 발언을 야유성〉이 더 추가 되며, (49)와 (50)은 "마음에 내키지 않는 것을 억지로 참아 가며 느릿느릿

---

22) 신현숙(1986:81)은 [-거리다]를 다음과 같이 의미 분석하고 있다.
 ① 화자의 흉내말인 어근을 동적인 표현으로 바꾸기 위하여 [-거리다]를 선택하고 있다.
 ② 어근이 지시하는 흉내말을 연속되는 움직임으로 바꾸기 위하여 선택한다. 움직임
  이 2회 이상 계속될 때 선택한다.
 ③ 움직임의 양끝을 인지하지 못하고 완성되지 않은 움직임처럼 인지한다.
 ④ 동적인 표현과 밀접하게 관련되므로 정적인 어근과 잘 어울리지 않는다.
 ⑤ 움직임, 소리, 느낌, 생김새의 모양이 다르게 나타나는 어근은 제한을 받는 정도가
  높다.
 ⑥ 완성된 움직임이라고 화자가 인지되면 선택하지 않는다.
23) 서정수(1975:61)는 "'-하-'는 의태어 곧 부사어를 선행요소로 한 경우에는 동사적으로
 쓰이게 한다. '독서하다'의 '하다'는 동사적 형식을 갖추기 위한 형식요소로 볼 수 있다.
 실지 동작 내용은 '독서'에 내포되어 있다."고 하였다.
  서정수(1975:31)는 "동작성을 지닌 동사나 그와 유사한 특질을 가진 외래어가 우리말
 문맥에 쓰일 때에는 '-하-'를 동반하여 쓴다. 외래어의 동사형 그대로를 인용하여 쓰
 는 경우라도, 국어에서는 일단 명사형이나 명사처럼 간주하고 '-하-'를 첨가하여 동사
 형식을 갖추게 하는 과정을 거친다. 이때 선행 요소가 서술적 기능을 가지고 있어 '-
 하-'는 형식적 요소이거나 잉여적 요소에 불과하다."고 하였다.
  신현숙(1986:87)은 '-하다'의 의미 특성을 다음과 같이 기술하고 있다.
 ① 화자가 정적인 것으로 인지한 현상을 표현하거나 정적인 것으로 추리한 현상을 표
  현하기 위하여 선택하는 형식이다.
 ② 어근이 지시하는 움직임을 단속(斷續)적인 움직임으로 바꾸어 표현하기 위하여 선
  택된다. 따라서 2회 이상 움직임을 지시하면서도 연속된 것으로 인지되지 않는다.
 ③ 움직임의 출발점과 도착점을 모두 인지할 수 있는 완성된 움직임을 표현하기 위하
  여 선택된다. 따라서 완성상을 나타내는 형식이다.

말하거나 행동하다"의 개념을 공유하고 있어 〈불만을 억제성→느린 언행성〉이 공통으로 추가되나, 이 두 낱말은 접사의 교체에서 오는 뉘앙스의 차이로 서로 분절된다. 그리고 (51)은 "번거롭고 너절한 이야기를 하다"의 개념이니 〈번거롭고 장황한 담화성〉이 추가되어 분절한다.

 (52) 장담(長談)하다   (53) 장어(長語)하다
 (54) 군사설하다(-辭說-)

 위의 (52)와 (53)은 "장시간에 걸쳐 이야기하다"의 개념을 공유하고 있어 〈장시간 담화성〉이 공통으로 추가되고, (54)는 "쓸데없이 말을 길게 늘어놓다"의 개념이므로 〈쓸데없이 장시간 담화성〉이 추가되어 분절한다.

 (55) 재설(再說)하다   (56) 재언(再言)하다
 (57) 중설(重說)하다   (58) 중언(重言)하다

 위의 낱말들은 "이미 한 번 말한 것을 다시 말하다"의 개념을 공유하고 있어 〈재언성〉이 공통으로 추가되는 유의어이므로 한 동아리에 묶었다.

 (59) 상언(詳言)하다   (60) 너스레놓다
 (61) 너스레떨다

 위의 (59)는 "자세히 말하다"의 개념이니 〈상세히 표현성〉이 추가되고, (60)과 (61)은 "떠벌려 주선하는 솜씨로 말을 늘어놓다"의 개념을 공유하고 있어 〈잡다하게 언표성→사건을 주선할 목적성〉이 공통으로 추가되고, 또 "흙구덩이나 그릇의 아가리 또는 바닥에 그 위에 놓은 물건이 빠지거나 바닥에 닿지 않게 하기 위하여 막대기를 걸쳐놓다"의 개념도 공유하고 있어 〈흙구덩이, 그릇의 아가리, 그릇의 바닥에 막대기를 걸치는 행위성→물건을 받칠 목적성〉도 공통으로 추가되어 분절한다.

    (62) 가언(佳言)하다   (63) 가언(嘉言)하다
    (64) 가언선행(嘉言善行)하다   (65) 편언교(片言交)하다

위의 (62)와 (63)은 "남이 본받을 만한 좋은 말을 하다"의 개념을 공유하고 있어 〈모범적인 언표성〉이 공통으로 추가되고, (64)는 "남이 본받을 만한 좋은 언행을 하다"의 개념이므로 〈모범적인 언행성＋선행성〉이 추가되며, (65)는 "한두 마디 말이나 글로 서로 사귀게 되다"의 개념이니 〈한두 마디 어문으로 친교성〉이 추가되어 분절한다.

    (66) 온화(穩話)하다   (67) 완협(緩頰)하다
    (68) 겸사(謙辭)하다

위의 (66)은 "온건하게 말하다"의 개념이니 〈온건한 언표성〉이 추가되고, 또 "부드럽고 조용하게 이야기하다"의 개념도 가지고 있어 〈온유한 담화성〉이 더 추가되며, (67)은 "온건하게 천천히 말하다"의 개념이므로 〈온건성＋천천히 언행성〉이 추가된다. 그리고 (68)은 "겸손하게 말하다"의 개념이니 〈겸손하게 언표성〉이 추가되고, 또 "겸손하게 사양하다"의 개념도 가지고 있어 〈겸손하게 사양성〉이 더 추가되어 분절한다. 앞에서 논의한 개별 낱말들의 분절구조는 다음과 같다.

34

[그림6] 어떠하게 표현하는 언어표현의 분절구조(1)

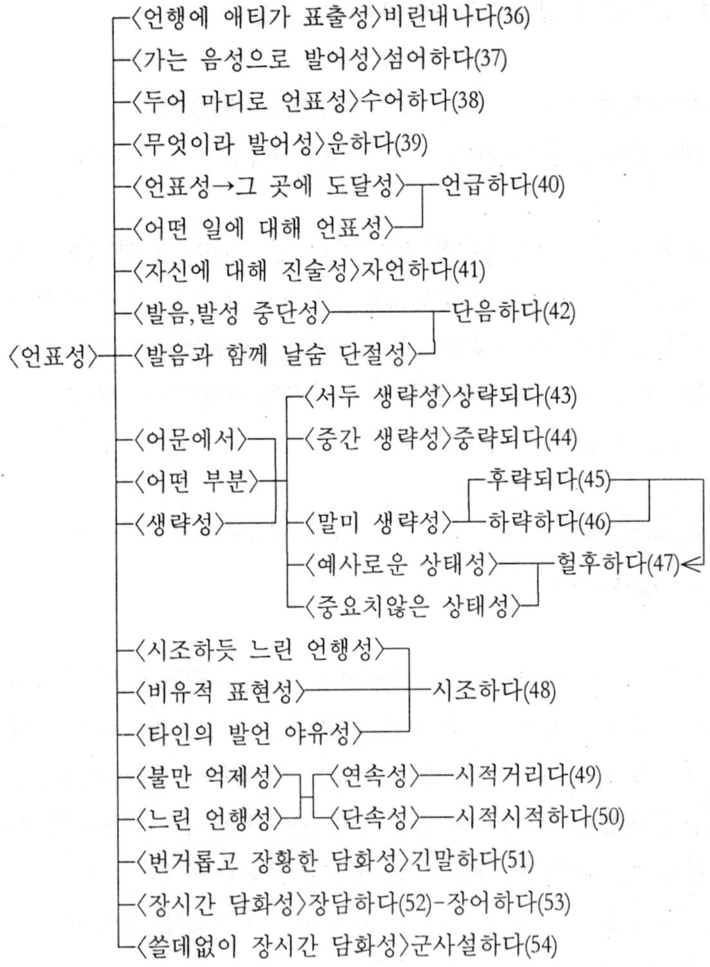

┌─〈언행에 애티가 표출성〉비린내나다(36)
├─〈가는 음성으로 발어성〉섬어하다(37)
├─〈두어 마디로 언표성〉수어하다(38)
├─〈무엇이라 발어성〉운하다(39)
├─〈언표성→그 곳에 도달성〉┐언급하다(40)
├─〈어떤 일에 대해 언표성〉┘
├─〈자신에 대해 진술성〉자언하다(41)
├─〈발음,발성 중단성〉────┐단음하다(42)
〈언표성〉─├─〈발음과 함께 날숨 단절성〉┘
│   ┌─〈서두 생략성〉상략되다(43)
├─〈어문에서〉─┐├─〈중간 생략성〉중략되다(44)
├─〈어떤 부분〉─┤│   ┌후략되다(45)┐
├─〈생략성〉──┘├─〈말미 생략성〉┴하략하다(46)┘
│   ├─〈예사로운 상태성〉──헐후하다(47)◁
│   └─〈중요치않은 상태성〉┘
├─〈시조하듯 느린 언행성〉┐
├─〈비유적 표현성〉────┤시조하다(48)
├─〈타인의 발언 야유성〉┘
├─〈불만 억제성〉┐┌〈연속성〉──시적거리다(49)
├─〈느린 언행성〉┴┤
│   └〈단속성〉──시적시적하다(50)
├─〈번거롭고 장황한 담화성〉긴말하다(51)
├─〈장시간 담화성〉장담하다(52)-장어하다(53)
└─〈쓸데없이 장시간 담화성〉군사설하다(54)

[그림7] 어떠하게 표현하는 언어표현의 분절구조(2)

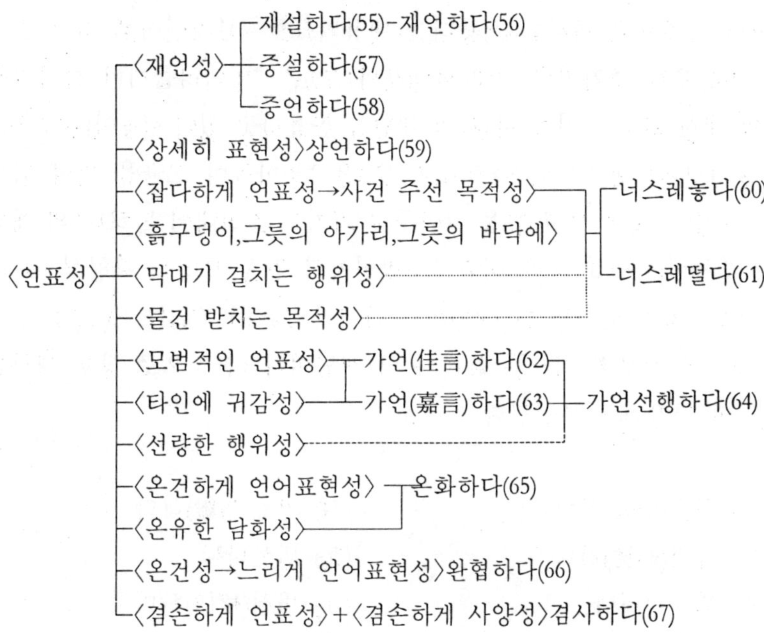

다음은 정상적인 언어표현이 아니라 동작언어에 대한 내용이다.

(69) 수화(手話)하다[24]   (70) 지화(指話)하다

(71) 구화(口話)하다   (72) 목어(目語)하다

---

24) 김한영 외 2인(1998:48)은 "세간에 널리 퍼져 있는 오해와 달리 수화는 무언극도 몸짓
도, 교육자들의 발명품도, 소속 집단의 구어에 상응하는 암호도 아니다. 수화는 청각장
애자인 집단이 있는 곳이면 어디서나 발견되며, 그 하나 하나가 전 세계의 구어에서
발견되는 것과 동일한 종류의 문법적 장치를 이용하는, 독특하고 완전한 언어이다. 예
를 들어 미국 청각장애자인 집단에서 사용하는 미국 수화는 영어나 영국 수화와는 판
이한, 오히려 나바조어나 반투어를 연상시키는 독특한 일치체계와 성체계의 방식을 따
르고 있다."고 하였다.

위의 낱말들은 언어나 문자로 정상적인 의사 소통을 하는 것이 아니라
몸짓이나 표정으로 의사를 소통하는 내용이므로 〈몸짓언어로 의사 소통
성〉이 공통으로 추가된다. 따라서 (69)와 (70)은 "벙어리들끼리 손가락을
써서 말 대신 의사 표시를 하다"의 개념을 공유하고 있어 〈[농아]→수화로
의사 표시성〉이 공통으로 추가되고, (71)은 "농아들이 교육을 받아 남이
말하는 입술 모양을 보고 말을 알아듣고 자기도 소리내어 말하다"의 개념
이므로 〈[농아]→언표 교육 학습성→발언자의 입술 모양을 관찰성→표현
을 인지성→자기 의사를 언표성〉이 추가된다. 그리고 (72)는 "눈으로 말하
다. 눈짓으로 서로의 의사를 통하다"의 개념이니 〈눈짓으로 상호 의사를
소통성〉이 추가되어 분절한다.

    (73) 신호(信號)하다[25]   (74) 암호(暗號)하다
    (75) 통방(通房)하다   (76) 변쓰다[26]
    (77) 변풀이하다   (78) 변신(變信)하다

위의 낱말들은 정상적인 의사 소통이 아니라 약속된 부호나 암호로 서
로 의사 소통을 하는 내용이므로 〈약속된 부호나 암호를 사용성→의사 소
통성〉이 공통으로 추가된다. 따라서 (73)은 "서로 떨어져 있는 두 지점 사
이에 일정한 부호를 써서 의사를 통하다. 부호로는 색채, 음향, 형상, 광휘

---

25) 김홍직(1972:605)의 「國史大辭典」. 한국출판사에서 봉수신호에 대하여
　　"烽燧(횃불과 연기) 신호는 급보를 전하기 위한 고대사회의 통신방법인데 낮에는 연
　　기를, 밤에는 불빛을 사용하였다. 우리나라의 경우 고려시대에는 의종(1149) 이래 평상
　　시에는 1회, 2급에는 2회, 3급에는 3회, 4급에는 4회를 올렸으며, 조선시대의 세종 때 마
　　련된 봉수제도에는 평상시에는 횃불 1개, 적이 나타나면 2개, 적이 국경에 이르면 3개,
　　국경을 넘어오면 4개, 적과의 접전은 5개를 올리도록 되어 있었다."고 기록되어 있다.
26) '변'은 다른 사람이 모르도록 보통말과 달리 특히 따로 정하여 저희끼리만 쓰는 암호이
　　다. '불'은 병정, '소금'은 곰소, '아편'은 검은약, '권총'은 개다리, '헌병'은 바가지 등으로
　　나타내는 은어이다.

등을 쓴다"의 개념이니 〈색채, 음향, 형상, 광휘 등 부호 사용성→의사 소통성〉이 추가되고, (74)는 "통신의 비밀이 밖에 새지 않도록, 남은 모르고 저희 편끼리만 알게 비밀한 신호나 부호로 의사를 전달하다"의 개념이므로 〈암호를 사용성＋비밀을 유지할 목적성→의사 전달성〉이 추가되며, (75)는 "감옥에서 이웃 감방의 수감자끼리 암호로 의사를 전달하다"의 개념이니 〈[감옥의 수감자]→암호로 옆방에 의사 전달성〉이 추가된다. 그리고 (76)은 "소수의 사람들이 암호를 정하여 서로 의사를 소통하다"의 개념이니 〈[소수의 집단]→암호로 의사 소통성〉이 추가되고, (77)은 "변말을 보통 쓰는 말로 풀다"의 개념이므로 〈암호를 해독성→전달을 인지성〉이 추가되며, (78)은 "전문을 일정한 암호로 바꾸다"의 개념이니 〈전문을 일정한 암호로 변환성〉이 추가되고, 또 "수신한 전신 부호를 해독하다"의 개념도 가지고 있어 〈수신한 전신 부호를 해독성〉이 더 추가되어 분절한다. 비정상적인 방법에 의한 언어표현의 분절구조는 다음 [그림8]과 같다.

다음은 말을 할 때 조심하여 신중하게 표현하거나 허심탄회하게 말하는 내용이다.

(79) 말조심하다   (80) 근화(謹話)하다[27]
(81) 신구(愼口)하다   (82) 신언(愼言)하다

---

27) 高永根(1974:9)은 "자립성이 있는 체언의 어근에 '-하다'가 붙어서 동사가 될 때는 목적격 조사를 매개로 하여 분리될 수 있으므로 자립성을 발휘하여 완전한 용언의 직능을 수행할 수 있다."고 하였다.
  沈在箕(1983:355)는 "외래동사의 국어화 과정에서 '-하-'는 유일한 국어 동사화 기능이다. '-하-'는 파생접사로서의 기능을 가진다"고 하였고, S. Martin(1954:17)은 "'-하-'를 명사 후행동사(postnominal verbs)라고 하고, 동사성 명사(verbal noun) 곧 동작성 선행 요소와 어울려 쓰인다"고 하였다. 그리고 G.J. Ramstedt(1939:66-67)는 "'-하-'는 동사로서 다른 여러 종류의 동사를 형성하기 위하여 결합한다"고 하였다.

[그림8] 수화·암호로 표현하는 분절구조

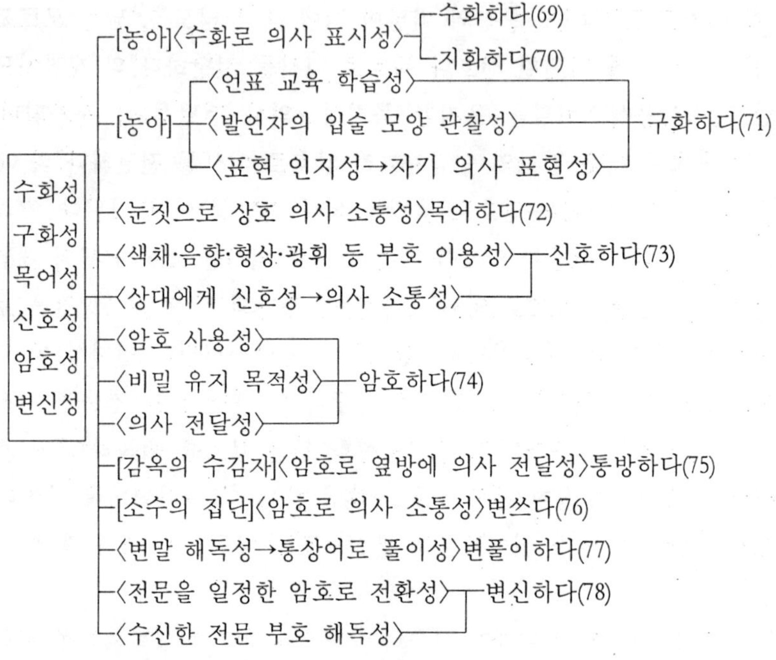

(83) 외신(畏愼)하다   (84) 충신독경(忠臣篤敬)하다

　위의 낱말들은 "말을 잘못되게 하지 않게 하려고 조심하다"의 내용을
함유하고 있어 〈말조심 행위성〉이 공통으로 부가된다. 따라서 (79)는 "말
이 잘못되지 않게 하려고 조심하다"의 개념이니 〈언행에 조심성〉이 추가
되고, (80)-(82)까지는 "입을 삼가하여 함부로 말하지 아니하다"의 개념을
공유하고 있어 〈외경성→신중한 언행성〉이 공통으로 추가되는 유의어이
므로 한 동아리에 묶었으며, (83)은 "매우 두려워하고 언행을 삼가다"의
개념이므로 〈매우 경외성→삼가 언행성〉이 추가된다. 그리고 (84)는 "성실
하여 말과 행실을 착실하게 하고 삼가다"의 개념이니 〈성실한 인품성→삼

가 언행성〉이 추가되어 분절한다.

다음 (85-103)까지는 마음 속에 품고 있는 생각을 모두 털어놓는 내용이므로 〈심중의 생각을 모두 토로성〉이 공통으로 부가된다.

(85) 개금(開襟)하다   (86) 논심(論心)하다
(87) 진언(盡言)하다   (88) 터포(攄抱)하다
(89) 터회(攄懷)하다   (90) 토로(吐露)하다

위의 낱말들은 "마음 속에 품었던 생각을 털어놓다"의 내용을 함유하고 있어 〈회포를 피력성〉이 공통으로 부가된다. 따라서 (85)는 "마음 속에 품었던 생각을 털어놓다"의 개념이니 〈심정을 토로성〉이 추가되고, (86)은 "마음 속에 품은 생각을 서로 탁 터놓고 이야기하다"의 개념이므로 〈상호 허심탄회하게 심정을 토로성〉이 추가되며, (87)은 "생각했던 바를 모두 말하다"의 개념이니 〈자기의 생각을 모두 피력성〉이 추가된다. 그리고 (88)과 (89)는 "마음 속에 품었던 생각을 터놓고 이야기하다"의 개념을 공유하고 있어 〈품었던 생각을 토로성〉이 공통으로 추가되며, (90)은 "마음 속에 품고 있는 회포를 말하다"의 개념이니 〈마음 속의 회포를 피력성〉이 추가되어 분절한다.

(91) 서회(敍懷)하다   (92) 술회(述懷)하다
(93) 회포풀다(懷抱-)   (94) 경균도름(傾囷倒廩)하다
(95) 토정(吐情)하다   (96) 만단정회(萬端情懷)하다
(97) 영탄(詠嘆)하다

위의 낱말들은 "회포를 서술하다"의 내용을 함유하고 있어 〈회포를 술회성〉이 공통으로 추가된다. 따라서 (91)과 (92)는 "마음 속에 품고 있는 회

40

포를 말하다"의 개념을 공유하고 있어 〈마음 속의 회포를 술회성〉이 공통
으로 추가되고, (93)은 "마음 속에 품고 있는 정을 풀다"의 개념이므로 〈마
음 속의 회포를 푸는 행위성〉이 추가되며, (94)는 "마음 속에 품은 생각이
나 회포를 있는 대로 숨김없이 드러내어 말하다"의 개념이니 〈생각, 회포
모두 토로성〉이 추가되고, 또 "어떤 일을 하려고 모든 재산을 내어놓다"의
개념도 가지고 있어 〈모든 재산을 출자성→어떤 일을 도모성〉을 가지고
투자하는 낱말밭에서도 분절한다. 그리고 (95)는 "심정이나 사정을 털어놓
다"의 개념이니 〈심정, 사정을 토로성〉이 추가되고, (96)은 "온갖 정서와
회포를 다 말하다"의 개념이므로 〈온갖 정서, 회포를 모두 술회성〉이 추가
되며, (97)은 "목소리를 길게 뽑아 심원한 정회를 읊다"의 개념이니 〈긴 목
소리로 심원한 정회를 음영성〉이 추가되고, 또 "감탄하다"의 개념도 가지
고 있어 〈감탄성〉이 더 추가되어 분절한다.

(98) 편담(遍談)하다

이는 "빠짐없이 말하다"의 개념이니 〈빠짐없이 언표성〉이 추가되고, 또
"널리 말하다"의 개념도 가지고 있어 〈널리 언표성〉이 더 추가된다.

(99) 속말하다   (100) 속소리하다
(101) 속주다   (102) 속터놓다
(103) 은거방언(隱居放言)하다

위의 (99)-(102)는 "속마음에서 나오는 참된 말을 하다"의 개념을 공유
하고 있어 〈진정을 토로성〉이 공통으로 추가되고, (103)은 "은거생활을 하
면서 마음 속에 있는 생각을 털어놓다"의 개념이므로 〈[은둔생활자]→자
기의 생각을 토로성〉이 추가되어 분절한다. 언어표현의 태도에 관련된 분

[그림9] 말조심, 허심탄회하게 말하는 분절구조

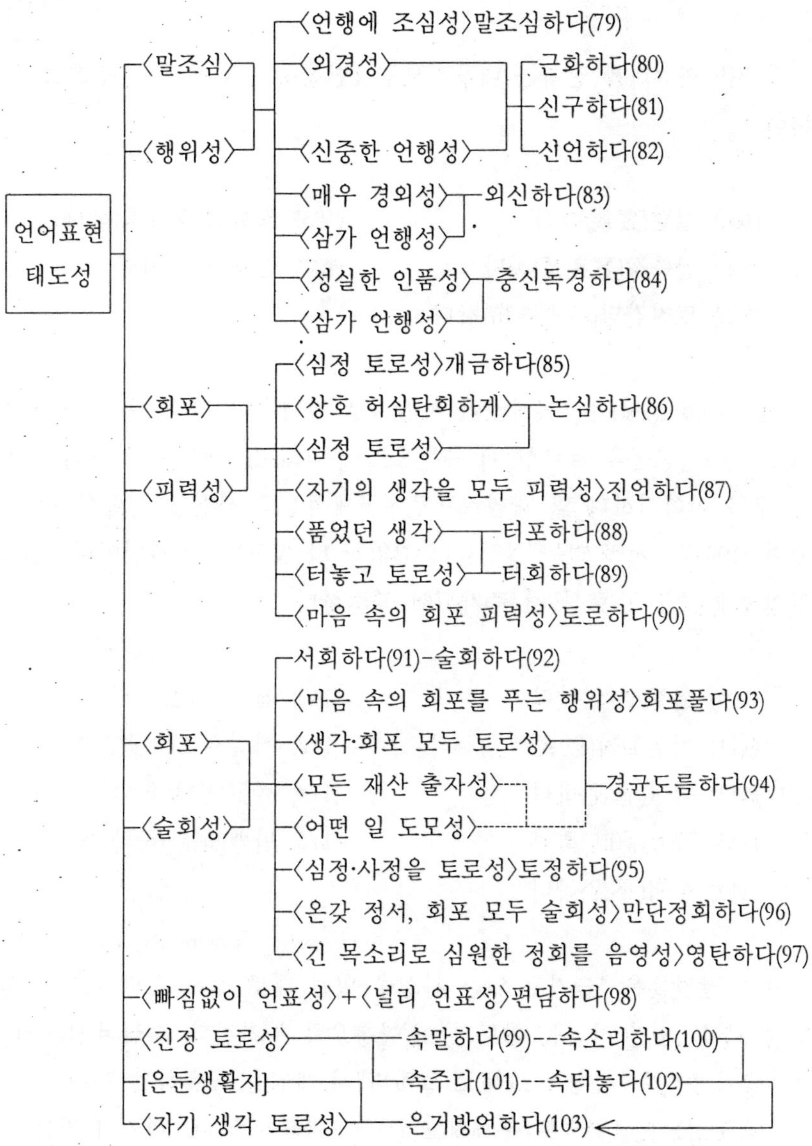

절구조는 [그림9]와 같다.

　다음은 진실하게 말하는 내용이므로 〈진심을 토로성〉이 공통으로 부가된다.

(104) 실담(實談)하다　　　　　(105) 실토정(實吐情)하다
(106) 실통정(實通情)하다　　　(107) 설토(說吐)하다
(108) 토진간담(吐盡肝膽)하다

　위의 (104)-(106)은 "거짓없이 사실대로 진정을 말하다"의 개념을 공유하고 있어 〈진실을 토로성〉이 공통으로 추가되고, (107)은 "사실대로 내놓고 모두 이야기하다"의 개념이므로 〈공개적으로 사실을 진술성〉이 추가되며, (108)은 "거짓 없는 실정을 숨김없이 다 말하다"의 개념이니 〈실정을 진실하게 모두 토로성〉이 추가되어 분절한다.

(109) 실토(實吐)하다　　　　　(110) 심어(深語)하다
(111) 이실고지(以實告之)하다　(112) 이실직고(以實直告)하다
(113) 직설(直說)하다　　　　　(114) 직고(直告)하다
(115) 직토(直吐)하다　　　　　(116) 탄백(坦白)하다
(117) 불휘(不諱)하다

　위의 낱말들은 "숨기고 있는 사실을 있는 대로 말하다"의 내용을 함유하고 있어 〈숨긴 사실을 실토성〉이 공통으로 부가된다. 따라서 (109)-(112)는 "숨기고 있는 사실을 그대로 말하다"의 개념을 공유하고 있어 〈비밀을 이실직고성〉이 공통으로 추가되고, (113)은 "곧이곧대로 하거나 있는 그대로 말하다"의 개념이니 〈사실대로 직설성〉이 추가되며, (114)는 "바른 대

로 알리거나 고해 바치다"의 개념이니 〈사실을 통고성〉과 〈사실을 고해 바치는 행위성〉이 내용에 따라 추가된다. 그리고 (115)는 "실정을 바로 토설하다"의 개념이니 〈실정을 직토성〉이 추가되며, (116)은 "품고 있던 일이나 숨기던 사실을 있는 그대로 솔직히 말하다"의 개념이므로 〈회포, 비밀을 이실직고성〉이 추가되어 분절한다. (117)은 "언동에서 무엇을 숨기거나 꺼리지 않다"의 개념이니 〈기탄 없이 진실을 토로성〉이 추가되고, 또 "사람이 죽다"의 개념도 가지고 있어 〈[사람]→사망성〉을 가지고 생명종식어의 낱말밭에서도 분절한다. 앞에서 논의한 진실을 토로하는 분절구조는 다음과 같다.

[그림10] 진실을 토로하는 분절구조

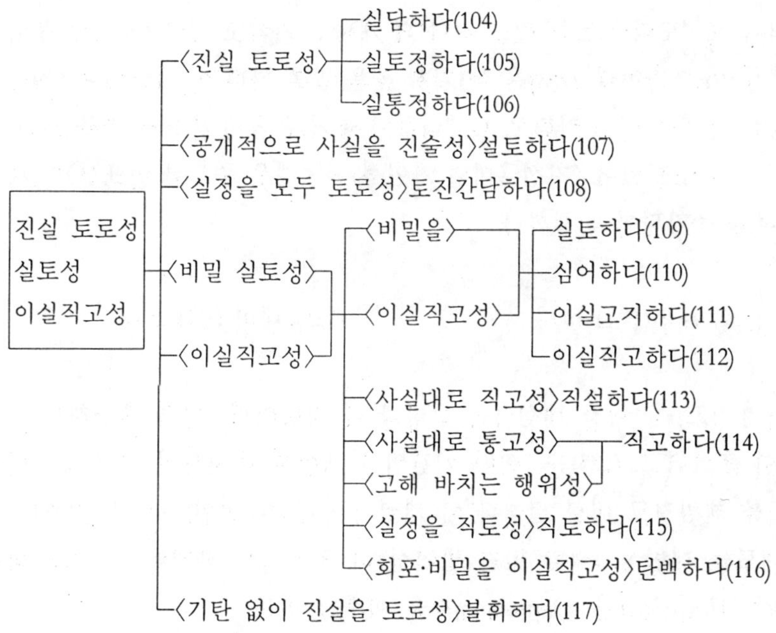

다음은 자기의 주장을 말하는 내용이므로 〈자기의 주장을 피력성〉이
공통으로 부가된다.

    (118) 고담방언(高談放言)하다   (119) 고성준론(高聲峻論)하다
    (120) 지언(知言)하다   (121) 지언(至言)하다

위의 (118)은 "남을 꺼리거나 두려워하지 않고 저 하고 싶은 대로 소리를
높여 말하다"의 개념이므로 〈고성으로 당당하게 자기의 주장을 피력성〉이
추가된다. 그리고 (119)는 "목소리를 높여 엄숙하면서도 날카롭게 말하다"
의 개념이니 〈고성으로 엄숙히 신랄하게 의견을 피력성〉이 추가되고, (120)
은 "사리에 통하는 말을 하다"의 개념이므로 〈사리에 부합된 언표성〉이 추
가되며, 또 "도리에 맞는 말을 하다"의 개념도 가지고 있어 〈도리에 부합된
언표성〉이 추가된다. (121)은 "지극히 옳은 말을 하다"의 개념이니 〈지극히
합당한 언표성〉이 추가되고, 또 "더없이 좋거나 몹시 중요한 말을 하다"의
개념도 가지고 있어 〈지선극미의 가언성〉과 〈매우 중요한 언표성〉이 내용
에 따라 추가되어 분절한다.

    (122) 대언(代言)하다   (123) 대변(代辯)하다

위의 (122)는 "남을 대신하여 말하다"의 개념이니 〈남을 대신하여 발어
성〉이 추가되고, (123)은 "어떤 기관이나 개인을 대신하여 그의 의견이나
태도를 책임지고 대신 말하다"의 개념이므로 〈[대변인]→개인, 기관의 의
견·태도를 대변성→책임 있는 발언성〉이 추가되어 분절하므로 (122)와는
단계적 대립(Gradulle Opposition)[28]을 이루고 있다.

---

28) Horst Geckeler(1973:25)는 "Graduelle Opposition sind solche Glieder durch verschiedene
    Grade oder Abstufungen derselben Eigenschaft gekennzeichnet sind…."라고 하였다.

(124) 확언(確言)하다   (125) 명언(明言)하다

(126) 언명(言明)되다   (127) 정언(定言)하다

(128) 단언(斷言)하다   (129) 끊어말하다

(130) 잘라 말하다   (131) 질언(質言)하다

위의 낱말들은 "확실하게 단정하여 말하다"의 내용을 함유하고 있어 〈확실히 단정하여 발언성〉이 공통으로 부가된다. 따라서 (124)는 "확실하게 말하다"의 개념이니 〈확실하게 언표성〉이 추가되고, (125)는 "분명히 말하다"의 개념이므로 〈명확히 언표성〉이 추가되며, (126)은 "말이나 글로써 자기의 의사나 태도를 명백히 나타내다"의 개념이니 〈어문으로 자기의 의사·태도를 명백히 표명성〉이 추가된다. 그리고 (127)은 "확정하여 말하다"의 개념이니 〈확정하여 언표성〉이 추가되고, (128)-(130)은 "길게 말하지 아니하고 한 마디로 잘라 분명히 말하다"의 개념을 공유하고 있어 〈일언지하에 단언성〉이 공통으로 추가되며, (131)은 "참된 사실을 들어 딱 잘라 말하다"의 개념이니 〈참된 사실을 제시성→일언지하에 단언성〉이 추가되어 분절한다.

(132) 막말하다   (133) 부재다언(不在多言)하다

(134) 폐일언(蔽一言)하다   (135) 곡언(曲言)하다

(136) 원전(圓轉)하다   (137) 우의(寓意)하다

(138) 각설(却說)하다

허 발(1977:54)은 이태리어의 온도 형용사의 계단대립을 다음과 같이 보여주고 있다.

```
gelato─┐                          ┌─bollente(끓는 듯한)
(언)   │                          ├─scottante(타는 듯한)
       ├─freddo-fresco-tiepido-caldo─┤─rovente(작열하는 듯한)
dhiacciato─┘ (찬) (서늘한)(훈훈한)(따뜻한)  └─candente(작열하고 있는)
(언)
```

[그림11] 주장을 피력하는 분절구조

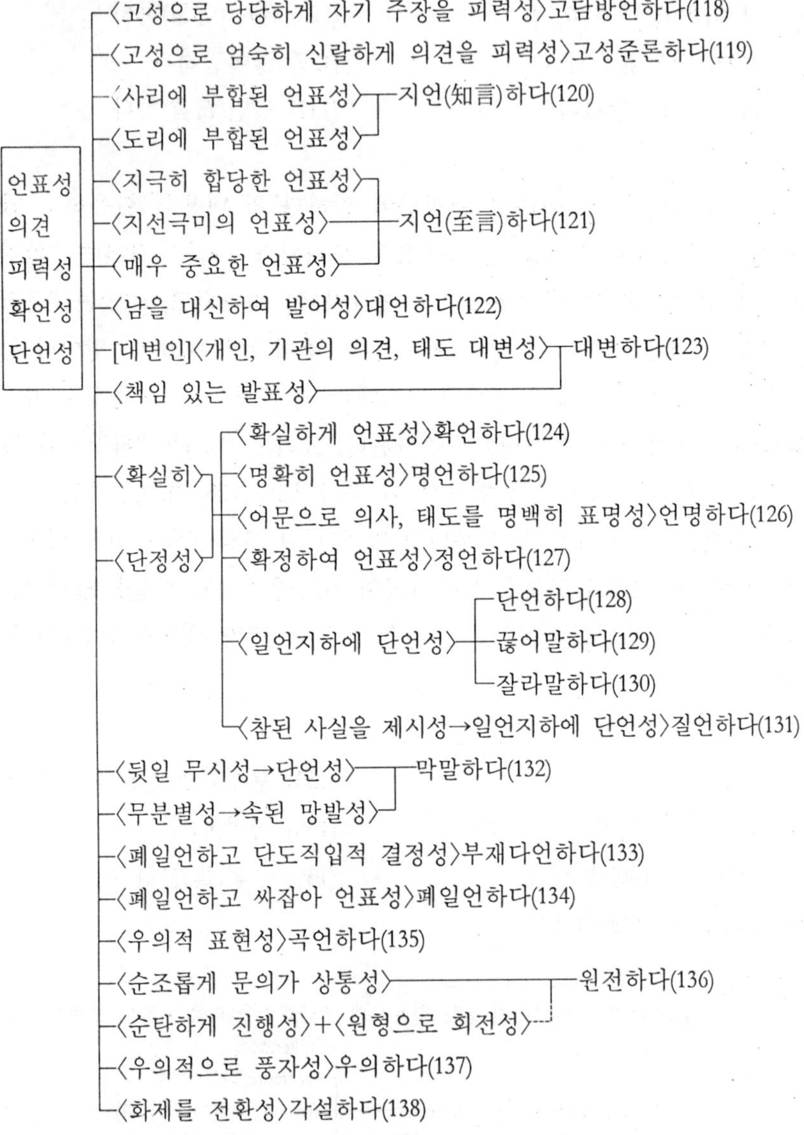

위의 (132)는 "뒷일을 생각하지 않고 딱 잘라서 말하다"의 개념이니 〈뒷일을 무시성→단언성〉이 추가되고, 또 "나오는 대로 속되게 마구 말하다"의 개념도 가지고 있어 〈무분별성→속된 망발성〉이 더 추가되며, (133)은 "여러 말 할 것 없이 마음대로 바로 한 말로 결정하다"의 개념이니 〈폐일언하고 단도직입적 결정성〉이 추가된다. 그리고 (134)는 "이러니저러니 할 것 없이 한 마디 말로 휩싸서 말하다"의 개념이니 〈폐일언하고 싸잡아 언표성〉이 추가되고, (135)는 "멀리 둘러서 말하다"의 개념이므로 〈우의적 표현성〉이 추가되며, (136)은 "문의(文意)가 순하게 통하다"의 개념이니 〈순조롭게 문의가 상통성〉이 추가되고, 또 "막힘 없이 순조롭게 나아가다"의 개념도 가지고 있어 〈순탄하게 진행성〉이 더 추가되며, "둥글게 빙빙 돌다"의 개념일 경우는 〈원형으로 회전성〉을 가지고 이동동사의 낱말밭에서도 분절한다. (137)은 "다른 사물에 붙여서 그 뜻을 풍자하다"의 개념이니 〈우의적으로 풍자성〉이 추가되고, (138)은 "화제를 돌리다"의 개념이므로 〈화제를 전환성〉이 추가되어 분절한다. 자기의 주장을 피력하는 분절 구조는 [그림11]과 같다.

다음은 언어표현의 심리적 상태와 관련된 내용이다.

<table>
<tr><td>(139) 격실거리다[29]</td><td>(140) 냉어(冷語)하다</td></tr>
<tr><td>(141) 냉화(冷話)하다</td><td>(142) 냉어침입(冷語侵入)하다</td></tr>
<tr><td>(143) 과언(誇言)하다</td><td>(144) 격절(激切)하다</td></tr>
</table>

위의 (139)는 "성질이 너그러워 말과 행동을 좀스럽지 않게 활발하게 하다"의 개념이니 〈관대한 아량성→활달한 언표성〉이 추가되고, (140)과 (141)

---

29) 沈在箕(1983:401), 신현숙(1986:81)의 앞의 책 참조.

은 "쌀쌀한 태도로 매정하게 말하다"의 개념을 공유하고 있어 〈냉정성→매정한 언표성〉이 공통으로 추가되며, (142)는 "매정한 말로 남의 마음을 찌르다"의 개념이니 〈매정하게 언표성→남의 심정을 자극성〉이 추가되고, 또 "비꼬는 말로 남을 풍자하다"의 개념도 가지고 있어 〈조소적으로 타인을 풍자성〉이 추가된다. 그리고 (143)은 "자만스럽게 말하다"의 개념이니 〈자만스런 언표성〉이 추가되고, (144)는 "말이나 글을 격렬하고 절실하게 하다"의 개념이므로 〈격렬성+절실성→어문을 표현성〉이 추가되어 분절한다.

(145) 강조(強調)되다   (146) 문자쓰다(文字-)
(147) 거식하다

위의 (145)는 "어떤 부분을 특히 중시하여 단단히 말하다"의 개념이니 〈어문의 어떤 부분을 강조성〉이 추가되고, (146)은 "한문으로 된 어려운 숙어나 속담·격언을 섞어서 말을 하다"의 개념이므로 〈난해한 한문의 숙어·속담·격언을 인용성→현학적 언표성〉이 추가되며, (147)은 "말하는 중에 표현하려고 하는 동사가 얼른 생각나지 않을 때, 그 동사의 대신으로 말하다"의 개념이니 〈언표 중 표현할 동사를 망각성→다른 동사로 교체하여 표현성〉이 추가되어 분절한다.

(148) 편언척자(片言隻字)하다   (149) 사담(私談)하다
(150) 공담(公談)하다   (151) 설의(設疑)하다

위의 (148)은 "한두 마디의 짧은 말이나 글을 쓰다"의 개념이니 〈짧은 어문으로 표현성〉이 추가되고, (149)는 "사사로운 이야기를 하다"의 개념이므로 〈사사로운 담화성〉이 추가되며, (150)은 "공무에 관하여 말하다"의

개념이니 〈공무에 대해 언표성〉이 추가되고, 또 "공평하게 말하다"의 개념도 가지고 있어 〈공평하게 언표성〉이 추가된다. 그리고 (151)은 "의문을 말하다"의 개념이니 〈의문점을 언표성〉이 추가되어 분절한다.

(152) 설폐(說弊)하다   (153) 설폐구폐(說弊救弊)하다
(154) 서척(敍戚)하다   (155) 거성명(擧姓名)하다

위의 (152)는 "폐단을 말하다"의 개념이니 〈폐단을 언급성〉이 추가되고, (153)은 "먼저 폐단을 말하고 그 폐단을 바로잡다"의 개념이므로 〈먼저 폐단을 언급성→그 폐단을 시정성〉이 추가되므로 (152)와는 계단대립을 이루고 있다. 그리고 (154)는 "멀어진 딴 성의 겨레붙이가 그 척분 관계를 서로 말하다"의 개념이니 〈먼 친척간에 척분 관계를 대화성〉이 추가되고, (155)는 "성명을 초들어서 말하다"의 개념이므로 〈거명하여 언표성〉이 추가되어 분절한다.

(156) 별말하다(別-)   (157) 별소리하다(別-)
(158) 별말씀하다(別-)

위의 낱말들은 "뜻밖의 말을 하다"의 개념을 공유하고 있어 〈의외의 언표성〉이 공통으로 추가되고, 또 "예투에 어긋난 말을 하다"의 개념도 공유하고 있어 〈예투에 위반성→의외의 언표성〉도 공통으로 더 추가된다. 다만 (158)은 " '별말'을 높이어 이르는 말"의 개념이므로 〈별말에 대한 공대성〉이 더 추가되어 분절한다. 언어표현에 있어서 태도에 따른 분절구조는 다음과 같다.

[그림12] 언어표현에서 심적 상태의 분절구조

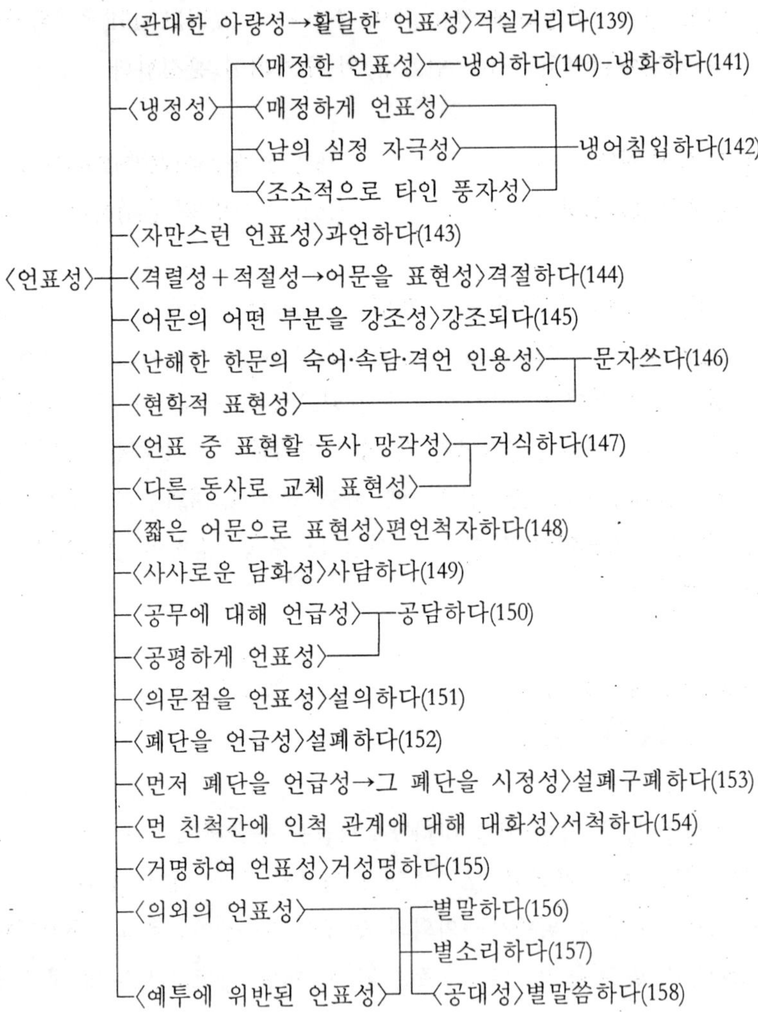

언표 행위에 따른 분절구조는 다음과 같다.

(159) 교발기중(巧發奇中)하다　　　(160) 유난떨다
(161) 말발서다

　위의 (159)는 "교묘하게 꺼낸 말이 신기하게 들어맞다"의 개념이니 〈교묘하게 꺼낸 말이 적중성〉이 추가되고, (160)은 "유난스런 태도나 행동이나 말을 하다"의 개념이므로 〈유난스런 태도성〉, 〈유난스런 행동성〉, 〈유난스런 언표성〉이 내용에 따라 각각 추가되며, (161)은 "말하는 대로 일이 잘 되어 가다"의 개념이니 〈말대로 일이 순조롭게 진전성〉이 추가되어 분절한다.

(162) 말꼬리달다　　　　　　　(163) 말끝달다
(164) 말꼬리물다　　　　　　　(165) 발달다
(166) 부언(附言)하다

　위의 (162)와 (163)은 "끝난 말에 덧붙여 말하다"의 개념을 공유하고 있어 〈언표 종료성→말끝다는 행위성〉이 공통으로 추가되고, (164)는 "남의 말이 끝나자마자 이어 이내 말하다"의 개념이므로 〈남의 언표가 종료성→이어 언급성〉이 추가된다. 그리고 (165)는 "끝난 말에 말을 더 덧붙이다"의 개념이니 〈언표 종료성→첨가하여 발언성〉이 추가되고, (166)은 "지금까지 한 말에 덧붙이어 말하다"의 개념이므로 〈현재까지 한 말에 의견을 첨가성〉이 추가되어 분절한다.

(167) 뒷말하다　　　　　　　　(168) 뒷소리하다
(169) 뒷공론하다(-公論-)　　　　(170) 뒷방공론하다(-房公論-)

　위의 낱말들은 "일이 끝난 뒤에 이러니저러니 뒷공론을 하다"의 개념을

공유하고 있어 〈사건이 종료성→왈가왈부 뒷공론 행위성〉이 공통으로 추가된다. (167)은 "계속되는 이야기의 뒤를 잇는 말을 하다"의 개념도 가지고 있어 〈이야기가 진행성→뒤를 이어 언표성〉이 더 추가되고, 또 "책의 끝에 본문의 내용의 대강이나 또는 그에 관계된 사항을 간략하게 적다"의 개념도 더 가지고 있어 〈책의 끝에 발문을 기재성〉이 더 추가된다. 그리고 (168)은 "맞대놓고 말을 못하고 뒤에서 큰 소리하다"의 개념을 더 가지고 있어 〈대면한 언표를 회피성→뒤에서 불평성〉이 더 추가되고, 또 "뒤에서 응원하느라고 소리를 지르다"의 개념도 더 가지고 있어 〈소리 높이 뒤에서 응원성〉이 더 추가되며, (169)와 (170)은 "겉으로 나서서 떳떳이 말하지 못하고 뒤에서 이러니저러니 시비조로 말하다"의 개념을 더 공유하고 있어 〈표면에 노출됨을 회피성→뒤에서 왈가왈부 비평성〉이 공통으로 추가되어 분절한다.

        (171) 언파(言罷)하다   (172) 언진(言盡)하다

　　위의 (171)은 "말을 끝내다"의 개념이니 〈언표 종료성〉이 추가되고, (172)는 "말을 다하여 더 할말이 없다"의 개념이니 〈내용을 모두 설파성→더 할 말이 없는 상태성〉이 추가되어 분절한다. 앞에서 논의한 언표 행위의 분절구조는 [그림13]과 같다.

2.1.2 마무리

　　현대 국어 자동사 가운데 언어표현에 관련된 172개 낱말에 대하여 이제까지 논의한 분절구조를 요약하면 다음과 같다.

　　(1) 언어표현의 내용 중 많이 분포된 순으로 고찰하여 보려 한다.

[그림13] 언표 행위의 분절구조

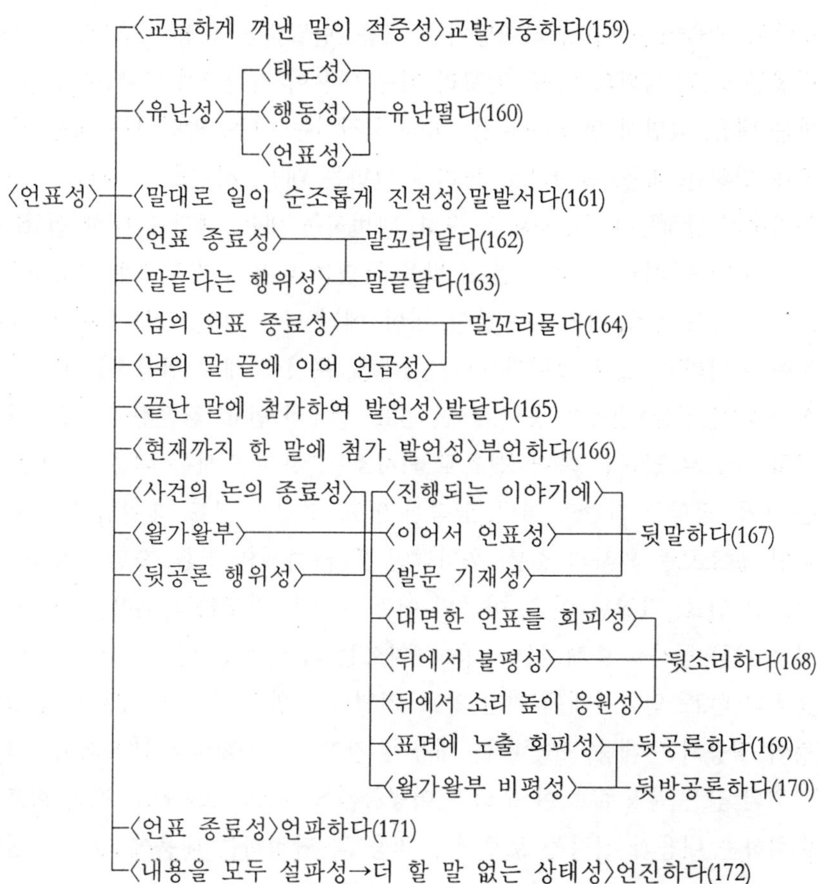

　　회포를 술회하는 내용이 13개(7.56%)로 가장 많고, 진정을 토로하는 내용과 확실하게 단정하는 내용이 각각 10개(5.81%)로 다음으로 많으며, 비밀의 이실직고가 9개(5.23%)로 세 번째로 많다. 그리고 말공대의 내용과 말조심하는 내용이 각각 6개(3.49%)이고, 어문의 어느 부분을 생략하는 내용과 암호로 의사소통하는 내용 및 말문을 여는 내용이 각각 5개(2.91%)이며, 장

54

황스런 언표와 재언하는 내용 및 뒷공론하는 내용이 각각 4개(2.33%)이다. 구두로 진술하는 내용, 하대말하는 내용, 반말하는 내용, 모범적인 언표, 냉정한 언표, 의외의 언표, 말꼬리 다는 내용이 각각 3개(1.74%)이고, 발음하는 내용, 막연히 말하는 내용, 혀를 움직이는 내용, 발언하는 내용, 상대에게 말하는 내용, 불만으로 느리게 말하는 내용, 사건을 주선하는 내용, 온건하게 말하는 내용, 농아의 수화, 대변하는 내용, 폐단에 대한 언급, 부언하는 내용, 사리에 맞는 언표, 말을 끝맺는 내용이 각각 2개(1.16%)이다. 그리고 입의 동작, 번거로운 발언, 필담, 애티 나는 발언, 가는 음성의 언표, 두어 마디의 언표, 무엇이라 말하는 내용, 무엇에 대해 언급하는 내용, 자신에 대한 진술, 발음의 중단, 느린 언표, 상세한 언표, 겸손한 언표, 농아의 구화, 눈으로 말하는 목어, 신호로 의사소통, 전부 말하는 내용, 널리 말하는 내용, 당당히 의견의 피력, 엄숙한 언표, 합당한 언표, 폐일언하는 내용, 곡언, 순조로운 의사의 소통, 우의적인 풍자, 화제의 전환, 활달한 언표, 자만스런 언표, 격렬한 언표, 어문의 어떤 부분을 강조하는 내용, 망각한 동사를 다른 동사로 대체하는 내용, 문자쓰는 내용, 짧은 언표, 사담, 공담, 의문점의 언표, 인척관계에 대한 언표, 거명하여 말하는 언표, 교묘하게 말한 것이 적중되는 내용, 유난떠는 내용이 각각 1개(0.58%)로 분포되어 있다.

위와 같은 분포로 보아 우리 언어공공체(Sprachgemeinsachaft)[30]는 회포를 술회하는 내용과 진정을 토로하는 내용 및 단정하는 내용에 깊은 관심이 드러나 있고, 비밀의 이실직고와 공대말의 사용이나 말조심하는 내용에도 큰 관심이 표현되어 있다.

(2) 말하는 주체는 그 신분을 알 수 없는 내용이 157개(91.28%)로 거의

---

30) Leo Weisgerber(1967:21)는 "der Inbegriff der Menschen, die in Wirkungszusammenhang der stehen"이라고 하였다. 언어 공동체를 결속시키는 것은 모국어의 세계상이다. 즉 모국어의 작용을 통해 언어공동체 전 구성원들이 공통의 차원에 올라서고, 이러한 차원 위에서 그들의 정신적 만남이 가능하다. 물론 모국어의 세계상은 긴 세월의 흐름 속에서 언어공동체의 노력을 통해 형성된다.

전부이고, 신분이 드러난 내용은 모두 15개(8.72%)에 불과하다. 이들의 분포는 농아가 3개(1.74%)로 가장 많고, 어린 아이와 대변인이 각각 2개(1.16%)로 다음으로 많으며, 웃어른, 먼 친척, 감옥의 죄수, 소수의 집단, 군인, 은둔자, 현학자, 공무원이 각각 1개(0.58%)로 분포되어 있다.

(3) 말하는 대상이나 말속에 인용된 객체를 알 수 있는 것은 모두 135개(78.49%)이고, 알 수 없는 것은 37개(21.51%)이다. 대상과 객체를 알 수 있는 것 중 많이 분포된 순으로 고찰하려 한다.

회포가 13개(7.56%)로 가장 많고, 진정한 사실이 11개(6.4%)로 다음으로 많으며, 언행이 10개(5.81%)로 세 번째로 많다. 그리고, 비밀이 9개(5.23%)이고, 공대어가 7개(4.07%)이며, 어문(語文)이 6개(3.49%)이다. 말꼬리, 암호, 뒷공론, 첫마디의 말이 각각 4개(2.33%)이고, 구두(口頭), 음성, 하대어, 반말, 막대기가 각각 3개(1.74%)이며, 발음, 상용어, 입, 사건, 그릇, 손, 자기의 주장, 도리, 어떤 기관, 폐단, 혀 등이 각각 2개(1.16%)이다. 그리고 발음기관, 녹음기, 음운, 필기도구, 말상대, 비린내, 자기 자신, 시조, 입술, 눈짓, 색채, 음향, 형상, 불빛, 옆방의 죄수, 감방, 화제, 한문 숙어, 한문 격언, 한문 속담, 동사, 사담, 공담, 친척, 성명 등이 각각 1개(0.58%)로 분포되어 있다.

위와 같은 분포로 보아 우리 언어공동체는 심중의 회포나 마음 속의 진실을 토로하는 내용 등에 가장 깊은 관심이 반영되어 있고, 언행과 비밀의 실토 및 공대어에도 큰 관심이 드러나 있다. 특히 공대어가 하대어보다 훨씬 많음은 우리 민족이 예의범절에 특별한 관심을 가지고 있는 세계상이 반영된 것으로 이해되며, 또 하대어나 반말 및 뒷공론과 같은 좋지 못한 언어 습관에도 유념하고 있음이 드러나 있다.

(4) 언어표현에서 바람직한 긍정적인 내용 중 필자의 직관에 좋은 언행으로 간주되는 것이 19개(11.05)이고, 바람직하지 못한 부정적인 내용은 20개(11.63%)이다. 긍정적인 내용은 '말씀하다, 말공대하다, 상경하다, 가언(佳言)하다, 가언(嘉言)하다, 가언선행하다, 온화하다, 완협하다, 신언하다,

외신하다, 충신독경하다, 고답방언하다, 지언(至言)하다, 지언(知言)하다, 격절하다, 설폐구폐하다' 등이고, 바람직하지 못한 부정적인 내용은 '혀굴리다, 혀놀리다, 번제하다, 반말지거리하다, 반말질하다, 비린내나다, 시조하다, 긴말하다, 군사설하다, 변쓰다, 막말하다, 과언하다, 문자쓰다, 별말하다, 별소리하다, 말꼬리물다, 뒷말하다, 뒷소리하다, 뒷공론하다, 뒷방공론하다' 등이다.

(5) 우리 국어는 수적으로 한자어가 우위를 차지하고 있는 형편이다. 우리나라는 지리적으로 한문화권에 위치하여 일찍이 역사 전후를 통하여 한자 한문을 받아들여 거의 1500년에 걸쳐 오직 한자를 매개로 하여 문자 생활을 해오는 동안 많은 한어가 국어 속에 스며들었으며, 조선조에 들어 비로소 국자인 한글이 창제된 뒤에도 계속 침투하여 수많은 한어가 국어와 다름없이 우리의 개념세계를 차지하여 왔고, 현재도 역시 극히 자연스럽게 사용되고 있다(朴炳采, 1973:353).

이 연구에서도 이러한 현상이 드러나 한자어는 117개(68.02%)로 과반수가 훨씬 넘고 있으며, 우리 고유어는 42개(24.42%)에 불과하다. 그리고 한자어와 고유어가 융합된 혼종어는 13개(7.56%)이고, 서구 외래어가 하나도 없는 것이 특징이다.

2.2 담화하다

2.2.1 담화하는 내용

이 부분은 서로 이야기하는 내용을 대상으로 하였으므로 〈[상호]→담화성→대담성, 소담성, 환담성, 취담성, 진담성〉과 〈담화성→정담성, 잡담성, 췌담성, 농담성, 희담성, 밀담성〉 및 〈담화성→독백성〉이 내용에 따라 부가된다. 담화하는 자동사의 상위 분절구조는 다음과 같다.

[그림14] 담화 자동사의 상위 분절구조

〈담화〉

- 〈담화성〉이야기하다, 설화하다, 담화하다, 담설하다
- 〈소담성〉소담하다, 담소하다, 담소자약하다
- 〈한담성〉한담하다, 한화하다, 한담설화하다
- 〈취중에 담화성〉취담하다, 취어하다, 취언하다
- 〈괴상야릇한 담화성〉괴담하다, 괴단이설하다
- 〈진실된 담화성〉진담하다, 청담하다, 진설하다
- 〈만단설화성〉만단설화하다, 향인설화하다
- 〈무엇에 대한 담화성〉
  - 체험담하다, 회고담하다
  - 회견담하다, 투쟁담하다
  - 시사담하다, 정담하다
- 〈만담성〉만담하다, 대화만담하다
- 〈언어유희성〉말짓기놀이하다, 언어유희하다
- 〈잡담성〉잡담하다, 잡소리하다, 잡설하다
- 〈불필요한 췌담성〉췌담하다, 췌사하다
- 〈농담성〉농담하다, 희학하다, 농설하다
- 〈실없는 소담성〉희담하다, 시시덕거리다
- 〈공연성〉연희하다, 대화극하다
- 〈정담성〉정담하다, 환담하다, 간담회하다
- 〈연담성〉연담하다, 사랑속삭이다
- 〈밀담성〉밀담하다, 내담하다, 으밀아밀하다
- 〈독백성〉혼잣말하다, 독백하다, 모놀로그하다

2.2.1.1 담화의 분절

다음 (1)-(77)까지는 서로 이야기하는 내용이므로 〈담화성, 설화성, 담소성, 한담성, 취담성, 진담성, 잡담성, 췌담성, 농담성, 희담성〉이 내용에 따라 부가된다.

(1) 이야기하다　　　　　　　　(2) 얘기하다

(3) 설화(說話)하다[31]

위의 낱말들은 "서로 이야기를 주고받다"의 개념일 경우는 〈[상호]→담화성〉이 추가되고, 또 "남이 모르는 일을 일러 주다"의 개념도 가지고 있어 〈남이 모르는 일을 통지성〉이 더 추가되며, "경험한 일이나 심중에 느낀 바를 털어놓다"의 개념일 경우는 〈경험담을 술회성〉과 〈심중의 정감을 술회성〉, "어떤 문제를 한가운데 놓고 이런 말 저런 말을 하다"의 개념일 경우는 〈어떤 문제에 대해 왈가왈부성〉, "어떤 사실이나 또는 있지도 아니한 일을 사실처럼 꾸미어서 재미있게 늘어놓다"의 개념일 경우는 〈허위 날조성→흥미롭게 담화성〉, "사정을 말하다"의 개념일 경우는 〈사정을 진술성〉이 내용에 따라 각각 공통으로 추가되는 다의어(多義語)[32]이다. 그리

---

31) 서정수(1975:61)는 "'-하-'는 의태어 곧 부사어를 선행요소로 한 경우에는 동사적으로 쓰이게 한다. '독서하다'의 '하다'는 동사적 형식을 갖추기 위한 형식요소로 볼 수 있다. 실지 동작 내용은 '독서'에 내포되어 있다."고 하였다.

　신현숙(1986:87)은 '-하다'의 의미 특성을 다음과 같이 기술하고 있다.

① 화자가 정적인 것으로 인지한 현상을 표현하거나 정적인 것으로 추리한 현상을 표현하기 위하여 선택하는 형식이다.

② 어근이 지시하는 움직임을 단속(斷續)적인 움직임으로 바꾸어 표현하기 위하여 선택된다. 따라서 2회 이상 움직임을 지시하면서도 연속된 것으로 인지되지 않는다.

③ 움직임의 출발점과 도착점을 모두 인지할 수 있는 완성된 움직임을 표현하기 위하여 선택된다. 따라서 완성상을 나타내는 형식이다.

32) 李益煥(1986:95)은 "다의어(polysemy)는 하나의 어휘가 둘 이상의 의미적 장(semantic field)에 참여하거나 혹은 하나의 場 내에서 같은 어휘가 더 포괄적인 장에 속하고, 또 그 장 내의 더 독특한 부분장(sub-field)에도 속하는 경우가 될 때 나타난다"고 하였다.

　金敏洙(1983:50)는 "多義性과 관련된 것은 의미적 우연성이다. 이것은 어떤 단어의 의미에서 다른 의미가 파생될 경우, 그 原義와 轉義의 사이에 파생의 연유가 되는 어떤 聯想關係가 있어서 생긴다. 그런데, 原義가 사라지지 않고 계속 쓰이면 그 단어의 두 의미는 유연적 다의성이 된다"고 하였다.

　Kempson(1980:9-10)은 "한 어휘에 두 가지 해석을 줄 수 있는 하나의 환경에서 동시에 가능한 상황에서만 그 어휘의 다의성이 인정 된다. 그렇지 않은 경우는 모두 동음이의어로 처리해야 한다"고 하였다.

고 (2)는 (1)의 준말이므로 서로 변별성이 없어 한 동아리에 묶었고, (3)은 "특히 여러 민족 사이에 전승되어 온 신화·전설·동화 등을 말하다"의 개념이므로 〈여러 민족에 전승된 신화·전설·동화에 대하여 담화성〉이 더 추가되어 분절한다.

    (4) 담설(談說)하다   (5) 담화(談話)하다
    (6) 소담(笑談)하다   (7) 담소(談笑)하다
    (8) 언소(言笑)하다   (9) 소언(笑言)하다
    (10) 소어(笑語)하다

위의 (4)와 (5)는 "서로 이야기를 주고 받다"의 개념을 공유하고 있어 〈[상호]→대화성〉이 공통으로 추가되나, (5)는 "한 단체나 한 개인이 어떤 문제에 대하여 그 견해나 태도를 분명히 하기 위하여 공식적으로 발표하다"의 개념을 더 가지고 있어 〈[한 단체]·[한 개인]→견해·태도를 공식적으로 공표성→분명한 태도를 표명할 목적성〉이 더 추가되어 분절한다. 그리고 (6)은 "우스운 이야기를 하다"의 개념이니 〈우스운 이야기를 술회성〉이 추가되고, (7)-(10)은 "자유로운 분위기에서 이야기도 하고 웃기도 하다"의 개념을 공유하고 있어 〈자유롭게 담소성〉이 공통으로 추가되며, 또 "마음을 툭 터놓고 이야기하다"의 개념도 가지고 있어 〈허심탄회하게 담화성〉도 공통으로 추가되는 유의어이므로 한 동아리에 묶었다.

    (11) 담소자약(談笑自若)하다   (12) 언소자약(言笑自若)하다

崔昌烈(1988:212)은 "다의성이란 원래 그 어원적인 의미 자체가 한 가지인 동의였으나 그 사용상의 범위가 다채롭게 확대되어 그 적용상의 의미가 많아져 다의로 된 것을 말한다. 따라서 동일한 말의 형식이라 할지라도 종종 그것이 여러 가지로 발달한 별도의 뜻이 많아짐에 따라 그것들은 각각 별도의 동음이의어로 의미가 확대되어진다"고 하였다.

(13) 한담(閑談)하다   (14) 한화(閑話)하다

(15) 한담객설(閑談客說)하다   (16) 한담설화(閑談屑話)하다

위의 (11)과 (12)는 "근심되는 일이나 놀라운 일을 당했을 때에도 이야기하고 웃고 하는 것이 평소의 태도나 조금도 다름이 없다"의 개념을 공유하고 있어 〈낭패스런 일에 직면성＋놀라운 일에 당면성→태연자약하게 언표성〉이 공통으로 추가되고, (13)과 (14)는 "심심풀이로 이야기하다"의 개념을 공유하고 있어 〈심심풀이로 담화성〉이 공통으로 추가되며, 또 "한가하게 서로 이야기를 주고 받다"의 개념도 더 공유하고 있어 〈한가하게 담화성〉도 공통으로 추가된다. 그리고 (15)는 "심심풀이로 군말을 하다"의 개념이니 〈심심풀이로 객담성〉이 추가되고, (16)은 "심심풀이로 쓸데없는 잔말을 하다"의 개념이므로 〈심심풀이로 쓸데없이 잔말 행위성〉이 추가되어 분절한다.

(17) 취담(醉談)하다[33]   (18) 취어(醉語)하다

(19) 취언(醉言)하다

이들은 "술에 취한 중에 이야기하다"의 개념(concept)을 공유하고 있어 〈취중에 담화성〉이 공통으로 추가되나, 담화의 내용이나 태도는 무표(unmarked)로 되어 있다. 앞에서 논의한 담화의 분절구조는 [그림15]와 같다.

(20) 괴담(怪談)하다   (21) 괴담이설(怪談異說)하다

(22) 진담(陳談)하다   (23) 진담누설(陳談漏說)하다

---

33) 高永根(1974:9)과 沈在箕(1983:355)의 앞의 책 참조.

[그림15] 담화하는 분절구조(1)

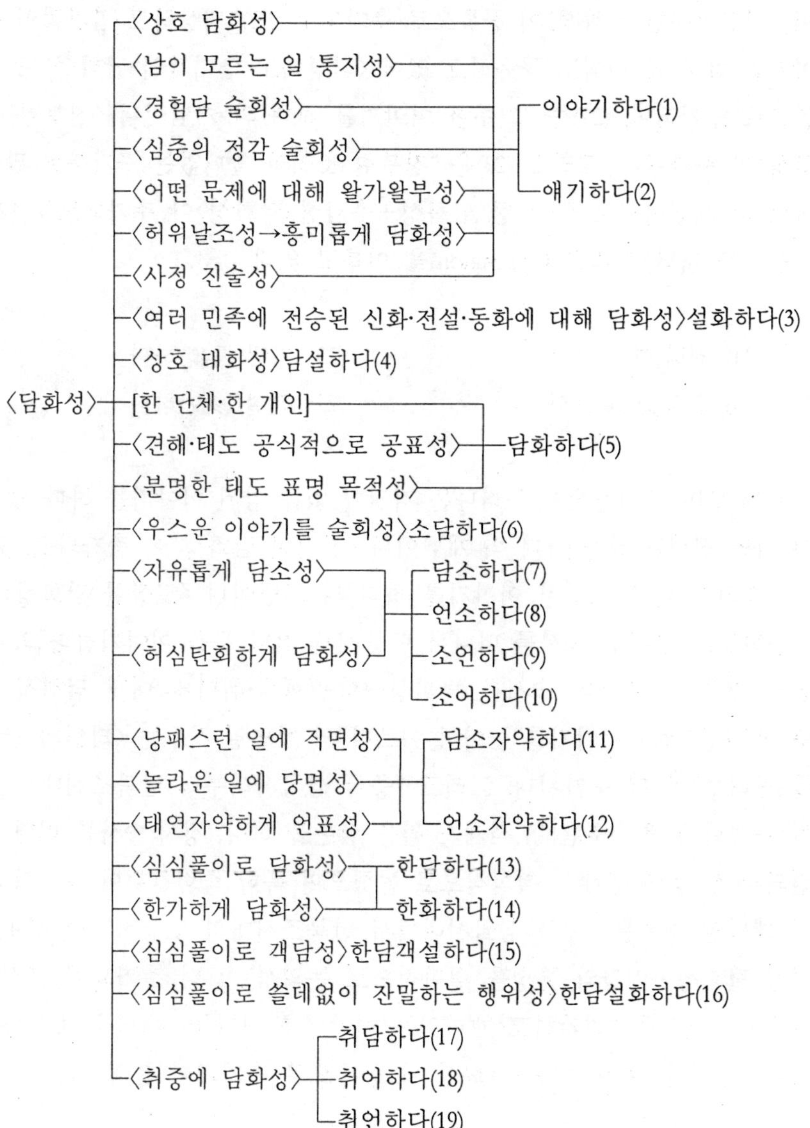

위의 (20)과 (21)은 "괴상야릇한 이야기를 하다"의 개념을 공유하고 있어 〈괴상야릇한 담화성〉이 공통으로 추가되고, 또 "괴상하고 엽기적인 이야기를 하다"의 개념도 공유하고 있어 〈괴상하고 엽기적인 담화성〉도 공통으로 추가되며, (22)는 "진부한 이야기를 하다"의 개념이니 〈진부한 담화성〉이 추가된다. 그리고 (23)은 "진부한 소리와 쓸데없는 구저분한 말을 하다"의 개념이므로 〈진부한 담화성＋추잡한 담화성〉이 추가되므로 (22)와는 계단대립(Gradulle Opposition)을 이루고 있다.

(24) 진담(眞談)하다　　　　　(25) 청담(淸談)하다
(26) 진담(珍談)하다　　　　　(27) 진설(珍說)하다

위의 (24)는 "진정에서 우러나온 거짓이 없는 참된 이야기를 하다. 농담이 아닌 진실된 말을 하다"의 개념이니 〈진실된 담화성〉이 추가되고, (25)는 "속되지 않고 고상한 이야기를 하다"의 개념이니 〈고상한 담화성〉이 추가되고, 또 "세간 속사를 떠나서 학문·예술·취미 등을 이야기하다"의 개념일 경우는 〈세간의 속사를 탈피성→학문·예술·취미에 대해 담화성〉이 추가되며, "남의 이야기를 높이어 이르다"의 개념일 경우는 〈타인의 담화를 공대성〉이 더 추가된다. 그리고 "중국 삼국시대부터 남북조시대에 걸쳐 유행한 노장적(老壯的) 색채가 짙은 담론을 하다. 정치·속사를 떠나 인간의 본성 등에 관해서 철학적으로 논했으며 특히 죽림칠현이 유명하다"의 개념일 경우는 〈중국 삼국시대에서 남북조시대의 노장적 담론성＋속사를 탈피성→인간의 본성을 철학적으로 논의성〉이 더 추가되어 분절한다. (26)과 (27)은 "진기하고 재미있는 이야기를 하다"의 개념을 공유하고 있어 〈진귀성＋흥미 있는 담화성〉이 공통으로 추가되어 분절한다.

(28) 만단설화(萬端說話)하다   (29) 내담(來談)하다

(30) 입담(立談)하다   (31) 향인설화(向人說話)하다

(32) 담화회(談話會)하다   (33) 담회(談會)하다

(34) 극담(劇談)하다

위의 (28)은 "가슴속에 서려 있는 모든 이야기를 하다"의 개념이니 〈심중의 회포를 모두 설파성＋만단설화성〉이 추가되고, (29)는 "어떤 일에 대하여 와서 이야기하다"의 개념이므로 〈내방성→어떤 일에 담화성〉이 추가되며, (30)은 "서서 이야기하다"의 개념이니 〈기립성→담화성〉이 추가된다. 그리고 (31)은 "남을 대하여 이야기하다"의 개념이니 〈타인을 대면성→담화성〉이 추가되고, (32)와 (33)은 "이야기를 하기 위해 모이다"의 개념을 공유하고 있어 〈담화회를 개최성〉이 공통으로 추가되며, (34)는 "쾌활하게 담화하다"의 개념일 경우는 〈쾌활하게 담화성〉이 추가되고, 또 "격렬하게 말하다"의 개념일 경우는 〈격렬한 언표성〉이 더 추가되며, "연극에 대하여 담화하다"의 개념일 경우는 〈연극에 대해 담화성〉이 더 추가되어 분절한다.

(35) 체험담(體驗談)하다   (36) 실력담(實歷談)하다

(37) 회고담(懷古談)하다   (38) 회구담(懷舊談)하다

(39) 회상담(回想談)하다   (40) 회견담(會見談)하다

(41) 투쟁담(鬪爭談)하다   (42) 시사담(時事談)하다

(43) 정담(政談)하다

위의 낱말들은 무엇에 대하여 이야기하는 내용이므로 담화의 대상이 변별력을 가지고 있다. 따라서 (35)와 (36)은 "직접 경험한 바를 이야기하다"의 개념을 공유하고 있어 〈체험담을 담화성〉이 공통으로 추가되고,

64

(37)과 (38)은 "지나간 옛 자취를 돌이켜 생각하여 이야기하다"의 개념을 공유하고 있어 〈회고담을 언표성〉이 공통으로 추가된다. 그리고 (39)는 "회상하여 이야기를 하다"의 개념이니 〈회상하여 담화성〉이 추가된다. 그리고 (40)은 "회견할 때에 이야기를 주고 받다"의 개념이므로 〈회견할 때 대화성〉이 추가되며, (41)은 "투쟁한 일에 대해 이야기를 하다"의 개념이니 〈투쟁담을 피력성〉이 추가된다. (42)는 "시사에 대하여 서로 담론하다"의 개념이니 〈시사에 대해 담론성〉이 추가되고, (43)은 "그 때의 정치에 관해서 담론하다"의 개념이므로 〈당시의 정치에 대해 담론성〉이 추가되며, 또 "그 때의 정치나 재판에 관한 이야기를 하다"의 개념도 가지고 있어 〈당시의 정치, 재판에 대해 담론성〉이 더 추가되어 분절한다.

(44) 만담(漫談)하다   (45) 대화만담(對話漫談)하다

(46) 말짓기놀이하다   (47) 언어유희(言語遊戲)하다

(48) 잡담(雜談)하다   (49) 잡말하다(雜-)

(50) 잡소리하다(雜-)   (51) 잡설(雜說)하다

(52) 쇄담(瑣談)하다   (53) 실실하다

위의 (44)는 "재미있고 익살스러운 말로써 세상의 인정을 비판 풍자하여 사람들을 웃기는 이야기를 하다"의 개념이니 〈세사·인정을 흥미 있고 익살스럽게 풍자성→청중에 웃음을 제공성〉이 추가되고, (45)는 "두 사람 또는 그 이상의 사람들이 대화 형식으로 만담하다"의 개념이므로 〈[두 사람 이상]→대화 형식으로 만담성〉이 추가되며, (46)과 (47)은 "말이나 글자를 이용하여 놀이하다"의 개념을 공유하고 있어 〈말이나 글자를 이용성→언어유희성〉이 공통으로 추가된다. 그리고 (48)과 (49)는 " 쓸데없이 잡다한 말을 지껄이다"의 개념을 공유하고 있어 〈쓸모 없는 잡담성〉이 공통으로 추가되고, (50)은 "잡담을 속되게 이르다"의 개념이니 〈잡담의 속칭성〉

이 추가되며, 또 "잡된 노래를 부르다"의 개념도 가지고 있어 〈잡된 노래를 가창성〉을 가지고 노래의 낱말밭에서도 분절한다. (51)과 (52)는 "잡된 이야기나 여론을 늘어놓다"의 개념을 공유하고 있어 〈잡담성＋잡된 여론을 담론성〉이 공통으로 더 추가되며, (53)은 "실없이 웃거나 잡담하다"의 개념이므로 〈실없이 미소성→잡담성〉이 추가되어 분절한다.

(54) 췌담(贅談)하다[34]   (55) 췌사(贅辭)하다
(56) 췌언(贅言)하다

이들은 "쓸데없는 군더더기 말을 하다"의 개념을 공유하고 있어 〈불필요한 췌담성〉이 공통으로 추가되어 분절하는 유의어이므로 한 동아리에 묶었다.

(57) 농담(弄談)하다   (58) 농언(弄言)하다
(59) 농(弄)하다   (60) 농말하다(弄-)
(61) 농치다(弄-)   (62) 농설(弄舌)하다
(63) 요설(饒舌)하다   (64) 농변(弄辯)하다
(65) 희학(戲謔)하다   (66) 농지거리하다
(67) 희학질하다(戲謔-)[35]   (68) 농한희어(弄翰戲語)하다

---

34) 신현숙(1986:97)은 '-하다'의 의미 특성을 다음과 같이 말했다.
　　① 두 개의 어근을 선택한다.
　　② 정적인 어근과 결합한다.
　　③ 낮은 의미의 어근/문맥/상황과 관련되지 않는다.
　　④ 움직임의 전체에 초점을 둔다.
　　⑤ 시간의 변화나 정도가 관련되지 않는다.
35) 서정수(1975:25)는 "동작성 선행요소＋질(M＋질)는 국어의 비동작성 명사의 일부, 동작성 명사의 일부, 동사의 어간 등에 '-질-'이 첨가되면 '-하-'의 선행요소가 된다. 그리고 '-질-'은 '노릇'이라는 말과 같이 동작성 기능 표시의 의미요소이다. Martin은 '-질-'을

위의 낱말들은 "실없이 장난으로 말을 하다"의 내용을 함유하고 있어 〈실없는 농담성〉이 공통으로 부가된다. 따라서 (57)-(61)은 "실없이 장난의 말을 하다"의 개념을 공유하고 있어 〈실없는 농담성〉이 공통으로 추가되고, (62)와 (63)은 "쓸데없는 말을 자꾸 지껄이다"의 개념을 공유하고 있어 〈불필요한 농담을 계속성〉이 공통으로 추가되며, (64)는 "쓸데없는 말을 농조로 늘어놓다"의 개념이니 〈쓸데없는 말을 농조로 담론성〉이 추가되고, (65)는 "실없는 말로 농지거리하다"의 개념이므로 〈농지거리를 담화성+속된 표현성〉이 추가되며, (66)과 (67)은 "점잖지 않게 함부로 농담하다"의 개념을 공유하고 있어 〈경망스럽게 농담성+속된 표현성〉이 공통으로 추가된다. (68)은 "낙서하고 농담하다"의 개념이니 〈낙서성+농담성〉이 추가되어 분절한다.

(69) 희담(戲談)하다   (70) 희언(戲言)하다
(71) 희영수하다(戲-)   (72) 시시거리다
(73) 시시덕거리다   (74) 히히덕거리다
(75) 씨석거리다

위의 낱말들은 "실없이 잘 웃으며 지껄이다"의 내용을 함유하고 있어 〈실없는 소담성〉이 공통으로 부가된다. 따라서 (69)와 (70)은 "웃음거리로 실없는 말을 하다"의 개념을 공유하고 있어 〈웃음거리를 담화성〉이 공통으로 추가되고, (71)은 "남과 실없는 말이나 행동을 하다"의 개념이므로 〈남과 실없는 언행성〉이 추가되며, (72)-(75)는 "실없이 잘 웃고 몹시 지껄이다"의 개념을 공유하고 있어 〈실없이 미소성→계속 농설성〉이 공통으로

'act, behavior, way of doing'이라 하였고, 송병학이 'action nominal marker'라 한 것도 동작성 표시 기능을 지적한 것이라고 생각한다. '-질-'이 첨가되면 품위 없는 말이 되기도 한다."고 하였다.

추가되어 분절한다.

[그림16] 담화하는 분절구조(2)

〈괴상야릇한 담화성〉────┬─괴담하다(20)
〈괴상하고 엽기적인 담화성〉──┴─괴담이설하다(21)
〈진부한 담화성〉진담(陳談)하다(22)
〈진부한 담화성＋추잡한 담화성〉진담누설하다(23)
〈진실한 담화성〉진담(眞談)하다(24)
〈고상한 담화성〉
〈세간의 속사 탈피성〉──────────┬─진담하다
〈담화성〉─〈학문·예술·취미에 대해 담화성〉　　　　　　 (25)
〈중국 삼국시대에서 남북조시대의 노장적 담론성〉
〈속사 탈피성→인간의 본성을 철학적으로 논의성〉
〈진귀성＋흥미 있는 담화성〉진설하다(26)
〈심중의 회포를 모두 설파성＋만단설화성〉만단설화하다(27)
〈내방성→담화성〉내담하다(28)
〈기립성→담화성〉입담하다(29)
〈타인을 대면성→담화성〉향인설화하다(31)
〈담화회를 개최성〉담화회하다(32)-담회하다(33)
〈쾌활하게 담화성〉
〈격렬하게 담화성〉──────┬─극담하다(34)
〈연극에 대하여 담화성〉
〈체험담을 언표성〉체험담하다(35)-실력담하다(36)
〈회고담을 언표성〉회고담하다(37)-회구담하다(38)
〈회상하여 담화성〉회상담하다(39)
〈회견할 때 담화성〉회견담하다(40)
〈투쟁담을 피력성〉투쟁담하다(41)
〈시사에 해하여 담화성〉시사담하다(42)
〈당시의 정치에 대해 담론성＋재판에 대해 담론성〉정담하다(43)

[그림17] 담화하는 분절구조(3)

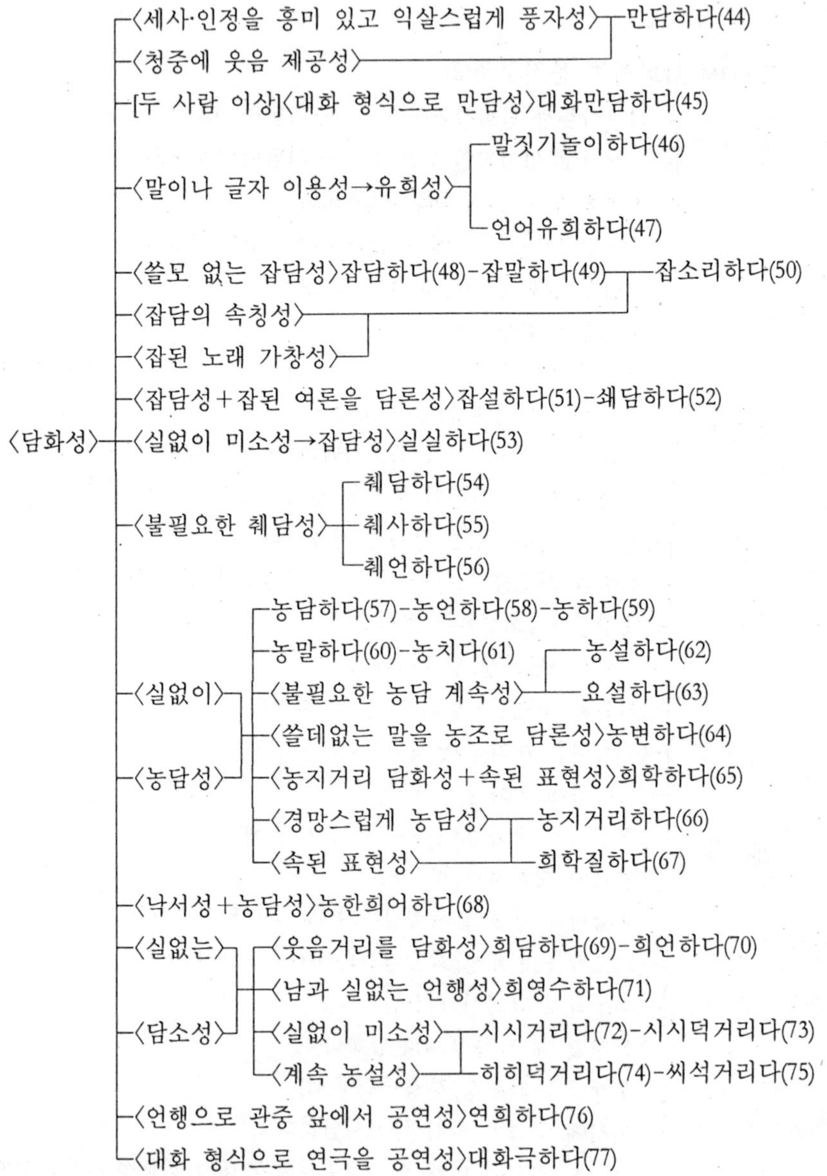

(76) 연희(演戲)하다   (77) 대화극(對話劇)하다

위의 (76)은 "말과 동작으로 여러 사람의 앞에서 재주를 부리다"의 개념이니 〈언행으로 관중 앞에서 공연성〉이 추가되고, (77)은 "대화에 중점을 두어 주로 대화의 형식으로 연극을 하다"의 개념이므로 〈대화 형식으로 연극을 공연성〉이 추가되어 분절한다.

앞에서 논의한 개별 낱말의 분절구조를 그림으로 그려보면 [그림16], [그림17]과 같은 수형도(tree diageam)가 된다.

2.2.1.2. 정담의 분절

다음 (78)~(85)까지는 "다정하게 주고받는 이야기를 하다"의 내용(inhalt)을 함유하고 있어 〈정담성, 다정성, 애정을 교환하는 담화성〉이 내용에 따라 부가된다.

(78) 정담(情談)하다   (79) 정설(情說)하다
(80) 간담(懇談)하다   (81) 간담회(懇談會)하다
(82) 환담(歡談)하다   (83) 환어(歡語)하다
(84) 연담(戀談)하다   (85) 사랑속삭이다

위의 (78)은 "다정하게 주고 받는 이야기를 하다"의 개념이니 〈다정하게 담화성〉이 추가되고, (79)는 "남녀 사이에 다정한 이야기를 주고 받다"의 개념이므로 〈[남녀]→정담을 교환성〉이 추가되며, (80)은 "정답게 서로 의견을 나누다"의 개념이니 〈[상호]→정답게 의견을 교환성〉이 추가된다. 그리고 (81)은 "정답게 서로 의견을 나누는 모임을 갖다"의 개념이니 〈[상호]→정담 교환의 회합성〉이 추가되며, (82)와 (83)은 "정답고 즐겁게 서로 이야기를 주고받다"의 개념을 공유하고 있어 〈정다운 환담성〉이 공통으로

추가되며, (84)와 (85)는 "이성 사이에 사랑의 말을 주고받고 하다"의 개념을 공유하고 있어 〈[남녀]→정담을 교환성〉이 공통으로 추가된다. 그런데 (85)는 "애정 관계를 맺고 사귀다"의 개념도 가지고 있어 〈애정 관계로 결속성→교제성〉이 더 추가되어 분절한다. 정담에 관련된 낱말의 분절구조는 다음과 같다.

[그림18] 정담하는 분절구조

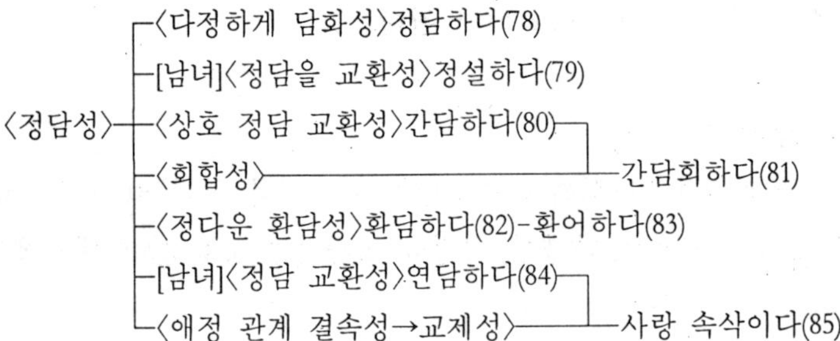

2.2.1.3. 밀담의 분절

다음 (86)-(156)까지는 "남이 알아듣지 못하도록 넌즈시 이야기하다"의 내용을 함유하고 있어 〈밀담성〉이 공통으로 부가된다.

(86) 내담(內談)하다   (87) 밀담(密談)하다

(88) 비밀말하다(秘密-)   (89) 밀화(密話)하다

(90) 으밀아밀하다

위의 낱말들은 모두 "남모르게 비밀리에 이야기하다"의 개념을 공유하고 있어 〈밀담성〉이 공통으로 추가된다. 다만 (88)은 어휘 사전에 공백 (lexical gap)[36]으로 되어 있다.

(91) 사어(私語)하다   (92) 벽좌우(辟左右)하다

(93) 귓속말하다   (94) 귀엣말하다

(95) 이어(耳語)하다   (96) 부이어(附耳語)하다

(97) 접이(接耳)하다   (98) 귓속질하다

위의 (91)은 "드러나지 않도록 조용히 말하다"의 개념이니 〈밀어성→비밀의 노출을 예방성〉이 추가되고, 또 "사사롭게 쑤군거리다"의 개념도 가지고 있어 〈사사롭게 밀어성〉이 더 추가되며, "사사로이 부탁하다"의 개념일 경우는 〈사사로이 부탁성〉이 추가되는 다의어이다. 그리고 (92)는 "밀담을 하기 위하여 옆에 있는 사람을 물리치다"의 개념이니 〈주위를 물리치는 행위성→밀담할 목적성〉이 추가되고, (93)~(98)은 "남의 귀에 가까이 입을 대고 소근소근 말하다"의 개념을 공유하고 있어 〈귓속말로 언표성〉이 공통으로 추가되나, (98)은 〈속된 표현성〉이 더 추가되어 분절한다.

(99) 조조(嘈嘈)하다   (100) 도란거리다

(101) 도란도란하다[37)   (102) 두런거리다

---

36) 李益煥(1986:95)은 "공백(lexical gap)은 어휘체계 내에 있을 법한 어휘가 존재하지 않는 경우로 부분장(sub-field)에서 어휘가 둘 기대되는데 사실은 하나가 결여된 현상이다"라고 말하고 다음과 같은 보기를 들고 있다.

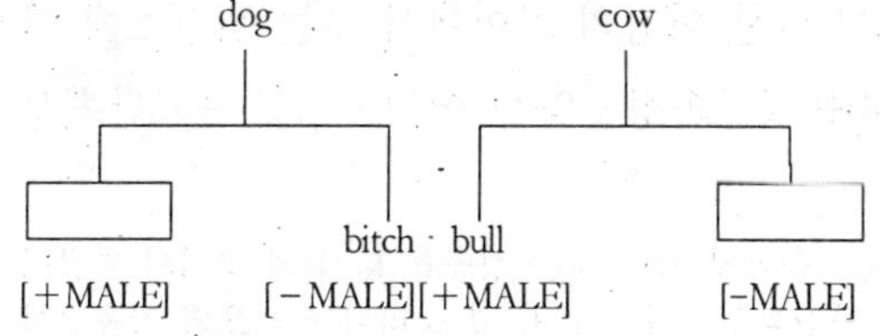

허 발(1977:33)은 "체계의 네벨에 있어서 내용으로서는 존재하고 있으나 규범의 네벨에서는 낱말로 실현되어 있지 않은 경우를 말한다. Coseriu는 체계에 포함되어 있으나 아직도 낱말로 실현되어 있지 않지만 가능성으로서는 존재하는 것이다"라고 하였다.
37) 서정수(1975:61) 앞의 책 참조.

(103) 두런두런하다   (104) 소곤거리다[38]

(105) 소곤소곤하다   (106) 소근거리다

(107) 소근소근하다   (108) 쏘곤거리다

(109) 쏘곤쏘곤하다   (110) 수군거리다

(111) 수군수군하다   (112) 수근거리다

(113) 수근수근하다   (114) 쑤근거리다

(115) 쑤근쑤근하다

위의 (99)는 "작은 소리로 지껄이다"의 개념이니 〈작은 소리로 언표성〉
이 추가되고, 또 "급히 내리는 빗소리 같이 소리가 급하다"의 개념도 가지
고 있어 〈소나기처럼 급한 언표성〉이 추가되며, (100)-(103)은 "나직한 목소
리로 잘 알아들을 수 없게 서로 조용히 말하다"의 개념을 공유하고 있어
〈도란거리는 언표성〉이 공통으로 추가되나, (100)과 (101)은 양성모음이고,
(102)와 (103)은 음성모음이므로 어감의 차이에서 오는 뉘앙스에 의하여 서
로 분절된다. 따라서 (100)은 〈연속성＋약한 어감〉, (101)은 〈단속성＋약한
어감〉, (102)는 〈연속성＋강한 어감〉, (103)은 〈단속성＋강한 어감〉이 더 추
가된다. 그리고 (104)-(115)는 "남이 알아듣지 못하도록 목소리를 낮추어 비
밀리에 말하다"의 개념을 공유하고 있어 〈소곤거리는 언표성＋비밀을 유
지할 목적성〉이 공통으로 추가되나, 이들은 양성모음과 음성모음의 교체
와 평음, 경음, 격음의 교체에 따른 어감의 차이에서 오는 뉘앙스에 의하여
서로 분절된다. 따라서 (104)는 〈연속성＋약한 어감〉, (105)는 〈단속성＋약

---

38) 김한영 외 2인 옮김(1998:186)은 "속삭일 때 우리는 성층을 넓게 펴 공기의 흐름이 성층
   의 가장자리에서 혼란스럽게 분산되도록 함으로써 쉿 소리나 라디오의 잡음같이 들리
   는 난류 또는 소음을 발생시킨다. 쉿 소리는 음성의 주기적인 소리에서처럼 일련의 배
   음으로 구성되는 깔끔한 반복파동이 아니라, 진동수가 끊임없이 변하는 들쑥날쑥한 불
   규칙 파동이다. 그럼에도 불구하고 이 불규칙 파동만 있으면 성도의 나머지 부분은 이
   해 가능한 속삭임을 만들어 낸다."고 하였다.

[그림19] 밀담하는 분절구조

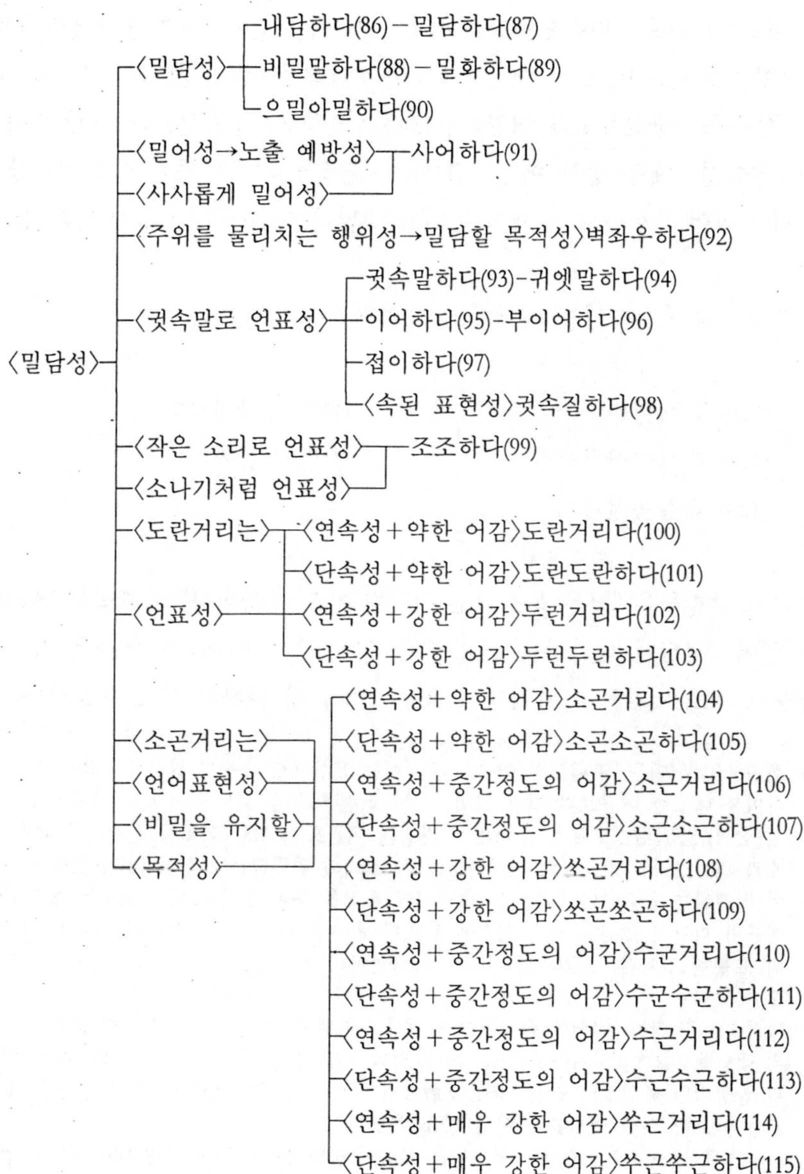

한 어감〉, (106)은 〈연속성＋중간정도의 어감〉, (107)은 〈단속성＋중간정도의 어감〉, (108)은 〈연속성＋강한 어감〉, (109)는 〈단속성＋강한 어감〉, (110)은 〈연속성＋중간정도의 어감〉, (111)은 〈단속성＋중간정도의 어감〉, (112)는 〈연속성＋중간정도의 어감〉, (113)은 〈단속성＋중간정도의 어감〉, (114)는 〈연속성＋매우 강한 어감〉, (115)는 〈단속성＋매우 강한 어감〉이 각각 더 추가되어 분절한다. 앞에서 논의한 밀담의 분절구조는 [그림19]와 같다.

다음 (116-130)까지는 속삭이고 숙덕거리는 내용이다.

(116) 속삭이다[39)   (117) 속삭거리다
(118) 속삭속삭하다   (119) 속살거리다
(120) 속살속살하다

위의 낱말들은 "낮은 목소리로 정답게 자꾸 속삭이다"의 개념을 공유하고 있어 〈정답게 속삭이는 언표성〉이 공통으로 추가되나, 이들은 접사와 음운 교체로 어감[40)의 차이에서 오는 뉘앙스에 의하여 서로 분절한다. 따

___

39) 신현숙(1986:92)은 "흉내말의 어근을 움직이는 표현으로 바꾸기 위하여 선택한다. 동적 의미를 내포한 어근보다 정적 의미가 두드러진 어근을 선택하는 것이 자연스럽다(망설/꿈적/울적/글성). 또한 소리와 관련되는 어근도 동적인 의미를 인지하기 쉬운 큰 소리보다 정적인 소리처럼 인지하는 작은 소리와 관련되는 경향이 있다. 그리고 어근이 지시하는 움직임이 일어나는 출발점에 초점을 두어 표현할 때 선택되는 형식이다. 이른바 화자가 초점을 맞춘 영역에서 없던 움직임이나 상태가 일어난 것처럼 인지하여 표현한 것이다. '벌떡이다/파닥이다/펄럭이다'처럼 순간적 움직임과 잘 결합한다"고 하였다.

40) 박갑수(1977:63)는 "국어에 음상적인 유연성이 존재하는 데, 이것은 모음의 대립과 자음의 대립에 의해 빚어지는 것이고, 이에 의해 어감 또는 인상의 차이가 빚어진다. 자음의 음상적인 유연성이 軟音 : 硬音 : 激音의 대립을 보이며, 연음에 대한 경음은 세고, 격음은 보다 게센 어감을 자아낸다."고 하였다.

리득춘(1996:51)은 "조선어 어휘들은 모음의 음양대립에 의한 음절 내부 음운구성의 변화, 그리고 자음기류의 강약과 긴장정도에 의한 자음 2체계의 대립적인 존재로 하여

라서 (116)은 〈순간성+약한 어감〉, (117)은 〈연속성+약한 어감〉, (118)은 〈단속성+약한 어감〉, (119)는 〈연속성+약한 어감〉, (120)은 〈단속성+약한 어감〉이 각각 더 추가되어 분절한다.

(121) 숙설거리다   (122) 숙설숙설하다
(123) 쏙살거리다   (124) 쏙살쏙살하다
(125) 쑥설거리다   (126) 쑥설쑥설하다

위의 (121)과 (122)는 "낮은 목소리로 숙덕거리다"의 개념을 공유하고 있어 〈낮은 소리로 숙덕이는 언표성+중간정도의 어감〉이 공통으로 추가되나, 이들은 접사의 교체에 따른 어감의 차이로 뉘앙스에 의하여 서로 분절한다. 따라서 (121)은 〈연속성〉이 더 추가되고, (122)는 〈단속성〉이 더 추가되어 서로 분절한다. 그리고 (123)와 (124)는 "큰 소리로 자질구레하게 쏙닥거리다"의 개념을 공유하고 있어 〈큰 소리로 잡다하게 쏙닥이는 언표성〉이 공통으로 추가되나, 이들도 접사의 교체에 따른 어감의 차이로 뉘앙스에 의하여 서로 분절한다. 따라서 (123)은 〈연속성〉이 더 추가되고, (124)는 〈단속성〉이 더 추가된다. (125)와 (126)은 "큰 소리로 수선스럽게 쑥덕거리다"의 개념을 공유하고 있어 〈큰 소리로 소란성→쑥덕이는 언표성〉이 공통으로 추가되나, 이들도 접사의 교체로 어감의 차이에서 오는 뉘앙스에 의하여 서로 분절한다. 따라서 (125)는 〈연속성〉이 더 추가되고, (126)은 〈단속성〉이 더 추가되어 분절한다.

의미의 미세한 뉘앙스를 분화시켜 나타낼 수 있다. 이러한 특성은 미각, 후각, 시각, 촉각 등의 감각에 의한 감수성을 예리하고 섬세하게 표현하는 형용사, 동사, 부사들에서 아주 풍부하다. 이는 조선어의 민족적 색채와 민족적 특성을 반영하는 하나의 측면이다. 이러한 특성으로 하여 조선어 어휘에는 의성의태어가 발달되어 있다. 자음과 모음의 소리 바꿈 가운데서도 양성모음과 음성모음의 대립적 존재는 역사상 단어의 뜻을 분화시키고 새 단어를 형성하는 데 아주 일찍부터 작용해 왔다."고 하였다.

(127) 수군덕거리다   (128) 수군덕수군덕하다

(129) 쑤군덕거리다   (130) 쑤군덕쑤군덕하다

위의 낱말들은 "질서 없이 마구 수군거리다"의 개념을 공유하고 있어 〈무질서하게 마구 수군거리는 언표성〉이 공통으로 추가되나, 이들은 접사와 평음과 경음의 교체로 어감의 차이에서 오는 뉘앙스에 의하여 서로 분절한다. 따라서 (127)은 〈연속성＋중간정도의 어감〉, (128)은 〈단속성＋중간정도의 어감〉, (129)는 〈연속성＋매우 강한 어감〉, (130)은 〈단속성＋매우 강한 어감〉이 각각 더 추가되어 분절한다.

(131) 속닥이다   (132) 속닥거리다

(133) 속닥속닥하다   (134) 숙덕이다

(135) 숙덕거리다   (136) 숙덕숙덕하다

위의 낱말들은 "여러 사람이 모여서 은밀하게 이야기하다"의 내용을 함유하고 있어 〈[여러 사람]→운집성→은밀하게 담화성〉이 공통으로 추가되나, 이들은 접사의 교체와 모음교체 및 자음의 교체로 어감의 차이에서 오는 뉘앙스에 의하여 서로 분절한다. 따라서 (131)은 〈순간성＋약한 어감〉, (132)는 〈연속성＋약한 어감〉, (133)은 〈단속성＋약한 어감〉, (134)는 〈순간성＋중간정도의 어감〉, (135)는 〈연속성＋중간정도의 어감〉, (136)은 〈단속성＋중간정도의 어감〉이 각각 더 추가되어 서로 분절한다. 속삭이고 숙덕거리는 분절구조는 다음과 같다.

[그림20] 속삭이고 숙덕거리는 분절구조

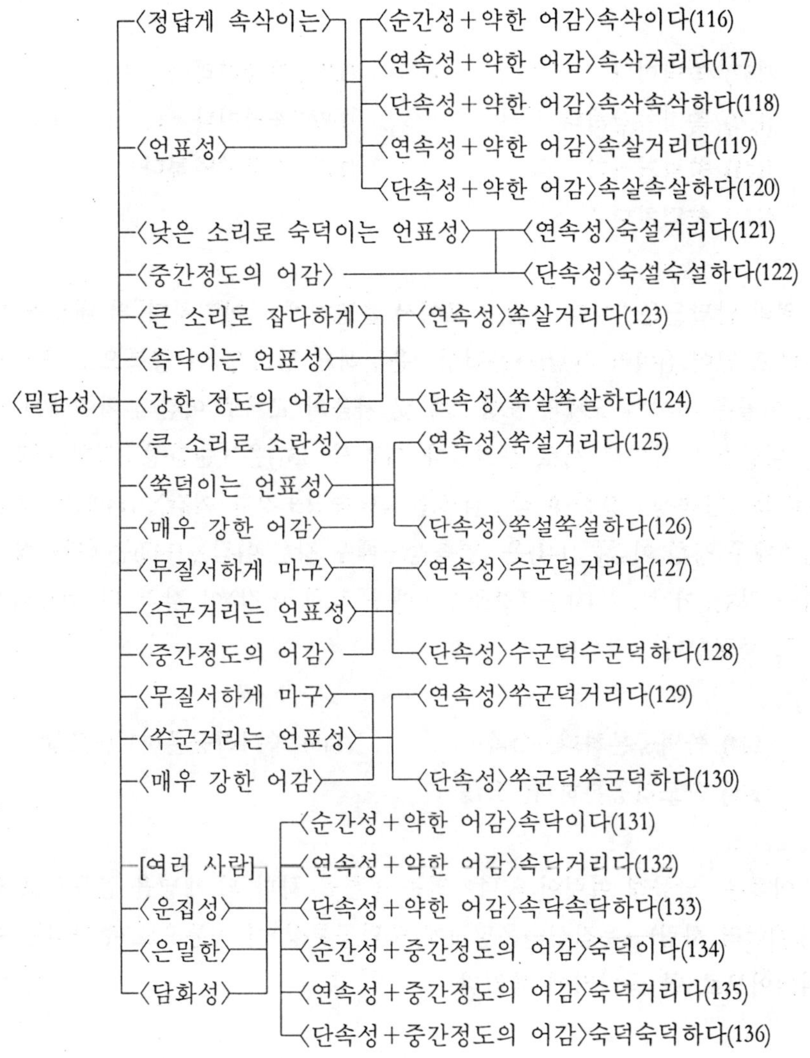

다음 (137-156)까지는 숙덕거리고 웅성거리는 내용이다.

(137) 쏙닥이다   (138) 쏙닥거리다
(139) 쏙닥쏙닥하다   (140) 쑥덕이다
(141) 쑥덕거리다   (142) 쑥덕쑥덕하다
(143) 쑥덕치다

위의 낱말들은 "여러 사람이 모여서 은밀하게 이야기하다"의 내용을 함유하고 있어 〈[여러 사람]→운집성→은밀하게 담화성〉이 공통으로 추가되나, 이들은 접사의 교체와 모음교체 및 자음의 교체로 어감의 차이에서 오는 뉘앙스에 의하여 서로 분절한다. 따라서 (137)은 〈순간성+강한 어감〉, (138)은 〈연속성+강한 어감〉, (139)는 〈단속성+강한 어감〉, (140)은 〈순간성+매우 강한 어감〉, (141)은 〈연속성+매우 강한 어감〉, (142)는 〈단속성+매우 강한 어감〉, (143)은 〈강조성+매우 강한 어감〉이 각각 더 추가되어 서로 분절한다.

(144) 쑥덕공론하다(-公論-)   (145) 쑥더리공론하다(-公論-)
(146) 쑥드리공론하다(-公論-)

이들은 "남몰래 여럿이 쑥덕거리는 공론을 하다"의 개념을 공유하고 있어 〈[여러 사람]→운집성→은밀하게 쑥덕공론성〉이 공통으로 추가되는 유의어이므로 한 동아리에 묶었다.

(147) 속달거리다   (148) 속달속달하다
(149) 숙덜거리다   (150) 숙덜숙덜하다
(151) 쏙달거리다   (152) 쏙달쏙달하다

(153) 쑥덜거리다   (154) 쑥덜쑥덜하다

위의 낱말들은 "여럿이 모여 번번이 주위를 살펴 가면서 가만가만 이야기하다"의 개념을 공유하고 있어 〈[여러 사람]→운집성→사주경계성→밀담성〉이 공통으로 추가되나, 이들은 접사의 교체와 양성모음과 음성모음의 교체로 어감의 차이에서 오는 뉘앙스에 의하여 서로 분절한다. 따라서 (147)은 〈연속성＋약한 어감〉, (148)은 〈단속성＋약한 어감〉, (149)는 〈연속성＋중간정도의 어감〉, (150)은 〈단속성＋중간정도의 어감〉, (151)은 〈연속성＋강한 어감〉, (152)는 〈단속성＋강한 어감〉, (153)은 〈연속성＋매우 강한 어감〉, (154)는 〈단속성＋매우 강한 어감〉이 각각 더 첨가되어 서로 분절한다.

(155) 웅성거리다   (156) 웅성웅성하다

위의 낱말들은 "정숙해야 할 때 행동을 같이 하지 않고 일부 사람들이 수군수군하기 시작하여 분위기가 소란하고 들썩하게 되다"의 개념을 공유하고 있어 〈[일부의 사람]→수군거리는 언행성→소란성→정숙한 분위기 파괴성〉이 공통으로 추가되나, 이들은 접사의 교체로 어감의 차이에서 오는 뉘앙스에 의하여 서로 분절한다. 따라서 (155)는 〈연속성〉이 더 추가되고, (156)은 〈단속성〉이 더 추가되어 서로 분절한다. 앞에서 논의한 숙덕거리고 웅성거리는 분절구조는 다음과 같다.

[그림21] 숙덕이고 웅성거리는 분절구조

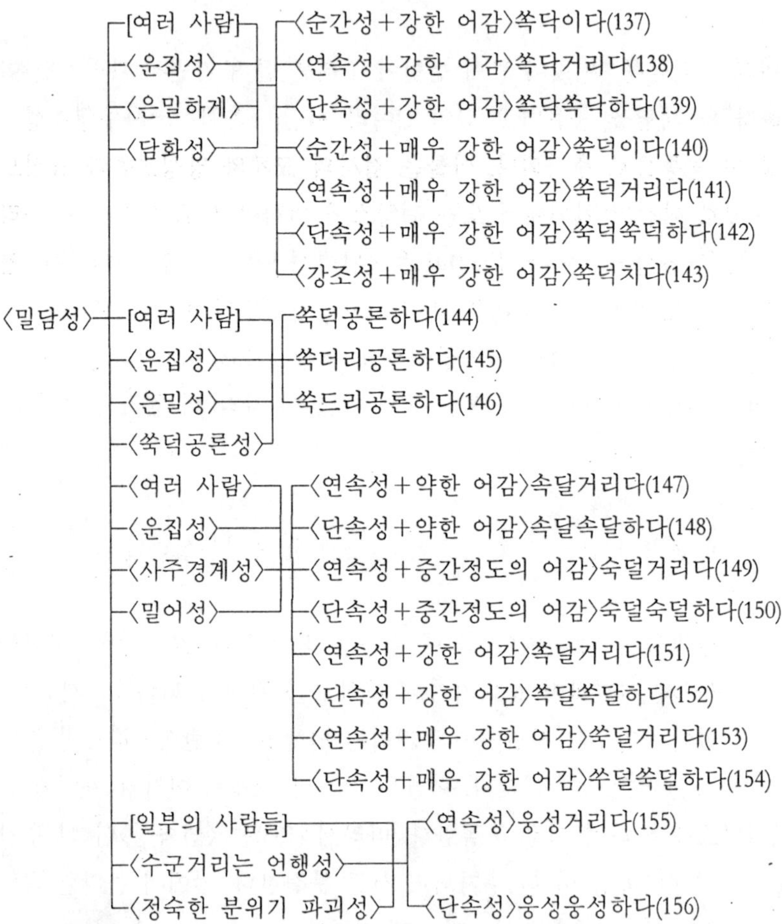

2.2.1.4 독백의 분절

(157) 혼잣말하다　　　　　　(158) 혼잣소리하다

(159) 독어(獨語)하다　　　　　(160) 독언(獨言)하다

(161) 독백(獨白)하다   (162) 모놀로그(monologue)하다

위의 낱말들은 "혼자서 중얼중얼 말하다"의 개념을 공유하고 있어 〈독백성＋혼자 중얼거리는 언표성〉이 공통으로 추가된다. 다만 (161)과 (162)는 "극에서 어떤 배우가 마음 속에 생각하고 있는 것을 관객에게 알리기 위하여 상대자 없이 혼자 말하다"의 개념을 공통으로 더 가지고 있어 〈[연극 배우]→상대 없이 독백성→관객에게 자기 생각을 표현성〉이 공통으로 더 추가되어 분절한다. 독백 자동사의 분절구조는 다음과 같다.

[그림22] 독백하는 분절구조

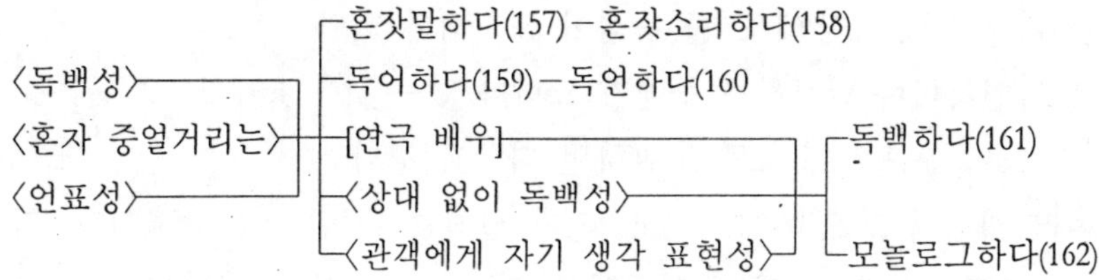

2.2.2 마무리

지금까지 담화에 관련된 162개 자동사에 대하여 개별적인 낱말의 분절성을 논의하였다. 이제 이것을 바탕으로 하여 전체적인 분절구조를 고찰하려 한다.

(1) 담화에 관련된 162개의 내용 중 많이 분포된 순으로 살펴보면 다음과 같다.

여러 사람이 숙덕이는 내용이 13개(8.02%)로 가장 많고, 남 몰래 소곤거리는 내용과 농담하는 내용이 각각 12개(7.41%)로 다음으로 많으며, 속삭이는 내용이 10개(6.17%)로 세 번째로 많다. 그리고 다정하게 정담을 나누는 내용과 실없는 소담이 각각 8개(4.94%)이고, 잡담, 밀담, 귓속말, 독백

등이 각각 6개(3.71%)이며, 막연한 담화, 심심풀이로 하는 이야기, 도란거리는 내용, 수군거리는 내용이 각각 4개(2.47%)이다. 취중의 담화와 쓸데없는 췌담 및 숙덕공론이 각각 3개(1.85%)이고, 담소자약하는 내용, 괴상한 이야기, 진부한 이야기, 흥미 있는 담화, 담화회의 개최, 체험담, 회고담, 시사담, 만담, 언어유희, 웅성거리는 내용이 각각 2개(1.23%)이며, 설화하다, 진담하다, 청담하다, 만단설화하다, 내담하다, 입담하다, 향인설화하다, 극담하다, 회상담하다, 회견담하다, 투쟁담하다, 연희하다, 대화극하다, 벽좌우하다 등이 각각 1개(0.62%)로 분포되어 있다.

위와 같은 분포로 보아 우리 언어공동체(Sprachgemeinschaft)는 숙덕이는 내용과 소곤거리는 내용 및 속삭이는 내용에 깊은 관심이 드러나 있고, 농담과 정담 및 소담에도 큰 관심이 표현되어 있다.

(2) 막연하나마 담화하는 주체가 드러나 있는 것은 40개(24.69%)이다. 이들 중 많이 분포된 순으로 고찰하면 다음과 같다.

여러 사람이 24개(14.82%)이고, 혼자 말하는 것이 6개(3.71%)이며, 취객이 3개(1.85%)이다. 그리고 연극인과 연인 및 일부의 사람이 각각 2개(1.23%)이고, 단체가 1개(0.62%)로 분포되어 있다.

(3) 담화의 객체나 담화 내용에 등장하는 대상을 알 수 있는 것은 120개(74.07%)이다. 이들 중 많이 분포된 순으로 살펴보려 한다.

작은 소리가 48개(29.63%)로 가장 많고, 사랑이 8개(4.94%)로 다음으로 많으며, 미소가 7개(4.32%)로 세 번째로 많다. 그리고 귀가 6개(3.71%)이고, 연극과 큰 소리가 각각 4개(2.47%)이며, 체험, 술, 회고, 괴상한 일이 각각 3개(1.85%)이다. 심중의 정감과 정치 및 어문이 각각 2개(1.23%)이다. 미지의 사실, 사정, 어떤 문제, 신화, 전설, 견해, 태도, 낭패스런 일, 놀라운 일, 잔말, 학문, 예술, 취미, 인간의 본성, 회견, 투쟁, 재판, 세상 일, 인정, 청중, 관중, 낙서, 주위 사람, 소나기 등이 각각 1개(0.62%)로 분포되어 있다.

위와 같은 분포로 보아 우리 언어공동체는 담화 중에 크고 작은 목소리가 중요한 객체로 드러나 있고, 사랑과 미소 및 언어유희에도 큰 관심이 표현되어 있다.

(4) 담화 중에서 필자의 직관으로 판단한 내용 가운데 바람직하지 못한 부정적인 내용은 '한담객설하다, 한담설화하다, 괴담하다, 괴담괴설하다, 진담(陳談)하다, 진담누설하다, 잡담하다, 잡말하다, 잡소리하다, 잡설하다, 쇄담하다, 실실하다, 취담하다, 췌사하다, 췌담하다, 췌언하다, 농지거리하다, 희학질하다, 수군덕거리다, 수군수군하다, 쑤군덕거리다, 쑤군덕쑤군덕하다, 쑥덕공론하다, 쑥더리공론하다, 쑥드리공론하다, 웅성거리다, 웅성웅성하다' 등 26개(16,05%)이다. 그리고 바람직한 긍정적인 내용은 '소담하다, 담소하다, 언소하다, 소어하다, 담소자약하다, 언소자약하다, 진담(眞談)하다, 진담(珍談)하다, 청담하다, 진설하다, 정담하다, 정설하다, 간담하다, 간담회하다, 환담하다, 환어하다' 등 17개(10.49%)이다. 흥미를 목적으로 담화하는 내용은 '만담하다, 대화만담하다, 연희하다, 대화극하다' 등 4개(2.47%)이다.

(5) 우리 국어는 수적으로 한자어가 우위를 차지하고 있다. 국어에 한자어가 결정적으로 많은 이유는 흔히 한자문화의 우위성에 두고 있음은 중요한 이유가 된다. 그러나 이것보다 더욱 결정적인 이유로서 국어와 한자어가 가진 형태적 조건을 들 수 있다. 국어는 형태상으로 보아 다음절어가 많기 때문에 단음절어인 한자어와의 의미충돌에서 항상 불리한 입장에 있다. 따라서 같은 뜻을 나타내기 위하여 음절수가 많은 고유어를 쓰는 것보다 간단한 한자어를 쓰는 것을 언중이 좋아하는 것은 너무도 당연한 일이다(千時權·金宗澤, 1986:156).

이 연구에서도 이와 같은 현상이 드러나 한자어가 80개(49.38%)로 과반수에 이르고 있고, 우리 고유어는 71개(43.83%)이며, 고유어와 한자어가 융합된 혼종어는 10개(6.17%)이다. 그리고 서구 외래어는 '모놀로그(monologue)하다' 하나뿐이다.

2.3 분명하지 못한 언어표현

2.3.1 분명하지 못한 언어표현의 내용

이 부분은 언어 행위에서 말이 분명하지 못한 내용이므로 <어눌성, 애매모호한 언표성, 언행에 주저성, 횡설수설성, 중언부언성>이 내용에 따라 부가된다. 분명하지 못한 언어표현 자동사의 상위 분절구조는 [그림23]과 같다.

[그림23] 분명하지 못한 언어표현 자동사의 상위 분절구조

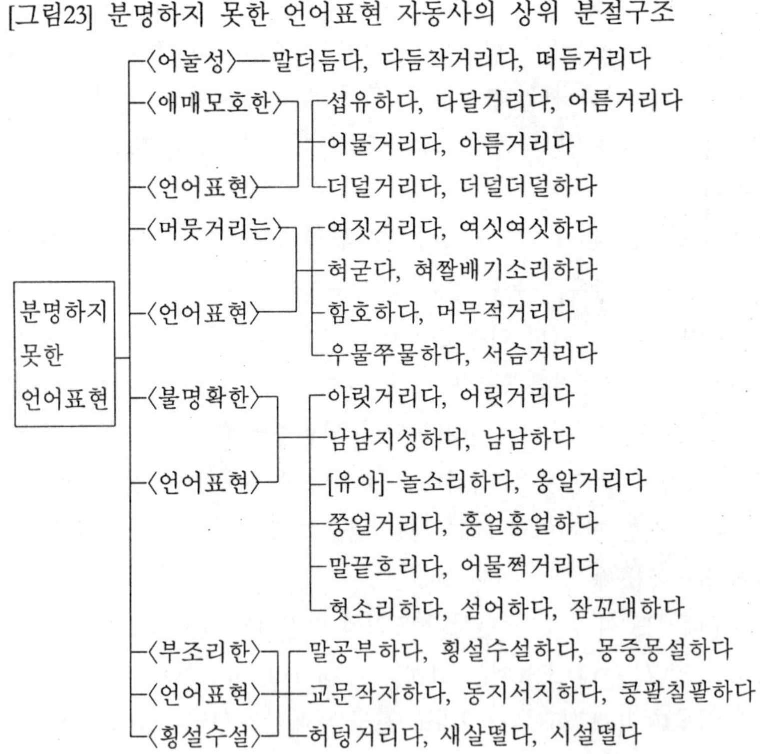

2.3.1.1 더듬거리는 분절

다음 (1-18)까지는 말을 더듬거리는 내용을 함유하고 있어 〈어눌성〉이 공통으로 부가된다.

(1) 말더듬다
(2) 구흘(口吃)하다
(3) 어눌(語訥)하다
(4) 굳다

위의 (1)과 (2)는 "더듬거리며 말하다"의 개념을 공유하고 있어 〈더듬거리는 언표성〉이 추가되고, (3)은 "말이 굳어 부드럽지 못하고 떠듬떠듬 말하다"의 개념이므로 〈언어가 경화성→떠듬떠듬 언표성〉이 추가된다. 그리고 (4)는 "말을 더듬다"의 개념일 경우는 〈말을 더듬는 행위성〉이 추가되고, "뻣뻣하여지다"의 개념일 경우는·〈[사물]→경색성〉을 가지고 행위의 낱말밭에서도 분절한다. 그리고 또 "몸에 배어 습관이 되다"의 개념일 경우는 〈몸에 배어 습관으로 정착성〉, "단단히 응결하다"의 개념일 경우는 〈견고히 응결성〉, "무른 것이 단단해지다"의 개념일 경우는 〈[무른 물건]→견고성〉, "돈 같은 것이 헤프게 없어지지 않고 제것으로 그대로 남게 되다"의 개념일 경우는 〈[돈]→남용을 자제성→현상 유지성〉을 가지고 각각 상태의 낱말밭에서 분절하는 다의어이다.

(5) 다듬작거리다
(6) 다듬작다듬작하다
(7) 더듬거리다
(8) 더듬더듬하다
(9) 더듬적거리다
(10) 더듬적더듬적하다
(11) 떠듬거리다
(12) 떠듬떠듬하다
(13) 떠듬적거리다
(14) 떠듬적떠듬적하다
(15) 떠뚜벅거리다
(16) 떠뚜벅떠뚜벅하다
(17) 떠뜻거리다
(18) 뙤뙤거리다

위의 (5)-(8)은 "말을 하거나 글을 읽을 때 자꾸 더듬거리다"의 개념을 공유하고 있어 〈언표·독서에서 더듬거리는 언행성〉이 공통으로 추가된다. 이들은 접사의 교체와 모음의 교체로 어감의 차이에서 오는 뉘앙스에 의하여 서로 분절되므로, (5)는 〈연속성+매우 약한 어감〉, (6)은 〈단속성+매우 약한 어감〉, (7)은 〈연속성+중간정도의 어감〉, (8)은 〈단속성+중간정도의 어감〉이 각각 추가되어 분절한다. 그리고 (9)와 (10)은 "느릿느릿 자꾸 더듬거리며 말하다"의 개념을 공유하고 있어 〈연속 느리게 언행성+중간정도의 어감〉이 공통으로 추가되나, 이들은 접사의 교체에서 오는 어감의 차이로 뉘앙스에 의하여 서로 분절한다. 따라서 (9)는 〈연속성〉이 추가되고, (10)은 〈단속성〉이 추가되어 분절한다. 그리고 (11)과 (12)는 "말을 하거나 글을 읽을 때에 소리를 순하게 내지 못하고 자꾸 더듬다"의 개념을 공유하고 있어 〈언표·독서에서 더듬거리는 언행성+강한 어감〉이 공통으로 추가되나, (11)은 〈연속성〉이 더 추가되고, (12)는 〈단속성〉이 더 추가되며, (13)-(18)은 "말을 할 때 느릿느릿하게 자꾸 떠듬거리다"의 개념을 공유하고 있어 〈연속 느리게 떠듬거리는 언행성+매우 강한 어감〉이 공통으로 추가된다. 그러나 (13)은 〈연속성〉, (14)는 〈단속성〉, (15)는 〈연속성+강조성〉, (16)은 〈단속성+강조성〉, (17)과 (18)은 〈연속성+성급한 언표성〉이 각각 더 추가되어 분절한다.

앞에서 논의한 더듬거리는 언어표현 자동사의 개별 낱말의 분절구조를 고찰하였다. 이들의 분절구조를 그림으로 그려보면 [그림24]와 같은 수형도(tree diagram)가 된다.

2.3.1.2 애매모호한 언어표현의 분절

다음 (19-32)까지는 애매모호하게 언어표현을 하는 내용을 함유하고 있어 〈애매모호하게 언표성〉이 공통으로 부가된다.

[그림24] 더듬거리는 분절구조

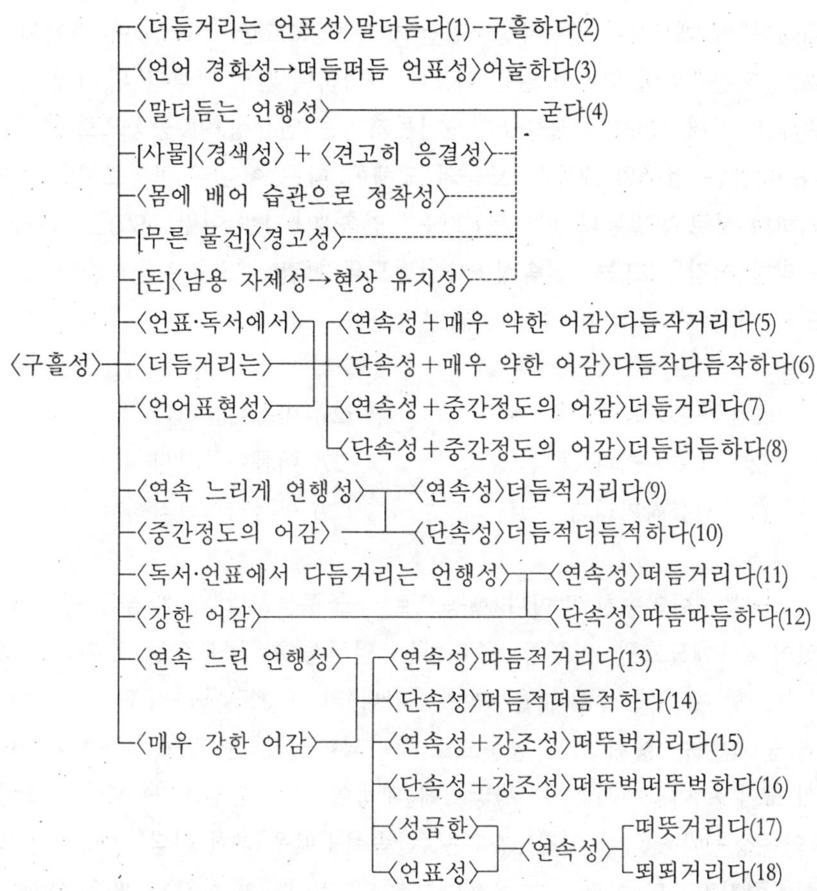

(19) 섭유(囁嚅)하다　　　　　(20) 다달거리다

(21) 다달다달하다[41]　　　　(22) 더덜거리다

(23) 더덜더덜하다

---

41) 서정수(1975:61) 앞의 책 참조.

위의 (19)는 "말을 제대로 하지 못하고 머뭇거리면서 입만 열었다 닫았다하다"의 개념이니 〈주저성→입만 놀리는 모호한 언표성〉이 추가되고, (20)-(23)은 "말이 입에서 얼른 나오지 아니하여 연해 더듬다"의 개념을 공유하고 있어 〈언표가 불순조성→더듬거리는 언행성〉이 공통으로 추가된다. 이들은 접사의 교체와 모음의 교체에 따른 어감의 차이로 뉘앙스에 의하여 서로 변별된다. 따라서 (20)은 〈연속성+약한 어감〉, (21)은 〈단속성+약한 어감〉, (22)는 〈연속성+중간정도의 어감〉, (23)은 〈단속성+중간정도의 어감〉이 각각 더 추가되어 분절한다.

(24) 아름거리다   (25) 아름아름하다

(26) 어름거리다   (27) 어름어름하다

(28) 아름작거리다   (29) 아름작아름작하다

이들은 "아리송한 말이나 행동으로 우물쭈물하다"의 개념을 공유하고 있어 〈애매모호한 언행성→주저하는 언행성〉이 공통으로 추가되고 또 "일을 할 때 얼쯩얼쯩 눈을 속여 넘기다"의 개념도 공유하고 있어 〈어물쩍 눈 속이는 행위성〉도 공통으로 추가되나, 이들은 접사의 교체와 모음의 교체로 어감에서 오는 뉘앙스에 의하여 서로 분절한다. 따라서 (24)는 〈연속성+매우 약한 어감〉, (25)는 〈단속성+매우 약한 어감〉, (26)은 〈연속성+중간정도의 어감〉, (26)은 〈단속성+중간정도의 어감〉, (28)은 〈연속성+느린 언행성+약한 어감〉, (29)는 〈단속성+느린 언행성+약한 어감〉이 각각 추가되어 분절한다.

(30) 아물거리다   (31) 아물아물하다

(32) 아믈거리다

[그림25] 애매모호한 언어표현의 분절구조

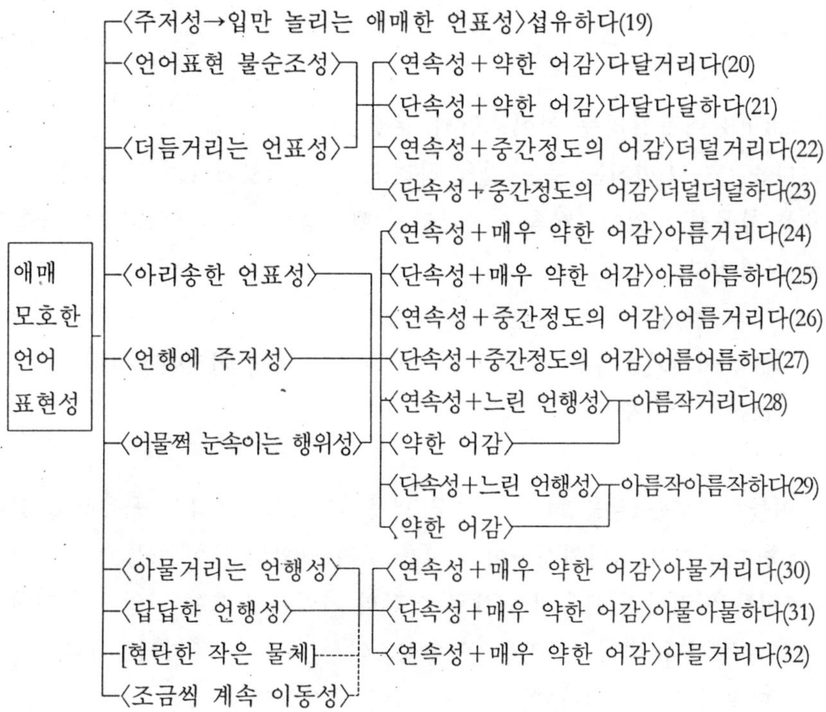

  이들은 "말이나 행동을 시원스럽게 하지 못하고 꼬물거리다"의 개념을
공유하고 있어 〈아물거리는 언행성＋답답한 언행성〉이 공통으로 추가되
고, 또 "눈이 어지럽도록 작거나 가는 것이 보일 듯 말 듯하게 조금씩 자
꾸 움직이다"의 개념도 공유하고 있어 〈[현란한 작은 물체]→조금씩 계속
이동성〉을 가지고 이동동사의 낱말밭에서도 분절한다. 아들은 접사와 모
음의 교체로 어감의 차이에서 오는 뉘앙스에 의하여 서로 분절한다. 따라
서 (30)은 〈연속성＋매우 약한 어감〉이 추가되고, (31)은 〈단속성＋매우 약
한 어감〉이 추가되며, (32)는 〈연속성＋매우 약한 어감〉이 각각 추가되어
분절한다.

앞에서 논의한 애매모호한 언어표현 자동사의 분절구조는 [그림25]와 같다.

2.3.1.3 머뭇거리는 언어표현의 분절

다음 (33-51)까지는 무슨 말을 하려고 자꾸 머뭇거리는 언어표현의 내용을 함유하고 있어 〈계속 머뭇거리는 행위성→모호한 언표성〉이 공통으로 부가된다.

(33) 여짓거리다   (34) 여짓여짓하다
(35) 여싯여싯하다

이들은 "무슨 말을 하려고 자꾸 머뭇거리다"의 개념을 공유하고 있어 〈계속 머뭇거리는 행위성→어떤 말을 하려는 의도성〉이 공통으로 추가된다. 이들은 접사와 모음의 교체로 어감의 차이에서 오는 뉘앙스에 의하여 서로 분절한다. 따라서 (33)은 〈연속성＋약한 어감〉이 추가되고, (34)와 (35)는 〈단속성＋약한 어감〉이 더 추가되어 분절한다.

(36) 혀굳다   (37) 혀짤배기소리하다
(38) 혀짜래기소리하다   (39) 함호(含糊)하다

위의 (36)은 "혀가 마음대로 움직여지지 않아 똑똑하지 않게 말하다"의 개념이니 〈혀가 굳은 상태성→애매모호한 언표성〉이 추가되고, (37)과 (38)은 "혀가 짧아 [ㄹ] 받침소리를 잘 내지 못하는 말을 하다"의 개념을 공유하고 있어 〈혀가 짧은 상태성→유음의 발음이 곤란성→불명확한 언표성〉이 공통으로 추가된다. 그리고 (39)는 "입에 풀칠한 것처럼 말을 모호하고 분명치 않게 하다"의 개념이니 〈입에 풀칠한 듯이 모호한 언표성＋비유적

표현성〉이 추가되고, 또 "뚜렷한 태도 없이 우물쭈물하고 결단을 내리지 못하다"의 개념도 가지고 있어 〈우유부단성→결단에 주저성〉이 더 추가되어 행위의 낱말밭에서도 분절한다.

(40) 머무적거리다 (41) 머뭇거리다

(42) 머무적머무적하다 (43) 머뭇머뭇하다

이들은 "말이나 행동을 선뜻 결단하지 못하고 할듯말듯하다"의 개념을 공유하고 있어 〈결단에 주저성→할듯말듯한 언행성〉이 공통으로 추가되나, 이들은 접사와 음운의 교체에 따른 어감의 차이로 뉘앙스에 의하여 서로 분절한다. 따라서 (40)과 (41)은 〈연속성＋중간정도의 어감〉이 공통으로 추가되고, (42)와 (43)은 〈단속성＋중간정도의 어감〉이 공통으로 더 추가되어 분절한다.

(44) 어물거리다 (45) 어물어물하다

(46) 어름거리다 (47) 어름어름하다

(48) 어름적거리다 (49) 어름적어름적하다

위의 (44)와 (45)는 "일이나 언행이 똑똑하지 못하고 우물쭈물하다"의 개념을 공유하고 있어 〈사건의 처리, 언행이 불분명성→우물쭈물하는 태도성＋중간정도의 어감〉이 공통으로 추가되나, 이들은 접사의 교체와 음운 첨가로 어감이 주는 뉘앙스에 의하여 서로 분절한다. 따라서 (44)는 〈연속성〉이 더 추가되고, (45)는 〈단속성〉이 더 추가된다. 그리고 (46)과 (47)은 "어리숙한 말이나 행동으로 우물쭈물하다"의 개념을 공유하고 있어 〈어리숙한 언행성→우물쭈물하는 태도성＋중간정도의 어감〉이 공통으로 추가된다. 그리고 (46)은 〈연속성〉이 더 추가되고, (47)은 〈단속성〉이 더 추가되며,

(48)과 (49)는 "어리숙한 말이나 행동으로 몹시 느릿느릿하게 어름거리다"의 개념을 공유하고 있어 〈어리숙한 언행성→몹시 느린 태도성+중간정도의 어감〉이 공통으로 추가된다. 따라서 (48)은 〈연속성〉이 더 추가되고, (49)는 〈단속성〉이 더 추가되어 분절한다.

(50) 우물쭈물하다   (51) 서슴거리다

위의 (50)은 "말이나 행동을 우물거리며 흐리멍텅하게 하다"의 개념이니 〈우물거리는 언행성→흐리멍텅한 태도성〉이 추가되고, (51)은 "말이나 행동이 자꾸 서슴다"의 개념이므로 〈계속 망설이는 언행성〉이 추가된다.

앞에서 논의한 계속 머뭇거리는 언어표현의 분절구조는 [그림26]과 같다.

2.3.1.4 불명확한 언어표현의 분절

다음 (52-80)까지는 언행이 활발하지도 못하고 불명확하게 표현하는 내용을 함유하고 있어 〈소극적인 언행성→불명확한 언표성〉이 공통으로 부가된다.

(52) 아릿거리다   (53) 아릿아릿하다
(54) 어릿거리다   (55) 어릿어릿하다

위의 (52)와 (53)은 "언행이 활발하지 못하고 맥없이 움직이다"의 개념을 공유하고 있어 〈소극적인 언행성→맥없는 동작성+약한 어감〉이 공통으로 추가되나, 이들은 접사의 교체로 어감이 주는 뉘앙스에 의하여 서로 분절한다. 따라서 (52)는 〈연속성〉이 더 추가되고, (53)은 〈단속성〉이 더 추가된다. (54)와 (55)는 "언행이 활발하지 못하고 맥없이 움직이다"의 개념을 공유하고 있어 〈소극적인 언행성→맥없는 동작성+중간정도의 어감〉

[그림26] 머뭇거리는 언어표현의 분절구조

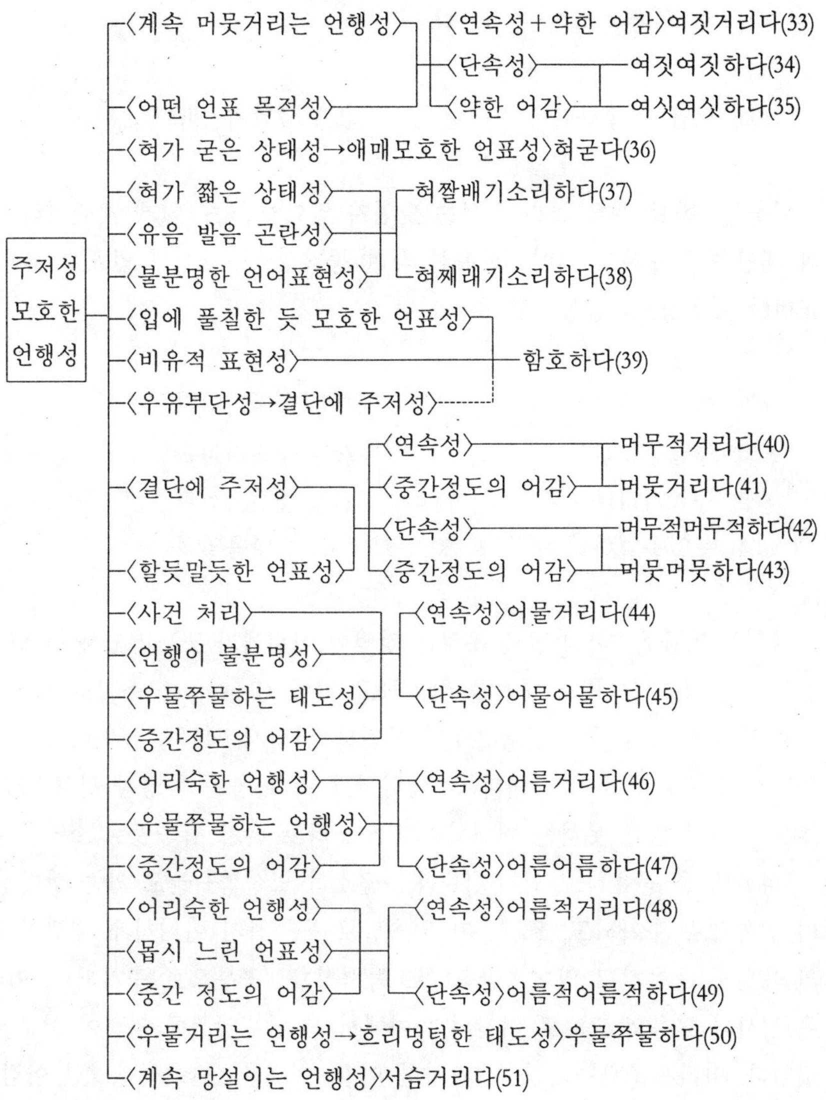

이 공통으로 추가되나, 이들은 접사의 교체로 어감의 차이에서 오는 뉘앙

94

스에 의하여 서로 분절한다. 따라서 (54)는 〈연속성〉이 더 추가되고, (55)는 〈단속성〉이 더 추가되어 분절한다.

　　　(56) 남남(喃喃)하다　　　　　　　(57) 남남지성(喃喃之聲)하다

이들은 "혀를 재게 놀리어 무슨 말인지 알아들을 수 없게 재잘거리다"의 개념을 공유하고 있어 〈신속한 혀의 동작성→수다스런 언표성→의사 표현이 모호성〉이 공통으로 추가된다.

　　　(58) 놀소리하다　　　　　　　　(59) 옹알거리다
　　　(60) 옹알옹알하다　　　　　　　(61) 웅얼거리다
　　　(62) 응알거리다　　　　　　　　(63) 응절거리다
　　　(64) 웅얼웅얼하다　　　　　　　(65) 응알응알하다

위의 낱말들은 "아직 말을 못하는 젖먹이 어린애가 노느라고 혼자 입속 말로 군소리를 하다"의 내용을 함유하고 있어 〈[유아]→군소리로 발성성 ＋놀고 있는 상태성〉이 공통으로 부가된다. 따라서 (58)은 "젖먹이가 누워 놀면서 입으로 군소리를 내다"의 개념이니 위의 공통 특성과 같고, (59)-(64)는 "아직 말을 못하는 어린아이가 노느라고 혼자 입속말로 소리를 내다"의 개념을 공유하고 있어 〈[유아]→군소리 발성성→놀고 있는 상태성〉이 공통으로 추가되고, 또 "혼자 입속말로 똑똑하지 아니하게 재깔이다"의 개념도 공유하고 있어 〈입속말로 독백성〉도 공통으로 추가되나, 이들은 접사와 모음의 교체로 어감의 차이에서 오는 뉘앙스에 의하여 서로 분절한다. 따라서 (59)는 〈연속성＋약한 어감〉, (60)은 〈단속성＋약한 어감〉, (61)-(63)은 〈연속성＋중간정도의 어감〉, (64)와 (65)는 〈단속성＋중간정도의 어감〉이 각각 더 추가되어 분절한다.

(66) 쭝절거리다   (67) 쭝절쭝절하다
(68) 흥얼거리다   (69) 흥얼흥얼하다

위의 (66)과 (67)은 "수다스럽고 야무지게 자꾸 쭝얼거리다"의 개념을 공유하고 있어 〈수다성＋야무지게 쭝얼거리는 언표성〉이 공통으로 추가되나, 이들은 접사의 교체에 따른 어감의 차이로 뉘앙스에 의하여 서로 분절한다. 따라서 (66)은 〈연속성＋매우 강한 어감〉이 더 추가되고, (67)은 〈단속성＋매우 강한 어감〉이 더 추가된다. 그리고 (68)과 (69)는 "남이 알아듣지 못할 말을 입속으로 연해 지껄이다"의 개념을 공유하고 있어 〈계속 입속 말로 언표성→인지하기 불가능성〉이 공통으로 추가되고, 또 "흥에 겨워 입 속으로 노래를 부르다"의 개념도 공유하고 있어 〈입 속으로 흥겹게 가창성〉을 가지고 노래의 낱말밭에서도 분절한다. 이들도 접사의 교체로 어감의 차이에서 오는 뉘앙스에 의하여 서로 분절한다. 따라서 (68)은 〈연속성〉이 더 추가되고, (69)는 〈단속성〉이 더 추가되어 분절한다.

(70) 말끝흐리다   (71) 어물쩍거리다
(72) 우물쩍거리다   (73) 어물쩍하다
(74) 우물쩍우물쩍하다

위의 (70)은 "말끝을 분명히 맺지 못하고 얼버무리다"의 개념이니 〈말끝을 흐리는 행위성→얼버무리는 언행성〉이 추가되고, (71)-(74)는 "꾀를 부리느라고 말이나 행동이 똑똑하지 않게 어물거리다"의 개념을 공유하고 있어 〈계략적으로 불분명하게 언표성→어물거리는 태도성＋중간정도의 어감〉이 공통으로 추가되나, 이들은 접사와 모음의 교체로 어감의 차이에서 오는 뉘앙스에 의하여 서로 분절한다. 따라서 (71)과 (72)는 〈연속성〉이 공통으로 더 추가되고, (73)과 (74)는 〈단속성〉이 공통으로 더 추가되어 분

절한다.

(75) 헛소리하다

(77) 섬어(譫語)하다

(79) 허언(虛言)하다

(76) 군소리하다

(78) 허성(虛聲)하다

(80) 잠꼬대하다

위의 낱말들은 "미덥지 않은 실속 없는 빈말을 하다"의 내용을 함유하고 있어 〈헛소리하는 행위성→믿지 못할 언행성〉이 공통으로 추가되고, 또 비유적인 표현(figurative language)[42]에서는 "거짓말하다"의 내용도 함유하고 있어 〈기만적인 언표성〉이 공통으로 부가된다. 따라서 (75)는 "믿기지 않는 빈말을 하다"의 개념이니 위의 공통 특성과 같고, 또 "앓는 사람이 정신을 잃고 중얼거리다"의 개념도 가지고 있어 〈[환자]→정신 없이 헛소리하는 행위성〉이 더 추가되며, (76)~(79)는 "잠이 들었을 때에 꿈결에 말하다"의 개념을 공유하고 있어 〈잠꼬대하는 언행성〉이 공통으로 추가되고, 또 "되게 앓을 때에 정신없이 말하다"의 개념도 공유하고 있어 〈[중병 환자]→정신 없이 헛소리를 발성성〉이 공통으로 더 추가된다. 그리고 (80)은 "잠이 들었을 때 저도 모르게 의식하지 않고 헛소리하다"의 개념이니 〈잠꼬대하는 언행성〉이 추가되고, 또 "사리에 닿지 않는 엉뚱한 말을 하다"의 개념도 가지고 있어 〈사리에 어긋난 엉뚱한 언표성〉이 더 추가되어 분절한다.

앞에서 논의한 개별 낱말의 분절구조는 [그림27]과 같다.

---

42) 임지룡(1993:214-215)는 "낱말의 고유한 의미 이외에 비유적인 의미를 획득하기도 한다. 그 결과 고유한 의미와 비유적인 의미가 공존될 경우 다의어가 형성되는 것이다. Ullmann은 비유적 표현(figurative language)을 사물의 유사성에 바탕을 둔 은유(metaphor)와 사물의 인접성에 바탕을 둔 환유(metonymy)를 들고 있다."고 하였다.

[그림27] 불명확한 언어표현의 분절구조

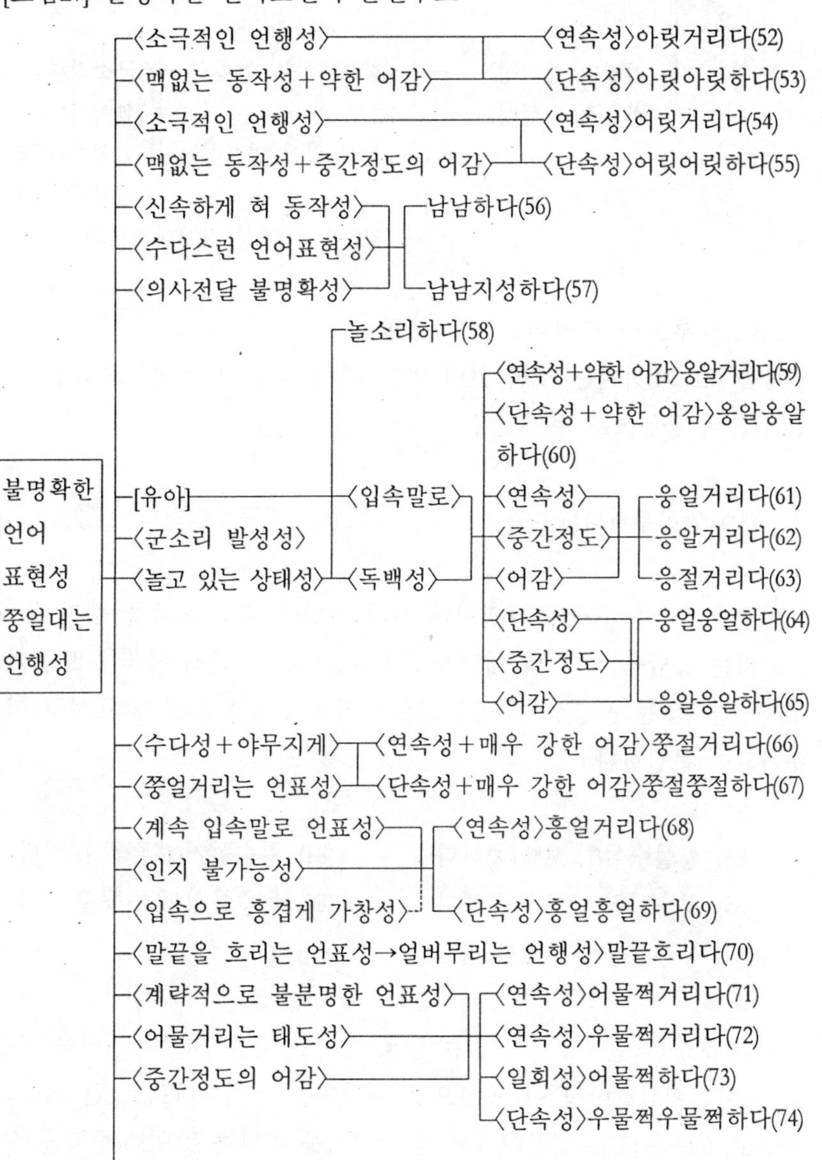

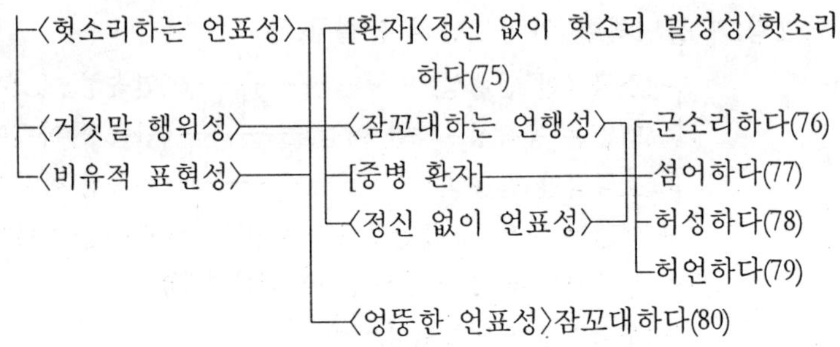

2.3.1.5 부조리한 언어표현의 분절

다음 (81-94)까지는 조리 없이 언어표현을 하는 내용이므로 〈부조리한 언표성〉이 공통으로 부가된다.

(81) 말공부하다(-工夫-)　　　　　(82) 말공부질하다(-工夫-)

이들은 "어떤 문제의 해결이나 실천 작업에 직접 도움을 주지 못하는 쓸모없는 공담을 하다"의 개념을 공유하고 있어 〈문제 해결에 도움이 전무성→쓸데없는 공담성〉이 공통으로 추가되나, (82)는 〈속된 표현성〉이 더 추가되어 분절한다.

(83) 횡설수설(橫說竪說)하다　　　(84) 횡수설거(橫竪說去)하다
(85) 횡수설화(橫竪說話)하다　　　(86) 몽중몽설(夢中夢說)하다
(87) 몽중설몽(夢中說夢)하다

위의 (83)-(85)는 "조리가 없는 말로 함부로 지껄이다"의 개념을 공유하고 있어 〈횡설수설성〉이 공통으로 추가되는 유의어이므로 한 동아리에 묶었고, (86)과 (87)은 "꿈속에서 꿈 이야기를 한다는 뜻으로 종잡을 수 없는 말을 하다"의 개념을 공유하고 있어 〈횡설수설성+비유적 표현성〉이

추가되어 분절한다.

(88) 교문작자(咬文嚼字)하다   (89) 지동지서(指東指西)하다
(90) 서털구털하다   (91) 콩팥칠팔하다
(92) 허텅거리다

　위의 (88)은 "말이 한결같지 않고 중언부언 지껄이다"의 개념이니 〈일관성 없이 중언부언성〉이 추가되고, (89)는 "근본에는 손을 대지 못하고 엉뚱한 것을 가지고 이러쿵저러쿵 하다"의 개념이므로 〈주제에서 이탈성→엉뚱하게 왈가왈부성〉이 추가되며, 또 "동쪽을 가리키기도 하고 서쪽을 가리키기도 하다"의 개념도 가지고 있어 〈횡설수설성＋비유적 표현성〉이 더 추가된다. 그리고 (90)과 (91)은 "갈피를 잡을 수 없이 함부로 지껄이다"의 개념을 공유하고 있어 〈조리 없이 횡설수설성＋속된 표현성〉이 공통으로 추가되고, (92)는 "일정한 상대가 없이 들떼놓고 말하다"의 개념이므로 〈일정한 상대 없이 공허한 언표성〉이 추가되어 분절한다.

(93) 새살떨다   (94) 시설떨다

　이들은 "말이나 행동이 얽히고 뒤섞여 갈피를 잡을 수 없게 어지럽고 수선스럽게 하다"의 개념을 공유하고 있어 〈수선스런 언행성→주제 파악에 곤욕성〉이 공통으로 부가되나, 이들은 모음의 교체로 어감이 주는 뉘앙스에 의하여 서로 분절한다. 따라서 (93)은 〈약한 어감〉이 더 추가되고, (94)는 〈중간정도의 어감〉이 더 추가되어 분절한다. 앞에서 논의한 부조리한 언어표현의 분절구조는 [그림28]과 같다.

[그림28] 부조리한 언어표현의 분절구조

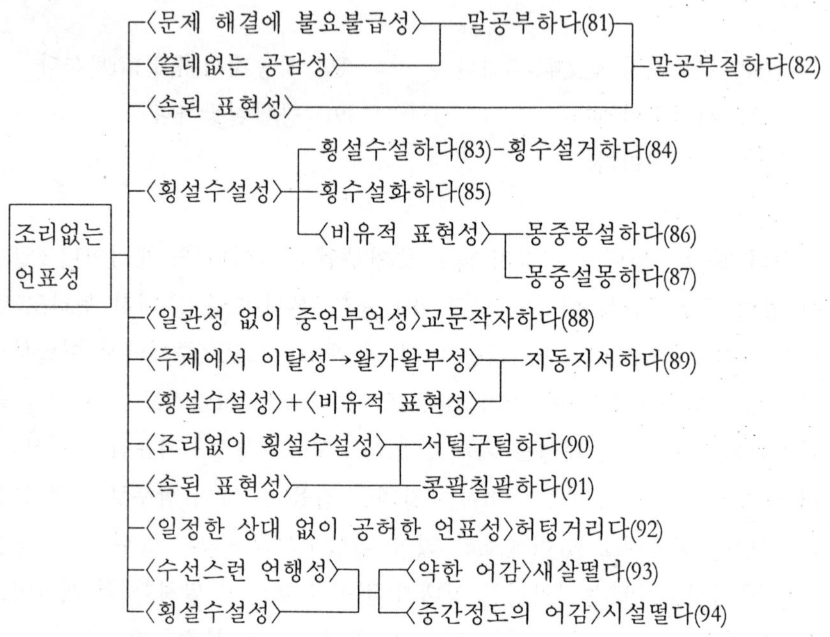

2.3.2 마무리

현대 국어에서 분명하지 못한 언어표현에 관련된 94개 자동사에 대하여 개별적인 분절성을 논의하였다. 이제 이것을 바탕으로 하여 전체적인 분절구조를 요약하려 한다.

(1) 말을 분명하게 하지 못하는 내용 중 많이 분포된 순으로 고찰하면 다음과 같다.

독서나 언어표현에서 계속하여 더듬거리는 내용은 13개(13.83%)로 제일 많고, 횡설수설하는 내용이 12개(12.77%)로 다음으로 많으며, 주저하며 아리송하게 말하는 내용이 10개(10.64%)로 세 번째로 많다. 그리고 어리숙하여 어물거리는 언표와 유아가 놀면서 군소리하는 내용이 각각 8개(8.51%)

이고, 중병 환자가 정신 없이 헛소리하는 내용이 6개(6.38%)이며, 입속말로 중얼거리는 내용과 말끝을 흐리게 하여 얼버무리는 내용이 5개(5.32%)이다. 말을 더듬거리는 내용, 결단을 못내리고 머무적거리는 내용, 언어표현이 순조롭지 못하여 다달거리는 내용, 맥없이 소극적으로 말하는 내용이 각각 4개(4.26%)이고, 계속 어물거리는 내용이 3개(3.19%)이며, 혀 짧은 소리, 혀가 굳어 모호한 발음, 빠르게 말하여 표현이 분명하지 못한 내용, 주제에서 벗어난 공담이 각각 2개(2.13%)로 분포되어 있다.

위와 같은 내용으로 보아 우리 민족은 언어표현에서 더듬거리는 내용과 조리에 맞지 않게 횡설수설하는 내용 및 머뭇거리며 아리송하게 말하는 내용에 깊은 관심이 표현되어 있고, 어린아이가 옹알이하는 내용과 몹시 앓아 헛소리하는 내용 및 입속말로 중얼거리는 내용에도 약간의 관심이 드러나 있다.

(2) 불분명한 언어표현을 하고 있는 주체는 그 신분이 드러나지 않는 것이 61개(64.89%)이고, 막연하나마 신분이 드러나 있는 것은 33개(35.11%)이다. 이들 중 신분이 드러난 것 중 많이 분포된 순으로 고찰하면 다음과 같다.

독서하는 사람과 우유부단한 사람 및 젖먹이 어린이가 각각 8개(8.51%)이고, 중병을 앓고 있는 사람이 6개(6.38%)이며, 혀가 짧은 사람이 2개(2.13%)이다. 그리고 혀가 굳은 사람이 1개(1.06%)로 분포되어 있다.

(3) 말하는 대상이나 객체를 알 수 없는 것은 33개(35.11%)이고, 객체를 알 수 있는 것은 61개(64.89%)이다. 이들 중 많이 분포된 순으로 고찰하여 보면 다음과 같다.

어린아이의 옹알이가 8개(8.51%)로 가장 많고, 헛소리가 6개(6.38%)로 다음으로 많으며, 우유부단한 태도와 우물쭈물하는 태도가 각각 5개(5.32%)로 세 번째로 많다. 그리고 혀, 어리숙한 언행, 소극적인 태도, 맥없는 동작, 어물거리는 태도가 각각 4개(4.26%)이고, 머뭇거리는 태도와 꿈이 각각 3개(3.19%)이며, 입과 수다 및 입속말이 각각 2개(2.13%)이다. 남을 속이는 기만, 유음, 흐리멍텅한 태도, 동서(東西)가 각각 1개(1.06%)로 분포되어 있다.

이러한 현상으로 보아 우리 언어공동체(Sprachgemeinschaft)는 옹알이와 헛소리 및 말하는 태도에 깊은 관심이 반영되어 있고, 또 발음기관의 표현 기능에도 큰 관심이 드러나 있다.

(4) 이 부분은 연구의 대상이 분명하지 못한 언어표현을 내용으로 하고 있으므로 거의 모두가 바람직하지 못한 부정적인 내용으로 되어 있다. 그 가운데서도 필자가 느끼기에 매우 바람직하지 못한 낱말을 살펴보면 다음과 같다. '떠뜻거리다, 뙤뙤거리다, 섭유하다, 아름거리다, 아름아름하다, 어름거리다, 어름어름하다, 아름작거리다, 아름작아름작하다, 아물거리다, 아물아물하다, 아믈거리다, 머무적거리다, 머뭇거리다, 머무적머무적하다, 머뭇머뭇하다, 어물거리다, 어물어물하다, 어름거리다, 어름어름하다, 어름적거리다, 어름적어름적하다, 우물쭈물하다, 어물쩍거리다, 우물쩍거리다, 어물쩍하다, 우물쩍우물쩍하다, 말공부하다, 말공부질하다, 횡설수설하다, 횡수설거하다, 횡수설화하다, 몽중몽설하다, 몽중설몽하다, 교문작자하다, 지동지서하다, 서털구털하다, 콩팔칠팔하다, 허텅거리다, 새살거리다, 시설거리다' 등 41개(43.62%)이다. 그리고 부의(副義)에 의거한 내용이나, 바람직한 긍정적인 내용은 흥에 겨워 콧노래를 부르는 '흥얼거리다, 흥얼흥얼하다' 등 2개(2.13%)에 불과하다.

(5) 우리 국어는 어휘의 수에 있어서 한자어가 우위를 차지하고 있는 형편이다. 국어사 전반을 통하여, 국어는 중국어와 가장 광범위하고 긴 접촉 관계를 수립하여 왔다. 국어를 표기하기에 알맞은 고유 문자를 가지지 못한 채 수립된 중국어와의 접촉에서 국어는 심원한 영향을 받아왔다. 애초에 소수의 어휘 차용에서 차자표기법을 창안했고 드디어 한문 전부를 문자언어에 수용하게 되었다. 그래서 순수한 한문과 고유 국어문을 생각할 수 없게 되어 국한문 홍용체가 쓰이게 되었다(沈在箕, 1983:214). 그런데 분명하지 못한 언어표현의 낱말밭에서는 고유어가 76개(80.85%)로 과반수가

훨씬 넘고 있으며, 한자어는 16개(17.02%)에 불과하다. 그리고 고유어와 한자어가 융합된 혼종어는 '말공부하다, 말공부질하다' 등 2개(2.13%)이고, 서구 외래어는 하나도 없는 것이 특징이다.

2.4 수다떨다

2.4.1 수다떠는 내용

이 부분은 수다스런 언어표현 자동사의 내용이므로 〈수다스런 언어표현성, 다언성, 규소성〉이 공통으로 부가된다. 수다떠는 자동사의 상위 분절구조는 [그림29]와 같다.

(1) 훤언(喧言)하다   (2) 훤화(喧譁)하다

(3) 훤조(喧噪)하다   (4) 훤소(喧騷)하다

(5) 요설(饒舌)하다

위의 (1)-(4)는 "잘 지껄이어서 떠들다"의 개념을 공유하고 있어 〈잘 지껄이는 언표성→규소성〉이 공통으로 추가되고, 또 "말을 많이 하다"의 개념도 공유하고 있어 〈다언성〉도 공통으로 추가되며, (5)는 "쉬지 않고 자꾸 지껄이다"의 개념이므로 〈계속 다언성〉이 추가되어 분절한다.

(6) 수다떨다   (7) 수떨다

(8) 수다부리다

이들은 "수다스런 말을 많이 하다"의 개념을 공유하고 있어 〈수다떠는

[그림29] 수다떠는 자동사의 상위 분절구조

```
                    ┌─〈지껄이며〉─┬─훤언하다, 훤소하다, 요설하다
                    │            ├─수다떨다, 수다부리다, 나발거리다
                    ├─〈떠들다〉──┼─재잘거리다, 재자거리다, 재깔이다
                    │            ├─지껄이다, 지저거리다, 지지거리다
                    │            └─중절거리다, 뒤스럭떨다, 떠죽거리다
                    ├─〈미소성→수다성〉새살거리다, 새실거리다
          수다떠는  ├─〈경망성〉──┬─새롱거리다, 새롱새롱하다
          언어표현 ─┼─〈미소성〉  │
                    ├─〈수다성〉──┴─시롱거리다, 시롱시롱하다
                    ├─〈경망성＋주착성〉──┬─사부랑거리다, 사부랑사부랑하다
                    ├─〈불필요한 수다성〉─┴─시부렁거리다, 시부렁시부렁하다
                    ├─〈부당한 언어로 수다성〉씨벌이다, 씨벌거리다
                    ├─〈실없이 미소성→수다성〉실떡거리다, 씩둑거리다
                    ├─〈얄밉고 짓궂게 수다성〉이죽거리다
                    ├─〈소란스럽게 수다성〉발동하다, 고성규소하다, 홍동하다
                    ├─〈고성으로 수다성〉떠들다, 왕왕대다, 엉버티다
                    ├─〈[여러 사람]→무질서하게 수다성〉법석이다, 깡다구부리다
                    ├─〈수선스런 수다성〉수선거리다, 수선떨다, 수런거리다
                    ├─〈경망성→의도적인 수다성〉난장치다, 호들갑떨다
                    ├─〈[여러 사람]→동시에 수다성〉왁자지껄하다, 뒤떠들다
                    ├─〈소문 듣고 소란성〉훤전하다, 훤요하다, 훤자하다
                    ├─〈[여러 사람]→폭소성＋수다성〉욱저그르하다, 와와하다
                    ├─〈소란성＋수다성〉소동하다, 소요하다
                    ├─〈[여러 사람]→소곤소곤 수다성〉옹송거리다, 선란하다
                    ├─〈큰 소리로 수다성〉함헌수작하다, 귀따갑다
                    └─〈무분별하게 수다성〉뇌까리다, 고조하다, 고소하다
```

언어성〉이 공통으로 추가되는 유의어이므로 한 동아리에 묶었다.

    (9) 나발거리다   (10) 나발나발하다
    (11) 나불거리다   (12) 나불나불하다
    (13) 납신거리다   (14) 납신납신하다

위의 낱말들은 "경솔하게 입을 놀려 계속 말하다"의 개념을 공유하고 있어 〈경솔성→계속 나발거리는 언표성〉이 공통으로 추가된다. 이들은 접사와 모음, 자음의 교체로 어감의 차이에서 오는 뉘앙스에 의하여 서로 분절된다. 따라서, (9)와 (10)은 "말을 가볍고 수다스럽게 지껄이다"의 개념을 공유하고 있으나, (9)는 〈연속성＋속된 표현성＋매우 약한 어감〉이 더 추가되고, (10)은 〈단속성＋속된 표현성＋매우 약한 어감〉이 더 추가된다. 그리고 (11)과 (12)는 "경솔하게 입을 놀려 계속 말하다"의 개념을 공유하고 있으나, (11)은 〈연속성＋중간정도의 어감〉이 더 추가되고, (12)는 〈단속성＋중간정도의 어감〉이 더 추가되며, 또 "꽃잎·혀·촛불 같은 것이 자꾸 가볍게 나붓거리다"의 개념도 공유하고 있어 〈[꽃잎]·[혀]·[촛불]→계속 가볍게 나붓거리는 동작성〉도 공통으로 더 추가되어 분절하고 있어 동작동사의 낱말밭에서도 분절한다. (13)과 (14)는 "입을 재빠르고 경망스럽게 놀리며 재잘거리다"의 개념을 공유하고 있으나, (13)은 〈연속성〉이 더 추가되고, (14)는 〈단속성〉이 더 추가되어 분절한다.

    (15) 재잘거리다   (16) 재잘재잘하다
    (17) 재자거리다   (18) 재자재자하다
    (19) 재작거리다   (20) 재작재작하다
    (21) 재깔이다   (22) 재깔거리다
    (23) 재깔재깔하다   (24) 재재거리다

(25) 재재재재하다

위의 낱말들은 "자꾸 지껄이다"의 개념을 공유하고 있어 〈계속 수다성〉이 공통으로 추가된다. 이들은 접사와 모음 및 평음, 경음, 격음의 교체로 어감의 차이에서 오는 뉘앙스에 의하여 서로 분절한다. 따라서 (15)와 (16)은 "낮은 목소리로 자꾸 재깔이다"의 개념을 공유하고 있어 〈저음으로 수다성+매우 약한 어감〉이 더 추가되고, 또 "참새 따위의 작은 새들이 잔재미 있게 지저귀다"의 개념도 공유하고 있어 〈[작은 새]→흥겹게 지저귀는 행위성〉도 공통으로 추가되나, (15)는 〈연속성〉이 더 추가되고, (16)은 〈단속성〉이 더 추가된다. 그리고 (17)-(20)은 "경솔하게 입을 놀려 계속 말하다"의 개념을 공유하고 있어 〈경솔성→계속 수다성+매우 약한 어감〉이 공통으로 추가되나, (17)은 〈연속성〉, (18)은 〈단속성〉, (19)는 〈연속성〉, (20)은 〈단속성〉이 더 추가되어 분절한다. (21)-(23)은 "약간 언성을 높여 지껄이다"의 개념을 공유하고 있어 〈약간 고음으로 수다성+중간정도의 어감〉이 공통으로 추가되나, (21)은 〈순간성〉이 더 추가되고, (22)는 〈연속성〉이 더 추가되며, (23)은 〈단속성〉이 더 추가된다. 그리고 (24)와 (25)는 "낮은 소리로 자꾸 지껄이다"의 개념을 공유하고 있어 〈저음으로 수다성+매우 약한 어감〉이 공통으로 추가되나, (24)는 〈연속성〉이 더 추가되고, (25)는 〈단속성〉이 더 추가되어 분절한다.

(26) 지껄이다   (27) 지껄거리다

(28) 지껄지껄하다

위의 낱말들은 "약간 언성을 높여 자꾸 지껄이다"의 개념을 공유하고 있어 〈약간 고음으로 수다성+강한 어감〉이 공통으로 추가된다. 이들은 접사의 교체로 어감의 차이에서 오는 뉘앙스에 의하여 서로 분절한다. 따라서 (26)은 〈순간성〉이 더 추가되고, (27)은 〈연속성〉이 더 추가되며, (28)은 〈단속성〉이 더 추가되어 분절한다.

(29) 지저거리다   (30) 지저지저하다
(31) 지저귀다   (32) 지적거리다
(33) 지적지적하다   (34) 지절거리다
(35) 지절지절하다   (36) 지지거리다
(37) 지지버리다

위의 낱말들은 "신통찮은 말이나 조리 없는 얘기를 자꾸 지껄이다"의 개념은 공유하고 있어 〈불필요한 언표성→저음으로 부조리하게 수다성＋중간정도의 어감〉이 공통으로 추가되고, 또 "새가 계속하여 소리내어 우짖다"의 개념도 공유하고 있어 〈[새]→계속 우짖는 행위성〉도 공통으로 추가된다. 이들은 접사의 교체와 모음 및 자음의 교체로 어감의 차이에서 오는 뉘앙스에 의하여 서로 분절한다. 따라서 (29)는 〈연속성〉, (30)은 〈단속성〉, (31)은 〈순간성〉, (32)는 〈느린 언표성＋연속성〉, (33)은 〈느린 언표성＋단속성〉, (34)는 〈연속성〉, (35)는 〈단속성〉, (36)과 (37)은 〈속된 표현성＋연속성〉이 각각 추가되어 분절한다.

(38) 중절거리다   (39) 중절중절하다

이들은 "수다스럽게 자꾸 중얼거리다"의 개념을 공유하고 있어 〈수다스럽게 중얼거리는 언표성＋중간정도의 어감〉이 공통으로 추가된다. 이들은 접사의 교체에 따른 어감의 차이에서 오는 뉘앙스에 의하여 서로 분절되므로, (38)은 〈연속성〉이 더 추가되고, (39)는 〈단속성〉이 더 추가되어 분절한다.

(40) 뒤스럭떨다   (41) 짖다

위의 (40)은 "몹시 수다스럽고 부산하게 언동을 하다"의 개념이니 〈몹시 수다성＋부산한 언행성〉이 추가되고, (41)은 "지껄이는 언표를 속되게 표현하다"의 개념이므로 〈수다성＋속된 표현성〉이 추가되며, 또 "개가 멍멍 소리를 크게 내다"의 개념도 가지고 있어 〈[개]→멍멍 짖는 행위성〉이 더 추가되고, "까막까치가 시끄럽게 지저귀다"의 개념일 경우는 〈[까막까치]→시끄럽게 지저귀는 행위성〉도 더 추가되어 분절한다.

(42) 떠죽거리다   (43) 떠짓거리다
(44) 떠죽떠죽하다   (45) 주적거리다
(46) 주적주적하다

위의 (42)-(44)는 "젠체하고 자꾸 지껄여 대다"의 개념을 공유하고 있어 〈자만성→연속 수다성＋매우 강한 어감〉이 공통으로 추가되고, 또 "거짓 싫은 체하여 자꾸 사양하다"의 개념도 공유하고 있어 〈거짓으로 계속 사양성〉도 공통으로 추가된다. 이들은 접사와 음운의 교체로 어감의 차이에서 오는 뉘앙스에 의하여 서로 분절한다. 따라서 (42)와 (43)은 〈연속성〉이 공통으로 추가되고, (44)는 〈단속성〉이 더 추가된다. 그리고 (45)와 (46)은 "자꾸 주착없이 잘난 체하고 떠들다"의 개념을 공유하고 있어 〈주착성＋자만성→계속 수다성＋중간정도의 어감〉이 공통으로 추가되며, 또 "느린 동작으로 어정어정 걷다"의 개념도 공유하고 있어 〈느린 보행성〉을 가지고 이동동사의 낱말밭에서도 분절한다. 이들도 접사의 교체로 어감에서 오는 뉘앙스에 의하여 서로 분절한다. 따라서 (45)는 〈연속성〉이 더 추가되고, (46)은 〈단속성〉이 더 추가되어 분절한다.

(47) 새살거리다   (48) 새실거리다
(49) 시설거리다

　　위의 낱말들은 "실실 웃으면서 좀 수다스럽게 자꾸 지껄이다"의 개념을
공유하고 있어 〈미소성＋계속 수다스런 언표성〉이 공통으로 추가된다. 이
들은 모음의 교체로 어감의 차이에서 오는 뉘앙스에 의하여 서로 분절한
다. 따라서 (47)은 〈약한 어감〉이 더 추가되고, (48)은 〈중간정도의 어감〉이
더 추가되며, (49)는 〈강한 어감〉이 더 추가되어 분절한다.

(50) 새롱거리다   (51) 새롱새롱하다
(52) 새룽거리다   (53) 새룽새룽하다
(54) 시룽거리다   (55) 시룽시룽하다

　　위의 낱말들은 "실없는 언행으로 멋없이 자꾸 시시덕거리며 까불거리
다"의 개념을 공유하고 있어 〈실없고 경망스런 언행성→연속 미소지으며
수다성〉이 공통으로 추가된다. 이들은 접사와 모음의 교체로 어감의 차이
에서 오는 뉘앙스에 의하여 서로 분절한다. 따라서 (50)은 〈연속성＋약한
어감〉, (51)은 〈단속성＋약한 어감〉, (52)는 〈연속성＋중간정도의 어감〉, (53)
은 〈단속성＋중간정도의 어감〉, (54)는 〈연속성＋강한 어감〉, (55)는 〈단속
성＋강한 어감〉이 각각 추가되어 분절한다.

(56) 사부랑거리다   (57) 새부랑거리다
(58) 사부랑사부랑하다   (59) 새부랑새부랑하다
(60) 싸부랑거리다   (61) 쌔부랑거리다
(62) 싸부랑싸부랑하다   (63) 쌔부랑쌔부랑하다
(64) 시부렁거리다   (65) 시부렁시부렁하다

110

(66) 씨부랑거리다   (67) 씨부랑씨부랑하다
(68) 씨부렁거리다   (69) 씨부렁씨부렁하다

위의 낱말들은 "경망스럽고 쓸데없는 말로 시시덕거리며 함부로 자꾸 지껄이다"의 개념을 공유하고 있어 〈경망성＋주착성→계속 불필요한 수다성〉이 공통으로 추가된다. 이들은 접사와 자음 및 모음의 교체로 어감의 차이에서 오는 뉘앙스에 의하여 서로 분절한다. 따라서 (56)과 (57)은 〈연속성＋약한 어감〉이 공통으로 추가되고, (58)과 (59)는 〈단속성＋약한 어감〉이 공통으로 추가되며, (60)과 (61)은 〈연속성＋강한 어감〉이 공통으로 추가된다. 그리고 (62)와 (63)은 〈단속성＋강한 어감〉이 공통으로 추가된다. (64)는 〈연속성＋중간정도의 어감〉이 추가되고, (65)는 〈단속성＋중간정도의 어감〉이 추가되며, (66)은 〈연속성＋강한 어감〉이 추가된다. (67)은 〈단속성＋강한 어감〉이 추가되고, (68)은 〈연속성＋매우 강한 어감〉이 추가되며, (69)는 〈단속성＋매우 강한 어감〉이 더 추가되어 분절한다.

(70) 씨벌이다   (71) 씨벌거리다
(72) 씨벌씨벌하다

위의 낱말들은 "당치도 않는 말을 자꾸 지껄이다"의 개념을 공유하고 있어 〈부당한 언표로 계속 수다성＋매우 강한 어감〉을 공유하고 있는 유의어이므로 한 동아리에 묶었다. 이들은 접사의 교체로 어감의 차이에서 오는 뉘앙스에 의하여 서로 분절한다. 따라서 (70)은 〈순간성〉이 더 추가되고, (71)은 〈연속성〉이 더 추가되며, (72)는 〈단속성〉이 더 추가되어 분절한다.

(73) 실떡거리다   (74) 실떡실떡하다

(75) 씩둑거리다   (76) 씩둑씩둑하다

(77) 씩둑꺽둑거리다   (78) 씩둑꺽둑하다

(79) 씩설거리다

위의 (73)과 (74)는 "실없이 잘 웃고 쓸데없는 말을 자꾸 하다"의 개념을 공유하고 있어 〈실없이 미소성→쓸데없이 계속 수다성＋매우 강한 어감〉이 공통으로 추가된다. 이들은 접사의 교체에 따른 어감의 차이로 뉘앙스에 의하여 서로 분절되므로, (73)은 〈연속성〉이 더 추가되고, (74)는 〈단속성〉이 더 추가된다. 그리고 (75)~(79)는 "부질없는 말로 꼴사납게 수다를 떨다"의 개념을 공유하고 있어 〈무의미한 언표성＋꼴사납게 수다성＋매우 강한 어감〉이 공통으로 추가된다. 이들도 접사와 음운 첨가로 어감의 차이에서 오는 뉘앙스에 의하여 서로 분절한다. 따라서 (75)는 〈연속성〉이 추가되고, (76)은 〈단속성〉이 추가되며, (77)은 〈연속성〉이 추가된다. 그리고 (78)은 〈단속성〉이 추가되고, (79)는 〈연속성〉이 추가되어 분절한다.

(80) 이주걱거리다   (81) 이주걱이주걱하다

(82) 이주걱부리다

이들은 "짓궂게 수다스럽고 밉살스럽게 굴다"의 개념을 공유하고 있어 〈얄밉고 짓궂게 수다성＋중간정도의 어감〉이 공통으로 추가된다. 이들은 접미사의 교체로 어감의 차이에서 오는 뉘앙스에 의하여 서로 분절되므로 (80)은 〈연속성〉이 더 추가되고, (81)은 〈단속성〉이 더 추가되며, (82)는 〈순간성＋의도성〉이 더 추가되어 분절한다.

(83) 발동(發動)하다　　　　　(84) 고성규조(高聲叫噪)하다

(85) 홍동(哄動)하다

위의 (83)은 "시끄럽게 떠들다"의 개념이니 〈소란스럽게 규소성〉이 추가되고, 또 "움직이기 시작하다"의 개념일 경우는 〈움직이기 시작성〉, "활동을 일으키다"의 개념일 경우는 〈활동 개시성〉, "동력을 일으키다"의 개념일 경우는 〈동력. 발휘성〉, "효력이 발생하다"의 개념일 경우는 〈효력 발생성〉이 내용에 따라 더 추가되는 다의어이다. 그리고 (84)는 "높은 소리로 떠들다"의 개념이니 〈고성으로 떠드는 언행성〉이 추가되고, (85)는 "여러 사람이 지껄이며 떠들다"의 개념이므로 〈[여러 사람]→소란스럽게 떠드는 행위성〉이 추가되어 분절한다.

(86) 떠들다　　　　　　　　(87) 떠들어대다[43]

(88) 떠들어내다　　　　　　(89) 짓떠들다

(90) 떠들썩거리다　　　　　(91) 떠들썩떠들썩하다

(92) 떠지껄이다　　　　　　(93) 떠지껄하다

(94) 엉버티다　　　　　　　(95) 왕왕대다

---

43) 신현숙(1986:87)은 [-대다]의 의미 기능을 다음과 같이 말하고 있다.
　① 어근이 지시하는 움직임이 시간의 변화에 따라 점차 커진다.
　② 동사로 쓰이는 기능이 있으며 동사의 복합형석을 만들어 주는 기능이 있다.
　③ 움직임의 출발점이 인지된다.

　신현숙(1986:97)은 [-대다]를 다음과 같이 의미분석하고 있다.
　① 하나의 어근을 선택한다.
　② 동적인 어근과 결합한다.
　③ 낮은 의미의 어근/문맥/상황과 관련된다.
　④ 움직임의 전체에 초점을 둔다.
　⑤ 시간의 변화와 움직임의 정도가 관련된다.

위의 낱말들은 "큰 소리로 시끄럽게 지껄이다"의 개념을 공유하고 있어 〈고성으로 소란성＋수다성〉이 공통으로 추가되고, 또 "소문이나 여론 따위가 굉장히 크게 나다"의 개념도 공통으로 가지고 있어 〈[소문]·[여론]→매우 크게 확산성〉이 공통으로 더 추가되며, "소동이 일어나서 매우 술렁거리다"의 개념일 경우는 〈소동 발생성→매우 술렁이는 상태성〉도 공통으로 추가된다. 이들은 접사의 교체와 음운 첨가로 어감의 차이에서 오는 뉘앙스에 의하여 서로 분절한다. 따라서 (86)은 〈순간성＋강한 어감〉, (87)-(89)는 〈순간성＋강조성＋강한 어감〉, (90)은 〈연속성＋매우 강한 어감〉, (91)은 〈단속성＋매우 강한 어감〉, (92)는 〈순간성＋매우 강한 어감〉, (93)은 〈순간성＋강조성＋매우 강한 어감〉이 내용에 따라 더 첨가되어 분절한다. 그리고 (94)와 (95)는 〈순간성＋매우 강한 어감＋속된 표현성〉이 공통으로 추가되어 분절한다.

(96) 법석이다　　　　　　　　(97) 법석하다
(98) 법석거리다　　　　　　　(99) 법석법석하다
(100) 법석놀다　　　　　　　 (101) 법석놓다
(102) 법석치다　　　　　　　 (103) 법석구니놓다
(104) 법석구니놀다　　　　　　(105) 깡다구부리다

위의 낱말들은 "여러 사람이 소리를 내어 시끌시끌하게 몹시 떠들다"의 개념을 공유하고 있어 〈[여러 사람]→운집성→소란스럽고 무질서하게 떠드는 행위성＋중간정도의 어감〉이 공통으로 추가된다. 이들은 접사의 교체와 음운 교체 및 모음의 교체로 어감의 차이에서 오는 뉘앙스에 의하여 서로 분절한다. 따라서 (96)과 (97)은 〈순간성〉이 공통으로 더 추가되고, (98)은 〈연속성〉이 더 추가되며, (99)는 〈단속성〉이 추가된다. 그리고 (100)-(104)는 〈순간성＋강조성＋의도성〉이 공통으로 추가되고, (105)는 〈강조

성＋의도성＋비유적 표현성〉이 추가되어 분절한다.

(106) 수선거리다   (107) 수선수선하다
(108) 수선떨다   (109) 수선부리다
(110) 수선 피우다

위의 (106)과 (107)은 "정신이 어지럽게 떠들다"의 개념을 공유하고 있어 〈매우 수선스런 언행성→정신 없는 상태성＋약한 어감〉이 공통으로 추가되고, 또 "시끄러워 정신이 어지러워지다"의 개념도 공유하고 있어 〈시끄러운 상태성→정신 혼란성〉이 더 추가된다. 이들은 접사의 교체로 어감의 차이에서 오는 뉘앙스에 의하여 서로 분절되므로, (106)은 〈연속성〉이 더 추가되고, (107)은 〈단속성〉이 더 추가된다. 그리고 (108)은 "매우 수선스러운 말이나 행동을 많이 하다"의 개념이니 〈매우 수선스런 언행성→의도적인 수다성→정신 없는 상태성〉이 추가되고, (109)와 (110)은 "말이나 행동을 일부러 수선스럽게 하다"의 개념을 공유하고 있어 〈의도적으로 수선스런 언행성＋강조성〉이 공통으로 추가되어 분절한다.

(111) 수런거리다   (112) 수런수런하다

이들은 "여러 사람이 한데 모여서 수런스럽게 지껄이다"의 개념을 공유하고 있어 〈[여러 사람]→운집성→수선스럽게 수다성→정신 없는 상태성〉이 공통으로 추가된다. 이들도 접사의 교체로 어감의 차이에서 오는 뉘앙스에 의하여 서로 분절하므로, (111)은 〈연속성〉이 더 추가되고, (112)는 〈단속성〉이 더 추가되어 분절한다.

(113) 난장치다   (114) 호들갑떨다
(115) 호들갑부리다

위의 (113)은 "함부로 마구 떠들다"의 개념이니 〈경망스럽게 의도적인 규소성〉이 추가되고, (114)와 (115)는 "경망스럽게 떠들고 함부로 말하다"의 개념을 공유하고 있어 〈의도적으로 경망스런 언행성→무례한 언표성〉이 공통으로 추가된다. 이들은 접사의 교체로 어감의 차이에서 오는 뉘앙스에 의하여 서로 분절되므로, (114)는 〈상태성〉이 강조되고, (115)는 〈의도성〉이 강조되어 분절한다.

(116) 들레다   (117) 왁자지껄하다
(118) 왜자기다   (119) 뒤떠들다

위의 (116)-(118)은 "여러 사람이 왁자지껄하게 떠들다"의 개념을 공유하고 있어 〈[여러 사람]→동시에 홍동성→정신 없는 상태성〉이 공통으로 추가되고, (119)는 "여러 사람이 왁자하게 마구 떠들다"의 개념이므로 〈[여러 사람]→경거망동하게 홍동성→정신 없는 상태성〉이 추가되어 분절한다.

(120) 훤전(喧傳)하다   (121) 훤요(喧擾)하다
(122) 훤자(喧藉)하다

이들은 "뭇사람의 입으로 퍼져서 왁자지껄하게 되다"의 개념을 공유하고 있어 〈여러 사람에게 소문 확산성→왁자지껄하게 소란성〉이 공통으로 추가되는 유의어이므로 한 동아리에 묶었다.

(123) 왁자그르하다   (124) 웍저그르하다

(125) 왜자하다   (126) 와와하다

(127) 짜그르르하다   (128) 짝지그르하다

　위의 (123)~(125)는 "여럿이 한데 모여서 시끄럽게 웃고 떠들다"의 개념을 공유하고 있어 〈[여러 사람]→운집성→폭소성＋홍동성〉이 공통으로 추가되고, 또 "소문이 퍼져 갑자기 시끄러워지다"의 개념도 공유하고 있어 〈소문 확산성→갑자기 소란성〉도 공통으로 추가된다. 이들은 모음의 교체로 어감의 차이에서 오는 뉘앙스에 의하여 서로 분절되므로, (123)은 〈순간성＋약한 어감〉이 더 추가되고, (124)는 〈순간성＋중간정도의 어감〉이 더 첨가되며, (125)는 〈순간성＋강조성〉이 더 추가되어 분절한다. 그리고 (126)은 "여러 사람이 한꺼번에 잇달아 시끄럽게 떠들다"의 개념이니 〈[여러 사람]→동시에 홍동성→계속성〉이 추가되고, 또 "여럿이 힘차게 한 곳으로 잇달아 몰리다"의 개념도 가지고 있어 〈[여러 사람]→동시에 한 곳으로 운집성〉이 더 추가되어 분절한다. (127)과 (128)은 "여럿이 한데 모여 갑자기 떠들썩하고 되바라지게 웃거나 떠들다"의 개념을 공유하고 있어 〈[여러 사람]→운집성→갑자기 폭소성＋되바라지게 홍동성〉이 공통으로 추가되고, 또 "거의 잦아진 물기나 기름기 따위 액체가 갑자기 소리내어 끓다"의 개념도 가지고 있어 〈[거의 잦아진 물기·기름]→잡자기 몹시 비등성〉의 개념도 가지고 있으므로 상승이동의 낱말밭에서도 분절한다.

(129) 왱댕하다   (130) 뎅걸뎅걸하다

　위의 (129)는 "요란스럽게 떠들다"의 개념이니 〈요란스런 홍동성＋순간성〉이 추가되고, (130)은 "벽이나 문 따위를 사이에 두고 여러 사람이 지껄이다"의 개념이므로 〈[여러 사람]→벽과 문을 사이에 두고 소란스런 홍동

성〉이 추가되어 분절한다.

    (131) 소동(騷動)하다　　　　　(132) 소요(騷擾)하다
    (133) 소요떨다(騷擾-)

    위의 (131)은 "소란스럽게 떠들다"의 개념이니 〈소란성→홍동성〉이 추가되고, 또 "많은 사람이 소란을 피우다"의 개념도 가지고 있어 〈[군중]→의도적인 소란성〉이 더 추가되어 분절한다. 그리고 (132)는 "여러 사람이 술렁술렁 소란스럽게 들고 일어나다"의 개념이니 〈[여러 사람]→소란스럽게 소요성〉이 추가되고, 또 "뭇사람이 들고 일어나서 폭행·협박을 함으로써 한 지방의 공공질서를 문란케 하다"의 개념도 가지고 있어 〈[군중]→폭행, 협박성→공공질서 파괴성〉이 더 추가되며, (133)은 "여러 사람들이 요란하고 수선스럽게 떠들다"의 개념이므로 〈[여러 사람]→요란스런 소요성→정신 혼란성〉이 추가되므로, (132)와는 계단대립(Graduelle Opposition)을 이루고 있다.

    (134) 옹송거리다　　　　　(135) 옹송옹송하다
    (136) 선란(煽亂)하다

    위의 (134)와 (135)는 "분위기가 좀 소란하도록 여러 사람들이 소곤소곤 떠들다"의 개념을 공유하고 있어 〈[여러 사람]→소곤소곤 홍동성→분위기 파괴성＋약한 어감〉이 공통으로 추가된다. 이들은 접사의 교체와 음운 첨가로 어감의 차이에서 오는 뉘앙스에 의하여 서로 분절한다. 따라서 (134)는 〈연속성〉이 더 첨가되고, (135)는 〈단속성〉이 더 첨가된다. 그리고 (136)은 "선동하여 소란을 일으키다"의 개념이니 〈선동성→소란을 야기성〉이 추가되어 분절한다.

(137) 부르대다	(138) 함헌수작(喊喧酬酌)하다
(139) 귀따갑다	(140) 괄이(聒耳)하다

위의 (137)은 "남을 나무라기나 하는 것처럼 야단스럽게 떠들어대다"의 개념이니 〈타인을 질책하듯 홍동성→야단스런 수다성＋비유적 표현성〉이 더 추가되고, (138)은 "큰 소리로 떠들며 서로 말을 주고 받다"의 개념이므로 〈고성으로 홍동성→대화성〉이 추가된다. 그리고 (139)는 "소리가 날 카롭게 되어 듣기에 따가운 느낌이 있다"의 개념이니 〈날카로운 음성성→귀따가운 상태성〉이 추가되며, (140)은 "귀가 아프도록 지껄이고 떠들다"의 개념이므로 〈소란스런 홍동성→귀가 아픈 상태성〉이 추가되어 분절한다.

(141) 뇌까리다	(142) 고소(鼓騷)하다
(143) 고조(鼓譟)하다	(144) 다언혹중(多言或中)하다

위의 (141)은 "아무렇게나 되는 대로 마구 떠들다"의 개념이니 〈무분별하게 홍동성〉이 추가되고, 또 "남의 잘못이나 허물 또는 태도가 불쾌할 때에 듣기 싫도록 자꾸 뇌어서 말하다"의 개념도 가지고 있어 〈타인이 실수성＋불쾌한 태도성→계속 뇌까리는 언행성〉이 추가된다. 그리고 (142)와 (143)은 "북을 치며 떠들어대다"의 개념을 공유하고 있어 〈타고성＋소란스런 홍동성〉이 공통으로 추가되고, (145)는 "말이 많으면 더러 맞는 말이 있다"의 개념이므로 〈다언 중 간혹 적중성〉이 추가되어 분절한다.

지금까지 현대 국어 자동사 가운데 수다스럽게 말하는 144개 자동사에 대하여 개별적인 분절성을 논의하였다. 이제 이들의 전체적인 분절구조를 그림으로 그려보면 다음과 같은 수형도(tree diagram)가 된다.

[그림30] 수다떠는 분절구조(1)

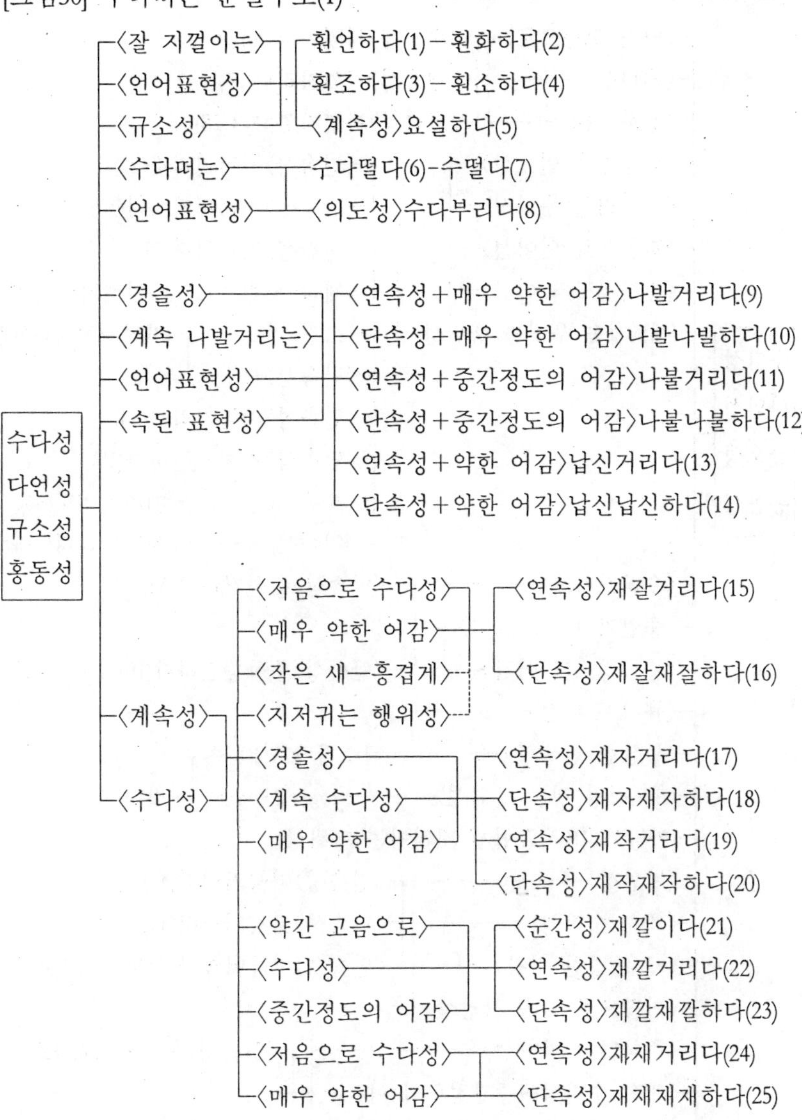

[그림31] 수다떠는 분절구조(2)

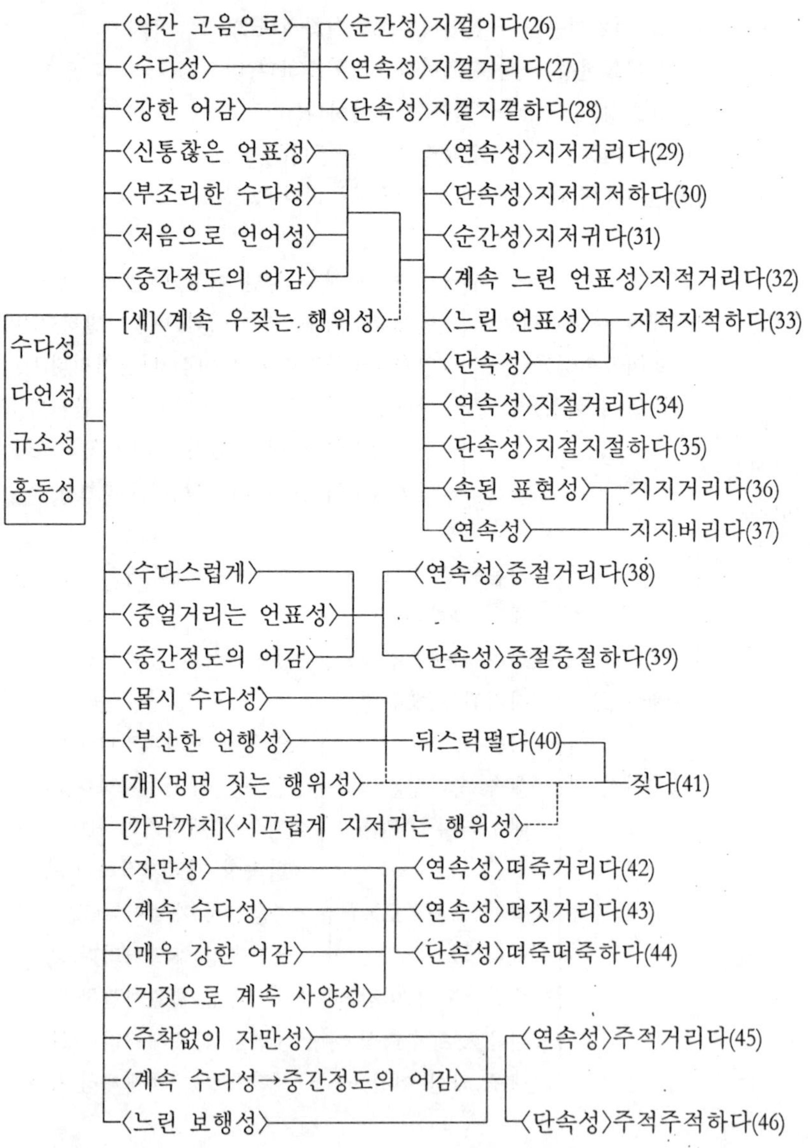

[그림32] 수다떠는 분절구조(3)

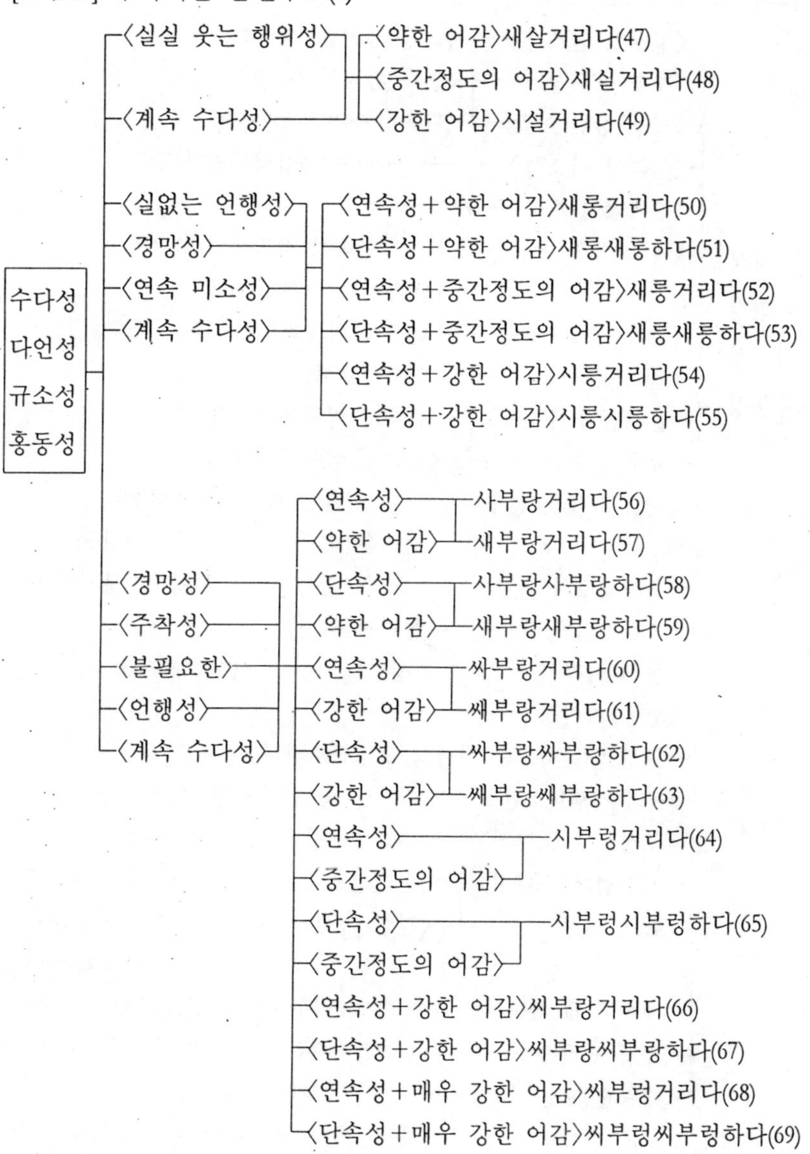

[그림33] 수다떠는 분절구조(4)

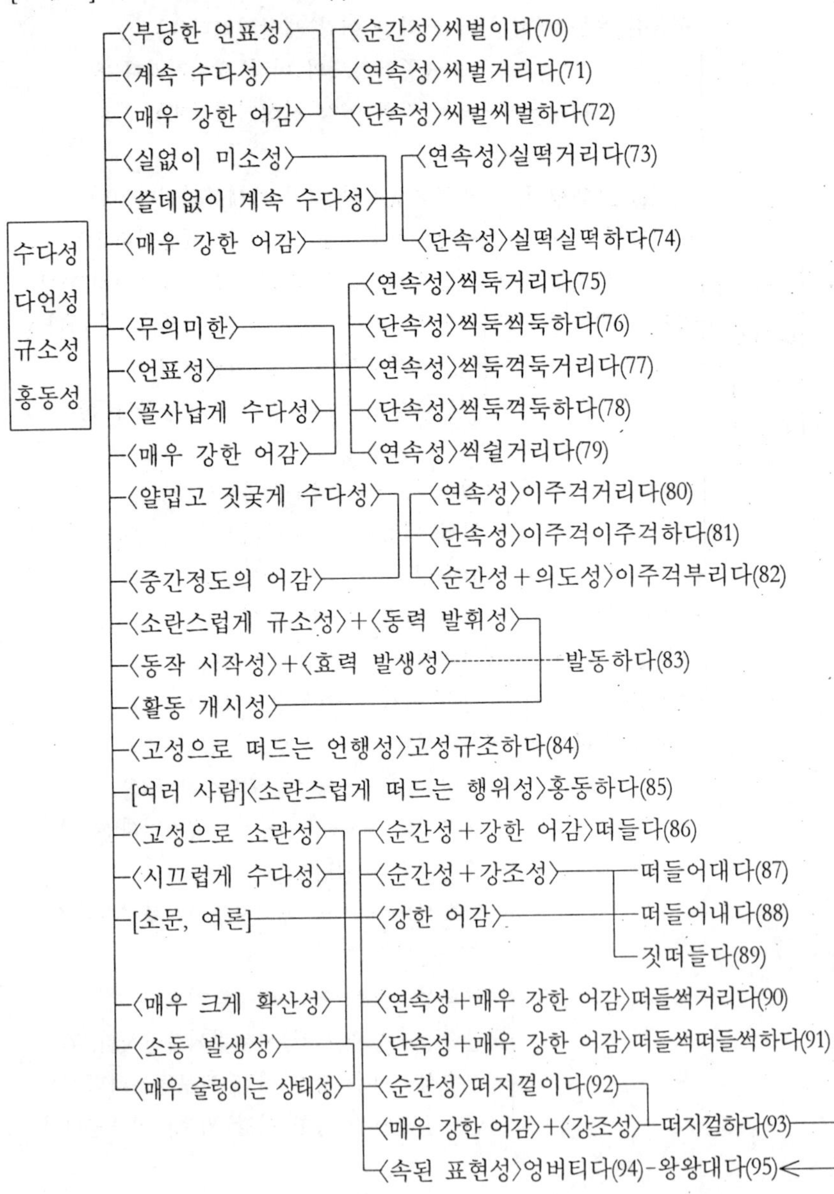

[그림34] 수다떠는 분절구조(5)

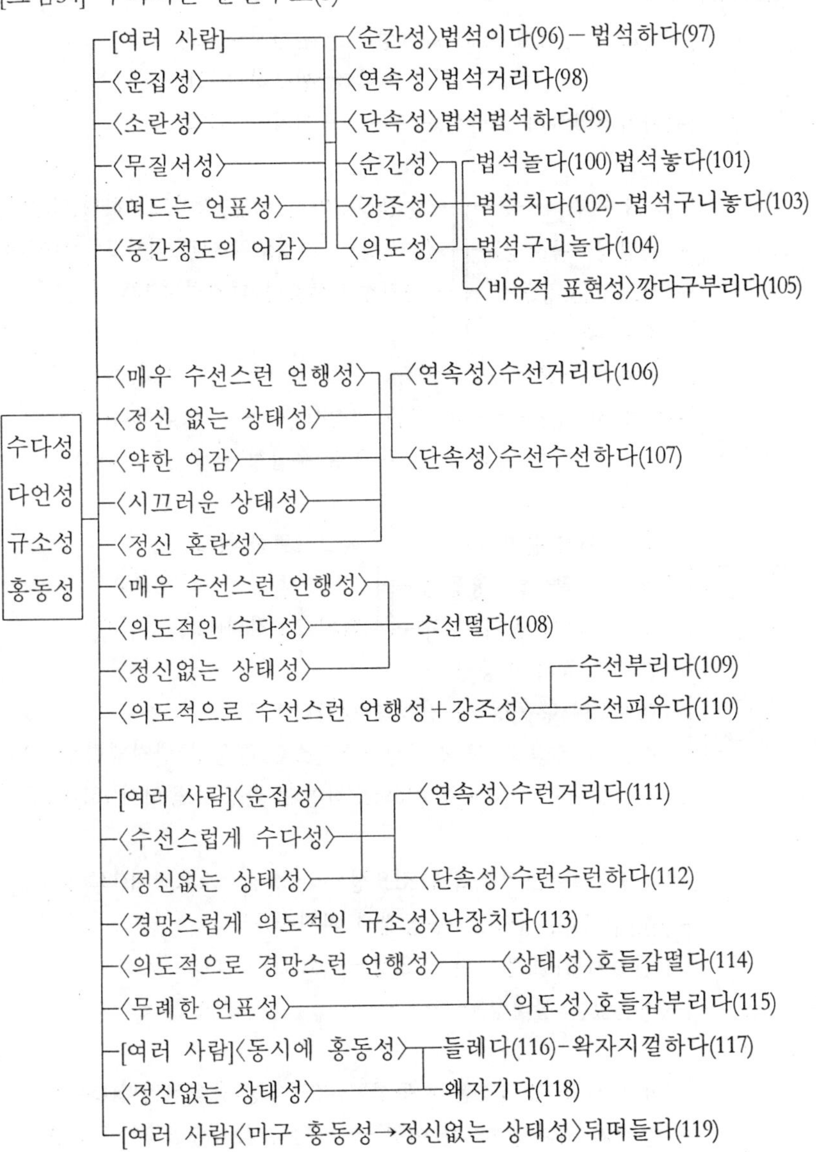

[그림35] 수다떠는 분절구조(6)

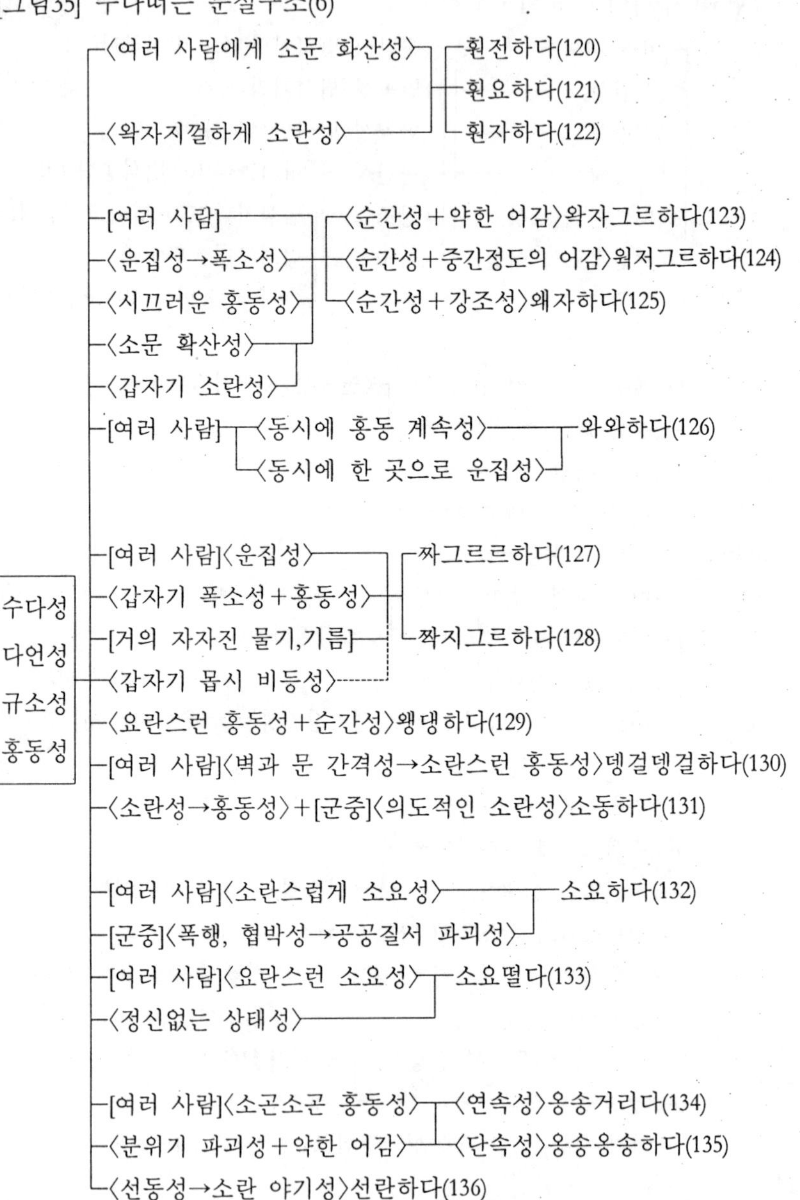

[그림36] 수다떠는 분절구조(7)

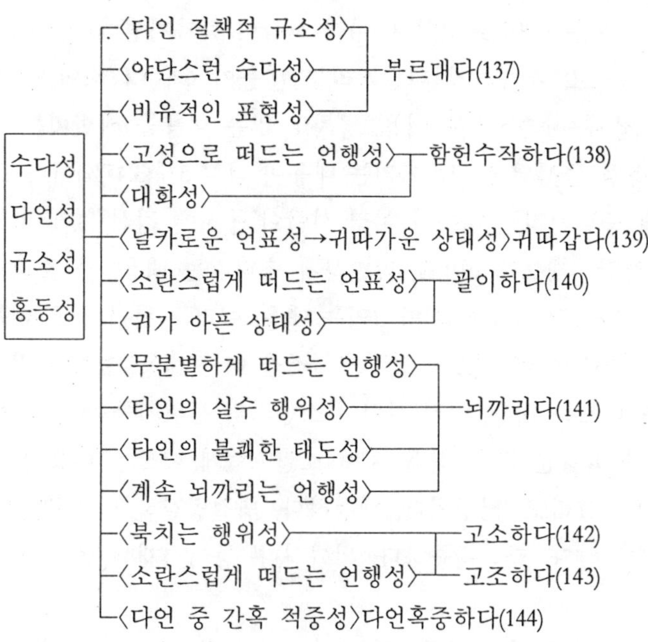

2.4.2 마무리

현대 국어 자동사 가운데 수다스런 언어표현에 관련된 144개 낱말에 대하여 개별적인 분절성을 논의하였다. 이제 이것을 바탕으로 하여 전체적인 분절구조를 요약하려 한다.

(1) 수다스런 언어표현의 내용 가운데 많이 분포된 순으로 고찰하면 다음과 같다.

불필요한 내용을 주착없이 사부랑거리는 내용은 14개(9.72%)로 가장 많고, 큰 소리로 마구 떠드는 내용은 12개(8.33%)로 다음으로 많으며, 계속 재잘거리는 내용이 11개(7.64%)로 세 번째로 많다. 그리고 여러 사람이 운집하여 법석 떠는 내용이 10개(6.94%)이고, 신통찮은 내용을 조리 없게 지저거리는 내용과 실실 웃으며 새실거리는 내용이 각각 9개(6.25%)이며, 정신 없게 떠드는 내용은 8개(5.56%)이다. 여러 사람이 왁자지껄하게 떠드는 내용이 7개(4.86%)이고, 저속하게 나발거리는 내용이 6개(4.17%)이며, 잘 떠드는 내용, 잘난 체 떠죽거리는 내용, 당치도 않은 내용을 씨벌이는 내용, 무의미한 내용을 꼴사납게 씩둑거리는 내용이 각각 5개(3.47%)이다. 그리고 수다스럽게 중절거리는 내용과 여러 사람이 동시에 정신 없게 떠들어대는 내용이 각각 4개(2.78%)이고, 막연하게 수다떠는 내용, 큰 소리로 지껄여대는 내용, 얄밉고 짓궂게 이죽거리는 내용, 여러 사람이 소요 떠는 내용이 각각 3개(2.08%)이며, 의도적으로 호들갑을 떠는 내용, 여러 사람이 운집하여 웃으며 떠드는 내용, 여러 사람이 소곤거려 분위기를 깨는 내용, 소란을 피워 귀가 따가운 내용, 북을 치며 소란스럽게 떠드는 내용이 각각 2개(1.39%)이다. 그리고 '난장치다, 왱댕하다, 뎅걸뎅걸하다, 선란하다, 부르대다, 함헌수작하다, 다언혹중하다, 뇌까리다' 등이 1개씩(0.69%)으로 분포되어 있다.

위의 내용으로 보아 우리 언어공동체는 쓸데없이 사부랑거리는 내용과 큰 소리로 마구 떠드는 내용 및 계속하여 재잘거리는 내용에 깊은 관심이 표현되어 있고, 여러 사람이 운집하여 법석 떠는 내용과 실없이 웃어가면서 새실거리는 내용과 정신이 없을 정도로 떠드는 내용 및 여러 사람이 모여 왁자지껄하게 떠드는 내용에도 많은 관심이 드러나 있다.

(2) 수다스런 언어표현의 태도나 방법은 앞에서 논의한 내용과 대동소이하나 필자 나름대로 그 많이 분포된 순으로 고찰하여 보려 한다.

여러 사람이 소란을 피우는 것이 24개(16.67%)로 가장 많고, 실없이 웃는 태도와 주착없고 경망스런 태도가 각각 14개(9.72%)로 다음으로 많으며, 의도적으로 호들갑을 떠는 것이 11개(7.64%)로 세 번째로 많다. 그리고 조리 없이 말하는 것과 큰 소리를 지르는 것이 각각 10개(6.94%)이고, 여러 사람이 운집하여 웃으며 떠드는 것이 9개(6.25%)이며, 약간 높은 목소리가

8개(5.56%)이다. 잘 지껄이는 모습이 7개(4.48%)이고, 경솔한 태도가 6개(4.17%)이며, 주착없고 자만스런 태도와 꼴사나운 태도가 각각 5개(3.47%)이며, 큰 소리를 지르는 것이 4개(2.78%)이다. 그리고 얄밉고 짓궂은 태도와 의도적으로 호들갑을 떠는 것이 각각 3개(2.08%)이고, 낮은 목소리, 부산한 태도, 소곤거려 분위기를 깨는 것, 북을 치며 소리치는 것이 각각 2개(1.39%)로 분포되어 있다.

위의 내용으로 보아 우리 민족은 여러 사람이 모여 소란 피우는 내용과 실없이 웃으며 경망스런 태도를 부정적으로 바라보고 있는 세계상이 드러나 있고, 의도적으로 호들갑을 떠는 행위와 큰 소리를 지르는 내용도 부정적으로 생각하고 있다.

(3) 수다스런 언어표현의 주체는 신분을 알 수 없는 것이 102개(70.83%)이고, 신분이나 주체가 드러나 있는 것은 모두 42개(29.17%)에 불과하다. 이들 중 여러 사람이 31개(21.53%)이고, 부의(副義)에 등장한 동물에는 새가 9개(6.25%)이며, 개와 까막까치가 각각 1개(0.69%)이다.

(4) 수다떠는 객체나 대상을 알 수 있는 것은 102개(70.83%)이다. 이들의 내용은 큰소리가 22개(15.28%)로 가장 많고, 웃음이 16개(11.11%)로 다음으로 많으며, 약간의 고음이 15개(10.42%)로 세 번째로 많다. 그리고 정신이 12개(8.33%)이고, 저음이 8개(5.56%)이며, 거짓과 소문이 각각 3개(2.08%)이며, 보행, 무례함, 분위기, 귀, 북이 각각 2개(1.39%)이다. '활동, 동작, 효력, 벽, 문, 폭행, 협박, 공공시설, 선동, 소란, 질책, 실수, 불쾌함'이 각각 1개(0.69%)로 분포되어 있다.

(5) 수다스러운 언어표현은 일반적으로 바람직하지 못한 언어 행위로 생각된다. 여기에서는 필자의 주관적인 판단에 부정적으로 생각되는 97개(67.36%) 낱말 중 많이 분포된 순으로 살펴보려 한다.

주착없고 경망스러운 언어표현이 19개(13.19%)이고, 조리 없이 나발거리는 내용이 17개(11.81%)이며, 수선을 떨어 정신이 없게 하는 내용이 14개

128

(9.72%)이다. 그리고 무질서하게 법석대는 내용이 10개(6.94%)이고, 신통찮은 내용을 조리 없이 지껄이는 내용이 9개(6.25%)이며, 꼴사납게 수다떠는 내용이 8개(5.56%)이다. 경망스럽고 실없는 내용이 6개(4.17%)이고, 자만스럽게 떠죽거리는 내용이 5개(3.47%)이며, 소란 피우는 내용이 3개(2.08%)이다. 그리고 분위기를 깨는 내용과 귀따갑게 떠드는 내용이 각각 2개(1.39%)이고, 선동하는 내용과 뇌까리는 내용이 각각 1개(0.69%)이다.

(6) 우리 국어는 한자어가 수적으로 많은 형편이다

수다스런 언어표현에서는 고유어가 124개(86.11%)로 거의 전부이고, 한자어는 19개(13.19%)에 불과하며, 한자어와 고유어가 융합된 혼종어는 '소요떨다(騷擾-)' 하나뿐이다. 그리고 서구 외래어가 하나도 없는 것이 특징이다.

단어 형성에 있어서 한자어나 상징어에 첨가된 접미사의 종류를 살펴보면 다음과 같다. [상징어＋하다]가 46개(31.94%)로 가장 많고, [상징어＋거리다]가 42개(29.17%)로 다음으로 많으며, [한자어＋하다]가 19개(13.19%)로 세 번째로 많다. 그리고 상징어에 첨가된 [-떨다]가 6개(4.17%)이고, [-이다]가 5개(3.47%)이며, [-부리다]가 4개(2.78%)이다. [-대다]가 3개(2.11%)이고, [-놀다], [-놓다], [-치다] 등이 각각 2개(1.39%)이고, [-버리다], [-내다], [-피우다] 등이 각각 1개(0.69%)이다.

2.5 능변하다, 재담하다, 장담하다

2.5.1 능변, 재담, 장담하는 내용

말을 조리 있게 잘하는 내용과 재치 있고 재미있게 이야기하는 내용 및 확신을 가지고 자신 있게 말하는 내용이므로 〈능변성〉, 〈재담성〉, 〈장담성〉이 내용에 따라 부가된다. 이들의 상위 분절구조는 [그림37]과 같다.

[그림37] 능변·재담·장담하는 자동사의 상위 분절구조

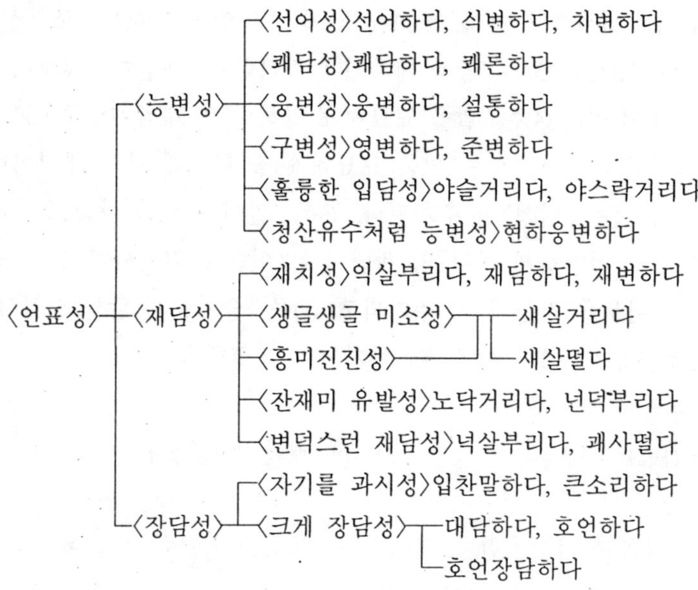

2.5.1.1 능변의 분절

다음 (1)-(24)까지는 말을 잘하는 내용이므로 〈능변성, 쾌담성, 웅변성, 현하구변성〉이 내용에 따라 부가된다.

(1) 선어(善語)하다   (2) 식변(飾辯)하다

(3) 선위설사(善爲說辭)하다   (4) 이구(利口)하다

(5) 치변(馳辯)하다   (6) 수사(修辭)하다

(7) 총변(聰辯)하다

위의 낱말들은 "말을 잘하다"의 내용을 함유하고 있어 〈능변성, 선어성〉이 공통으로 부가된다. 따라서, (1)은 "말을 잘하다"의 개념이니 〈능변성＋

달변성〉이 추가되고, (2)는 "말을 잘하다"의 개념이므로 〈능변성＋달변성〉
이 추가되며, 또 "변설을 꾸미다"의 개념도 가지고 있어 〈변설을 조작성〉
이 더 추가된다. 그리고 (3)은 "말을 재치있게 잘하다"의 개념이니 〈재치있
게 능변성〉이 추가되고, (4)는 "말을 교묘하게 잘하다"의 개념이므로 〈교묘
하게 능변성〉이 추가되며, (5)는 "말을 교묘하게 잘 돌려대다"의 개념이니
〈교묘하게 돌려대는 능변성〉이 추가된다. (6)은 "말이나 글을 다듬고 꾸며
서 보다 아름답고 정연하게 하다"의 개념이니 〈어문을 절차탁마성→수려
하고 정연하게 어문을 작성성〉이 추가되고, (7)은 "슬기롭게 말을 잘하다"
의 개념이므로 〈슬기롭게 능변성〉이 추가되어 분절한다.

    (8) 쾌담(快談)하다   (9) 쾌론(快論)하다

이들은 "유쾌하고 시원스럽게 말하다"의 개념을 공유하고 있어 〈통쾌
한 담론성〉이 공통으로 추가되어 분절한다.

    (10) 웅변(雄辯)하다   (11) 설통(說通)하다
    (12) 웅변회(雄辯會)하다   (13) 웅변대회(雄辯大會)하다

위의 (10)-(11)은 "조리가 있고 유창하게 말을 잘하여 듣는 사람에게 감
동을 주다"의 개념을 공유하고 있어 〈조리성＋유창성→능변성→[청중]→
감동성〉이 공통으로 추가되고, (12)와 (13)은 "청중 앞에서 자기의 사상·감
정을 구두로 발표하다"의 개념을 공유하고 있어 〈[웅변자]→청중에 사상·
감정을 구두로 발표성〉이 공통으로 추가되어 분절하다.

    (14) 영변(英辯)하다   (15) 준변(俊辯)하다

이들은 "뛰어나게 구변이 좋아 말을 잘하다"의 개념을 공유하고 있어 〈뛰어난 구변성→능변성〉이 공통으로 추가된다.

    (16) 야슬거리다   (17) 야슬야슬하다
    (18) 야스락거리다   (19) 야스락야스락하다

위의 낱말들은 "입담이 있게 계속하여 말을 늘어놓다"의 개념을 공유하고 있어 〈좋은 입담을 소지성→계속 능변성〉이 공통으로 추가된다. 이들은 접미사의 교체와 음운의 첨가로 어감의 차이에서 오는 뉘앙스에 의하여 서로 분절된다. 따라서 (16)은 〈연속성〉이 더 첨가되고, (17)은 〈단속성〉이 더 첨가되며, (18)은 〈연속성〉이 더 첨가된다. 그리고 (19)는 〈단속성〉이 더 첨가되어 분절한다.

    (20) 약팔다(藥-)   (21) 넘늘다

위의 (20)은 "이것저것 끌어대어 이야기를 늘어놓다"의 개념을 비유적으로 표현한 내용이므로 〈여러 사례를 인용성→흥미 있게 이야기를 전개성＋비유적 표현성〉이 추가되고, 또 "입담 좋은 말로 수다떨다"의 개념도 가지고 있어 〈입담 좋게 수다성〉이 더 추가되며, (21)은 "점잔을 지키면서도 언행을 흥취 있고 멋지게 하다"의 개념이므로 〈품위 유지성→흥취 있고 멋지게 언행성〉이 추가되어 분절한다.

    (22) 현하구변(懸河口辯)하다   (23) 현하웅변(懸河雄辯)하다
    (24) 현하지변(懸河之辯)하다

위의 낱말들은 모두 "물이 흐르듯 거침없이 말을 잘하다"의 개념을 공

132

유하고 있어 〈청산유수처럼 능변성＋비유적 표현성〉이 공통으로 추가되는 유의어(類義語)이므로 한 동아리에 묶었고, 또 이들은 모두 비유적 표현(figurative language)을 하고 있다.

앞에서 논의한 말 잘하는 자동사의 분절구조를 그림으로 그려보면 [그림38]과 같은 수형도(tree diagram)가 된다.

2.5.1.2 재담의 분절

다음 (25)-(48)까지는 말을 재치 있게 잘 하는 내용이므로 〈재담성, 흥미 진진성〉이 공통으로 부가된다.

(25) 익살부리다   (26) 유모어(humour)하다

(27) 재담(才談)하다   (28) 재변(才辯)하다

위의 (25)와 (26)은 "남을 웃기느라고 언행을 익살스럽게 하다"의 개념을 공유하고 있어 〈의도적으로 익살스런 언행성→타인에 웃음을 제공성〉이 공통으로 추가되고, (27)은 "익살을 섞어가며 재치 있게 재미있는 이야기를 하다"의 개념이므로 〈익살을 가미성→재치 있는 담화성→흥미 유발성〉이 추가되며, 또 "무대에 두 사람이 출현하여 재치 있고 기지 있는 말을 서로 주고 받다"의 개념도 가지고 있어 〈[무대에 두 사람]→출연성→재치와 기지를 가미성→대화로 공연성＋예술성〉이 더 추가된다. 그리고 (28)은 "재치 있게 말을 잘하다"의 개념이니 〈재치 있게 담화성〉이 추가되어 분절한다.

(29) 새살거리다   (30) 새살새살하다

(31) 새살궂다   (32) 새실궂다

(33) 시설궂다   (34) 새살떨다

[그림38] 능변하는 분절구조

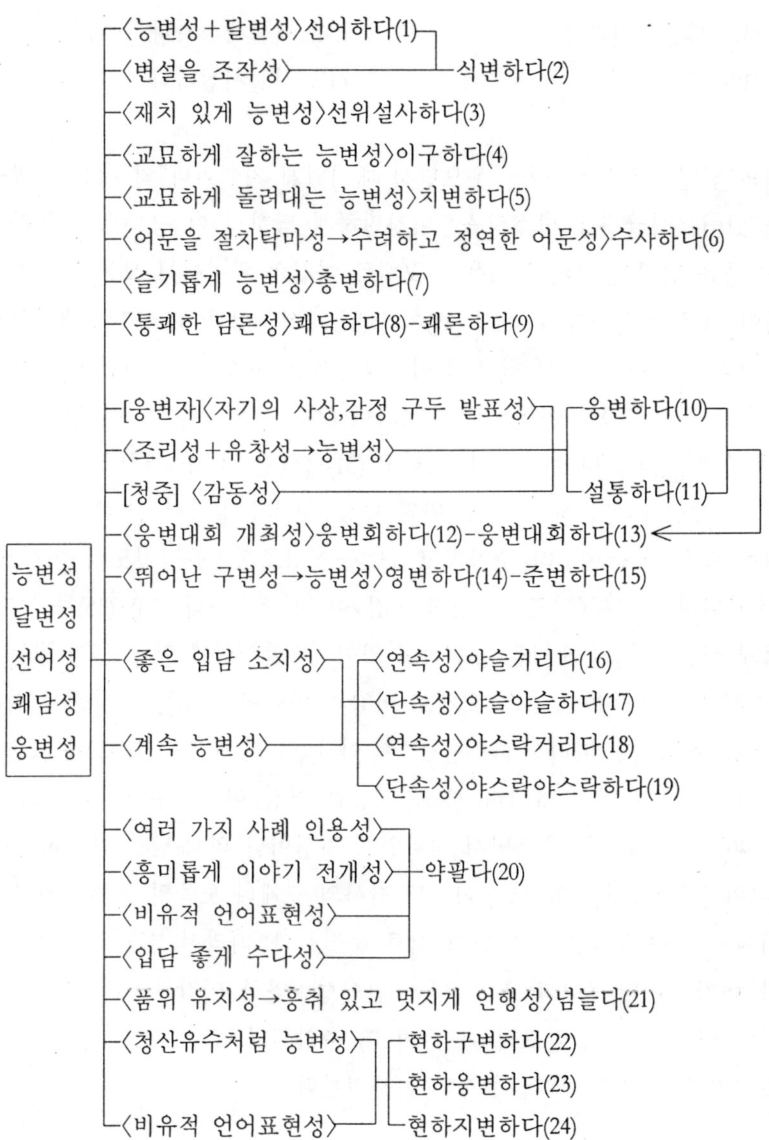

134

(35) 새설떨다   (36) 새실떨다
(37) 새실거리다   (38) 새실새실하다
(39) 시설거리다   (40) 시설시설하다

　위의 낱말들은 "상글상글 웃으면서 재미있게 지껄이다"의 내용을 함유하고 있어 〈생글생글 미소성→흥미진진하게 담화성〉이 공통으로 부가된다. 이들은 접사의 교체와 모음의 교체로 어감의 차이에서 오는 뉘앙스에 의하여 서로 분절한다. 따라서 (29)와 (30)은 "상글상글 웃으면서 재미있게 지껄이다"의 개념을 공유하고 있어 〈상글상글 미소성→재미있게 담화성＋매우 약한 어감〉이 공통으로 추가되나 (29)는 〈연속성〉이 더 추가되고, (30)은 〈단속성〉이 더 추가된다. 그리고 (31)-(33)은 "매우 새실스럽게 지껄이다"의 개념을 공유하고 있어, 위의 공통 특성과 같으나, (31)은 〈강조성＋매우 약한 어감〉이 더 추가되고, (32)는 〈강조성＋중간정도의 어감〉이 더 추가되며, (33)은 〈강조성＋강한 어감〉이 더 추가된다. (34)-(35)는 "새살스럽게 행동하다"의 개념을 공유하고 있어 〈새살스럽게 언행성〉이 공통으로 추가되나, 이들은 모음의 교체로 어감의 차이에서 오는 뉘앙스에 의하여 서로 분절한다. 따라서 (34)는 〈약한 어감〉이 더 추가되고, (35)는 〈중간정도의 어감〉이 더 추가되며, (36)은 〈강한 어감〉이 더 추가된다. 그리고 (37)-(40)은 "상글상글 웃으면서 재미있게 지껄이다"의 개념을 공유하고 있어 위의 공통 특성과 같으나, 이들도 접사의 교체와 모음의 교체로 어감의 차이에서 오는 뉘앙스에 의하여 서로 분절한다. 따라서 (37)은 〈연속성＋약한 어감〉이 더 추가되고, (38)은 〈단속성＋약한 어감〉이 더 추가되며, (39)는 〈연속성＋중간정도의 어감〉이 더 추가된다. 그리고 (40)은 〈단속성＋중간정도의 어감〉이 더 추가되어 분절한다.

(41) 노닥이다   (42) 노닥거리다

(43) 노닥노닥하다   (44) 넌덕거리다

(45) 넌덕부리다

위의 (41)-(43)은 "잔재미 있게 말을 늘어놓다"의 개념을 공유하고 있어 〈잔재미 있게 언어표현성〉이 공통으로 추가되나, 이들은 접사의 교체로 어감의 차이에서 오는 뉘앙스에 의하여 서로 분절한다. 따라서 (41)은 〈순간성〉이 더 추가되고, (42)는 〈연속성〉이 더 추가되며, (43)은 〈단속성〉이 더 추가된다. 그리고 (44)와 (45)는 "너털웃음을 치면서 재미있게 말을 늘어놓다"의 개념을 공유하고 있어 〈너털웃음을 웃는 행위성→흥미 있게 담화 진행성〉이 공통으로 추가되나, 이들은 접사의 교체에서 오는 어감의 차이로 뉘앙스에 의하여 서로 분절한다. 따라서 (44)는 〈연속성〉이 더 추가되고, (45)는 〈의도성〉이 더 추가되어 분절한다.

(46) 괘사떨가   (47) 괘사부리다

(48) 넉살부리다

위의 (46)과 (47)은 "변덕스럽게 익살을 부리며 엇가는 짓을 하다"의 개념을 공유하고 있어 〈의도적으로 변덕스런 재담성→엇가는 언행성〉이 공통으로 추가되고, (48)은 "부끄러움을 타지 않고 언죽언죽 검질기게 말이나 행동을 하다"의 개념이므로 〈넉살스런 언행성+비위 좋은 언행성〉이 추가되어 분절한다.

앞에서 논의한 익살스럽게 말하는 자동사의 분절구조를 그림으로 그려보면 [그림39]와 같다.

[그림39] 재담하는 분절구조

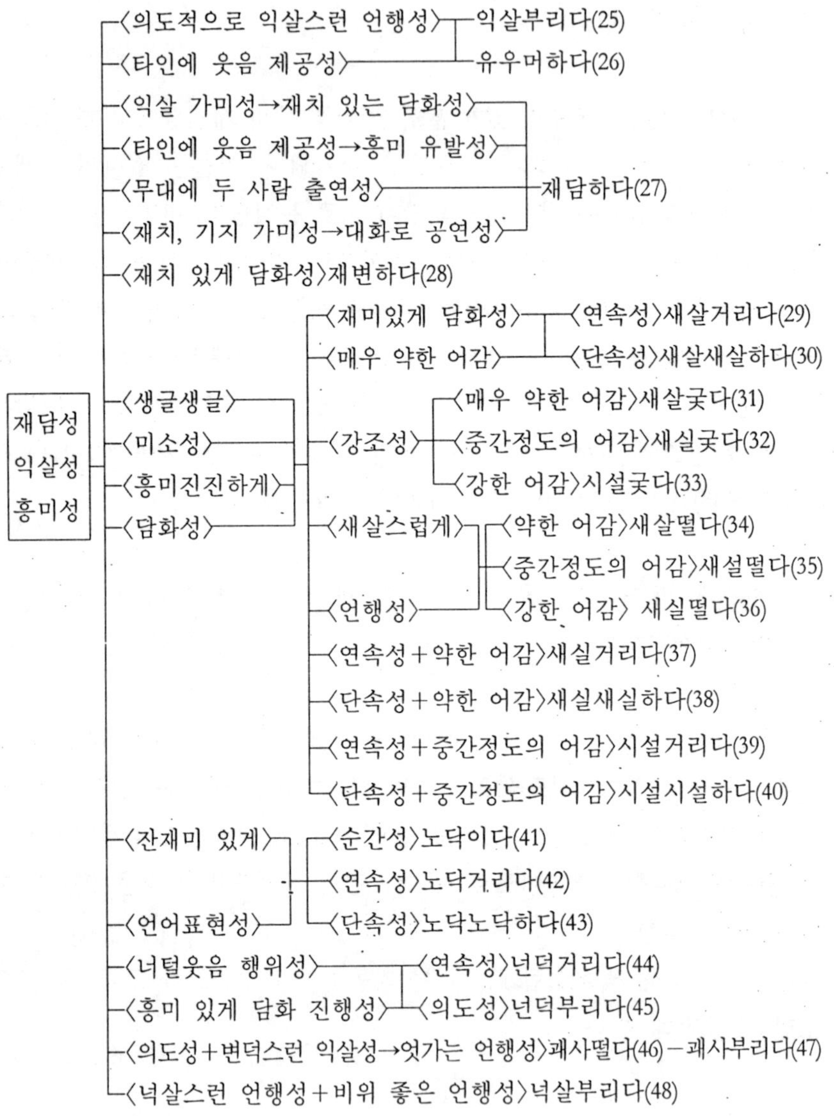

2.5.1.3 장담의 분절

다음 (49)-(60)까지는 확신을 가지고 자신 있게 말하는 내용이므로 〈소신 있게 언표성, 장담성, 호언성〉이 내용에 따라 부가된다.

(49) 장담(壯談)하다   (50) 장어(壯語)하다
(51) 장언(壯言)하다

위의 (49)는 "확신을 가지고 자신 있게 말하다"의 개념이니 〈확신성→자신 있게 언표성＋장담성〉이 추가되고, (50)과 (51)은 "의기양양하게 말하다"의 개념을 공유하고 있어 〈의기양양하게 언어표현성〉이 공통으로 추가되며, 또 "장하게 말하다"의 개념도 공유하고 있어 〈장하게 언표성〉도 공통으로 추가되는 유의어이므로 한 동아리에 묶었다.

(52) 입찬말하다   (53) 입찬소리하다
(54) 큰소리치다   (55) 큰소리하다

위의 (52)와 (53)은 "자기의 배경이나 지위·능력 따위 현재의 처지만 생각하고 희떱게 자랑하거나 장담하다"의 개념을 공유하고 있어 〈자기의 배경·지위·능력을 과신성→허영적 자랑성＋장담성〉이 공통으로 추가되고, (54)와 (55)는 "덮어놓고 자신 있게 말하거나 또는 거드럭거리며 빼때 먹게 말하다"의 개념을 공유하고 있어 〈무모하게 자신성→언표성〉과 〈거드럭거리며 언표성〉이 내용에 따라 추가되며, 또 "큰소리로 야단치다"의 개념도 공유하고 있어 〈큰소리로 야단치는 행위성〉도 공통으로 추가되어 분절한다.

(56) 대담(大談)하다   (57) 호언(豪言)하다

(58) 호어(豪語)하다   (59) 호담(豪談)하다

(60) 호언장담(豪言壯談)하다

　위의 (56)은 "크게 장담하다"의 개념이니 〈크게 장담성〉이 추가되고, 또 "큰 소리하다"의 개념도 가지고 있어 〈크게 소리치는 행위성〉이 더 추가되며, (57)-(60)은 "의기양양하고 호기스럽게 말하다"의 개념을 공유하고 있어 〈의기양양한 태도성＋호기스럽게 언어표현성〉이 공통으로 추가되어 분절한다.

　확신을 가지고 자신 있게 장담하는 분절구조는 [그림40]과 같다.

[그림40] 장담하는 분절구조

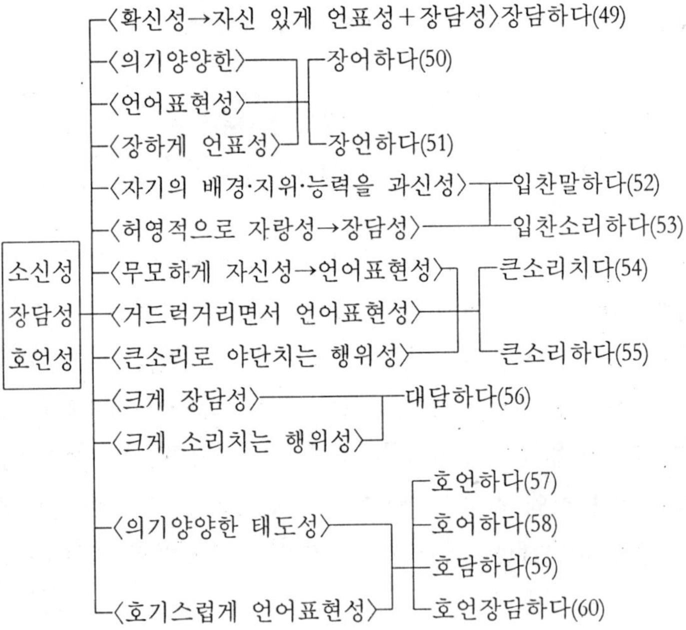

2.5.2 마무리

현대 국어 자동사 가운데 60개의 낱말에 대하여 개별적인 분절성을 논의하였다. 이제 이것을 바탕으로 하여 전체적인 분절구조를 고찰하려 한다.

(1) 말을 썩 잘하는 능변에 관련된 내용과 익살스러운 재담이 각각 24개(40%)이고, 확신을 가지고 자신 있게 말하는 장담이 12개(20%)이다.

따라서 우리 언어 공동체는 말을 잘하는 내용과 익살스럽게 재담을 늘어놓는 내용에 가장 큰 관심을 보이고 있고, 확신을 가지고 자신 있게 말하는 내용에도 깊은 관심을 표현하고 있다.

① 먼저 입담 좋게 말을 잘하는 내용 중 많이 분포된 순으로 살펴보면 다음과 같다. 입담 좋게 계속하는 능변과 웅변이 각각 4개(16.67%)로 가장 많고, 청산유수처럼 말을 잘하는 능변이 3개(12.5%)로 다음으로 많으며, 막연히 잘하는 능변, 재치 있는 능변, 통쾌하게 잘하는 능변, 뛰어난 구변이 각각 2개(8.33%)로 세 번째로 많다. 그리고 교묘하게 잘하는 능변, 어문의 절차탁마로 수려하고 정연한 어문, 슬기로운 능변, 입담 좋게 수다떠는 내용, 품위를 유지하며 흥취 있고 멋지게 잘하는 언행이 각각 1개(4.17%)로 분포되어 있다.

② 익살스런 재담 24개 중 생글생글 웃으며 흥미 있게 재담하는 내용이 12개(50%)로 과반수에 이르고 있으며, 재미있게 노닥이는 내용이 3개(12.5%)로 다음으로 많으며, 익살부리는 내용, 재담하는 내용, 너털웃음을 치며 흥미롭게 넌덕거리는 내용, 의도적으로 넌덕부리는 입담이 각각 2개(8.33%)로 세 번째로 많다. 그리고 비위 좋게 넉살부리는 내용이 1개(4.17%)로 분포되어 있다.

③ 확신을 가지고 자신 있게 장담하는 내용 12개 중에는 의기양양하여 호기스럽게 호언하는 내용이 4개(33.33%)로 가장 많고, 확신을 가지고 자

신 있게 장담하는 내용이 3개(25%)로 다음으로 많으며, 자기의 배경·지위·능력을 과신하고 자랑스럽게 장담하는 내용과 무모하게 자신감을 가지고 거드럭거리며 큰소리치는 내용이 각각 2개(16.67%)이다. 그리고 큰소리로 장담하는 내용이 1개(8.33%)로 분포되어 있다.

(2) 말하는 주체 중 신분이 드러나 있는 것은 웅변가가 4개(6.67%)이고, 신분이 높은 고위층으로 이해되는 내용이 2개(3.33%)이며, 대화극을 연기하는 연예인이 1개(1.67%)이다.

(3) 말하는 대상이나 객체 및 말하는 태도 중 많이 분포된 순으로 고찰하면 다음과 같다. 웃음이 14개(23,33%)로 가장 많고, 구변이 7개(11.67%)로 다음으로 많으며, 의기양양한 태도가 6개(10%)로 세 번째로 많다. 그리고 입담이 5개(8.33%)이고, 사상 감정이 4개(6.67%)이며, 잔재미와 자신의 소신 및 큰소리가 각각 3개(5%)이다. 너털웃음과 변덕스러움이 각각 2개(3.33%)이고, 여러 가지 사례, 재치, 기지, 비위, 배경, 지위, 능력 등이 각각 1개(1.67%)로 분포되어 있다.

(4) 능변과 재담 및 장담에 관련된 내용은 거의 모두가 바람직한 긍정적인 내용으로 54개(90%)에 이르고 있고, 바람직하지 못한 부정적인 내용은 6개(10%)뿐이다. 이들의 내용은 '치변하다, 약팔다, 괘사떨다, 괘사부리다, 입찬말하다, 입찬소리하다' 등이고, 예술적으로 청중 앞에서 재담하는 내용이 1개(1.67%)이다.

(5) 우리 국어는 수적으로 한자어가 우위를 차지하고 있는 형편이다. 그런데 이 부분밭에서는 고유어가 30개(50%)로 과반수에 이르고 있고, 한자어가 28개(46.67%)이며, 고유어와 한자어가 융합된 홍종어는 '약팔다(藥-)' 하나뿐이다. 그리고 서구 외래어는 '유모어(humour)하다' 하나뿐이다.

2.6 질의응답하다

2.6.1 질의응답하는 내용

2.6.1.1 질문의 분절

이 부분밭은 질문하고 대답하는 내용을 함유하고 있으므로 〈질의응답성〉이 공통으로 부가된다. 질의응답하는 자동사의 상위 분절구조는 [그림 41]과 같다.

다음 (1)-(20)까지는 의문점을 물어보는 내용이므로 〈의문점을 질문성〉이 공통으로 추가된다.

  (1) 질문(質問)되다[44]   (2) 자문(自問)하다
  (3) 차문(借問)하다

위의 (1)은 "의문점을 물어보다"의 개념이니 〈의문점을 질문성〉이 추가되고, 또 "어느 만큼 어떻게 알고 있는가를 알아보려고 물어보다"의 개념도 가지고 있어 〈질문성→인지 여부를 확인할 목적성〉이 더 추가된다. 그리고 (2)는 "자기 자신에게 스스로 물어보다"의 개념이니 〈자기 자신에게 질문성〉이 추가되고, (3)은 "글에서 남에게 대고 묻다"의 개념이므로 〈문장에서 타인에게 질문성〉이 추가되며, 또 "상대자가 없이 허천대고 가설로 묻다"의 개념도 가지고 있어 〈상대 없이 가설로 질문성〉이 더 추가되어 분절한다.

---

44) 裵禧任(1988:5)은 "피동은 반드시 문법적 징표(marker)가 나타나야 하며, 이 징표는 서술어에서 접미사 파생에 의한 피동사이거나 '아/어지다', '되다'형으로 나타난다."고 하였다.

[그림41] 질의응답 자동사의 상위 분절구조

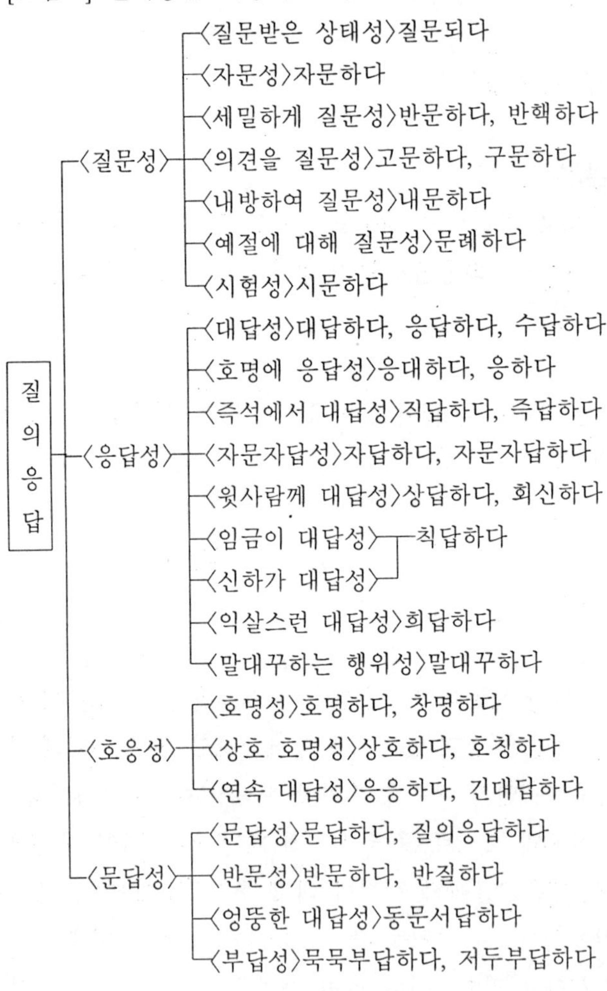

(4) 반문(盤問)하다

(5) 반핵(盤覈)하다

(6) 반힐(盤詰)하다

(7) 고문(顧問)하다

(8) 구문(扣問)하다

위의 (4)-(6)은 "세밀하게 캐어 묻다"의 개념을 공유하고 있어 〈세밀하게 캐어 질문성〉이 공통으로 추가되는 유의어이므로 한 동아리에 묶었고, (7)은 "상대자의 의견을 묻다"의 개념이므로 〈상대의 의견을 질문성〉이 추가되며, 또 "자문에 응하여 의견을 말하는 직무에 종사하다"의 개념도 가지고 있어, 직무와 직책이 문제가 되어 〈자문에 응하는 직무에 종사성＋고문직 종사성〉이 더 추가된다. 그리고 (8)은 "상대에게 의견을 묻다"의 개념이니 〈상대의 의견을 질문성〉이 추가되어 분절한다.

    (9) 내문(來問)하다   (10) 책문(責問)하다

위의 (9)는 "와서 묻다"의 개념이니, 질문자의 이동에 변별성이 있어 〈내방성→질문성〉이 추가되고, (10)은 "꾸짖는 태도로 묻다"의 개념이므로 질문의 태도가 변별력을 지니고 있어 〈질책적 태도로 질문성〉이 추가되어 분절한다.

    (11) 문명(問名)하다   (12) 문례(問禮)하다
    (13) 기어(騎語)하다   (14) 횡경문난(橫經問難)하다

위의 낱말들은 묻는 대상이 변별력을 지니고 있어 〈무엇에 대해 질문성〉을 공통으로 가지고 있다. 따라서 (11)은 "이름을 묻다"의 개념이니 〈성함을 질문성〉이 추가되고, 또 "혼인을 청할 때 신부될 여자의 생년월일을 묻다"의 개념도 가지고 있어 〈청혼 때 신부의 생년월일을 질문성〉이 더 추가되며, (12)는 "예절을 묻다"의 개념이니 〈예절에 대해 질문성〉이 추가된다. 그리고 (13)은 "말에 대하여 묻다"의 개념이니 〈말에 대해 질문성〉이 추가되고, (14)는 "경서를 옆에 끼고 다니며 난해한 것을 묻다"의 개념이므로 〈경서를 휴대성→난해한 점을 질문성＋학구적인 태도성〉이 추가되

144

어 분절한다.

(15) 불치하문(不恥下問)하다   (16) 시문(試問)하다

(17) 질정(質正)되다   (18) 칙문(勅問)하다

(19) 문복(問卜)하다   (20) 문수(問數)하다

위의 (15)는 "지위나 학식이 자기보다 못한 사람에게 모르는 것을 묻는 것을 부끄러워하지 않다"의 개념이니, 묻는 태도와 방법이 문제가 되어 〈[윗사람]→기탄없이 하문성→불치성＋학구적 태도성〉이 추가되고, (16)은 "시험하여 묻다"의 개념이므로, 질문의 목적이 변별력을 가지고 있어 〈시험으로 질문성〉이 추가되며, (17)은 "묻거나 따지거나 하여 바로 잡히다"의 개념이니, 질문의 결과에 초점이 있어 〈질문성＋사실 규명성→사필규정성〉이 추가된다. 그리고 (18)은 "임금이 묻다"의 개념이니, 질문자의 신분이 문제가 되어 〈임금이 질문성〉이 추가되고, (19)와 (20)은 "점장이에 길흉을 묻다"의 개념을 공유하고 있어, 질문의 내용과 상대가 변별력을 지니고 있어 〈점장이에게 길흉을 질문성＋무격신앙성〉이 공통으로 추가되어 분절한다.

앞에서 논의한 질문에 관련된 자동사의 분절구조를 그림으로 그려보면 [그림42]와 같은 수형도(tree diagram)가 된다.

2.6.1.2 응답의 분절

다음 (21)~(61)까지는 질문에 대답하는 내용과 말대꾸하는 내용이므로 〈질문에 대답성〉과 〈말대꾸하는 행위성〉이 내용에 따라 공통으로 부가된다.

(21) 대답(對答)하다   (22) 답(答)하다

(23) 응구(應口)하다   (24) 답응(答應)하다

(25) 응답(應答)하다   (26) 답문(答問)하다

[그림42] 질문하는 분절구조

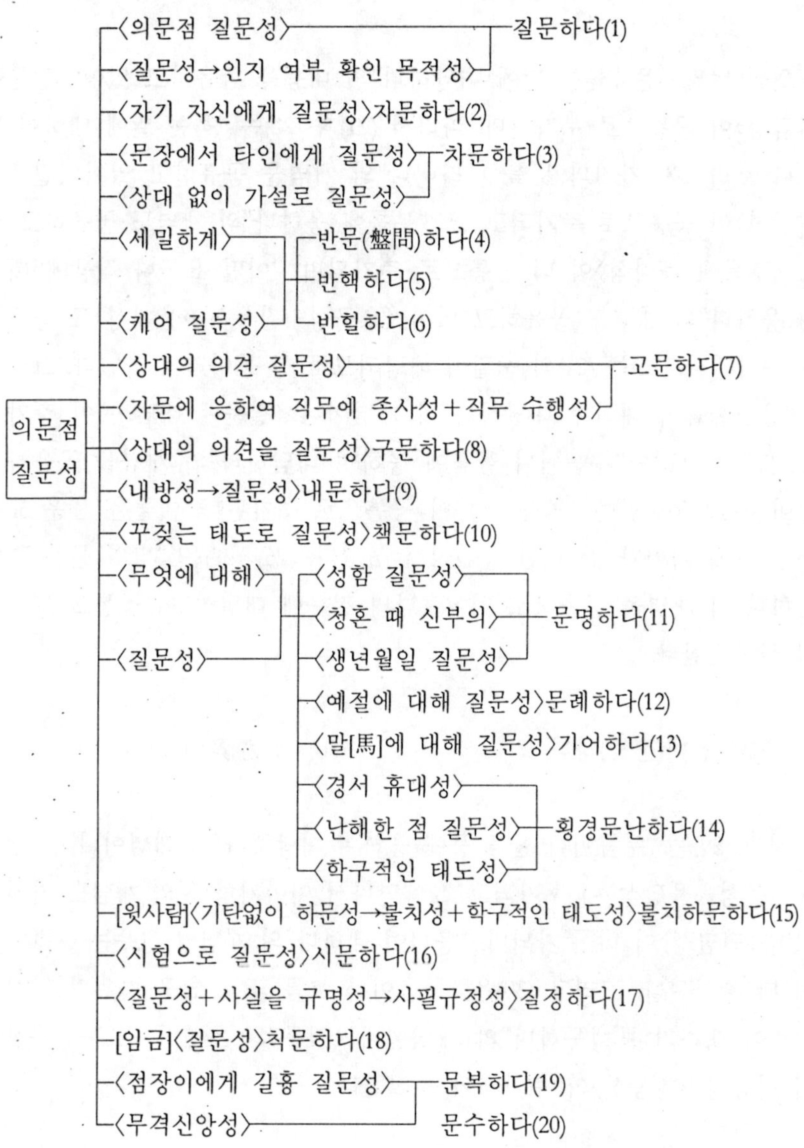

(27) 답수(答酬)하다   (28) 수답(酬答)하다

위의 낱말들은 "묻는 말에 대답하다"의 내용을 함유하고 있어 〈질문에 대답성〉이 공통으로 부가된다. 따라서 (21)과 (22)는 "묻는 말에 대하여 말로나 소리로써 자기의 뜻을 나타내다"의 개념을 공유하고 있어 〈질문에 대답성〉이 공통으로 추가되고, 또 "부름에 응하다"의 개념도 공유하고 있어 〈부름에 응대성〉이 더 공통으로 추가되며, "어떤 요구나 작용에 대하여 응하다"의 개념도 공유하고 있어 〈요구성＋작용성→응대성〉도 공통으로 추가된다. (22)는 (21)의 준말에 해당되므로 한 동아리에 묶었다. 그리고 (23)은 "물음에 대하여 대답하다"의 개념이니 〈질문에 대답성〉이 추가되고, (24)와 (25)는 "부름이나 물음에 응하여 대답하다"의 개념을 공유하고 있어 〈호명성＋질문성→응답성〉이 공통으로 추가된다. 이들은 음운 교체뿐 내용에 차이가 없어 한 동아리에 묶었다. (26)-(28)은 "남의 물음에 대답하다"의 개념을 공유하고 있어 〈남의 질문에 대답성〉이 공통으로 추가되어 분절한다.

(29) 응대(應對)하다   (30) 응(應)하다

위의 (29)는 "부름이나 물음 등에 응하여 대답하다"의 개념이니 〈호명성＋질문성→응답성〉이 추가되고, 또 "만나서 이야기하다"의 개념도 가지고 있어 〈면담성〉이 더 추가되며, "응하여 대하다"의 개념일 경우는 〈응대성〉이 더 추가된다. 그리고 (30)은 "물음이나 부름 또는 요구 따위의 사실에 맞추어 대하거나 행동하다"의 개념이니 〈질문성＋호명성＋요구성→상황에 적응성＋행동성〉이 추가되어 분절한다.

(31) 응낙(應諾)하다   (32) 승낙(承諾)하다

위의 낱말들은 "동의를 요구하는 사실에 응하여 승낙하다"의 개념을 공유하고 있어 〈동의를 요구성→승락성〉이 공통으로 추가되고, 또 "신입(申込)에 응하여 계약을 성립시키다"의 개념도 공유하고 있어 〈신입에 호응성→계약을 성취성〉이 더 공통으로 추가되어 분절한다.

(33) 직답(直答)하다   (34) 즉답(卽答)하다

(35) 응구첩대(應口輒對)하다   (36) 속답(速答)하다

(37) 결답(決答)하다   (38) 정답(正答)하다

(39) 명답(明答)하다   (40) 답변(答辯)하다

(41) 희답(戲答)하다   (42) 만답(漫答)하다

(43) 코대답하다(-對答-)

위의 낱말들은 대답하는 태도가 변별성을 지니고 있다. 따라서 (33)과 (34)는 "즉석에서 곧 대답하다"의 개념을 공유하고 있어 〈즉석에서 대답성〉이 공통으로 추가되고, 또 "다른 사람을 거치지 않고 직접 대답하다"의 개념도 공유하고 있어 〈직접 대답성〉도 공통으로 추가되며, (35)는 "물음에 응하여 거침없이 대답하다"의 개념이므로 〈질문에 거침없이 대답성〉이 추가된다. 그리고 (36)은 "빨리 대답하다"의 개념이니 〈빨리 대답성〉이 추가되고, 또 "빨리 해답하다"의 개념도 가지고 있어 〈빨리 해답성〉이 더 추가되며, (37)은 "결단하여 대답하다"의 개념이므로 〈결단하여 대답성〉이 추가된다. (38)은 "바르게 대답하다"의 개념이니 〈정확히 대답성〉이 추가되고, (39)는 "내용과 태도가 분명하게 대답하다"의 개념이니 〈내용, 태도가 분명성→대답성〉이 추가되며, (40)은 "어떠한 물음에 대답하여 변명하다"의 개념이므로 〈질문에 대답성→변명성〉이 추가되며, 또 "공식적인 자리에서 어떤 물음에 밝히어 대답하다"의 개념도 가지고 있어 〈공식석상에서 질문성→사리를 규명성→대답성〉이 추가된다. 그리고 (41)은 "실

없는 대답을 하다"의 개념이니 〈실없는 대답성〉이 추가되고, 또 "익살스
럽게 대답하다"의 개념도 가지고 있어 〈익살스런 대답성〉이 더 추가되며,
(42)는 "생각을 별로 하지 않고 아무렇게나 대답하다"의 개념이니 〈무성
의하게 대답성〉이 추가된다. (43)은 "탐탁하지 않게 여기어 건성으로 콧소
리로 대답하다"의 개념이니 〈탐탁찮게 인정성→건성으로 코대답성〉이 추
가되어 분절한다.

(44) 대꾸하다　　　　　　　　　(45) 말대꾸하다
(46) 말대답하다(-對答-)　　　　(47) 말대답질하다(-對答-)
(48) 대답질하다　　　　　　　　(49) 대꾸질하다
(50) 말대꾸질하다

　　위의 낱말들은 "남이 하는 말을 받아들이지 않고 반항하는 태도로 자기
나름의 의견을 말하다"의 내용을 함유하고 있어 〈남의 언표를 불용성→반
항적 태도 표출성→자기 의견을 제시성〉이 공통으로 부가된다. 따라서
(44)는 "남의 말에 반항하는 태도로 말하다"의 개념이니 〈남의 언표에 불
만성→반항적 태도 표출성→자기 의견을 발표성〉이 추가되고, (45)-(48)은
"윗사람의 말에 거슬리게 대답하다"의 개념을 공유하고 있어 〈윗사람의
언표에 불만성→불쾌하게 대답성〉이 공통으로 추가되며, 또 "묻는 말에
맞받아서 대답하다"의 개념도 공유하고 있어 〈질문에 맞받아 대답성〉도
공통으로 추가된다. 다만 (47)-(50)은 속된 표현이므로 〈속된 표현성〉이 공
통으로 더 추가되어 분절한다.

(51) 맞대꾸하다　　　　　　　　(52) 맞대꾸질하다

　　위의 낱말들은 "맞대고 말대꾸하다"의 개념을 공유하고 있어 〈정면으

로 맞대꾸 행위성〉이 공통으로 추가되나, (52)는 말대꾸의 행위를 속되게
표현한 것이므로 〈속된 표현성〉이 더 추가되어 분절한다.

(53) 구답(口答)하다   (54) 대변(對辯)하다
(55) 필답(筆答)하다

위의 (53)과 (54)는 "말로 대답하다"의 개념을 공유하고 있어 〈말로 대답
성〉이 공통으로 추가되고, (55)는 "글로 써서 대답하다"의 개념이므로 〈글
로 써서 대답성〉이 추가되어 분절한다.

(56) 자답(自答)하다   (57) 자문자답(自問自答)하다
(58) 하답(下答)하다   (59) 상답(上答)하다
(60) 회신(回申)하다   (61) 칙답(勅答)하다

위의 낱말들은 대답하는 대상이 변별력을 지니고 있다. 따라서 (56)과
(57)은 "자신에게 묻고 자신이 대답하다"의 개념을 공유하고 있어 〈자문자
답성〉이 공통으로 추가되고, (58)은 "윗사람이 아랫사람에게 대답하다"의
개념이므로 〈[윗사람]→질문성→[아랫사람]→대답성〉이 추가되며, (59)는
"아랫사람이 윗사람에게 대답하다"의 개념이니 〈[윗사람]→질문성→[아랫
사람]→대답성〉이 추가된다. 그리고 (60)은 "웃어른께 대답을 말씀드리다"
의 개념이니 〈웃어른께 대답을 상신성〉이 추가되고, (61)은 "임금이 대답
하다"의 개념이니 〈임금이 대답성〉이 추가되며, 또 "임금의 물음에 대하
여 대답하다"의 개념도 가지고 있어 〈[임금]→질문성→[신하]→대답성〉이
추가되어 분절한다. 앞에서 논의한 개별 낱말의 분절구조는 다음과 같다.

150

[그림43] 응답하는 분절구조(1)

〈질문에 대답성〉 ─┐
〈부름에 응대성〉 ─┤─ 대답하다(21)
〈요구성＋작용성→응대성〉 ─┘─ 답하다(22)
〈질문에 대답성〉응구하다(23)
〈호명성＋질문성〉 ─┬─ 답응하다(24)
〈응답성〉 ─────┴─ 응답하다(25)

〈남의 질문에〉 ─┬─ 답문하다(26)
            ├─ 답수하다(27)
〈대답성〉 ────┴─ 수답하다(28)
〈호명성＋질문성→응답성〉 ─┬─ 응대하다(29)
〈면담성〉＋〈응대성〉 ────┘
〈질문성＋호명성＋요구성〉 ─┬─ 응하다(30)
〈상황에 적응성＋행동성〉 ──┘
〈동의 요구성→승낙성〉 ───┬─ 응낙하다(31)
〈신입에 호응성→계약 성취성〉 ─┴─ 승낙하다(32)
〈즉석에서 대답성〉 ─┬─ 직답하다(33)
〈직접 대답성〉 ───┴─ 즉답하다(34)

〈질문에 거침없이 대답성〉응구첩대하다(35)
〈빨리 대답성〉＋〈빨리 해답성〉속답하다(36)
〈결단하여 대답성〉결답하다(37)
〈정확히 대답성〉정답하다(38)
〈내용, 태도를 분명히 대답성〉명답하다(39)

〈질문에 대답성→변명성〉 ──────┬─ 답변하다(40)
〈공식석상에서 질문성→사리 규명성→대답성〉 ─┘

질문에
응답성

[그림44] 응답하는 분절구조(2)

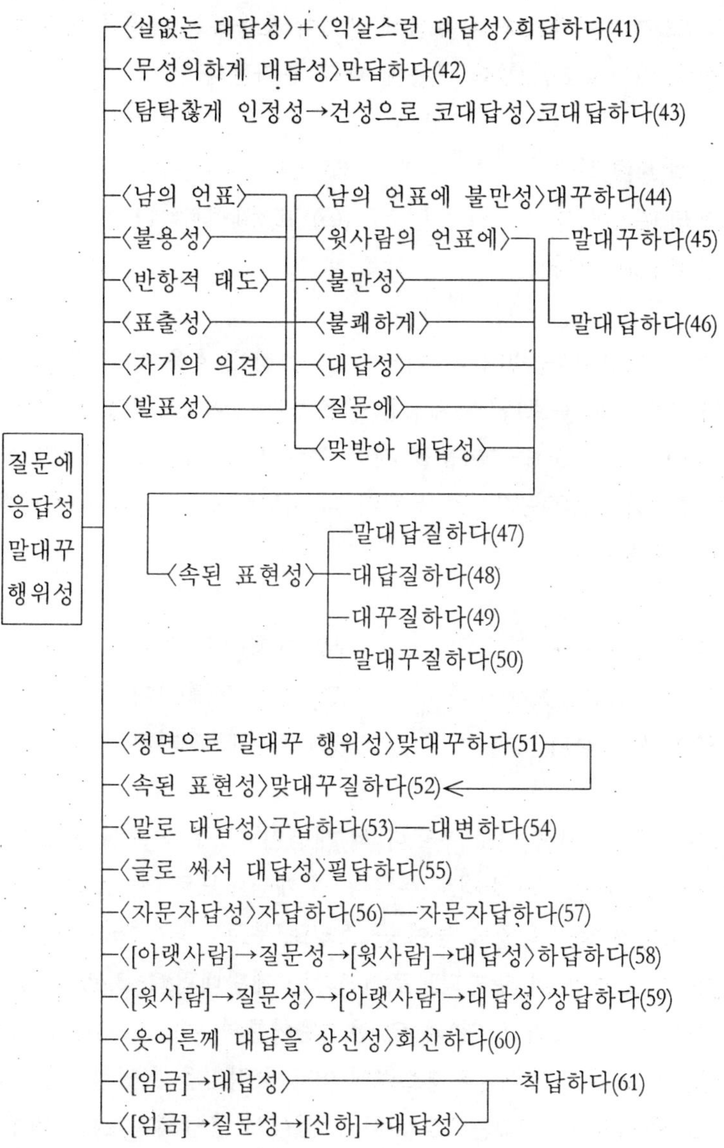

2.6.1.3 호응의 분절

다음(62)~(78)까지는 부르거나 부름에 대하여 호응하는 내용을 함유하고 있어 〈호명성〉이나 〈호응성〉이 내용에 따라 부가된다.

(62) 응성(應聲)하다   (63) 호명(呼名)하다

(64) 창명(唱名)하다   (65) 호칭(呼稱)하다

(66) 상호(相呼)하다

위의 (62)는 "소리에 응하다"의 개념이니 〈음성에 호응성〉이 추가되고, (63)과 (64)는 "이름을 부르다"의 개념을 공유하고 있어 〈호명성〉이 공통으로 추가된다. 그리고 (65)는 "이름을 지어 부르다"의 개념이니 〈작명성→호명성〉이 추가되고, (66)은 "서로 부르다"의 개념이므로 〈[상호]→호명성〉이 추가되어 분절한다.

(67) 호칭(互稱)하다   (68) 대호(大呼)하다

(69) 고성대호(高聲大呼)하다   (70) 범휘(犯諱)하다

(71) 촉휘(觸諱)하다   (72) 호천(呼薦)하다

위의 (67)은 "두 쪽에서 서로 부르다"의 개념이니 〈두 쪽에서 상호 호명성〉이 추가되고, (68)은 "큰 소리로 부르다"의 개념이므로 〈큰 소리로 호명성〉이 추가되며, (69)는 "목청을 높여 큰 소리로 부르다"의 개념이니 〈목청 높여 고성으로 호명성〉이 추가되므로 (68)과는 계단대립(Graduelle Opposition)을 이루고 있다. 그리고 (70)과 (71)은 "웃어른의 이름을 함부로 부르다"의 개념을 공유하고 있어 〈불경스럽게 어른의 성함을 호명성＋결례성〉이 공통으로 추가되나, (71)은 "그 시대에 있어서 용납되지 않는 언행을 하다"의 개념도 가지고 있어 〈시대에 불용되는 언행성〉이 더 추가되며,

(72)는 "선거할 때 입후보자를 이름을 불러 추천하다"의 개념이므로 〈입후
보자를 구두로 추천성→선거성〉이 추가되어 분절한다.

    (73) 호응(呼應)하다   (74) 응응거리다

    (75) 응응하다45)   (76) 응화(應和)하다

    (77) 긴대답하다(-對答-)   (78) 일호재락(一呼再諾)하다

    위의 (73)은 "부름에 따라 대답하다"의 개념이니 〈호명에 순응성→대답
성〉이 추가되고, 또 "서로 기맥(氣脈)이 상통하다"의 개념이니 〈[상호]→기
맥이 상통성〉이 더 추가되며, (74)와 (75)는 "연해 응응하여 대답하다"의
개념을 공유하고 있어 〈연속 응응 대답성〉이 추가되나, 이들은 접사의 교
체로 어감의 차이에서 오는 뉘앙스에 의하여 서로 분절한다. 따라서 (74)
는 〈연속성〉이 더 추가되고, (75)는 〈단속성〉이 더 추가된다. 그리고, (76)
은 "서로 응하여 대답하다"의 개념이니 〈[상호]→호응성→대답성〉이 추가
되고, (77)은 "'예'의 소리를 길게 내어 대답하다"의 개념이니 〈'예' 소리를
길게 발음성→대답성＋예스러운 언표성〉이 추가되며, (78)은 "주인이 한
번 부르면 종이 그에 응하여 '예, 예'하고 대답하다"의 개념이니 〈[주인]→
하인을 호명성→[하인]→예, 예 대답성〉이 추가되어 분절한다.
    앞에서 논의한 개별 낱말의 분절구조를 그림으로 그려보면 [그림45]와 같
다.

---

45) 서정수(1975:31)는 "동작성을 지닌 동사나 그와 유사한 특질을 가진 외래어가 우리말 문
    맥에 쓰일 때에는 '-하-'를 동반하여 쓴다. 외래어의 동사형 그대로를 인용하여 쓰는
    경우라도, 국어에서는 일단 명사형이나 명사처럼 간주하고 '-하-'를 첨가하여 동사 형
    식을 갖추게 하는 과정을 거친다. 이때 선행 요소가 서술적 기능을 가지고 있어 '-하-'
    는 형식적 요소이거나 잉여적 요소에 불과하다."고 하였다.

154

[그림45] 호응하는 분절구조

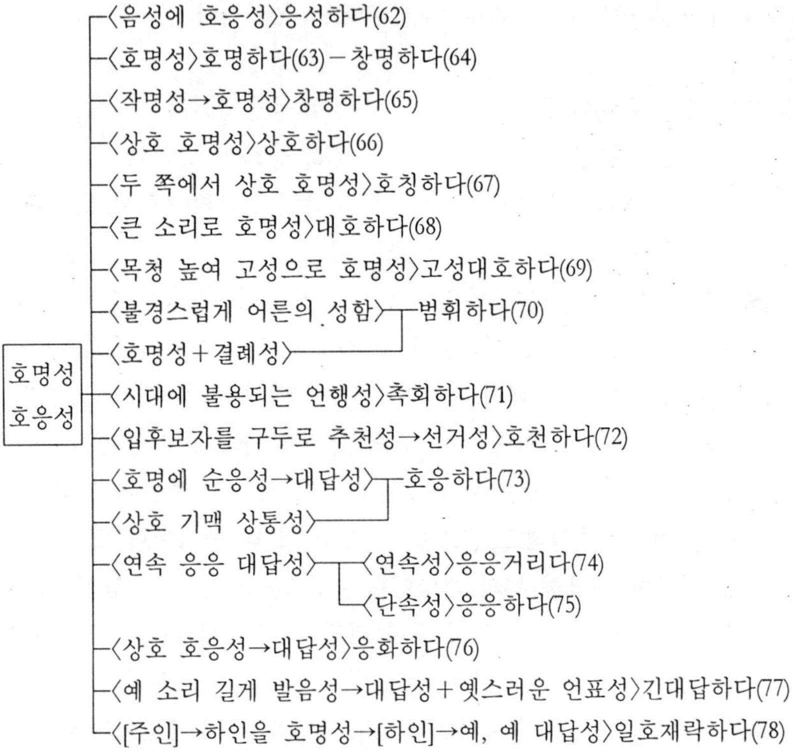

호명성
호응성

- 〈음성에 호응성〉응성하다(62)
- 〈호명성〉호명하다(63) - 창명하다(64)
- 〈작명성→호명성〉창명하다(65)
- 〈상호 호명성〉상호하다(66)
- 〈두 쪽에서 상호 호명성〉호칭하다(67)
- 〈큰 소리로 호명성〉대호하다(68)
- 〈목청 높여 고성으로 호명성〉고성대호하다(69)
- 〈불경스럽게 어른의 성함〉┬범휘하다(70)
- 〈호명성+결례성〉─┘
- 〈시대에 불용되는 언행성〉촉회하다(71)
- 〈입후보자를 구두로 추천성→선거성〉호천하다(72)
- 〈호명에 순응성→대답성〉┬호응하다(73)
- 〈상호 기맥 상통성〉─┘
- 〈연속 응응 대답성〉┬〈연속성〉응응거리다(74)
- └〈단속성〉응응하다(75)
- 〈상호 호응성→대답성〉응화하다(76)
- 〈예 소리 길게 발음성→대답성+옛스러운 언표성〉긴대답하다(77)
- 〈[주인]→하인을 호명성→[하인]→예, 예 대답성〉일호재락하다(78)

2.6.1.4 문답의 분절

다음 (79)~(109)까지는 "한 쪽에서 묻고 다른 쪽에서 대답하다"의 내용을 함유하고 있어 〈문답성〉이 공통으로 추가된다.

(79) 문답(問答)하다   (80) 수문수답(隨問隨答)하다

(81) 응구첩답(應口輒答)하다   (82) 질의응답(質疑應答)하다

(83) 일문일답(一問一答)하다   (84) 차문차답(且問且答)하다

위의 (79)는 "한 쪽에서 묻고 다른 한 쪽에서 대답하다"의 개념이니 〈문답성〉이 추가되고, 또 "경문의 요의(要義)를 묻는 사람과 강사 사이에서 의논하다"의 개념도 가지고 있어 〈[질의자와 강사]→경문의 요의를 논의성＋불교성〉이 더 추가되며, (80)과 (81)은 "묻는 대로 거침없이 대답하다"의 개념을 공유하고 있어 〈질문성→거침없이 대답성〉이 공통으로 추가되며, (82)는 "의문점에 대하여 묻고 대답하다"의 개념이니 〈의문점을 문답성〉이 추가된다. 그리고 (83)은 "한 가지의 물음에 한 가지씩 대답하다"의 개념이니 〈일문일답성〉이 추가되고, (84)는 "한편으로 물으면서 한편으로 대답하다"의 개념이므로 〈일면 질문성→일면 대답성〉이 추가되어 분절한다.

(85) 되물음하다   (86) 반문(反問)하다
(87) 반질(反質)하다   (88) 조대(條對)하다
(89) 필문필답(筆問筆答)하다   (90) 우문우답(愚問愚答)하다
(91) 우문현답(愚問賢答)하다

위의 (85)와 (86)은 "물음에 대답하지 않고 오히려 되받아서 묻다"의 개념을 공유하고 있어 〈물음에 부답성→반문성〉이 공통으로 추가되고, (87)은 "상대방에게 오히려 따져 묻다"의 개념이니 〈적반하장으로 상대에 추궁성〉이 추가되며, (88)은 "한 조목 한 조목씩 받아서 맞대답하다"의 개념이므로 〈한 조목씩 대조성→맞대답성〉이 추가된다. 그리고 (89)는 "글씨를 써서 묻고 글씨로 대답하다"의 개념이므로 〈글씨로 문답성〉이 추가되며, (90)은 "어리석은 물음에 어리석은 대답을 하다"의 개념이니 〈우문우답성〉이 추가되어 분절한다. (91)은 "어리석은 물음에 현명한 대답을 하다"의 개념이니 〈우문에 현답성〉이 추가되어 분절한다.

(92) 동문서답(東問西答)하다　　　(93) 문동답서(問東答西)하다
(94) 동문빨래하다　　　　　　　(95) 진답(珍答)하다

　위의 낱낱들은 "묻는 말에 대하여 아주 딴판인 엉뚱한 대답을 하다"의
개념을 공유하고 있어 〈질문성→엉뚱한 대답성＋동문서답성〉이 공통으로
추가되나, (95)는 "기이하고 색다른 대답을 하다"의 개념을 더 가지고 있
어 〈기이하게 색다른 대답성〉이 더 추가되어 분절한다.

(96) 난의문답(難疑問答)하다　　　(97) 구두시문(口頭試問)하다
(98) 구두시험(口頭試驗)하다　　　(99) 구술시험(口述試驗)하다
(100) 문대(問對)하다　　　　　　(101) 면접시험(面接試驗)하다

　위의 (96)은 "의심스러운 것을 논란하고 문답하다"의 개념이니 〈의문점
을 논란성→문답성→의문점을 해결할 목적성〉이 추가되고, (97)-(99)는 "시
험관이 묻는 말을 구두로 대답하는 시험을 보다"의 개념을 공유하고 있어
〈[피시험자]→시험관의 질문에 구두로 대답성〉이 공통으로 추가된다. 그리
고 (100)은 "구두시험에서 경의(經義)의 뜻을 묻는 것과 거기에 대해 대답
하다"의 개념이니 〈[시험관]→경의의 뜻을 질문성→[피시험자]→대답성〉이
추가되고, (101)은 "직접 만나 보고 그 인품, 언행 등을 시험하다. 흔히 필기
시험 후에 최종적으로 심사하는 방법이다"의 개념이므로 〈[피시험자]→필
기시험 행위성→면접시험성→[시험관]→인품, 언행을 최종 심사성〉이 추가
되어 분절한다.

(102) 교리문답(敎理問答)하다　　　(103) 대기(對機)하다
(104) 문선(問禪)하다

위의 (102)는 "종교상의 이치를 서로 묻고 대답하다"의 개념이니 〈종교상의 이치를 상호 문답성〉이 추가되고 또 기독교에서 "세례나 학습을 받을 때 주례 목사와 세례자와 학습자 사이에 교리에 대해 서로 문답하다"의 개념도 가지고 있어 〈[주례 목사와 세례자·학습자]→교리에 대해 문답성→입교, 세례 목적성＋기독교의 행사성〉이 더 추가되며, (103)은 "선가(禪家)에서 스승이 학인(學人)의 물음에 대답하다"의 개념이므로 〈[학인]→질문성→[선가의 스승]→대답성＋불교의 행사성〉이 추가된다. 그리고 (104)는 "선사에서 설법을 할 때 청중 가운데서 선객(禪客)이 나와 설법자와 문답하다"의 개념이니 〈선사에서 설법성→[선객]→설법자에 질문성→[설법자]→대답성＋불교 행사성〉이 추가되고, 또 "참선하다"의 개념도 가지고 있어 〈참선성〉이 더 추가되어 분절한다.

(105) 부답(不答)하다　　　　　(106) 묵연부답(默然不答)하다
(107) 묵묵부답(默默不答)하다　　(108) 저두부답(低頭不答)하다
(109) 퉁바리맞다

위의 낱말들은 "질문에 대하여 대답하지 않다"의 내용을 함유하고 있어 〈질문에 부답성〉이 공통으로 부가된다. 따라서 (105)는 "물음에 대답하지 않다"의 개념이니, 위의 공통 특성과 같고, (106)과 (107)은 "입을 다문 채 대답하지 아니하다"의 개념을 공유하고 있어 〈함구성→묵묵부답성〉이 공통으로 추가된다. 그리고 (108)은 "머리를 숙이고 대답을 하지 않다"의 개념이니 〈머리 숙인 상태성→부답성〉이 추가되고, (109)는 "무엇을 말하다가 매몰스럽게 거절당하다"의 개념이므로, 청원하는 내용은 알 수 없으나 〈청원성→매몰스럽게 거절된 상황성〉이 추가되어 분절한다.

앞에서 논의한 문답 자동사의 분절구조는 [그림46]과 같다.

[그림46] 문답하는 분절구조(1)

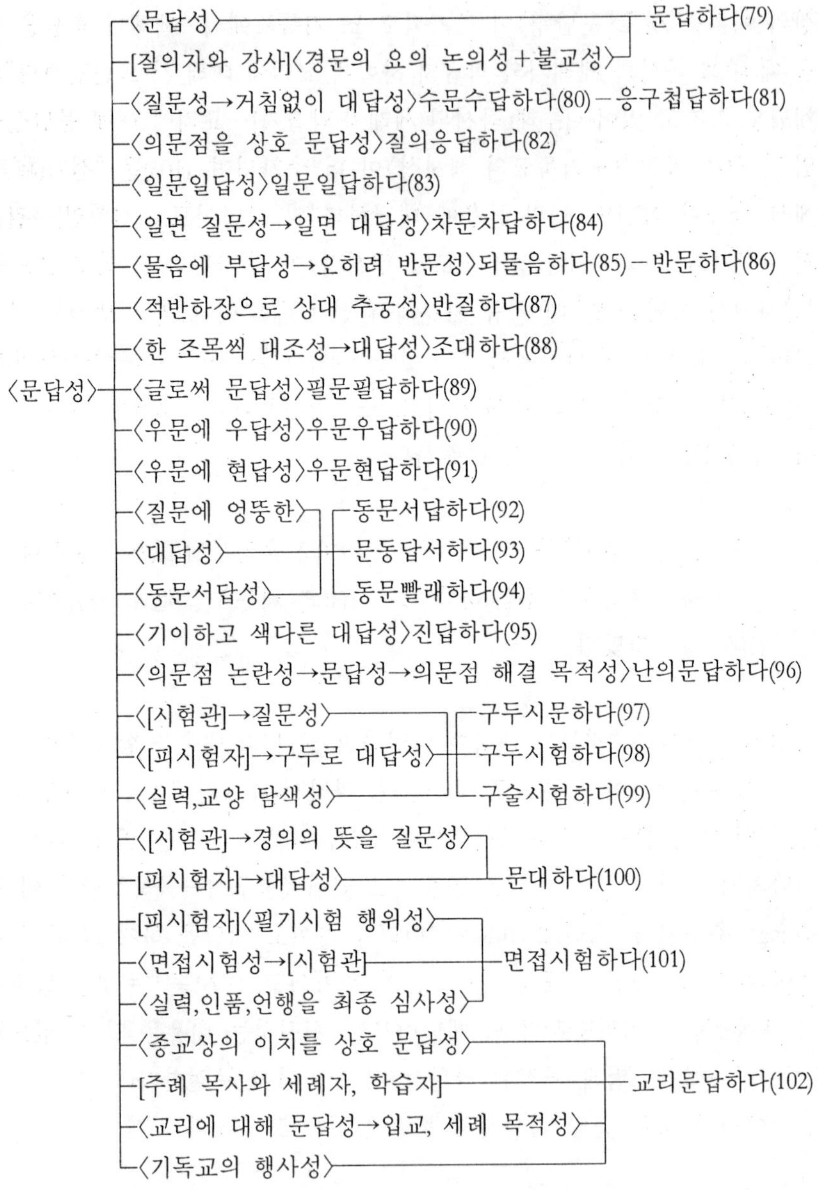

〈문답성〉─────────────────────── 문답하다(79)
[질의자와 강사]〈경문의 요의 논의성＋불교성〉
〈질문성→거침없이 대답성〉수문수답하다(80) ─ 응구첩답하다(81)
〈의문점을 상호 문답성〉질의응답하다(82)
〈일문일답성〉일문일답하다(83)
〈일면 질문성→일면 대답성〉차문차답하다(84)
〈물음에 부답성→오히려 반문성〉되물음하다(85) ─ 반문하다(86)
〈적반하장으로 상대 추궁성〉반질하다(87)
〈한 조목씩 대조성→대답성〉조대하다(88)
〈문답성〉〈글로써 문답성〉필문필답하다(89)
〈우문에 우답성〉우문우답하다(90)
〈우문에 현답성〉우문현답하다(91)
〈질문에 엉뚱한〉┌동문서답하다(92)
〈대답성〉├문동답서하다(93)
〈동문서답성〉└동문빨래하다(94)
〈기이하고 색다른 대답성〉진답하다(95)
〈의문점 논란성→문답성→의문점 해결 목적성〉난의문답하다(96)
〈[시험관]→질문성〉┌구두시문하다(97)
〈[피시험자]→구두로 대답성〉├구두시험하다(98)
〈실력,교양 탐색성〉└구술시험하다(99)
〈[시험관]→경의의 뜻을 질문성〉
[피시험자]→대답성〉────문대하다(100)
[피시험자]〈필기시험 행위성〉
〈면접시험성→[시험관]────면접시험하다(101)
〈실력,인품,언행을 최종 심사성〉
〈종교상의 이치를 상호 문답성〉
[주례 목사와 세례자, 학습자]────교리문답하다(102)
〈교리에 대해 문답성→입교, 세례 목적성〉
〈기독교의 행사성〉

[그림47] 문답하는 분절구조(2)

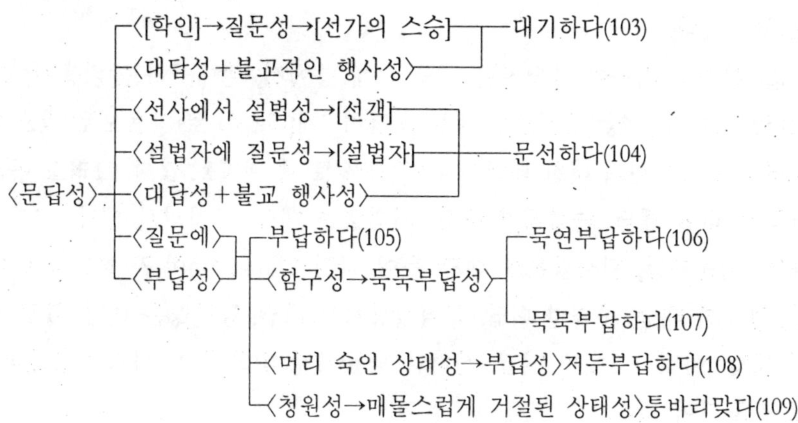

2.6.2 마무리

앞에서 질의응답에 관련된 자동사 109개 낱말에 대하여 개별적인 분절구조를 논의하였다. 이제 이것을 가지고 전제적인 분절구조를 요약하려한다.

(1) 이들 중 질문에 대한 응답이 41개(37.61%)로 가장 많고, 문답의 내용이 31개(28.44%)로 다음으로 많으며, 질문에 관련된 내용이 20개(18.85%)로세 번째로 많다. 그리고 부르고 대답하는 내용이 17개(15.6%)이다. 이들 가운데 논의의 순서에 따라 그들만의 내용을 많이 분포된 순으로 고찰하려한다.

① 질문하는 내용 20개 중에는 세밀히 질문하는 내용과 상대의 의견을 질문하는 내용 및 점장이에게 길흉에 대한 질문이 각각 2개(18.85%)이고, 막연한 질문, 문장에서 가설로 질문, 상대를 반문하여 질문, 꾸짖는 태도로 질문, 신부될 여자의 생년월일에 대한 질문, 예절에 대한 질문, 말[馬]에 대한 질문, 난해한 경서에 대한 질문, 불치하문, 시험으로 질문, 사실을

규명하기 위한 질문, 임금이 신하에게 질문하는 내용이 각각 1개(5%)로 분포되어 있다.

② 질문에 대하여 대답하는 내용 41개 중에서, 말대꾸하는 내용이 8개(19.52%)로 가장 많고, 질문에 대한 대답이 7개(17.08%)로 다음으로 많으며, 호명하여 질문한데 대한 대답이 4개(9.76%)로 세 번째로 많다. 그리고 동의 요구에 대한 대답, 즉석에서 대답, 거침없는 대답, 무성의한 대답, 구두로 대답, 자문자답, 윗사람에게 대답 등이 각각 2개(4.88%)이고, 결단하여 대답, 정확한 대답, 분명한 대답, 공식석상에서 대답, 탐탁찮은 대답, 글로 써서 대답, 아랫사람에게 대답, 신하가 임금에게 대답 등이 각각 1개(2.44%)로 분포되어 있다.

③ 부르고 대답하는 내용 17개 중에서, 호명하는 내용이 3개(17.65%)로 가장 많고, 서로 부르는 내용과 연속적으로 대답 및 큰 소리로 호명하는 내용이 각각 2개(11.76%)이다. 그리고, 이름을 지어 호명하는 내용, 불경스럽게 어른의 이름을 함부로 부르는 내용, 시대에 맞지 않는 언행, 입후보자를 구두로 추천하는 내용, 호명에 순응하는 내용, 상호 융화하는 내용, 길게 대답하는 내용, 하인이 '예, 예' 대답하는 내용이 각각 1개(5.88%)로 분포되어 있다.

④ 문답하는 내용 31개 중 구두시험에서의 문답이 5개(16.13%)로 가장 많고, 묵묵부답이 4개(12.91%)로 다음으로 많으며, 동문서답이 3개(9.68%)로 세 번째로 많다. 그리고 묻는 대로 거침없이 대답하는 내용, 반문하는 내용, 불교의 교리에 대한 문답이 각각 2개(6.45%)이고, 막연한 문답, 의문점의 문답, 일문일답, 일면 묻고 일면 대답, 적반하장으로 상대 추궁, 한 조목씩 대조하여 문답, 우문우답, 우문현답, 글로 써서 문답, 기이하고 색다른 대답, 논란하여 문답, 교리문답, 청원에 대한 매몰스런 거절이 각각 1개(3.23%)이다.

위와 같은 분포로 보아 우리 언어공동체(Sprachgemeinschaft)는 어른에게 말대꾸하는 내용에 가장 큰 관심을 보이고 있다. 이는 언행의 예절을 중시하는 우리 민족의 사상 감정이 단적으로 표현된 것으로 생각된다. 그리고 동문서답하는 내용과 묵묵부답하는 내용 및 호명에 대한 대답에도 깊은 관심이 드러나 있다.

(2) 질의응답의 주체를 알 수 있는 주체는 질문자와 대답자임은 주지의 사실이다. 이들 가운데 신분을 알 수 있는 것 중 많이 분포된 순으로 살펴보면 다음과 같다. 시험관이 6개(5.51%)로 가장 많고, 윗사람이 3개(2.75%)이며, 아랫사람과 임금이 각각 2개(1.83%)이며, 신하, 회원, 주인, 질의자, 강사, 주례목사, 세례자, 입교자, 학인(學人), 선사의 스승, 선객(禪客) 등이 각각 1개(0.92%)로 분포되어 있다.

(3) 질문의 대상자나 질문의 내용이 드러나 있는 것은 모두 91개(83.49%)이다. 이들 질문의 객체는 성함이 15개(13.76%)로 가장 많고, 자기의 의견이 9개(8.26%)로 다음으로 많으며, 수험자가 6개(5.51%)로 세 번째로 많다. 그리고 시험관이 5개(4.59%)이고, 자기 자신, 상대의 의견, 질문의 현장, 아랫사람, 종교의 교리가 각각 3개(2.75%)이며, 있는 사실, 점장이, 요구 사항, 대답하는 말, 글씨, 윗사람이 각각 2개(1.83%)이다. 타인, 신부(新婦), 예절, 경서, 학문, 말[馬], 길흉, 내용, 태도, 임금, 신하, 입후보자, 하인, 세례자, 입교자, 질의차, 강사, 선가의 스승, 설법자가 각각 1개(0.92%)로 분포되어 있다.

(4) 질의응답의 내용은 거의 모두가 바람직한 긍정적인 내용으로 82개(75.23%)로 나타나 있다. 이들 중 필자 나름대로 더욱 바람직하다고 느껴지는 것은 10개(9.17%)이다. 이들의 내용은 '횡경문난하다, 불치하문하다, 질정하다, 응구첩대하다, 결답하다, 명답하다, 수문수답하다, 응구첩대하다, 우문현답하다, 난의문답하다' 등이다.

질의문답의 내용 중 필자가 느끼기에 바람직하지 못한 부정적인 내용은 '책문하다, 희답하다, 만답하다, 코대답하다, 대꾸하다, 말대꾸하다, 말대답하다, 말대답질하다, 대답질하다, 대꾸질하다, 말대꾸질하다, 맞대꾸하다,

맞대꾸질하다, 범휘하다, 반질하다, 촉휘하다, 우문우답하다, 동문서답하다, 동문답서하다, 동문빨래하다, 통바리맞다' 등 21개(19.27%)이다. 그리고 종교적인 내용은 모두 6개(5.51%)이다. 이들의 내용 중 불교의 내용은 '문답하다, 대기하다, 문선하다' 등 3개(50%)이고, 무격신앙은 '문복하다, 문수하다' 등 2개(33.33%)이며, 기독교의 내용은 '교리문답하다' 1개(16.67%)이다.

(5). 우리 국어는 한자어가 수적으로 우위를 차지하고 있는 형편이다. 이 부분밭에서도 한자어는 94개(86.24%)로 거의 전부이고, 우리 고유어는 11개(10.09%)에 불과하며, 한자어와 고유어가 융합된 혼종어는 4개(3.67%)이다. 그리고 서구 외래어는 하나도 없는 것이 특징이다.

2.7 말참견하다

2.7.1 말참견하는 내용

이 부분밭은 "남의 말에 곁달아 말을 하다"의 내용을 함유하고 있어 〈말참견 행위성〉이 공통으로 부가된다.

(1) 말참견하다(-參見-) (2) 말참례하다(-參禮-)
(3) 개훼(開喙)하다 (4) 용훼(容喙)하다

위의 (1)과 (2)는 "남의 말에 곁달아 말을 하다"의 개념을 공유하고 있어 〈말참견 행위성〉이 공통으로 추가되고, (3)과 (4)는 "옆에서 말참견을 하다"의 개념을 공유하고 있어 〈옆에서 말참견 행위성〉이 공통으로 추가되고, 또 "입을 놀리다"의 개념도 공유하고 있어 〈언표 행위성＋속된 표현성〉도 공통으로 추가되는 유의어이므로 한 동아리에 묶었다.

(5) 곁다리들다   (6) 말곁달다

(7) 말추렴하다   (8) 중뿔나다

(9) 섭주(攝奏)하다

위의 (5)는 "당사자가 아닌 사람이 곁에서 참견하여 말하다"의 개념이니 〈[제삼자]→곁에서 말참견 행위성〉이 추가되고, (6)은 "옆에서 덩달아 말하다"의 개념이므로 〈주착없이 말참견 행위성〉이 추가되며, (7)은 "남들이 말하는 데 한몫 끼여 말하다"의 개념이니 〈남이 말하는 도중에 끼어드는 행위성〉이 추가된다. 그리고 (8)은 "관계가 없는 사람이 당치 않게 불쑥 참견하여 나서다"의 개념이니 〈[제삼자]→무례하게 불쑥 말참견하는 행위성〉이 추가되고, (9)는 "옆에서 말을 거들어 주다"의 개념이므로 〈옆에서 말 거드는 행위성〉이 추가되어 분절한다.

(10) 맞장구치다   (11) 맞장단치다

(12) 삽취(插嘴)하다   (13) 흥야부야하다

(14) 흥야황야하다   (15) 흥이야황이야하다

위의 (10)과 (11)은 "남의 말에 그렇다고 덩달아 같이 말하다"의 개념을 공유하고 있어 〈남의 말에 무비판적인 동조성〉이 공통으로 추가되고, 또 "둘이 마주 서서 장구를 치다"의 개념도 공유하고 있어 〈[상호]→대면성→장구를 치는 행위성〉도 공통으로 추가된다. 그리고 (12)는 "쓸데없이 말참견을 하다"의 개념이니 〈쓸데없이 말참견하는 행위성〉이 추가되고, (13)-(15)는 "아무 관계없는 남이 쓸데없이 이래라 저래라 말참견하다"의 개념을 공유하고 있어 〈남의 일에 이것 저것 참견성〉이 공통으로 추가되어 분절한다.

164

| (16) 덥적거리다 | (17) 덥적덥적하다 |
| (18) 덥적이다 | (19) 의호(依怙)하다 |

위의 (16)~(18)은 "걸핏하면 남의 일에 참견하기를 잘하다"의 개념을 공유하고 있어 〈공연히 말참견의 행위가 빈번성〉이 공통으로 추가되고, 또 "스스럼없이 대하거나 붙임성 있게 굴다"의 개념도 공유하고 있어 〈스스럼없이 행동성＋붙임성 있게 행동성〉도 공통으로 추가된다. 이들은 접사의 교체와 음운의 첨가로 어감의 차이에서 오는 뉘앙스에 의하여 서로 분절되므로 (16)은 〈연속성〉이 더 첨가되고, (17)은 〈단속성〉이 더 첨가되며, (18)은 〈순간성〉이 더 첨가되어 분절한다. 그리고 (19)는 "한 편만 역성을 들다"의 개념이니 〈한 편만 역성성〉이 추가되어 분절한다.

이제까지 논의한 말참견에 관련된 자동사의 분절구조를 그림으로 그려 보면 [그림48]과 같은 수형도가 된다.

2.7.2 마무리

현대 국어 자동사 가운데 말참견에 관련된 19개의 낱말에 대하여 개별적인 분절성을 해명하였다. 이제 이것을 바탕으로 하여 전체적인 분절구조를 고찰하려 한다.

(1) 말참견 자동사의 내용을 많이 분포된 순으로 살펴보면 다음과 같다.

남의 일에 이래라 저래라 하는 내용과 공연히 말참견을 좋아하는 내용이 각각 3개(15.79%)로 가장 많고, 막연히 말참견하는 내용, 옆에서 말참견하는 내용, 주착없이 말참견하는 내용, 제삼자가 무례하게 불쑥 말참견하는 내용 등이 각각 2개(10.53%)로 다음으로 많으며, 남의 말에 끼어 드는 내용과 한 편만 역성드는 내용 및 옆에서 말을 거드는 내용이 각각 1개(5.26%)이다.

[그림48] 말참견하는 분절구조

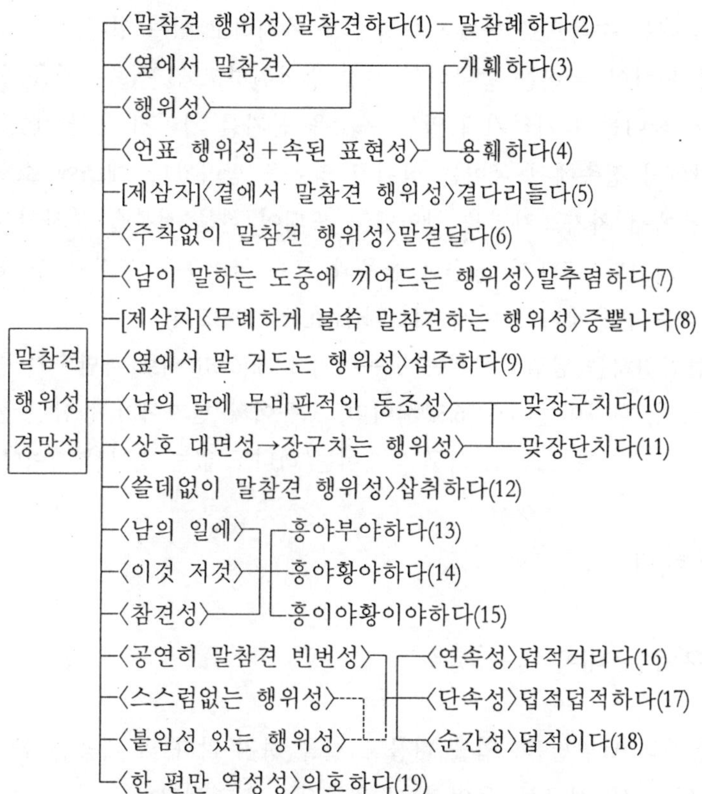

(2) 행위의 주체자는 말하고 있는 상대가 17개(89.47%)이고, 대화하는 주체자가 아닌 제삼자가 2개(10.53%)이다.

(3) 말하는 태도는 말하는 옆에서 끼어 드는 행위자가 5개(26.32%)로 가장 많고, 남의 일에 이것 저것 지시하는 행위와 말참견을 좋아하는 행위가 각각 3개(15.79%)로 다음으로 많으며, 주착없는 행위와 맞장구치는 행위가 각각 2개(10.53%)이다. 그리고 무례한 행위와 말 거드는 행위 및 편견적인 행위가 각각 1개(5.26%)이다. 말참견하는 낱말밭의 내용은 모두 바람

직하지 못한 부정적인 내용이다.

(4) 우리 국어는 수적으로 한자어가 우위를 차지하고 있는 형편이다. 국어사 전반을 통하여, 국어는 중국어와 가장 광범위하고 긴 접촉관계를 수립하여 왔다. 국어를 표기하기에 알맞은 고유 문자를 갸지지 못한 채 수립된 중국어와의 접촉에서 국어는 심원한 영향을 받아왔다. 애초에 소수의 어휘 차용에서 차자표기법을 창안했고 드디어 한문 전부를 문자언어에 수용하게 되었다. 그래서 순수한 한문과 고유 국어문을 생각할 수 없게 되어 국한문 혼용체가 쓰이게 되었다(沈在箕, 1983:214).

그런데, 말참견하는 낱말밭에서는 고유어가 12개(63.16%)로 과반수가 훨씬 넘고 있으며, 한자어는 5개(26.32%)이며, 고유어와 한자어가 융합된 혼종어는 2개(10.53%)이다. 그리고 서구 외래어는 하나도 없는 것이 특징이다.

2.8 함구하다

2.8.1 함구하는 내용

함구 자동사의 낱말밭은 "입을 다물고 말을 하지 않다"의 내용을 함유하고 있어 〈함구성, 폐구성, 무언성〉이 공통으로 부가된다.

(1) 겸구(箝口)하다   (2) 겸구고장(箝口枯腸)하다

(3) 겸구물설(箝口勿說)하다   (4) 폐구(閉口)하다

(5) 금구(噤口)하다

위의 낱말들은 "입을 다물고 말을 하지 않다"의 개념을 공유하고 있어 〈폐구성→무언성〉이 공통으로 추가되어 분절한다.

(6) 불언(不言)하다   (7) 불언불어(不言不語)하다

(8) 묵언(默言)하다   (9) 함구(緘口)하다

(10) 함구무언(緘口無言)하다   (11) 함구물설(緘口勿說)하다

(12) 함구불언(緘口不言)하다   (13) 함묵(緘默)하다

(14) 함묵(含默)하다   (15) 입봉하다(-封-)

위의 (6)과 (7)은 "말을 하지 않다"의 개념을 공유하고 있어 〈의도적인 불언성〉이 공통으로 추가되고, (8)-(14)는 "입을 '다물고 말하지 아니하다"의 개념을 공유하고 있음으로 〈함구무언성〉이 공통으로 추가되며, (15)는 "말을 하지 않고 입을 다물다"의 개념이니 〈함구성→불언성〉이 추가되고, 또 "함부로 말을 꺼내어 떠들지 못하도록 만들다"의 개념도 가지고 있어 〈함부로 하는 발언을 저지성〉을 가지고 타동사의 밭에서도 분절한다.

(16) 불언불소(不言不笑)하다   (17) 구외불출(口外不出)하다

(18) 말삼키다   (19) 막감개구(莫敢開口)하다

(20) 불감출성(不敢出聲)하다   (21) 감노불감언(敢怒不敢言)하다

위의 (16)은 "말도 하지 않고 웃지도 않다"의 개념이니 〈무언성＋웃지 않는 행위성〉이 추가되고, (17)은 "말을 입 밖에 내지 않다"의 개념이므로 말을 하지 않는 이유는 비밀을 유지하기 위함이므로 〈함구성→비밀을 유지할 목적성〉이 추가되며, (18)은 "하려던 말을 그만두다"의 개념이니 〈하려던 말을 포기성〉이 추가된다. 그리고 (19)와 (20)은 "두려워서 할 말을 감히 못하다"의 개념을 공유하고 있으므로, 말을 하지 못하는 이유가 두려움에 있으므로 〈공포성→함구성〉이 공통으로 추가되고, (21)은 "성은 나되 감히 입 밖에 나타내어 말하지 못하다"의 개념이므로 〈분노성→공포성→함구성〉이 추가되어 분절한다.

(22) 구검(拘檢)하다   (23) 말막다

(24) 말문막다   (25) 말끊다

(26) 방구(防口)하다

위의 낱말들은 "말을 못하도록 막다"의 내용을 함유하고 있어 〈발언을 저지성〉이 공통으로 부가된다. 따라서 (22)는 "언행을 마구하지 못하게 단속하다"의 개념이니 〈언행을 삼가도록 단속성〉이 추가되고, (23)과 (24)는 "남이 하려는 말을 못하게 하다"의 개념을 공유하고 있어 〈남의 발언을 저지성〉이 공통으로 추가된다. 그리고 (25)는 "남이 말하고 있는 도중에 중지시키다"의 개념이니 〈남이 발언하고 있는 도중에 저지성〉이 추가되고, (26)은 "남이 다른 말을 내지 못하게 입을 막다"의 개념이므로 〈남의 입을 막는 행위성→다른 말을 못하게 할 목적성〉이 추가되어 분절한다.

지금까지 함구에 관련된 자동사의 낱말에 대하여 개별적인 분절성을 논의하였다. 이제 이것의 분절구조를 그림으로 그려보면 [그림49]와 같은 수형도가 된다.

2.8.2 마무리

현대 국어 자동사 가운데 함구에 관련된 26개의 낱말에 대하여 개별적인 분절성을 해명하였다. 이제 이것을 바탕으로 하여 전체적인 분절구조를 고찰하려 한다.

(1) 함구 자동사의 내용을 많이 분포된 순으로 살펴보면 다음과 같다.

함구무언하는 내용이 14개(53.85%)로 과반수가 넘고 있으며, 두려워서 말을 못하는 내용과 남이 말을 못하게 하는 내용이 각각 2개(7.69%)로 다음으로 많다. 그리고 함부로 말하지 못하게 하는 내용, 웃지도 말하지도 않는 내용, 함구무언으로 비밀을 지키는 내용, 하려던 말을 포기하는 내

[그림49] 함구하는 분절구조

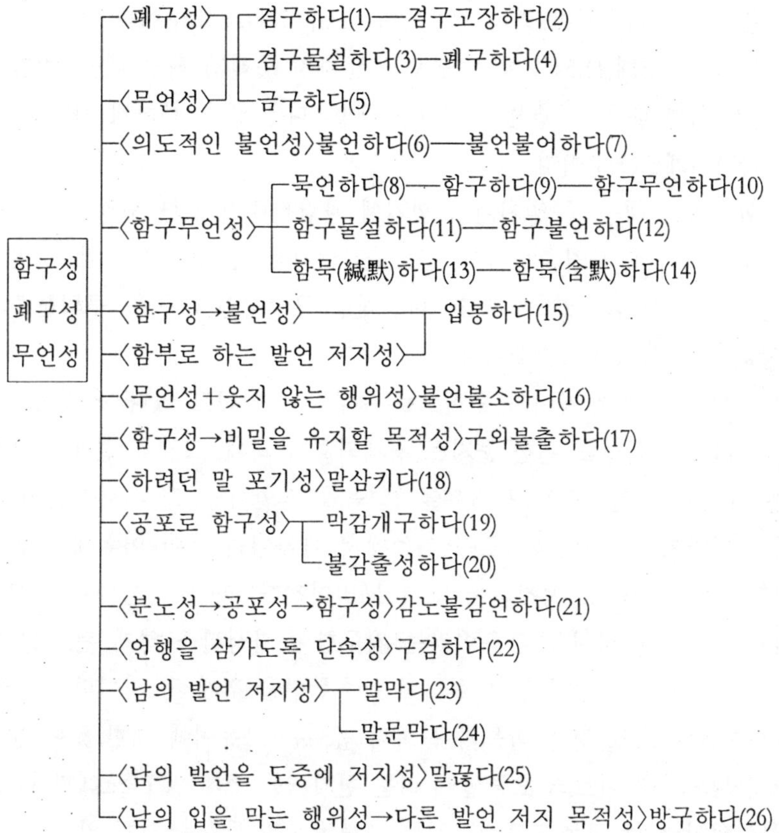

용, 화가 나지만 두려워서 말을 못하는 내용, 함부로 말을 못하게 단속하
는 내용, 말하는 도중에 중지시키는 내용, 다른 말을 못하게 입을 막는 내
용 등이 각각 1개(3.85%)이다.

(2) 함구하는 주체는 모두 대화하는 사람이고, 함구하는 대상이나 객체
는 중복되는 내용이 있어 어휘의 수는 34개로 늘어난다. 이들의 내용은 입
이 16개(47.06%)이고, 언어가 14개(41.18%)이며, 웃음, 분노, 공포, 언행 등이

각각 1개(2.94%)이다.

(3) 함구하는 이유가 드러나 있는 것은 모두 7개(26.92%)이다. 이들의 내용은 두려움이 3개(11.54%)이고, 함부로 말하지 못하게 하는 내용, 비밀을 유지하기 위한 내용, 언행을 조심하는 내용, 다른 말을 못하게 하는 내용 등이 각각 1개(3.85%)이다.

(4) 함구하는 내용 중 필자가 느끼기에 바람직하지 못한 부정적인 내용은 '막감개구하다, 불감출성하다, 감노불감언하다, 말막다, 말문막다, 말끊다, 방구하다' 등 7개(26.92%)이고, 바람직한 긍정적인 내용은 '구외불출하다, 말삼키다' 등 2개(7.69%)이다.

(5) 우리 국어는 한자어가 수적으로 우위를 차지하고 있다. 훈민정음이 비록 어리석은 백성을 위한 문자로 창제되었다 하나, 그것을 실제로 배우고 쓴 계층이 실질적으로 사대부들이었음을 감안하면, 그 사대부들에 의하여 한자어가 한글로 적혀오는 과정에서 한자어는 국어 어휘체계 속에 점진적으로 확산되고 정착되어 왔다고 믿어진다. 따라서 한자어가 계속 증가되어 마침내 국한문 혼용이라는 기구한 문자생활을 하게 된, 이른바 개화기에 와서 오늘날과 같은 한자어 폭주현상을 겪게 된 것이다. 더구나 한문화를 바탕으로 하는 학문과 문화적 풍토는 고유어에 의한 조어 능력마저 감퇴되기에 이르러 오늘날 우리는 한자어를 쓰지 않고 노래말 한 줄은커녕 편지글 한 대목도 쓸 수 없는 기형적 언어생활을 하지 않을 수 없게 된 것이다. 석보상절뿐만 아니라, 선조대왕의 언문 교지나 숙종 때의 사대부의 편지글들이 고유어로 짜여졌으면서도 얼마나 아름답고 풍부한가를 보면 오늘날 우리들이 국어를 다듬기 위해서 해야 할 일이 무엇인가를 새삼 깨닫게 된다(김종택, 1992:88).

함구의 낱말밭에서도 이러한 현상이 드러나 한자어가 21개(80.77%)로 거의 전부이고, 우리 고유어는 4개(15.38%)에 불과하다. 그리고 한자어와 고유어가 융합된 혼종어는 '입봉하다' 1개(3.85%)이고 서구 외래어는 하나도 없다.

2.9 잔소리하다, 꾸지람하다

2.9.1 잔소리, 꾸지람의 내용

이 부분밭은 듣기 싫게 잔소리를 하거나 남의 잘못을 꾸중하는 내용을
함유하고 있어 〈잔소리하는 행위성〉과 〈질책성〉이 내용에 따라 부가된다.
잔소리하는 내용과 꾸지람하는 자동사의 상위 분절구조는 다음과 같다.

[그림50] 잔소리, 꾸지람 자동사의 상위 분절구조

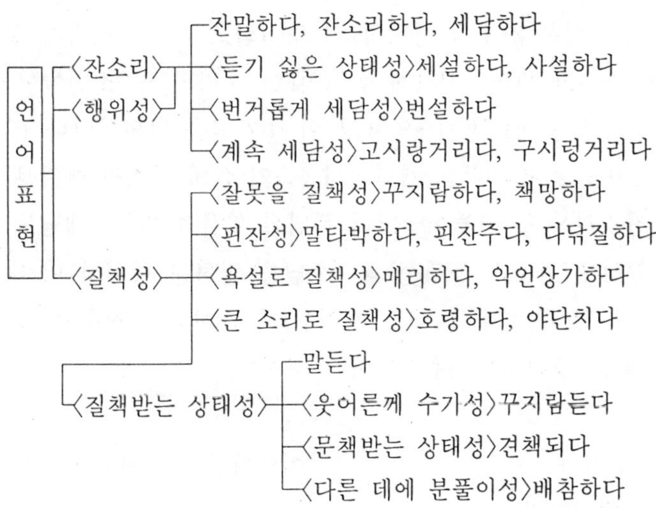

2.9.1.1 잔소리의 분절

다음 (1)-(14)까지는 "쓸데없이 자질구레하게 되풀이하여 말하다"의 내
용(inhalt)을 함유하고 있어 〈잔소리 행위성→[청자]→역이성〉이 공통으로

부가된다.

    (1) 잔말하다   (2) 잔소리하다
    (3) 세담(細談)하다   (4) 세설(細說)하다
    (5) 사설(辭說)하다

위의 (1)과 (2)는 "듣기 싫게 자꾸 잔말을 늘어놓다"의 개념을 공유하고 있어 〈듣기 싫은 잔소리 행위성〉이 공통으로 추가되고, 또 "꾸중으로 여러 말을 하다"의 개념도 공유하고 있어 〈여러 말로 꾸중성〉도 공통으로 추가되며, (3)은 "쓸데없이 군말을 하다"의 개념이므로 〈쓸데없이 군말하는 행위성〉이 추가된다. 그리고 (4)는 "듣기 싫게 자꾸 잔말을 늘어놓다"의 개념이니 〈듣기 싫은 잔소리 행위성〉이 추가되고, 또 "자세하게 설명하다"의 개념도 가지고 있어 〈자세히 설명성〉이 추가되며, "소인들이 말하다"의 개념일 경우는 〈[소인들]→언표성〉이 추가되는 다의어이다. (5)는 "듣기 싫게 잔소리를 늘어놓다"의 개념이니 〈듣기 싫게 잔소리 행위성〉이 추가되고, 또 "잔소리를 길게 늘어놓거나 푸념의 말을 하다"의 개념도 가지고 있어 〈장황하게 잔소리 행위성〉과 〈푸념을 말하는 행위성〉이 내용에 따라 추가되며, "노래 따위를 글로 적어놓다"의 개념일 경우는 〈노래 따위를 기록해 두는 행위성〉이 추가되어 분절한다.

    (6) 번설(煩設)하다   (7) 이렇다저렇다하다
    (8) 요렇다조렇다하다

위의 (6)은 "번거롭고 너저분한 잔말을 하다"의 개념이니 〈번거롭고 너저분한 세담성〉이 추가되고, 또 "마구 떠들어 소문을 내다"의 개념도 가지고 있어 〈마구 떠들어 소문내는 행위성〉이 더 추가되며, (7)과 (8)은 "이러

하니 저러하니 말하다"의 개념을 공유하고 있어 〈이러쿵 저러쿵 세담성〉
이 공통으로 추가되나, 이들은 모음교체로 어감의 차이에서 오는 뉘앙스에
의하여 서로 분절한다. 따라서 (7)은 〈강한 어감〉이 더 추가되고, (8)은 〈약
한 어감〉이 더 추가되어 분절한다.

(9) 고시랑거리다   (10) 고시랑고시랑하다
(11) 구시렁거리다   (12) 구시렁구시렁하다
(13) 귀성거리다

위의 낱말들은 "잔소리나 군소리를 듣기 싫도록 자꾸 되풀이하다"의 개
념을 공유하고 있어 〈잔소리 군소리 계속성→역이성〉이 공통으로 추가되
고, 또 "걱정하는 잔소리를 듣기 싫게 자꾸 하다"의 개념도 공유하고 있어
〈염려성→계속 잔소리 행위성→역이성〉도 공통으로 추가된다. 이들은 접
사와 모음의 교체로 어감의 차이에서 오는 뉘앙스에 의하여 서로 분절되
므로, (9)는 〈연속성＋약한 어감〉, (10)은 〈단속성＋약한 어감〉, (11)은 〈연
속성＋중간정도의 어감〉, (12)는 〈단속성＋중간정도의 어감〉, (13)은 〈연속
성＋강한 어감〉이 각각 더 추가되어 분절한다.

(14) 잔주하다

이는 "술에 취하여 잔말을 늘어놓다"의 개념이니 〈술에 취해 잔소리 행
위성〉이 추가되어 분절한다.
앞에서 논의한 잔소리하는 분절구조를 그림으로 그려보면 [그림51]과
같은 수형도(tree diagram)가 된다.

[그림51] 잔소리하는 분절구조

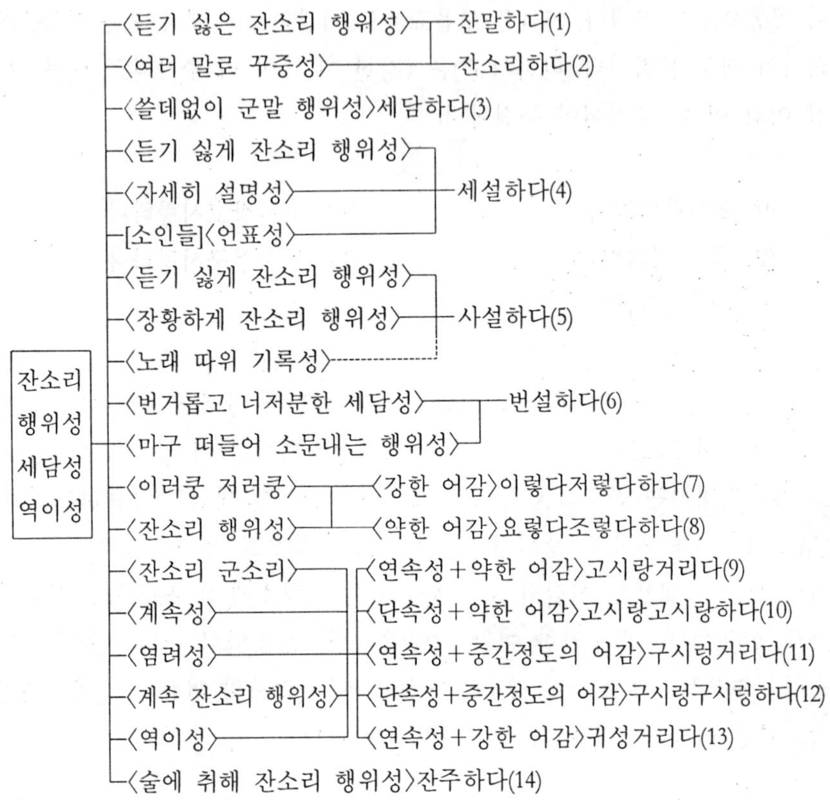

1.9.1.2 꾸지람의 분절

다음 (15)-(73)까지는 "사람의 잘못을 걱정하여 꾸짖다"의 내용을 함유하고 있어 〈염려성→질책성〉이 공통으로 부가된다.

(15) 꾸지람하다   (16) 독과(督過)하다

(17) 책망(責望)하다   (18) 언책(言責)하다

(19) 책언(責言)하다

위의 (15)는 "아랫사람의 잘못을 걱정하여 꾸짖다"의 개념이니 〈아랫사람의 잘못 걱정성→질책성〉이 추가되고, (16)과 (17)은 "허물을 꾸짖다"의 개념이므로 〈허물을 질책성〉이 공통으로 추가되며, 또 "잘못을 책망하다"의 개념도 공통으로 가지고 있어 〈잘못을 책망성〉이 공통으로 더 추가된다. 그리고 (18)과 (19)는 "말로써 책망하다"의 개념을 공유하고 있어 〈말로써 책망성〉이 공통으로 추가되는 유의어이므로 한 동아리에 묶었다.

(20) 언힐(言詰)하다   (21) 하합(呀呷)하다
(22) 면힐(面詰)하다   (23) 면질(面質)하다
(24) 대질(對質)하다   (25) 치매(嗤罵)하다

위의 (20)은 "말로써 잘못을 꾸짖고 나무라다"의 개념이니 〈말로써 힐책성〉이 추가되고, (21)은 "입을 벌려 나무라다"의 개념이므로 〈입을 벌려 힐책성〉이 추가되며, (22)는 "대면하여 힐난하다"의 개념이니 〈대면하여 힐난성〉이 추가된다. 그리고 (23)과 (24)는 "마주 대하여 꾸짖다"의 개념을 공유하고 있어 〈대면하여 힐책성〉이 공통으로 추가되고, (25)는 "비웃으며 꾸짖다"의 개념이므로 〈조소하며 힐책성〉이 추가되어 분절한다.

(26) 말타박하다   (27) 핀잔주다
(28) 핀둥이쏘이다

위의 (26)은 "말로써 핀잔을 주다"의 개념이니 〈말로 핀잔을 주는 행위성〉이 추가되고, (27)과 (28)은 "맞대 놓고 비웃거나 비꼬아 꾸짖다"의 개념을 공유하고 있어 〈맞대 놓고 핀잔주는 행위성＋야유적 힐책성〉이 공통으로 추가되나, (28)은 핀잔주는 행위를 속되게 표현한 말이므로 〈속된 표현성〉이 더 추가되어 분절한다.

(29) 다닦질하다   (30) 문책(問責)하다

위의 (29)는 "남을 몹시 을러대어 다루다"의 개념이니 〈남을 심히 을러대는 행위성〉이 추가되고, 또 "갈아서 다듬거나 들부셔서 갈고 닦다"의 개념도 가지고 있어 〈절차탁마성〉과 〈파쇄성→갈고 닦는 행위성〉이 내용에 따라 추가된다. 그리고 (30)은 "잘못을 캐묻고 꾸짖다"의 개념이니 〈허물을 문책성〉이 추가되고, 또 "책임을 추궁하다"의 개념도 가지고 있어 〈책임을 추궁성〉이 더 추가되어 분절한다.

(31) 매리(罵詈)하다   (32) 악언상가(惡言相加)하다

위의 (31)은 "욕하고 꾸짖다"의 개념이니 〈욕설성→질책성〉이 추가되고, (32)는 "듣기에 불쾌한 소리로 꾸짖고 나무라다"의 개념이므로 〈듣기에 불쾌하게 질책성〉이 추가되어 분절한다.

(33) 큰소리치다   (34) 호령(號令)하다
(35) 호령호령(號令號令)하다   (36) 대성일갈(大聲一喝)하다
(37) 대성질호(大聲叱呼)하다   (38) 일갈대성(一喝大聲)하다
(39) 호령질하다(號令-)

위의 낱말들은 "큰 소리로 꾸짖다"의 내용을 함유하고 있어 〈큰 소리로 질책성〉이 공통으로 추가된다. 따라서 (33)은 "큰 소리로 야단치다"의 개념이니 〈큰 소리로 야단성〉이 추가되고, 또 "덮어놓고 자신 있게 말하거나 또는 거드럭거리며 배때 벗게 말하다"의 개념도 가지고 있어 〈무모한 장담성〉과 〈거드럭거리는 언행성〉이 내용에 따라 추가된다. 그리고 (34)-(39)는 "큰 소리로 꾸짖다"의 개념을 공유하고 있어 〈큰 소리로 질책성〉이

공통으로 추가되고, 또 "지휘하여 명령하다"의 개념도 공유하고 있어 〈지휘하여 명령성〉도 공통으로 추가된다. 다만 (39)는 속되게 표현한 말이므로 〈속된 표현성〉이 더 첨가되어 분절한다.

(40) 야단(惹端)하다		(41) 야단야단(惹端惹端)하다	
(42) 야단치다(惹端-)		(43) 야단나다(惹端-)	
(44) 야경치다		(45) 야기부리다	
(46) 야기쓰다			

위의 (40)-(43)은 "소리 높여 마구 꾸짖다"의 개념을 공유하고 있어 〈고성으로 마구 질책성〉이 공통으로 추가되나, (40)과 (41)은 "함부로 떠들거나 매우 부산하게 법석거리다"의 개념을 더 가지고 있어 〈함부로 떠드는 행위성〉과 〈부산하게 법석이는 행위성〉이 내용에 따라 더 추가되고, (42)는 "함부로 떠들다"의 개념도 가지고 있어 〈함부로 떠드는 행위성〉이 더 추가되며, (43)은 "어떤 탈이나 지장이 생기도록 몹시 어려운 일이 생기다"의 개념을 더 가지고 있어 〈어려운 일이 발생성→낭패성〉이 더 추가된다. 그리고, (44)와 (45)는 "불만을 품고 소리 높여 나무라다"의 개념을 공유하고 있어 〈불만을 표출성→고성으로 질책성〉이 공통으로 추가되고, (46)은 "매우 야기부리다"의 개념이므로 〈불만을 표출성→고성으로 매우 질책성〉이 추가되므로 (44-45)와는 계단대립(Graduelle Opposition)을 이루고 있다.

(47) 대경대책(大驚大責)하다		(48) 진안(瞋言)하다	
(49) 호통(號筒)하다		(50) 호통치다(號筒-)	
(51) 호통질치다(號筒-)		(52) 고성대질(高聲大叱)하다	

위의 (47)은 "크게 놀라서 몹시 꾸짖다"의 개념이니 〈대경성→몹시 질책성〉이 추가되고, (48)은 "성내어 꾸짖다"의 개념이므로 〈분노성→질책성〉이 추가된다. 그리고 (49)-(51)은 "몹시 성이 나거나 남을 위압하기 위하여 큰 소리를 지르거나 크게 꾸짖어 주의를 주다"의 개념을 공유하고 있어 〈몹시 분노성→고성으로 질책성〉과 〈호통성→타인을 위압할 목적성〉이 내용에 따라 공통으로 추가되나, (51)은 속되게 표현한 말이므로 〈속된 표현성〉이 더 추가되며, (52)는 "목청을 높여 큰 소리로 꾸짖다"의 개념이므로 〈목청 높여 고성으로 질책성〉이 추가되어 분절한다.

(53) 꽥지르다　　　　　　　　(54) 강호령하다(-號令-)

(55) 생호령(生號令)하다　　　　(56) 볼호령하다(-號令-)

(57) 불호령하다(-號令-)

위의 (53)은 "크게 소리를 질러 꾸짖다"의 개념이니 〈꽥소리를 질러 질책성〉이 추가되고, 또 "성날 때 남을 겁나게 또는 놀라게 할 때 또는 갑자기 몹시 충격을 받았을 때 목청 높여 소리를 지르다"의 개념도 가지고 있어 〈분노성→꽥소리 치는 행위성→겁주기 위한 목적성〉과 〈갑자기 충격성→꽥소리 발성성〉이 내용에 따라 추가된다. 그리고 (54)와 (55)는 "아무 까닭 없이 호령하여 꾸짖다"의 개념을 공유하고 있어 〈까닭 없이 호령성→질책성〉이 공통으로 추가되고, (56)과 (57)은 "거만스러운 태도로 볼맨 소리로 꾸지람하다"의 개념을 공유하고 있어 〈거만한 태도성＋볼맨 소리로 질책성〉이 공통으로 추가되어 분절한다.

(58) 주벌(誅伐)하다　　　　　　(59) 주벌(誅罰)하다

(60) 제성토죄(齊聲討罪)하다

위의 (58)은 "죄를 저지른 사람을 꾸짖어서 치다"의 개념이니 〈범법자를 질책하여 성토성〉이 추가되고, (59)는 "죄를 저지른 사람을 꾸짖어서 벌을 주다"의 개념이므로 〈범법자를 문책성→처벌성〉이 추가되며, (60)은 "여러 사람이 한 사람의 죄를 둘러싸고 일제히 꾸짖다"의 개념이니 〈[여러 사람]→한 명의 범법자를 일제히 질책성〉이 추가되어 분절한다.

(61) 지척(指斥)하다   (62) 적반하장(賊反荷杖)하다

위의 (61)은 "웃어른의 언행을 지적하여 탓하다"의 개념이니 〈웃어른의 언행을 지적성→탓하는 행위성〉이 추가되고, (62)는 " '도둑이 매를 든다'는 뜻이니 잘못한 놈이 오히려 잘한 사람을 나무라다"의 개념이므로, 이 낱말은 비유적인 표현(figurative language)을 하고 있어 〈[잘못한 사람]→오히려 잘한 사람을 질책성+적반하장성+비유적 표현성〉이 추가되어 분절한다.

다음 (63)-(73)까지는 꾸지람을 듣는 내용이므로 〈질책 받는 상태성+피동성〉이 공통으로 부가된다.

(63) 말듣다   (64) 꾸중듣다
(65) 꾸지람듣다   (66) 수가(受呵)하다

위의 (63)은 "꾸지람, 시비 책망 등을 받다"의 개념이니 〈질책, 책망, 시비를 받는 상태성〉이 추가되고, 또 "무엇을 하라는 대로 하다"의 개념일 경우는 〈명령대로 수행성〉이 더 추가되며, "도구와 기계 따위가 다루는 사람의 뜻대로 움직여지다"의 개념일 경우는 〈[기술자]→도구, 기계를 자유자재로 가동성〉이 추가된다. 그리고 (64)-(66)은 "웃어른께 꾸지람을 듣다"의 개념을 공유하고 있어 〈웃어른께 꾸중듣는 상태성〉이 공통으로 추

가되어 분절한다.

(67) 가책(呵責)되다　　　　(68) 견책(見責)되다
(69) 견책(譴責)하다　　　　(70) 핀잔먹다
(71) 구두(呴頭)되다

위의 (67)은 "꾸짖음과 책망을 받다"의 개념이니 〈질책과 책망당하는 입장성〉이 추가되고, (68)은 "책망을 당하다"의 개념이므로 〈책망당하는 입장성〉이 추가되며, (69)는 "허물이나 잘못이 밝혀져 꾸짖음을 당하다"의 개념이니 〈허물, 잘못이 노출성→질책 받는 입장성〉이 추가되고, 또 "공무원이 잘못이 발견되어 꾸짖음을 당하다"의 개념도 가지고 있어 〈[공무원]→잘못이 노출성→문책 받는 상황성〉이 더 추가된다. 그리고 (70)과 (71)은 "맞대놓고 비웃거나 비꼬아 꾸짖음을 당하다"의 개념을 공유하고 있어 〈맞대놓고 조소성＋비꼼을 당하며 질책당하는 입장성〉이 공통으로 추가되어 분절한다.

(72) 배참하다　　　　　　(73) 배치기하다

이들은 "웃어른께 꾸지람을 듣고 그 화풀이를 다른 데다가 하다"의 개념을 공유하고 있어 〈웃어른이 질책성→다른 데다 화풀이 행위성〉이 공통으로 추가되어 분절한다.

앞에서 논의한 꾸지람 자동사의 분절구조는 다음과 같다.

[그림52] 꾸지람하는 분절구조(1)

〈아랫사람의 잘못을 걱정성→질책성〉꾸지람하다(15)

〈허물 질책성〉┬독과하다(16)
〈잘못 책망성〉┴책망하다(17)

〈말로써 책망성〉언책하다(18) — 책언하다(19)
〈말로써 힐책성〉언힐하다(20) — 하합하다(21)
〈대면하여 힐난성〉면힐하다(22)
〈대면하여 힐책성〉면질하다(23) — 대질하다(24)
〈조소하며 힐책성〉책언하다(25)
〈말로 핀잔주는 행위성〉말타박하다(26)

염려성
질책성
핀잔성

〈맞대놓고〉─────┬핀잔주다(27)
〈핀잔주는 행위성〉┴〈속된 표현성〉핀둥이쏘이다(28)

〈남을 심히 을러대는 행위성〉┐
〈절차탁마성〉··············┼다닦질하다(29)
〈파쇄성→갈고 닦는 행위성〉┘

〈허물 문책성〉┬문책하다(30)
〈책임 추궁성〉┘

〈욕설성→질책성〉매리하다(31)
〈듣기에 불쾌하게 질책성〉악언상가하다(32)

〈큰 소리로 야단성〉┐
〈무모한 장담성〉──┼큰소리치다(33)
〈거드럭거리는 언행성〉┘

[그림53] 꾸지람하는 분절구조(2)

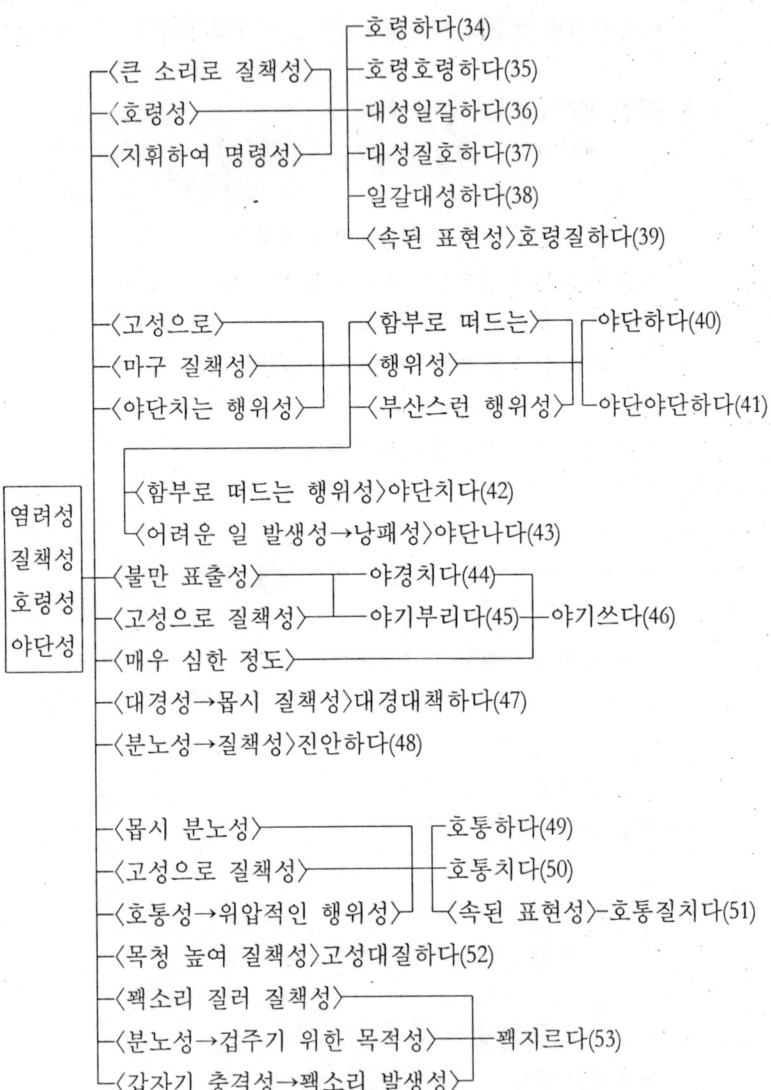

[그림54] 꾸지람하는 분절구조(3)

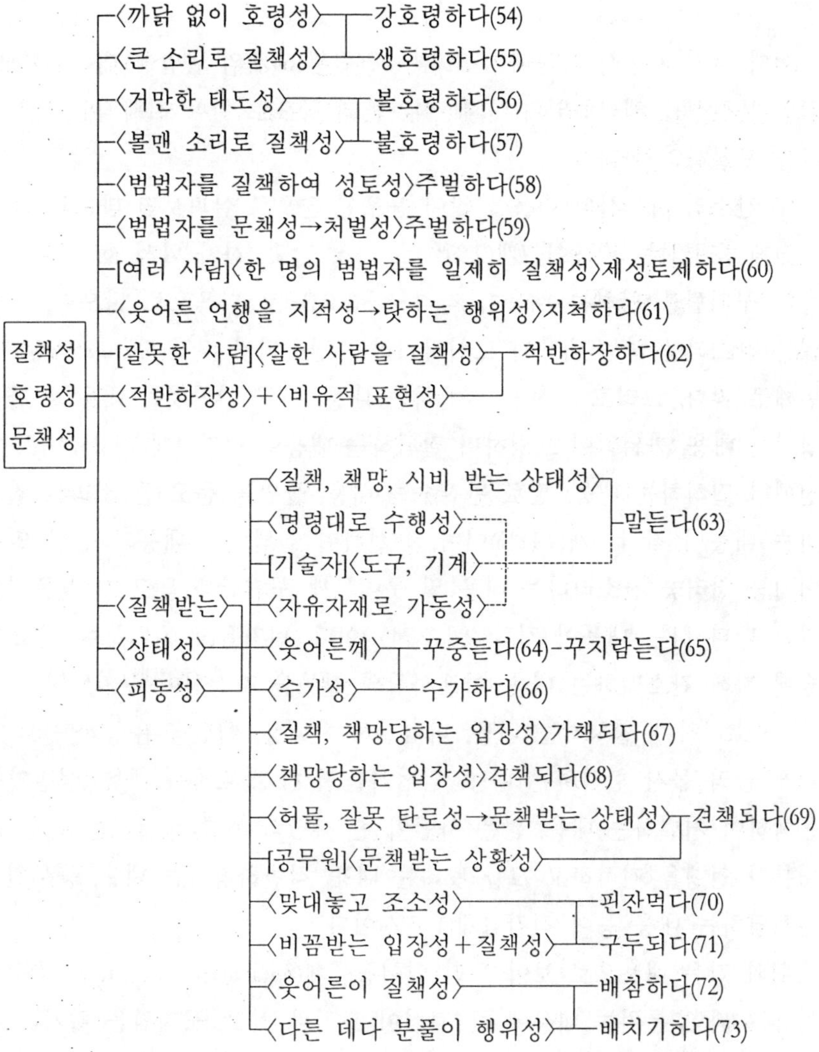

〈까닭 없이 호령성〉──강호령하다(54)
〈큰 소리로 질책성〉──생호령하다(55)
〈거만한 태도성〉──볼호령하다(56)
〈볼맨 소리로 질책성〉──불호령하다(57)
〈범법자를 질책하여 성토성〉주벌하다(58)
〈범법자를 문책성→처벌성〉주벌하다(59)
[여러 사람]〈한 명의 범법자를 일제히 질책성〉제성토제하다(60)
〈웃어른 언행을 지적성→탓하는 행위성〉지척하다(61)
[잘못한 사람]〈잘한 사람을 질책성〉──적반하장하다(62)
〈적반하장성〉+〈비유적 표현성〉

질책성
호령성
문책성

〈질책, 책망, 시비 받는 상태성〉
〈명령대로 수행성〉────┐
[기술자]〈도구, 기계〉────┤──말듣다(63)
〈자유자재로 가동성〉──┘

〈질책받는〉
〈상태성〉──〈웃어른께〉──꾸중듣다(64)-꾸지람듣다(65)
〈피동성〉──〈수가성〉──수가하다(66)
〈질책, 책망당하는 입장성〉가책되다(67)
〈책망당하는 입장성〉견책되다(68)
〈허물, 잘못 탄로성→문책받는 상태성〉──견책되다(69)
[공무원]〈문책받는 상황성〉
〈맞대놓고 조소성〉────핀잔먹다(70)
〈비꼼받는 입장성＋질책성〉──구두되다(71)
〈웃어른이 질책성〉────배참하다(72)
〈다른 데다 분풀이 행위성〉──배치기하다(73)

2.9.2 마무리

　현대 국어 자동사 가운데 잔소리에 관련된 64개의 낱말에 대하여 개별적인 분절성을 해명하였다. 이제 이것을 바탕으로 하여 전체적인 분절구조를 고찰하려 한다.

　(1) 잔소리 자동사의 내용을 많이 분포된 순으로 살펴보면 다음과 같다.

　크게 호령하는 내용이 7개(9.59%)로 가장 많고, 화가 나서 호통치는 내용과 꾸지람을 당하는 내용이 각각 6개(8.22%)로 다음으로 많으며, 듣기 싫은 잔소리를 하는 내용과 고시랑거리는 잔소리가 각각 5개(6.85%)로 세 번째로 많다. 그리고 허물을 질책하는 내용, 마구 야단치는 내용, 핀잔을 당하는 내용, 까닭없이 호령하며 질책하는 내용이 각각 4개(5.48%)이고, 면전에서 질책하는 내용, 말로 핀잔주는 내용, 불만을 품고 큰 소리로 질책하는 내용이 각각 3개(4.11%)이며, 욕설하며 질책하는 내용과 남의 일에 이러쿵 저러쿵 잔소리하는 내용 및 웃어른께 꾸지람을 듣고 그 화풀이를 다른 데다 하는 내용이 각각 2개(2.74%)이다. 번거롭고 지저분한 잔소리, 술에 취해 잔소리하는 내용, 아랫사람의 잘못을 걱정하여 꾸지람하는 내용, 군소리하며 힐책하는 내용, 다닦질하는 내용, 책임을 추궁하는 내용, 크게 놀라 몹시 힐책하는 내용, 범법자를 질책 성토하는 내용, 범법자를 문책하여 처벌하는 내용, 많은 사람이 한 사람의 죄를 성토하는 내용, 웃어른의 언행을 지적하고 그를 탓하는 내용, 적반하장하는 내용, 공무원이 견책당하는 내용 등이 각각 1개(1.37%)이다.

　위와 같은 내용으로 보아 우리 언어공동체(Sprachgemeinschaft)는 호령하는 내용과 호통치는 내용에 큰 관심이 드러나 있고, 꾸지람을 하거나 핀잔을 주는 내용 및 듣기 싫게 잔소리하는 내용에 깊은 관심이 표현되어 있다.

　(2) 잔소리나 꾸지람을 하는 주체는 웃어른이거나 직장의 상사로 이해

되는 내용이 64개(84.93%)로 거의 전부이다. 그리고 아랫사람이 5개(6.85%)이고, 소인배들, 여러 사람, 잘못을 저지른 사람, 기술자, 공무원이 각각 1개(1.37%)이다. 따라서, 잔소리와 꾸지람을 하는 낱말밭에서 행위의 주체는 잔소리나 꾸지람을 할 수 있는 위치에 있는 웃어른과 직장의 상사이고, 그 잔소리나 꾸지람을 듣는 위치에 있는 아랫사람이거나 부하직원이다.

(3) 잔소리하는 내용은 14개(19.18%)이고, 꾸지람을 하는 내용은 59개(80.82%)이다. 이들 중 그 대상이나 객체를 알 수 있는 것 중 많이 분포된 순으로 고찰하려 한다.

호령이 16개(21.92%)로 가장 많고, 아랫사람의 잘못이 11개(15.07%)로 다음으로 많으며, 핀잔이 6개(8.22%)로 세 번째로 많다. 그리고 상대의 면전과 상대에 대한 불만이 각각 3개(4.11%)이고, 욕설, 생호령, 범법자, 재삼자 등이 각각 2개(2.74%)이며, 소인배들, 노래, 소문, 술, 조소, 웃어른의 언행, 허물없는 사람, 도구, 기계, 명령, 공무원 등이 각각 1개(1.37%)이다.

잔소리나 꾸지람을 하는 객체는 잔소리나 꾸지람을 듣는 상대이고, 그 방법에서 호령이나 아랫사람의 잘못이 주된 대상이 되고 있다.

(4) 필자 나름대로의 판단에서 바람직한 긍정적인 내용은 40개(54.79%)이고, 꾸중이나 잔소리를 하는 방법에 있어서 바람직하지 못한 부정적인 내용은 33개(45.21%)이다.

(5) 우리 국어에는 한자어가 수적으로 우위를 차지하고 있다.

잔소리와 꾸지람의 낱말밭에서도 이러한 현상이 나타나 한자어가 39개(53.42%)로 과반수가 넘고 있으며, 우리 고유어는 26개(35.62%)에 불과하다. 그리고 한자어와 고유어가 융합된 혼종어는 8개(10.96%)이고, 서구 외래어는 하나도 없다.

2.10 불평하다

2.10.1 불평하는 내용

이 연구는 불평에 관련된 자동사를 연구의 대상으로 하였으므로 〈불평, 불만을 언표성〉이 공통으로 부가된다.

(1) 불평(不平)하다   (2) 게정내다
(3) 게정먹다   (4) 게정부리다
(5) 게정피우다   (6) 게정거리다
(7) 게정게정하다

위의 (1)은 "마음 속의 불만을 언행으로 나타내다"의 개념이니, 불평의 낱말밭에서 원어휘소(Archilexeme)[46]에 해당한다. 따라서 〈불만을 언행으로 표출성〉이 추가되고, 또 "마음이 편안하지 않다"의 개념도 가지고 있어 〈불편한 심경성〉을 가지고 형용사의 밭에서도 분절한다. 그리고 (2)-(7)은 "불평스러운 말과 짓을 드러내는 태도를 보이다"의 개념을 공유하고 있어 〈불평스러운 언행을 표출성〉이 공통으로 추가되고, 또 "심술을 부리다"의 개념도 공유하고 있어 〈의도적으로 심술부리는 행위성〉도 공통으로 추가된다. 이들은 음운교체와 접사의 교체로 어감의 차이에서 오는 뉘앙스에 의하여 서로 분절되므로 (2)-(4)는 〈의도성〉이 더 추가되고, (6)은 〈연속성〉이 더 추가되며, (7)은 〈단속성〉이 더 추가되어 분절한다.

---

46) 이병찬, 신수종(1984:690)은 원어휘소를 "언어는 기호체계가 아니라 의미구조의 집합이라고 본 프랑스 언어학자 Bernard Potter와 Andre Greimas는 개별 자질을 의의소성(seme)이라 부르고, 모든 의의소성이 합쳐서 하나의 의의소(semem)가 형성된다. 그러므로, 의의소는 의미 즉 한 기호소(monem)의 내용이다."라고 하였다.

(8) 넋두리하다　　　　　　　　(9) 푸념하다

위의 (8)은 "불평이나 불만을 늘어놓으며 하소연하다"의 개념이니 〈불평 불만을 표출성→하소연하는 행위성〉이 추가되고, 또 "무당이 죽은 사람의 넋을 대신하여 말하다"의 개념도 가지고 있어 〈[무당]→망자의 영혼을 대언성＋민속신앙성〉이 더 추가되며, (9)는 "마음 속에 품은 불평을 길게 늘어놓다"의 개념이므로 〈심중의 불평을 장황하게 표출성〉이 추가되고, 또 "굿할 때 무당이 신의 뜻이라하여 정성 들이는 사람에게 꾸지람을 늘어놓다"의 개념도 가지고 있어 〈[무당]→굿 거행성→치성자에 신의 뜻을 전달성→치성자의 허물을 질책성＋민속신앙성〉이 더 추가되어 분절한다.

(10) 씨우적거리다　　　　　　(11) 씨우적씨우적하다
(12) 양냥거리다

위의 (10)과 (11)은 "마땅치 않아 입 속에서 연해 불평스럽게 말하다"의 개념을 공유하고 있어 〈못마땅한 상태성→입속말로 계속 불평성〉이 공통으로 추가되어 분절한다. 이들은 접사의 교체로 어감의 차이에서 오는 뉘앙스에 의하여 서로 분절되므로, (10)은 〈연속성〉이 더 추가되고, (11)은 〈단속성〉이 더 추가된다. 그리고 (12)는 "마음에 만족치 못한 일로 짜증내어 자꾸 종알거리다"의 개념이니 〈불만으로 짜증을 표출성→연속 종알거리는 행위성〉이 추가되어 분절한다.

(13) 두덜거리다　　　　　　　(14) 두덜두덜하다
(15) 뚜덜거리다　　　　　　　(16) 뚜덜뚜덜하다
(17) 투덜거리다　　　　　　　(18) 투덜투덜하다

위의 낱말들은 "마음 속의 불평을 혼자 중얼거리다"의 개념을 공유하고 있어 〈심중의 불평을 중얼거리는 독백성〉이 공통으로 추가된다. 이들은 평음, 경음, 격음의 교체로 어감의 차이에서 오는 뉘앙스에 의하여 서로 분절된다. 따라서 (13)은 〈연속성＋약한 어감〉, (14)는 〈단속성＋약한 어감〉, (15)는 〈연속성＋중간정도의 어감〉, (16)은 〈단속성＋중간정도의 어감〉, (17)은 〈연속성＋강한 어감〉, (18)은 〈단속성＋강한 어감〉이 각각 추가되어 서로 분절한다.

(19) 구두덜거리다   (20) 구두덜구두덜하다
(21) 게두덜거리다   (22) 게두덜게두덜하다

위의 (19)와 (20) "못마땅하여 혼자 군소리를 하다"의 개념을 공유하고 있어 〈못마땅한 심경성→군소리로 독백성〉이 공통으로 추가된다. 이들도 음운과 접사의 교체로 어감의 차이에서 오는 뉘앙스에 의하여 분절되므로, (19)는 〈연속성＋강한 어감〉이 더 추가되고, (20)은 〈단속성＋강한 어감〉이 더 추가된다. 그리고 (21)과 (22)는 "마음 속의 불평을 굵고 거친 목소리로 혼자 중얼거리다"의 개념을 공유하고 있어 〈심중의 불평을 둔탁한 목소리로 중얼거리는 독백성〉이 공통으로 추가된다. 이들도 접사의 교체로 어감의 차이에서 오는 뉘앙스에 의하여 서로 분절되므로 (21)은 〈연속성＋매우 강한 어감〉이 더 추가되고, (22)는 〈단속성＋매우 강한 어감〉이 더 추가되어 분절한다.

(23) 깨죽거리다   (24) 깨죽깨죽하다
(25) 께죽거리다   (26) 께죽께죽하다

위의 낱말들은 "불평스러운 말로 자꾸 되씹어 종알거리다"의 개념을 공

유하고 있어 〈계속하여 종알거리는 불평성〉이 공통으로 추가된다. 이들은
접사와 모음의 교체로 어감의 차이에서 오는 뉘앙스에 의하여 서로 분절되
므로 (23)은 〈연속성＋강한 어감〉, (24)는 〈단속성＋강한 어감〉, (25)는 〈연
속성＋매우 강한 어감〉, (26)은 〈단속성＋매우 강한 어감〉이 각각 더 추가
되어 서로 분절한다.

(27) 퉁명부리다   (28) 들큰거리다
(29) 들큰들큰하다   (30) 들컥거리다
(31) 들컥들컥하다   (32) 들컹거리다
(33) 들컹들컹하다

위의 (27)은 "괜히 불쾌한 말이나 태도를 취하다"의 개념이니 〈공연히
불쾌한 언행성〉이 추가되고, (28)-(33)은 "불쾌한 말로 남의 비위를 거슬려
서 성가시게 하다"의 개념을 공유하고 있어 〈불쾌한 언표성→[청자]→비
위가 거슬리는 상태성→성가신 상태성〉이 공통으로 추가된다. 이들은 음
운과 접사의 교체로 어감의 차이에서 오는 뉘앙스에 의하여 서로 분절되
므로 (28)은 〈연속성＋강한 어감〉, (29)는 〈단속성＋강한 어감〉, (30)은 〈연
속성＋딱딱한 어감〉, (31)은 〈단속성＋딱딱한 어감〉, (32)는 〈연속성＋중간
정도의 어감〉, (33)은 〈단속성＋중간정도의 어감〉이 각각 더 추가되어 분
절한다.

(34) 볼통거리다   (35) 볼통볼통하다
(36) 불퉁거리다   (37) 불퉁불퉁하다

위의 낱말들은 "퉁명스럽게 남의 형편을 돌보는 마음이 없고 제 생각만
함부로 말하다"의 개념을 공유하고 있어 〈남의 형편을 무시성→퉁명스럽

고 경거망동한 언표성→자기의 고집을 주장성〉이 공통으로 추가되고, 또
"물체의 겉면이 군데군데 불거져 퉁퉁하게 되다"의 개념도 공유하고 있어
〈[물체의 겉면]→군데군데 불거진 상태성→퉁퉁한 모양을 형성성〉을 가지
고 형용사의 밭에서도 분절한다. 이들은 모음과 접사의 교체로 어감의 차이
에서 오는 뉘앙스에 의하여 서로 분절되므로 (34)는 〈연속성＋약한 어감〉,
(35)는 〈단속성＋약한 어감〉, (36)은 〈연속성＋강한 어감〉, (37)은 〈단속성
＋강한 어감〉이 각각 더 추가되어 분절한다.

(38) 트집부리다   (39) 트집쓰다

(40) 생트집하다   (41) 생트집잡다

(42) 가탈부리다   (43) 까탈부리다

위의 (38)은 "공연히 조그마한 흠집을 드러내서 말썽이나 불평을 하다"
의 개념이니 〈공연히 사소한 흠집 지적성→물의 야기성→불평성〉이 추가
되고, 또 "한 덩어리가 되어야 할 물건이 틈이 벌어지다"의 개념도 가지고
있어 〈[한 덩어리가 될 물건]→틈이 생긴 상태성〉이 더 추가되며, (39)는
"공연히 자그마한 흠집을 드러내서 매우 크게 말썽이나 불평을 말하다"의
개념이므로 〈공연히 사소한 흠집을 지적성→크게 물의를 야기성→매우
불평성〉이 추가되므로, (38)과는 계단대립(Graduelle Opposition)을 이루고
있다. 그리고 (40)과 (41)은 "아무 까닭도 없이 공연히 트집을 부리다"의 개
념을 공유하고 있어 〈공연히 트집부리는 행위성〉이 공통으로 추가되는
유의어이므로 한 동아리에 묶었다. (42)와 (43)은 "일이 순편히 진행되지
못하게 이러쿵 저러쿵 트집을 잡아 까다롭게 굴다"의 개념을 공유하고 있
어 〈이러쿵 저러쿵 트집잡는 행위성→까탈부리는 행위성→일의 진행을
방해성〉이 공통으로 추가된다. 이들은 평음과 경음의 교체로 어감의 차이
에서 오는 뉘앙스에 의하여 서로 분절되므로 (42)는 〈약한 어감〉이 더 추

가되고, (43)은 〈강한 어감〉이 더 추가되어 분절한다.

(44) 혀차다[47]   (45) 쩟하다

위의 (44)는 "마음이 언짢을 때, 불만이나 유감의 뜻을 나타낼 때 혀끝으로 입천장을 쳐서 소리를 내다"의 개념이니 〈혀차는 행위성→불만, 유감, 불쾌감의 뜻을 표현성〉이 추가되고, (45)는 "못마땅하여 혀를 차다"의 개념이므로 〈혀차는 행위성→불평 불만을 표현성〉이 첨가되어 분절한다.

(46) 종알거리다   (47) 종알종알하다
(48) 쫑알거리다   (49) 쫑알쫑알하다
(50) 중얼거리다   (51) 중얼중얼하다
(52) 쭈절거리다   (53) 쭝얼거리다
(54) 쭝얼쭝얼하다   (55) 쭈절쭈절하다

위의 낱말들은 "못마땅한 일이 있을 때 남이 잘 알아듣기 어려운 정도로 혼자 연해 불평을 말하다"의 개념을 공유하고 있어 〈불평스런 일이 발생성→불분명하게 독백성→불평성〉이 공통으로 추가된다. 이들은 모음, 접사, 평음과 경음의 교체로 어감의 차이에서 오는 뉘앙스에 의하여 서로 분절한다. 따라서 (46)은 〈연속성＋약한 어감〉, (47)은 〈단속성＋약한 어감〉, (48)은 〈연속성＋강한 어감〉, (49)는 〈단속성＋강한 어감〉, (50)은 〈연속성＋중간정도의 어감〉, (51)은 〈단속성＋중간정도의 어감〉, (52)와 (53)은 〈연속성＋매

---

47) 천소영(1996:60-61)은 "신체언어에는 신체적인 접촉 이외에도 기침, 입맛다심, 혀차기와 같은 생리적 物理音이 언어음보다 효과적일 수 있다. 이런 물리음은 주로 어른들이 사용하는 관습음으로 옛날 대가족제도의 가정에서 훌륭한 의사소통 수단으로 쓰이기도 했다."고 한다.

우 강한 어감〉, (54)와 (55)는 〈단속성＋매우 강한 어감〉이 각각 더 추가되
어 서로 분절한다.

    (56) 종달거리다   (57) 종달종달하다
    (58) 중덜거리다   (59) 중덜중덜하다
    (60) 쫑달거리다   (61) 쫑달쫑달하다
    (62) 쭝덜거리다   (63) 쭝덜쭝덜하다

    위의 낱말들은 "불평을 품고 계속 중얼거리다"의 개념을 공유하고 있어
〈불평 생성성→계속 중얼거리는 불평성〉이 공통으로 추가된다. 이들은 접
사의 교체와 평음과 경음의 교체로 어감의 차이에서 오는 뉘앙스에 의하
여 서로 분절하므로, (56)은 〈연속성＋약한 어감〉, (57)은 〈단속성＋약한 어
감〉, (58)은 〈연속성＋중간정도의 어감〉, (59)는 〈단속성＋중간정도의 어
감〉, (60)은 〈연속성＋강한 어감〉, (61)은 〈단속성＋강한 어감〉, (62)는 〈연
속성＋매우 강한 어감〉, (63)은 〈단속성＋매우 강한 어감〉이 각각 더 추가
되어 서로 분절한다.

    (64) 조잘거리다   (65) 종잘거리다
    (66) 조잘조잘하다   (67) 종잘종잘하다
    (68) 주절거리다   (69) 주절주절하다
    (70) 쪼잘거리다   (71) 쪼잘쪼잘하다
    (72) 쪽쪽거리다   (73) 쫑잘거리다
    (74) 쫑잘쫑잘하다   (75) 쭝절거리다
    (76) 쭝절쭝절하다

    위의 낱말들은 "여자나 어린아이들이 남이 잘 알아듣지 못할 만큼 자꾸

불평스럽게 혼자말을 하다"의 개념을 공유하고 있어 〈[여자, 어린아이]→불분명하게 불평성＋종알거리는 독백성〉이 공통으로 추가되고, 또 "경망스럽고 수선스럽게 계속 재잘거리다"의 개념도 공유하고 있어 〈경망성＋수선성→계속 수다성〉도 공통으로 추가된다. 이들은 접사와 모음 및 평음과 경음의 교체로 어감의 차이에서 오는 뉘앙스에 의하여 서로 분절하므로 (64)와 (65)는 〈연속성＋매우 약한 어감〉, (66)과 (67)은 〈단속성＋매우 약한 어감〉, (68)은 〈연속성＋약한 어감〉, (69)는 〈단속성＋약한 어감〉, (70)은 〈연속성＋중간정도의 어감〉, (71)은 〈단속성＋중간정도의 어감〉, (72)와 (73)은 〈연속성＋강한 어감〉, (74)는 〈단속성＋강한 어감〉, (75)는 〈연속성＋매우 강한 어감〉, (76)은 〈단속성＋매우 강한 어감〉이 각각 더 추가되어 서로 분절한다.

(77) 엉두덜거리다   (78) 엉두덜엉두덜하다
(79) 앙알거리다   (80) 앙알앙알하다
(81) 엉얼거리다   (82) 엉얼엉얼하다

위의 (77)과 (78)은 "원망과 불만이 있어 중얼중얼하다"의 개념을 공유하고 있어 〈원망성＋불만성→중얼중얼 불평성〉이 공통으로 추가된다. 이들은 접사의 교체와 음운의 첨가로 어감의 차이에서 오는 뉘앙스에 의하여 서로 분절되므로 (77)은 〈연속성〉이 더 첨가되고, (78)은 〈단속성〉이 더 첨가된다. 그리고 (79)-(82)은 "원망하는 뜻으로 군소리를 하다"의 개념을 공유하고 있어 〈원망성→종알종알 군소리로 불평성〉이 공통으로 추가된다. 이들도 모음과 접사의 교체로 어감의 차이에서 오는 뉘앙스에 의하여 서로 분절되므로 (79)는 〈연속성＋약한 어감〉, (80)은 〈단속성＋약한 어감〉, (81)은 〈연속성＋중간정도의 어감〉, (82)는 〈단속성＋중간정도의 어감〉이 각각 더 첨가되어 분절한다.

(83) 옹잘거리다   (84) 옹잘옹잘하다

(85) 엉절거리다   (86) 엉절엉절하다

(87) 웅절거리다   (88) 웅절웅절하다

위의 낱말들은 "마음 속으로 불평·원망·탄식하는 바가 있어 입속말로 똑똑하지 아니하게 재잘거리다"의 개념을 공유하고 있어 〈심중에 불평성＋원망성＋탄식성→입속말로 옹잘거리는 불평성〉이 공통으로 추가된다. 이들은 접사와 모음의 교체로 어감의 차이에서 오는 뉘앙스에 의하여 분절되므로 (83)은 〈연속성＋약한 어감〉, (84)는 〈단속성＋약한 어감〉, (85)는 〈연속성＋중간정도의 어감〉, (86)은 〈단속성＋중간정도의 어감〉, (87)은 〈연속성＋강한 어간〉, (88)은 〈단속성＋강한 어감〉이 각각 더 추가되어 분절한다.

(89) 장알거리다   (90) 장알장알하다

(91) 쟁알거리다   (92) 쟁알쟁알하다

(93) 짱알거리다   (94) 짱알짱알하다

위의 낱말들은 "몸이 아프거나 마음에 못마땅하여 불쾌한 태도로 종알거리다"의 개념을 공유하고 있어 〈몸이 아픈 상태성＋심중에 불만성→불쾌감을 표출성→종알거리는 불평성〉이 공통으로 추가된다. 이들은 접사와 모음교체 및 평음과 경음의 교체로 어감의 차이에서 오는 뉘앙스에 의하여 서로 분절되므로 (89)는 〈연속성＋약한 어감〉, (90)은 〈단속성＋약한 어감〉, (91)은 〈연속성＋중간정도의 어감〉, (92)는 〈단속성＋중간정도의 어감〉, (93)은 〈연속성＋강한 어감〉, (94)는 〈단속성＋강한 어감〉이 각각 더 추가되어 서로 분절한다.

(95) 쨍쨍거리다   (96) 쨍쨍하다

이들은 "못마땅하여 몹시 짜증내며 짱알거리다"의 개념을 공유하고 있
어 〈불만성→몹시 짜증내는 행위성→짱알대는 불평성〉이 공통으로 추가
되나, (95)는 〈연속성＋강한 어감〉이 더 첨가되고, (96)은 〈단속성＋강한 어
감〉이 더 첨가되어 분절한다.

(97) 웅얼거리다   (98) 웅얼웅얼하다

이들은 "글이나 노래 또는 불평 같은 것을 입 속으로 읊다"의 개념을 공
유하고 있어 〈글이나 노래를 음영성〉과 〈불평을 읊조리는 행위성〉이 내용
에 따라 공통으로 추가되나, (97)은 〈연속성〉이 더 첨가되고, (98)은 〈단속
성〉이 더 첨가되어 분절한다.

(99) 징얼거리다   (100) 징얼징얼하다
(101) 찡얼거리다   (102) 찡얼찡얼하다
(103) 징징거리다   (104) 쨍쨍거리다
(105) 찡찡거리다

위의 (99)-(102)는 "마음에 맞갖지 않아 기분 나쁜 태도로 자꾸 중얼거리
다"의 개념을 공유하고 있어 〈심중에 불만성→불쾌한 태도성→계속 중얼
대는 불평성〉이 공통으로 추가되고, 또 "어린아이가 마음에 못마땅하거나
몸이 불편하여 짜증을 내며 자꾸 보채다"의 개념도 공유하고 있어 〈[어린
아이]→불만성＋몸이 아픈 상태성→계속 보채는 행위성〉도 공통으로 추가
된다. 이들은 접사와 평음과 경음의 교체로 어감의 차이에서 오는 뉘앙스
에 의하여 서로 분절되므로, (99)는 〈연속성＋중간정도의 어감〉, (100)은 〈단

속성＋중간정도의 어감〉, (101)은 〈연속성＋강한 어감〉, (102)는 〈단속성＋강한 어감〉이 각각 더 추가되어 분절한다. 그리고 (103)-(105)는 "마음에 못마땅하거나 또는 실망하여 군소리를 자꾸 하다"의 개념을 공유하고 있어 〈심중에 불만성→군소리로 계속 징징대는 불평성〉과 〈실망성→군소리로 계속 징징대는 불평성〉이 내용에 따라 공통으로 추가된다. 이들도 평음과 경음의 교체로 어감의 차이에서 오는 뉘앙스에 의하여 서로 분절되므로 (103)은 〈연속성＋중간정도의 어감〉, (104)는 〈연속성＋강한 어감〉, (105)는 〈연속성＋매우 강한 어감〉이 각각 더 추가되어 분절한다.

(106) 창알거리다   (107) 창알창알하다
(108) 챙알거리다   (109) 챙알챙알하다
(110) 칭얼거리다   (111) 칭얼칭얼하다

위의 낱말들은 "어린아이가 몹시 불편하거나 마음에 마뜩치 않아 보채며 짜증을 자꾸 내다"의 개념을 공유하고 있어 〈[어린아이]→몹시 불편성＋불만성→보채며 짜증내는 행위성〉이 공통으로 추가된다. 이들은 접사와 모음의 교체로 어감의 차이에서 오는 뉘앙스에 의하여 서로 분절되므로 (106)은 〈연속성＋약한 어감〉, (107)은 〈단속성＋약한 어감〉, (108)은 〈연속성＋중간정도의 어감〉, (109)는 〈단속성＋중간정도의 어감〉, (110)은 〈연속성＋강한 어감〉, (111)은 〈단속성＋강한 어감〉이 각각 더 추가되어 분절한다.

지금까지 논의한 불평에 관련된 자동사의 분절구조를 그림으로 그려보면 다음과 같은 수형도가 된다.

[그림55] 불평하는 분절구조(1)

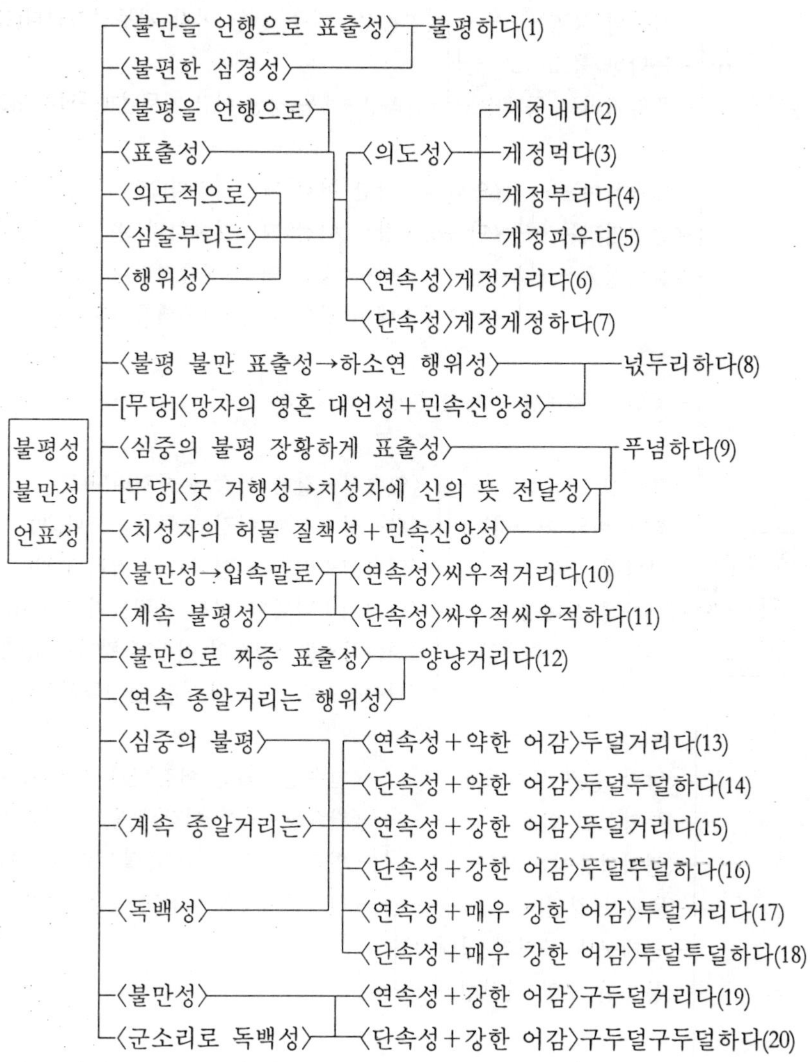

[그림56] 불평하는 분절구조(2)

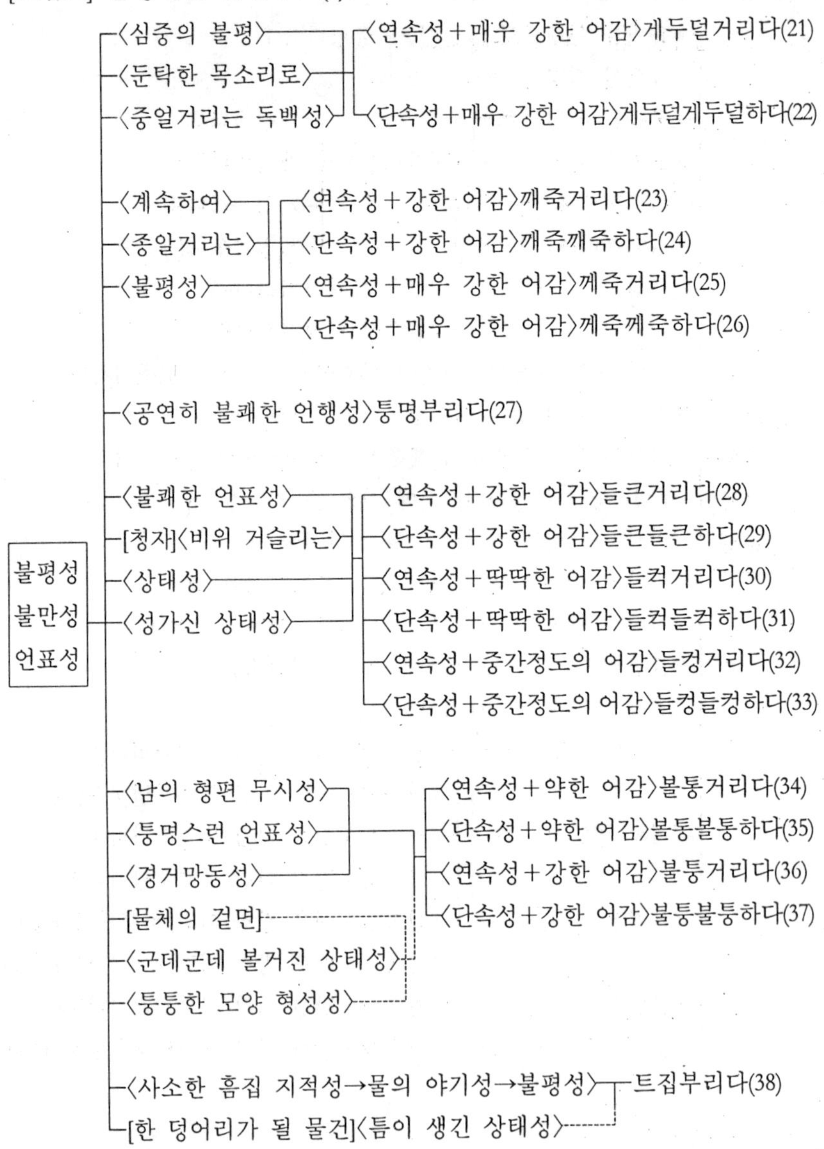

[그림57] 불평하는 분절구조(3)

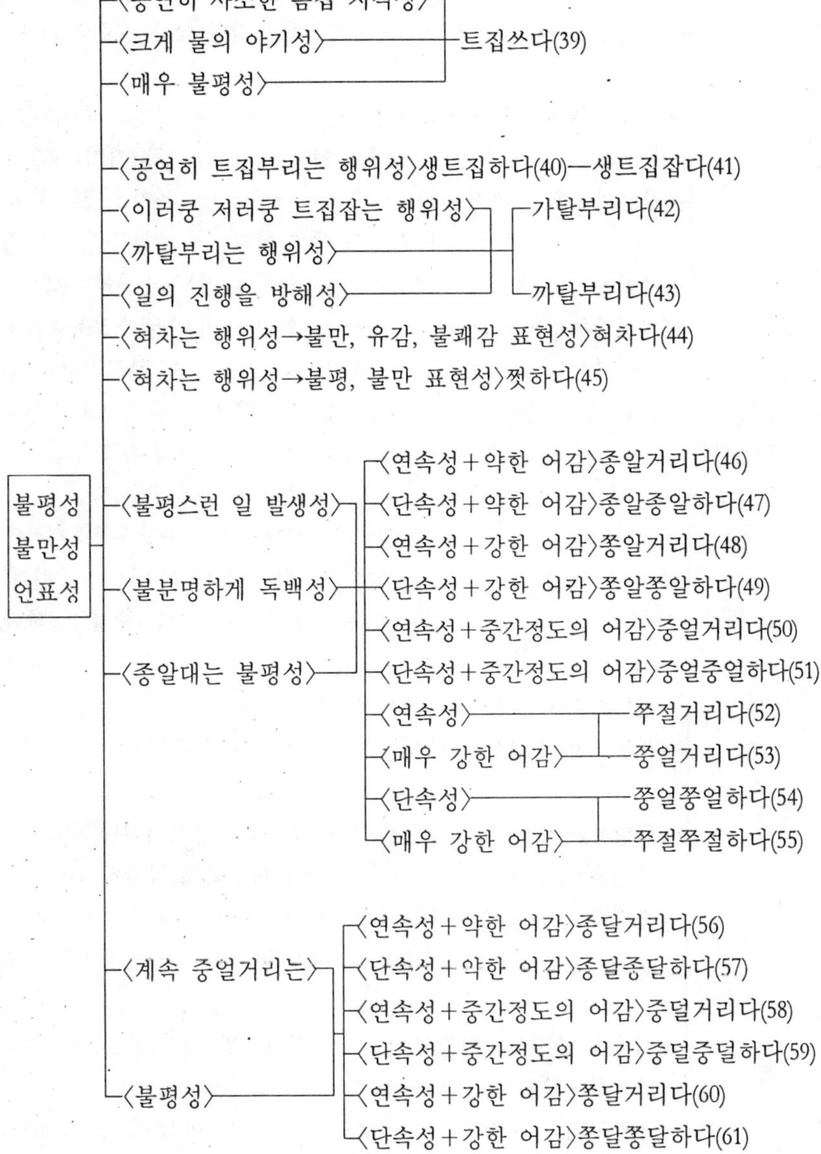

[그림58] 불평하는 분절구조(4)

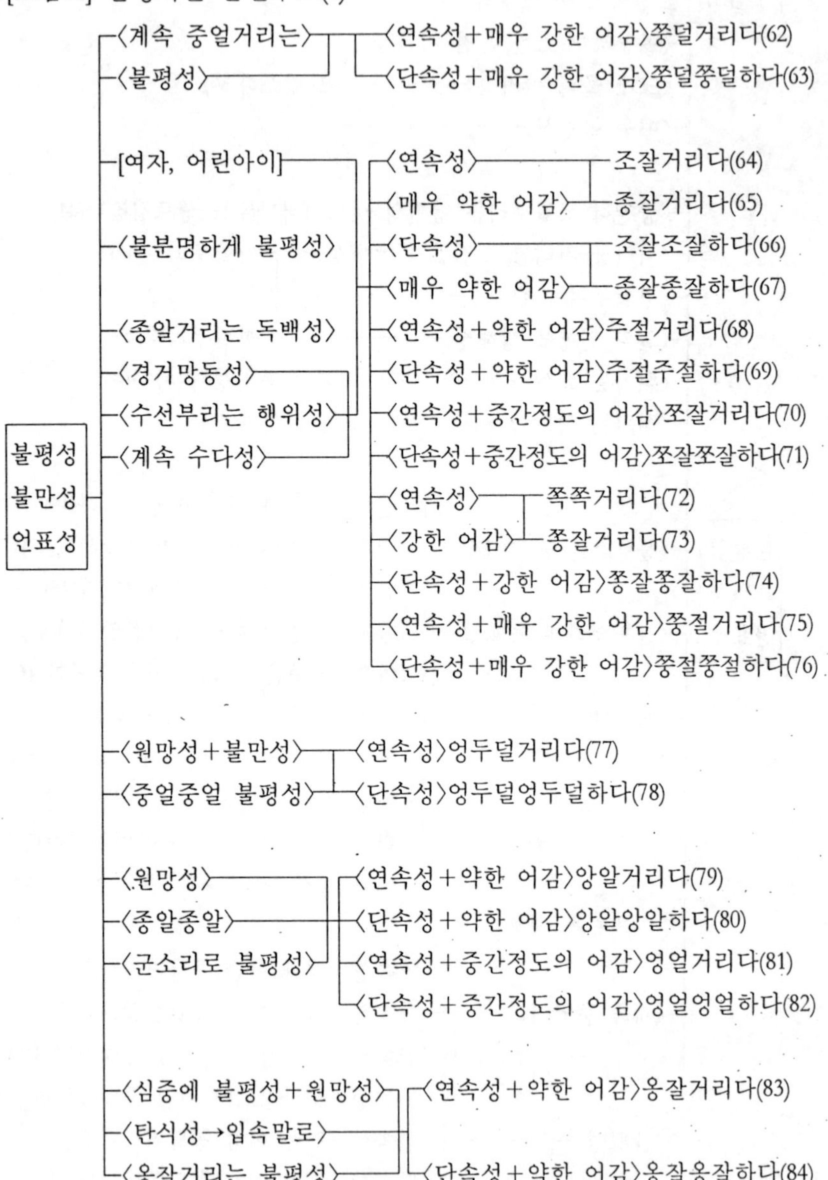

[그림59] 불평하는 분절구조(5)

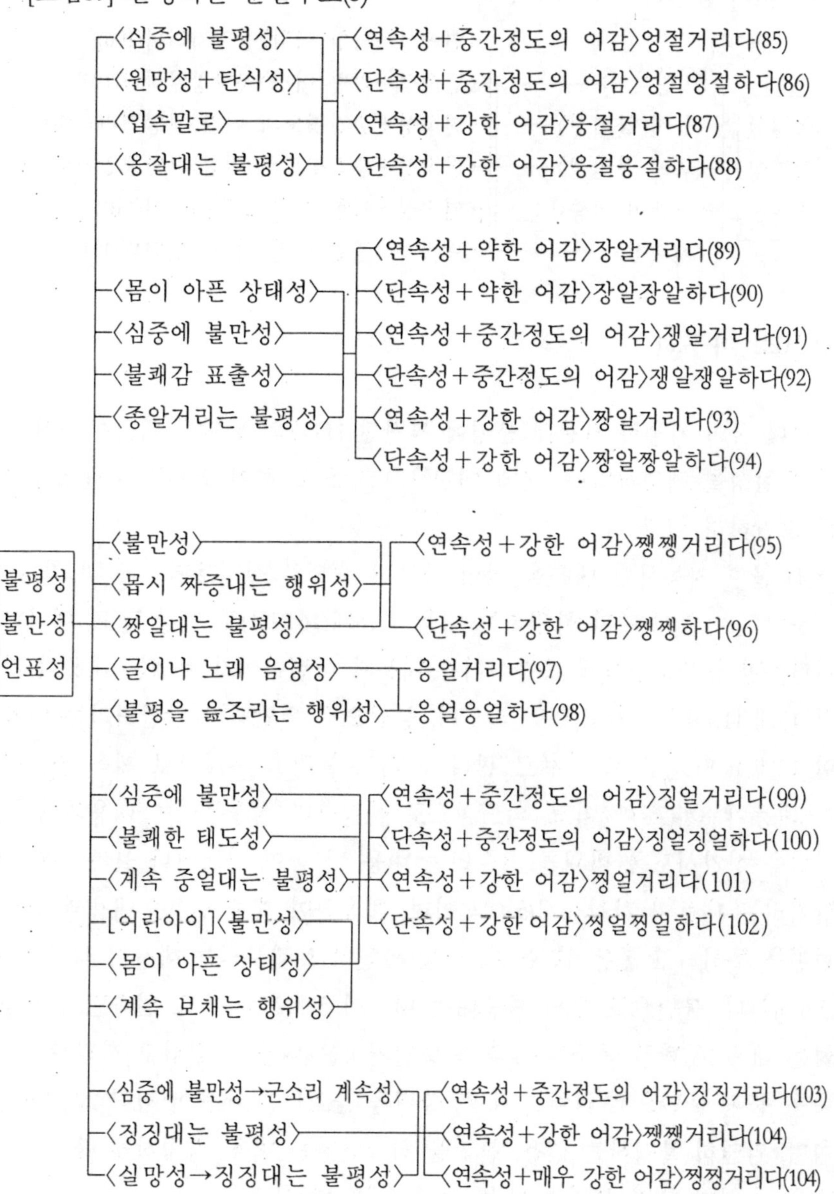

[그림60] 불평하는 분절구조(6)

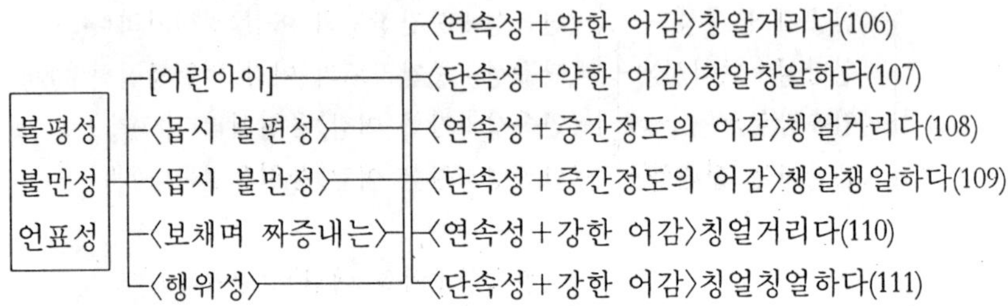

2.10.2 마무리

현대 국어 자동사 가운데 불평에 관련된 111개의 낱말에 대하여 개별적인 분절성을 해명하였다. 이제 이것을 바탕으로 하여 전체적인 분절구조를 고찰하려 한다.

(1) 불평 자동사의 내용을 많이 분포된 순으로 살펴보면 다음과 같다.

분명하지 않게 혼자 불평하는 내용이 18개(16.22%)로 가장 많고, 여자나 어린아이가 불분명하게 종잘거리는 내용과 어린아이가 보채는 내용이 각각 13개(11.71%)로 다음으로 많으며, 불만으로 원망하며 앙알거리는 내용이 12개(10.81%)로 세 번째로 많다. 그리고 불평을 혼자말로 계속 종알대는 내용이 8개(7.21%)이고, 의도적으로 불평하며 심술부리는 내용과 듣는 사람을 성가시도록 비위를 거슬리는 내용 및 몸이 아프거나 불쾌하여 장알거리는 내용이 각각 6개(5.41%)이며, 계속하여 깨죽거리는 내용과 남의 형편을 무시하고 볼통거리는 내용 및 공연히 트집부리는 내용이 각각 4개(3.6%)이다. 불만으로 몹시 짜증내는 내용이 3개(2.7%)이고, 입속말로 불평하는 내용, 둔탁한 목소리로 혼자 중얼거리는 내용, 트집잡고 까탈부리는 내용, 불평 불만으로 혀차는 내용, 불평을 읊조리는 내용이 각각 2개(1.8%)이며, 막연히 불평하는 내용, 불만을 하소연하는 내용, 장황하게 불평하는 내용, 공연히 퉁명 부리는 내용 각각 1개(0.9%)이다.

위와 같은 내용으로 보아 우리 언어공동체(Sprachgemeinschaft)는 혼자말로 불평을 중얼거리는 내용과 어린아이나 여자들이 불분명한 말로 종잘거리거나 보채는 내용에 큰 관심이 드러나 있고, 원망하며 앙알거리는 내용과 불평을 혼자 계속하여 종알거리는 내용에도 깊은 관심이 표현되어 있다. 불평을 듣는 쪽에서는 불쾌감을 느낄 것이기 때문에 불평을 하더라도 상대가 없는 곳에서 혼자 중얼거리는 내용이 거의 전부인 것으로 미루어 보아 우리 언어공동체의 사고상을 짐작할 수 있다.

(2) 불평을 말하는 주체는 모두 불평 불만을 가진 사람이다. 따라서 불평 불만자는 62개(55.86%)이고, 여자나 어린이가 13개(11.71%)이며, 원망을 품은 자가 12개(10.81%)이다. 그리고 어린아이가 10개(9/01%)이고, 몸이 아픈 환자가 6개(5.41%)이며, 트집부리는 자가 4개(3.6%)이다. 무당과 까탈부리는 자가 각각 2개(1.8%)이다.

(3) 불평을 말하는 낱말밭에서 불평을 말하는 원인이나 대상 및 객체는 중복되는 내용이 많이 있어 어휘의 수는 199개로 늘어난다. 따라서 불평 불만이 111개(55.78%)이고, 불만스러운 일이 18개(9.05%)이며, 원망이 12개(6.03%)이다. 그리고 몸이 10개(5.03%)이고, 짜증이 9개(4.52%)이며, 심술, 군소리, 트집, 불평을 듣는 사람이 각각 6개(3.02%)이다. 남의 형편과 사소한 흠집이 각각 4개(2.01%)이며, 둔탁한 목소리와 글이나 노래가 각각 2개(1.01%)이다. 그리고, 망자의 영혼, 치성자의 허물, 하소연이 각각 1개(0.5%)이다.

(4) 불평의 낱말밭에서 바람직하지 못한 부정적인 내용은 73개(65.77%)이다. 그리고 필자가 느끼기에 특히 부정적인 내용은 36개(32.43%)이고, 긍정적인 내용은 못마땅하여 혀차는 내용인 '혀차다, 쩟하다' 등 2개(1.8%)이다.

(5) 우리 국어는 한자어가 수적으로 우위를 차지하고 있는 형편이다. 그러나 불평의 낱말밭에서는 우리 고유어가 110개(99.09%)로 거의 전부이고, 한자어는 '불평(不平)하다' 1개(0.91%)이다. 그리고, 혼종어와 서구 외래어

는 하나도 없다.

2.11 억지쓰다

2.11.1 억지쓰는 내용

이 부분밭은 자기의 말을 고집하는 내용이므로 〈억지쓰는 행위성, 고집 부리는 행위성, 떼쓰는 행위성, 무리한 언행성〉이 공통으로 부가된다. 억 지쓰는 낱말밭의 상위 분절구조는 다음과 같다.

[그림61] 억지쓰는 자동사의 상위 분절구조

```
             ┌〈자기 고집만 주장성〉언집하다, 바득바득하다
             ├〈시비 불고성〉─────────┬악지부리다, 억지부리다
             ├〈자기 고집만 주장성〉─┘ └억지떼쓰다
             ├〈떼쓰는 행위성〉떼쓰다, 생떼쓰다, 떼거리쓰다
             ├〈불평성→생떼쓰는 행위성〉앙탈하다
 ┌──────┐   ├〈시비 불고성→악쓰는 행위성〉발악하다
 │억지성 ├───┤〈미소성→짓궂은 언행성〉사분거리다, 자분거리다
 │고집성 │   ├〈귀찮게 요구성→짓궂은 행위성〉치근거리다, 찌드럭거리다
 └──────┘   ├〈[어린아이]→보채는 행위성〉낑낑거리다, 낑낑하다
             │                    ┌느물거리다, 느물느물하다
             └〈검질기게 요구성〉──┼늠실거리다, 늠실늠실하다
                                  └작신거리다, 지싯거리다
```

    (1) 언집(言執)하다[48]   (2) 바득바득하다[49]

---

48) 沈在箕(1983:355)는 "외래동사의 국어화 과정에서 '-하-'는 유일한 국어 동사화 기능이
다. '-하-'는 파생접사로서의 기능을 가진다"고 하였고, S. Martin(1954:17)은 "'-하-'를

(3) 악지부리다   (4) 악지세우다

(5) 악지쓰다   (6) 억지부리다

(7) 억지세우다   (8) 억지쓰다

(9) 생억지쓰다   (10) 억지떼쓰다

위의 (1)은 "자기의 말을 고집하다"의 개념이니 〈자기의 주장을 고집성〉이 추가되고, (2)는 "몹시 악지스럽게 자꾸 애를 쓰거나 우겨대다"의 개념이므로 〈무리한 고집성→억지쓰는 행위성〉이 추가되며, (3)은 "무리한 고집을 부리다"의 개념이니 〈무리한 고집성〉이 추가된다. 그리고 (4)는 "악지를 써서 무리한 고집으로 끝내 버티다"의 개념이니 〈무리한 고집으로 일관성→끝까지 견지성〉이 추가되고, (5)는 "무리한 고집을 수단으로 쓰다"의 개념이므로 〈무리한 고집을 수단으로 사용성〉이 추가되며, (6)-(8)은 "시비를 불고하고 제 고집만 내세우다"의 개념을 공유하고 있어 〈시비 불고성→자기 고집만 주장성＋무리한 언행성〉이 공통으로 추가되는 유의어이므로 한 동아리에 묶었다. (9)는 "자기의 생각이나 주장을 무리하게 내세워 생판으로 고집을 부리다"의 개념이니 〈생판으로 억지쓰는 행위성〉이 추가되고, (10)은 "이치에 맞지 않는 언행으로 억지로 떼를 쓰다"의 개념이므로 〈불합리한 언행성→억지 떼쓰는 행위성〉이 추가되어 분절한다.

(11) 떼쓰다   (12) 생떼거리쓰다

(13) 생떼쓰다   (14) 떼거리쓰다

명사 후행동사(postnominal verbs)라고 하고, 동사성 명사(verbal noun) 곧 동작성 선행요소와 어울려 쓰인다"고 하였다. 그리고 G.J. Ramstedt(1939:66-67)는 "'-하-'는 동사로서 다른 여러 종류의 동사를 형성하기 위하여 결합한다."고 하였다.

49) 서정수(1975:61)는 "'-하-'는 의태어 곧 부사어를 선행요소로 한 경우에는 동사적으로 쓰이게 한다. '독서하다'의 '하다'는 동사적 형식을 갖추기 위한 형식요소로 볼 수 있다. 실지 동작 내용은 '독서'에 내포되어 있다."고 하였다.

위의 (11)과 12)는 "되지도 않는 일을 억지로 하려고 이치에 맞지 않는 행동으로 의견이나 요구를 고집하다"의 개념을 공유하고 있어 〈불합리한 언행성→자기의 의견, 요구를 고집성→불가능한 일을 시도성〉이 공통으로 추가되나, (12)는 속된 표현이므로 〈속된 표현성〉이 더 추가되어 분절한다. 그리고 (13)과 (14)는 "이치에 맞지 않는 행동으로 의견이나 요구를 억지로 고집하다"의 개념을 공유하고 있어 〈이치에 불합리한 언행성→자기의 의견, 요구를 억지로 고집성〉이 공통으로 추가되나, (14)는 속된 표현이므로 〈속된 표현성〉이 더 추가되어 분절한다.

(15) 앙탈하다   (16) 앙탈부리다

위의 (15)는 "남의 말을 안 듣고 불평을 늘어놓거나 생떼를 쓰다"의 개념이니 〈남의 말을 무시성→불평을 표출성→생떼쓰는 행위성〉이 추가되고, 또 "시키는 말을 안 듣고 꾀를 부리다"의 개념도 가지고 있어 〈지시에 불복종성→꾀를 부리는 행위성〉이 더 추가되며, "마땅히 해야 할 것을 핑계대어 피하다"의 개념도 더 가지고 있어 〈자기의 의무를 불이행성→핑계대어 회피성〉이 더 추가되어 분절한다. 그리고 (16)은 "매우 앙탈하다"의 개념이므로, (15)와 같은 개념(concept)이나 앙탈의 강도가 더 심하므로, 〈매우 앙탈성〉이 더 추가되므로 (15)와는 계단대립(Graduelle Opposition)을 이루고 있다.

(17) 발악(發惡)하다   (18) 덜퍽부리다

위의 (17)은 "잘잘못이나 옳고 그름을 가리지 않고 악을 쓰다"의 개념이니 〈시비 불고성→악쓰는 행위성〉이 추가되고, (18)은 "큰 목소리로 떠들거나 고함을 지르면서 푸지게 심술을 부리다"의 개념이므로 〈고성으로 소

란성＋고함성→심히 심술부리는 행위성〉이 추가되어 분절한다.

(19) 사분거리다　　　　　　　(20) 사분사분하다
(21) 자분거리다　　　　　　　(22) 자분자분하다
(23) 지분거리다　　　　　　　(24) 지분지분하다

　위의 (19)와 (20)은 "살짝살짝 우스운 소리를 해가면서 끈기 있게 잔달게 짓궂은 언행으로 남을 성가시게 굴다"의 개념을 공유하고 있어 〈살짝살짝 소담성→짓궂은 언행성→성가시게 행위성〉이 공통으로 추가되고, 또 "가볍게 가만가만 행동하고 지껄이다"의 개념도 공유하고 있어 〈경쾌한 행동성→수다성〉도 공통으로 추가된다. 이들은 접사의 교체로 어감의 차이에서 오는 뉘앙스에 의하여 서로 분절되므로 (19)는 〈연속성〉이 더 추가되고, (20)은 〈단속성〉이 더 추가되어 분절한다. 그리고 (21)-(24)는 "짓궂은 말이나 행동으로 자꾸 남을 건드려서 귀찮게 굴다"의 개념을 공유하고 있어 〈짓궂은 언행성→타인을 자극성→귀찮게 구는 언행성〉이 공통으로 추가되고, 또 "음식에 섞인 모래 따위가 자꾸 귀찮게 씹히다"의 개념도 공유하고 있어 〈[음식에 섞인 모래]→성가시게 씹히는 상태성〉도 공통으로 추가된다. 이들은 접사와 모음의 교체로 어감의 차이에서 오는 뉘앙스에 의하여 서로 분절되므로 (21)은 〈연속성＋약한 어감〉, (22)는 〈단속성＋약한 어감〉, (23)은 〈연속성＋강한 어감〉, (24)는 〈단속성＋강한 어감〉이 각각 더 추가되어 분절한다.

(25) 치근거리다　　　　　　　(26) 치근치근하다
(27) 치근덕거리다　　　　　　(28) 치근덕치근덕하다

　위의 (25)-(28)은 "남이 귀찮아하도록 조르다"의 개념을 공유하고 있어

〈귀찮게 요구성→[타인]→염증성〉이 공통으로 추가되고, 또 "남을 몹시 짓 궂게 지분거리다"의 개념도 가지고 있어 〈짓궂은 언행성→성가시게 언행 성〉도 공통으로 더 추가된다. 이들은 접사의 교체로 어감의 차이에서 오 는 뉘앙스에 의하여 서로 분절되므로 (25)는 〈연속성〉이 더 추가되고, (26) 은 〈단속성〉이 더 추가되어 분절한다. 그리고 (27)과 (28)은 "끈덕지게 치 근거리다"의 개념을 공유하고 있어 (25-26)의 개념에 〈끈덕진 행위성〉이 공통으로 더 추가되고, 이들도 접사와 음운 첨가로 (27)은 〈연속성〉이 더 추가되고, (28)은 〈단속성〉이 더 첨가되어 분절한다.

(29) 찌드럭거리다   (30) 찌드럭찌드럭하다[50]
(31) 낑낑거리다   (32) 낑낑하다

위의 (29)와 (30)은 "남이 시달리도록 매우 성가시게 끈끈히 굴다"의 개 념을 공유하고 있어 〈매우 성가시게 끈끈한 행위성→남을 괴롭히는 행위 성〉이 공통으로 추가되나, 이들은 접사의 교체로 어감의 차이에서 오는 뉘앙스에 의하여 서로 분절되므로, (29)는 〈연속성〉이 더 추가되고, (30)은 〈단속성〉이 더 추가된다. 그리고 (31)과 (32)는 "어린아이가 울음 섞인 태 도로 자꾸 조르거나 보채다"의 개념을 공유하고 있어 〈[어린아이]→우는 행위성→계속 요구성+보채는 행위성〉이 공통으로 추가되고, 또 "되게 아 프거나 벅찬 일에 부대끼어 괴롭게 자꾸 낑낑 소리를 내다"의 개념도 공

---

50) 신현숙(1986:87)은 '-하다'의 의미 특성을 다음과 같이 기술하고 있다.
　① 화자가 정적인 것으로 인지한 현상을 표현하거나 정적인 것으로 추리한 현상을 표
　　현하기 위하여 선택하는 형식이다.
　② 어근이 지시하는 움직임을 단속(斷續)적인 움직임으로 바꾸어 표현하기 위하여 선
　　택된다. 따라서 2회 이상 움직임을 지시하면서도 연속된 것으로 인지되지 않는다.
　③ 움직임의 출발점과 도착점을 모두 인지할 수 있는 완성된 움직임을 표현하기 위하
　　여 선택된다. 따라서 완성상을 나타내는 형식이다.

유하고 있어 〈심한 통증성＋벅찬 일에 당면성→고충성→낑낑 소리 발성
성〉이 공통으로 더 추가된다. 이들도 접사의 교체로 어감의 차이에서 오
는 뉘앙스에 의하여 서로 분절되므로 (31)은 〈연속성〉이 더 추가되고, (32)
는 〈단속성〉이 더 추가되어 분절한다.

(33) 느물거리다   (34) 느물느물하다

(35) 늠실거리다   (36) 늠실늠실하다

위의 (33)과 (34)는 "말이나 행동을 자꾸 흉물스럽게 하다"의 개념을 공
유하고 있어 〈흉물스런 언행을 계속성〉이 공통으로 추가되고, 또 "능글능
글한 태도로 끈덕지게 굴다"의 개념도 공유하고 있어 〈능글맞은 태도성→
끈질긴 추태성〉도 공통으로 추가된다. 이들은 접사의 교체로 어감의 차이
에서 오는 뉘앙스에 의하여 서로 분절되므로, (33)은 〈연속성〉이 더 추가
되고, (34)는 〈단속성〉이 더 추가되어 분절한다. 그리고 (35)와 (36)은 "비위
좋게 말이나 행동을 자꾸 흉물스럽게 하다"의 개념을 공유하고 있어 〈비
위 좋게 흉물스런 언행을 계속성〉이 공통으로 추가되고, 또 "비위 좋게 능
글능글한 태도로 끈덕지게 못되게 굴다"의 개념도 공유하고 있어 〈비위
좋게 능글맞은 태도성→끈질긴 추태성〉도 공통으로 추가된다. 이들도 접
사의 교체로 어감의 차이에서 오는 뉘앙스에 의하여 서로 분절되므로 (35)
는 〈연속성〉이 더 추가되고, (36)은 〈단속성〉이 더 추가되어 분절한다.

(37) 작신거리다   (38) 작신작신하다

(39) 지싯거리다   (40) 지싯지싯하다

위의 (37)과 (38)은 "검질기게 남을 조르다"의 개념을 공유하고 있어 〈검
질기게 요구성〉이 공통으로 추가되고, 또 "지그시 힘을 주어 자꾸 누르다"

의 개념도 공유하고 있어 〈계속 지그시 누르는 행위성〉도 공통으로 더 추가된다. 이들은 접사의 교체로 어감의 차이에서 오는 뉘앙스에 의하여 서로 분절되므로 (37)은 〈연속성〉이 더 추가되고, (38)은 〈단속성〉이 더 추가

[그림62] 억지쓰는 분절구조(1)

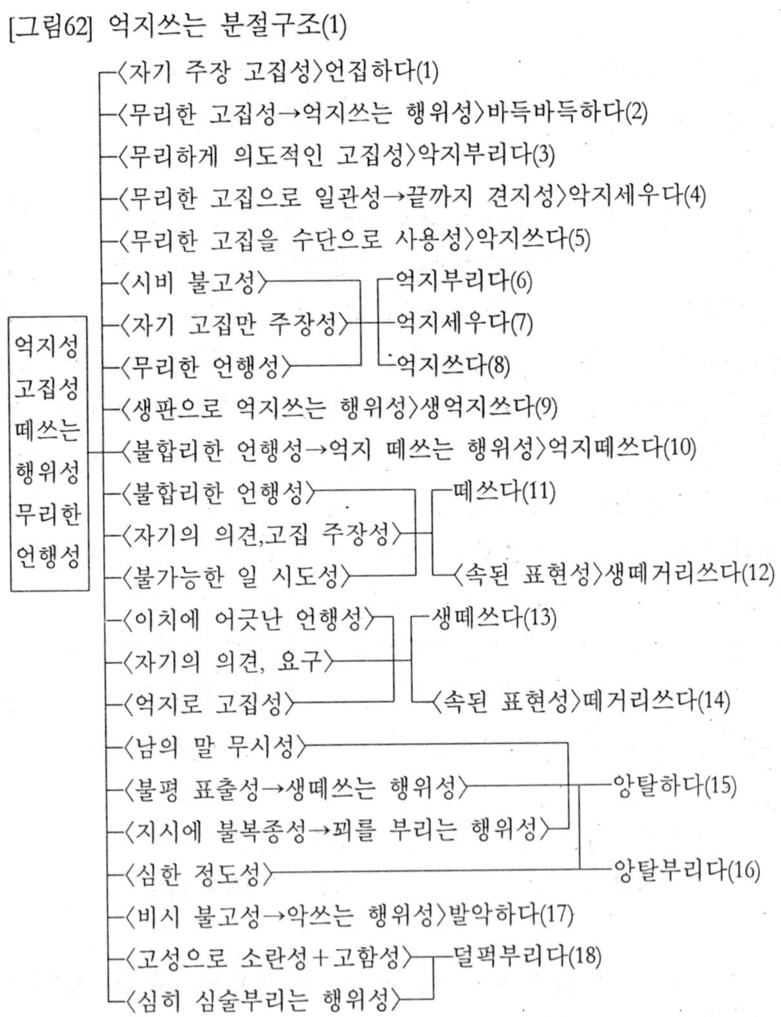

[그림63] 억지쓰는 분절구조(2)

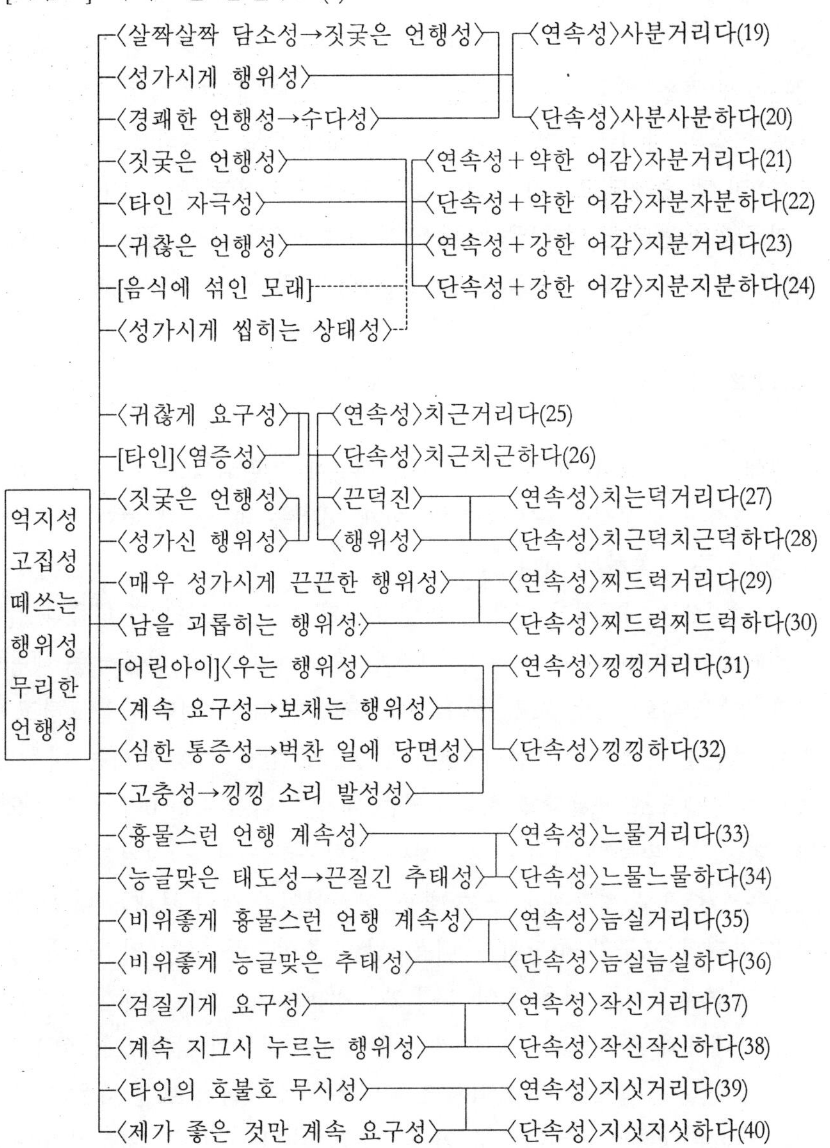

212

되어 분절한다. 그리고 (39)와 (40)은 "남이 싫어하건 말건 제가 좋아하는 것만 짓궂게 자꾸 요구하다"의 개념을 공유하고 있어 〈타인의 호불호 무시성→제가 좋을 것만 계속 요구성〉이 공통으로 추가된다. 이들도 접사의 교체로 어감의 차이에서 오는 뉘앙스에 의하여 서로 분절되므로 (39)는 〈연속성〉이 더 추가되고, (40)은 〈단속성〉이 더 추가되어 분절한다.

지금까지 논의한 억지쓰는 자동사의 분절구조를 그림으로 그려보면 [그림62], [그림63]과 같은 수형도(tree diagram)가 된다.

2.11.2 마무리

현대 국어 자동사 가운데 억지쓰는 내용에 관련된 40개의 낱말에 대하여 개별적인 분절성을 해명하였다. 이제 이것을 바탕으로 하여 전체적인 분절구조를 고찰하려 한다.

(1) 억지쓰는 자동사의 내용을 많이 분포된 순으로 살펴보면 다음과 같다.

생떼쓰며 억지부리는 내용과 귀찮게 요구하여 남을 괴롭히는 내용이 각각 6개(15%)로 가장 많고, 무리하게 억지쓰는 내용, 시비를 불고하고 무리한 언행을 자행하는 내용, 짓궂은 언행으로 남을 귀찮게 하는 내용, 흉물스런 언행으로 능글맞게 추태부리는 내용이 각각 4개(10%)로 다음으로 많으며, 남의 말을 무시하고 불평하며 앙탈부리는 내용, 살짝살짝 웃으며 짓궂은 언행으로 성가시게 구는 내용, 어린아이가 울며 보채는 내용, 검질기게 자기의 요구만 주장하는 내용, 남이 좋아하든 말든 자기에게 좋은 것만 계속 요구하는 내용 등이 각각 2개(5%)이다. 그리고 시비를 불고하고 악쓰는 내용과 소란하게 고함치며 심술부리는 내용이 각각 1개(2.5%)이다.

(2) 낱말을 중심으로 하여 억지쓰는 내용을 고찰하여 보면 다음과 같다. 치근거리는 내용이 6개(15%)로 가장 많고, 억지쓰는 내용, 자분거리는 내용, 느물거리는 내용, 억지쓰는 내용, 떼쓰는 내용이 각각 4개(10%)로 다음

으로 많으며, 앙탈부리는 내용, 사분거리는 내용, 낑낑거리는 내용, 작신거리는 내용, 지싯거리는 내용이 각각 2개(5%)이다. 그리고, 발악하는 내용, 덜퍽거리는 내용이 각각 1개(2.5%)이다.

위와 같은 내용으로 보아 우리 언어공동체(Sprachgemeinschaft)는 생떼쓰며 억지부리는 내용과 귀찮게 요구하여 남을 괴롭히는 내용에 깊은 관심이 표현되어 있고, 시비를 불고하고 무리하게 요구하는 내용과 짓궂은 언행으로 남을 귀찮게 하는 내용 및 흉물스런 언행으로 능글맞게 추태부리는 내용에도 큰 관심이 드러나 있다.

(3) 억지쓰는 행위의 주체는 다음과 같다. 자기 주장만 고집하여 억지쓰는 사람이 21개(52.5%)로 과반수가 넘고 있으며, 짓궂은 언행자와 남을 성가시게 하고 귀찮게 하는 사람이 각각 6개(15%)로 다음으로 많으며, 능글맞고 비위가 좋은 사람이 4개(10%)로 세 번째로 많다. 그리고 불평분자와 어린아이가 각각 2개(5%)이고, 고함치며 심술부리는 사람이 1개(2.5%)이다.

(4) 억지쓰는 자동사의 낱말밭에서는 모두 바람직하지 못한 부정적인 내용이다.

(5) 우리 국어는 수적으로 한자어가 많은 형편이다.

그런데, 억지쓰는 자동사의 낱말밭에서는 고유어가 38개(95%)로 거의 전부이고, 한자어는 '언집(言執)하다. 발악(發惡)하다' 등 2개(5%)뿐이다. 그리고 혼종어와 서구 외래어는 하나도 없는 것이 특징이다.

2.12 약속하다

2.12.1 약속하는 내용

이 부분밭은 "단단히 다져서 확실한 대답을 받다"의 내용은 함유하고 있어 〈단단히 다지는 행위성→확답 약속성＋다짐성〉이 공통으로 부가된다. 약속하는 자동사의 상위 분절구조는 [그림64]와 같다.

[그림64] 약속 자동사의 상위 분절구조

```
                 ┌─〈다짐성〉다짐하다, 다짐받다, 다짐두다
                 ├─〈억지로 다짐받는 행위성〉억지다짐하다
            ┌─〈맹서성〉┬─맹서하다, 맹언하다, 맹세지거리하다
 ┌─────┐    │         ├─〈임금과 공신이 맹서성〉회맹하다
 │언어표현│──┤         └─〈헛된 맹서성〉헛맹서하다
 └─────┘    │         ┌─〈상호 양해성→약속성〉약속되다
            └─〈약속성〉┼─〈언약성〉언약하다, 구약하다
                       └─〈밀약성〉밀약하다, 짬짜미하다
```

   (1) 다짐하다   (2) 다짐받다

   (3) 다짐두다

위의 (1)는 "단단히 다져서 확실한 대답을 받다"의 개념이니 〈단단히 다지는 행위성→확답 약속성〉이 추가되고, 또 "이왕에 한 일이나 또는 앞으로 할 일이 틀림없음을 조건을 붙여서 말하다"의 개념도 가지고 있어 〈[이왕지사], [추진할 일]→확실한 조건을 첨부성→확답성〉이 더 추가되고, "어떤 일에 뒤탈이 없도록 단단히 다잡아 아퀴를 지어 확인하거나 강조하다"의 개념일 경우는 〈단단히 확인하여 강조성→뒤탈을 예방성〉도 더 첨가된다. 그리고 (2)는 "당사자 사이에서 상대자에게 틀림없도록 꼭 그렇게 하겠다는 약속이나 또는 맹세를 하도록 하다"의 개념이니 〈상대자를 따지는 행위성→확답, 맹세를 받아내는 행위성〉이 추가되고, 또 "다짐의 내용을 쓰게 하다"의 개념도 가지고 있어 〈다짐의 내용을 서약성〉이 더 추가되며, (3)은 "단단히 다져서 확실한 대답을 받다"의 개념이니 〈단단히 다지는 행위성→확답을 약속성〉이 추가되며, "다짐의 내용을 써서 올리다"

의 개념도 가지고 있어 〈다짐의 내용을 기록하여 봉정성〉이 더 추가되어
분절한다.

　　(4) 귓속다짐하다　　　　　　　(5) 억지다짐하다

　위의 (4)는 "귀엣말로 다짐하다"의 개념이니 〈귀엣말로 다짐성〉이 추가
되고, (5)는 "억지로 다짐받다"의 개념이므로 〈억지로 다짐받는 행위성〉이
추가되어 분절한다.
　앞에서 논의한 다짐하는 내용의 분절구는 [그림65]와 같다.

[그림65] 다짐하는 분절구조

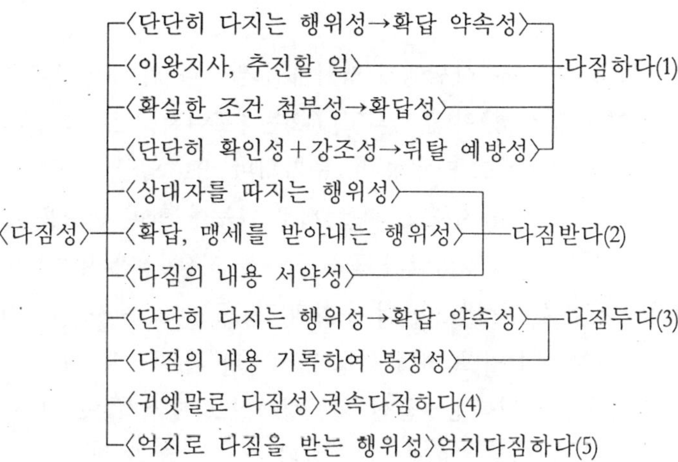

다음 (6-24)까지는 맹서하거나 상대에게 약속하는 내용이다.

　　(6) 맹서(盟誓)하다　　　　　　(7) 맹언(盟言)하다
　　(8) 서맹(誓盟)하다　　　　　　(9) 서명(誓命)하다

(10) 맹서지거리하다(盟誓-)

위의 (6)-(9)는 "목표나 약속을 꼭 실현하거나 실천하겠다고 굳게 다지다"의 개념을 공유하고 있어 〈목표, 약속의 실현, 실천하겠다는 굳은 약속성〉이 공통으로 추가되고, 또 "신불(神佛) 앞에 약속하다"의 개념도 가지고 있어 〈신불 앞에 약속성〉이 더 추가되며, (10)은 "매우 잡스러운 말로써 맹서하다"의 개념이므로 〈매우 잡스러운 말로 맹서성+속된 표현성〉이 추가되어 분절한다.

(11) 서고(誓誥)하다   (12) 회맹(會盟)하다
(13) 헛맹서하다(-盟誓-)

위의 (11)은 "윗사람이 아랫사람에게 맹서하여 말하다"의 개념이니 〈[윗사람]→아랫사람에게 맹서성〉이 추가되고, (12)는 "모여서 서로 맹서하다"의 개념이므로 〈회동성→상호 맹서성〉이 추가되며, 또 "임금이 공신들과 산 짐승을 잡아 하늘에 제사 지내고, 피를 서로 나누어 빨며 단결을 맹서하다"의 개념도 가지고 있어 〈[임금과 공신들]→산 짐승을 잡아 제물성→제천성→흡혈성→단결을 맹서성〉이 더 추가되고, "공훈 있는 사람의 이름을 책에 써 올릴 때에 군신이 모여서 서로 맹서하다"의 개념도 가지고 있어 〈책에 공신의 이름을 기록성→군신 회동성→상호 맹서성〉도 더 추가되어 분절한다. 그리고 (13)은 "효과 없는 헛된 맹서를 하다"의 개념이니 〈실효 없는 맹서성〉이 추가되어 분절한다.

(14) 약속(約束)되다   (15) 언상약(言相約)하다
(16) 구약(口約)하다   (17) 언약(言約)하다
(18) 면약(面約)하다   (19) 서약(書約)하다

위의 (14)는 "상대자와 앞으로의 어떤 일에 관하여 서로 양해하여 정하여 두다"의 개념이니 〈어떤 일에 상호 양해성→약속성〉이 추가되고, (15)-(17)은 "말로써 서로 약속을 맺다"의 개념을 공유하고 있어 〈상호 구두로 약속성〉이 공통으로 추가되나, (17)은 기독교에서 "신이 인간에게 내린 특별한 의지, 모세를 통하여 구약과 그리스도를 통하여 내린 신약이 있다"의 개념도 가지고 있어 〈하느님이 인간에 내린 의지—구약에서 모세에 언약성＋신약에서 예수에 언약성＋기독교의 교리성〉이 더 추가된다. 그리고, (18)은 "보는 앞에서 약속하다. 대면하여 약속하다"의 개념이니 〈대면하여 약속성〉이 추가되고, (19)는 "글로써 약속하다"의 개념이므로 〈글로써서 약속성〉이 추가되어 분절한다. 이 낱말은 어휘 사전(辭典)51)에는 공백(lexical gap)으로 되어 있다.

  (20) 밀약(密約)하다   (21) 짬짜미하다
  (22) 서약(誓約)하다   (23) 시언(矢言)하다
  (24) 구두계약(口頭契約)하다

  위의 (20)과 (21)은 "남이 모르게 자기들끼리만 짜고 약속하다"의 개념을 공유하고 있어 〈비밀리에 약속성〉이 공통으로 추가되고, (22)는 "맹서하고 약속하다"의 개념이므로 〈맹서성→약속성〉이 추가된다. 그리고 (23)은 "맹서하여 언약의 말을 하다"의 개념이니 〈맹서성→구두로 언약성〉이

---

51) 한인희(1976:49)는 "언어학의 필수 문헌인 사서에 대하여 그것을 너무 존엄시하고 도전의 천의조차 갖고 있지 않다. 그러나, 기존의 사서는 오늘날의 언어학의 발달 내지 시대적 조류에 너무나 격리된 인상을 풍기고 있다."고 하였다.
  "기존의 사서는 시시각각으로 변화 발전되는 언어 문화 속에서 적절한 어휘의 사용과 이해는 점점 복잡다기화하는 어휘체계와 더불어 효율적인 실효를 거두기에는 매우 어려운 일이다. 그러므로, 종래 어휘집의 이용도는 단조로우며 다양한 방편이 되지 못한다. 이러한 사서의 효율을 늘리기 위하여 어휘의 구조적인 분석을 본격적으로 학문화하여 연구하기 시작한 것은 최근의 일이라 하겠다."고 하였다.

추가되고, (24)는 "증서를 만들지 않고 말로써 계약을 맺다"의 개념이므로 〈구두로 계약성〉이 추가되어 분절한다.

[그림66] 약속·맹서하는 분절구조

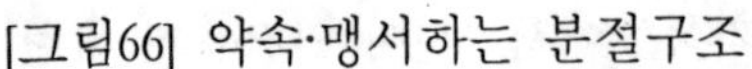

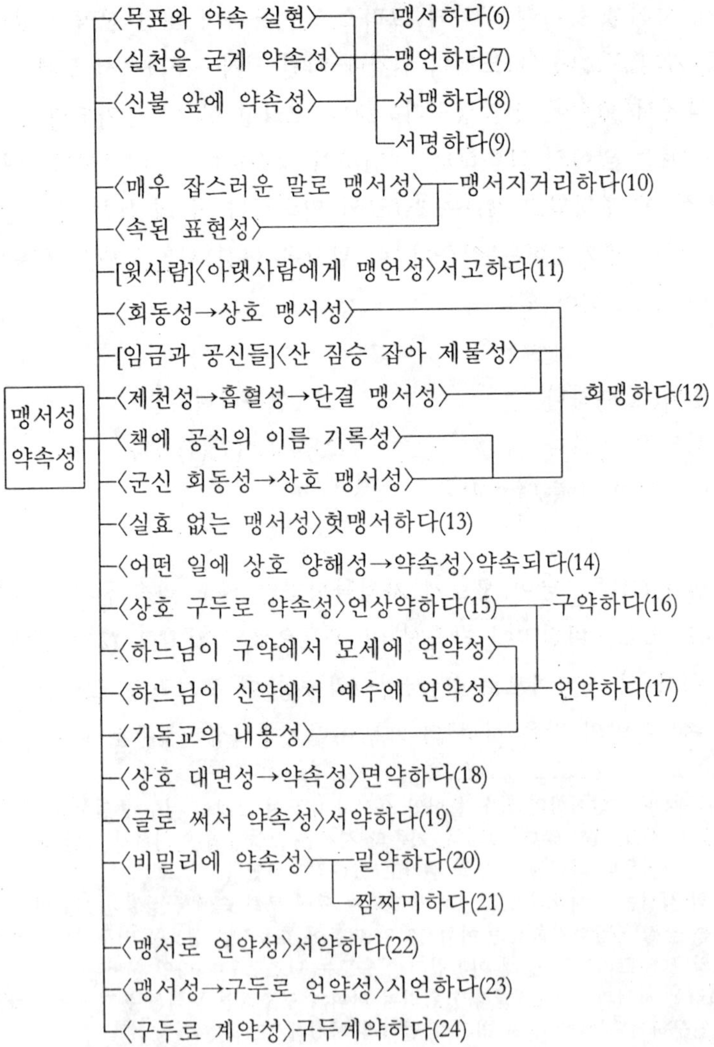

앞에서 논의한 약속과 맹서의 분절구조는 [그림66]과 같다.

2.12.2 마무리

현대 국어 자동사 가운데 다짐과 약속에 관련된 24개의 낱말에 대하여 개별적인 분절성을 해명하였다. 이제 이것을 바탕으로 하여 전체적인 분절구조를 고찰하려 한다.

(1) 다짐과 약속 자동사의 내용을 많이 분포된 순으로 살펴보면 다음과 같다.

목표나 약속의 실현을 확약하는 내용이 4개(16.67%)로 가장 많고, 구두로 언약하는 내용과 다짐하는 내용이 각각 3개(12.5%)로 다음으로 많으며, 비밀리에 약속하는 내용과 맹서하여 언약하는 내용이 각각 2개(8.33%)로 세 번째로 많다. 그리고 매우 잡스러운 말로 맹서하는 내용, 윗사람이 아랫사람에게 맹서하는 내용, 함께 모여서 맹서하는 내용, 실속 없는 헛맹서하는 내용, 상호 양해하고 확약하는 내용, 상호 대면하여 약속하는 내용, 글로 써서 약속하는 내용, 구두로 계약하는 내용, 귓속말로 다짐하는 내용, 억지로 다짐받는 내용 등이 각각 1개(4.17%)이다.

위의 내용으로 보아 우리 언어공통체는 어떤 목표나 약속의 실현과 언약하는 내용 및 다짐하는 내용에 깊은 관심이 표현되어 있고, 밀약과 맹서하여 약속하는 내용에도 큰 관심이 드러나 있다.

(2) 다짐과 약속의 낱말밭에서 행위의 주체자는 중복되는 내용이 많아 어휘의 수는 32개로 늘어난다. 상호 맹서하는 사람과 약속하는 사람이 각각 9개(28.13%)로 가장 많고, 다짐하는 사람이 5개(15.63%)로 다음으로 많으며, 신불(神佛)이 4개(12.5%)이다. 그리고 임금과 공신들과 하느님이 각각 2개(6.2%%)이고, 윗사람과 계약하는 사람이 각각 1개(3.13%)이다.

(3) 다짐이나 약속에 등장하는 대상이나 객체 및 활용되는 사물은 중복

되는 낱말이 많이 있어 어휘의 수는 31개로 늘어난다. 이들의 내용은 약속의 대상자가 6개(19.35%)로 가장 많고, 목표와 약속이 각각 5개(16.13%)로 다음으로 많으며, 종교의 신자가 4개(12.9%)이다. 그리고 다짐이 3개(9.68%)이고, 맹서가 2개(6.45%)이며, 아랫사람, 여러 사람, 산 짐승, 제물, 짐승의 피, 공신의 이름, 실효 없는 맹서, 글씨, 계약, 귓속말, 억지다짐이 각각 1개(3.23%)이다.

(4) 바람직한 긍정적인 내용은 19개(79.17%)이고, 바람직하지 못한 부정적인 내용은 '맹서지거리하다, 헛맹서하다, 밀약하다, 짬짜미하다, 억지다짐하다' 등 4개(20.83%)이다.

(5) 우리 국어는 한자어가 수적으로 우위를 차지하고 있다. 다짐과 약속의 낱말밭에서도 이러한 현상이 나타나 한자어는 16개(66.67%)로 과반수가 훨씬 넘고 있으며, 우리 고유어는 6개(25%)이다. 그리고 한자어와 고유어가 융합된 혼종어는 2개(8.33%)이고, 서구 외래어는 하나도 없다.

2.13 거짓말하다

2.13.1 거짓말하는 내용

이 부분밭은 "사실이 아니라는 것을 알고 있으면서 남에게 이것을 믿게 하려고 사실인 것처럼 꾸미어 말하다"의 내용을 함유하고 있어 〈허언성, 거짓말 행위성, 허식성, 허위날조성〉이 내용에 따라 부가된다.

(1) 거짓말하다	(2) 가짓말하다
(3) 망어(妄語)하다	(4) 양언(佯言)하다
(5) 위언(僞言)하다	(6) 허설(虛說)하다
(7) 허언(虛言)하다	(8) 거짓부렁하다

(9) 거짓부리하다   (10) 거짓불하다
(11) 껑까다   (12) 구라놓다

위의 낱말들은 모두 "사실이 아니라는 것을 알고 있으면서 남에게 이것을 믿게 하려고 사실인 것처럼 꾸미어 말하다"의 개념(concept)을 공유하고 있어 〈사실이 아님을 인지성→사실처럼 꾸미어 언표성→남이 믿게 할 목적성＋허언성〉이 공통으로 추가되는 유의어이므로 한 동아리에 묶었다. 다만 (8)-(10)은 거짓말을 낮추어 이르는 말을 가리키므로 〈거짓말을 낮추어 언표성〉이 공통으로 더 추가되고, (11)은 거짓말을 속되게 표현한 말이니 〈속된 표현성〉이 더 추가되며, (12)는 거짓말에 대한 은어[52]이므로 〈거짓말을 은어로 표현성〉이 더 추가되어 분절한다.

(13) 빈말하다   (14) 겉말하다

---

[52] 박영순(1994:184)은 "은유는 두 사물간에 유사성이 있을 때 기존의 단어를 새로운 상황에 쓰는 언어 현상을 말한다. 이러한 은유는 곧 의미의 확장을 야기하게 되고, 다의어를 생성하게 된다. 은유는 언어의 창조적인 힘을 가장 잘 나타내는 언어표현으로, 말하자면 의미의 전이(transfer)라 할 수 있다. Searle(1979)은 '직설적인 표현만으로는 표현되지 못하는 그러한 공백(semantic gap)을 메우어주는 것이야말로 은유의 기능이다'라고 말한다."고 하였다.

　鄭元容(1996:2-3)은 "Metaphor consists in giving the thing a name that belongs to something else: the tranceference being ether form genus to species, or form species to genus, or from specise to specise, or on grounds of analogy."라고 하였다.

　"은유는 어떤 사물이 다른 사물에 속하는 명칭을 주는데 있다. 그 명칭의 전이는 일반적 명칭을 특수 대상에 대한 명칭으로, 특수 대상의 명칭을 다른 사물의 명칭으로, 또 혹은 유사성을 근거로 명칭을 서로 바꿈으로 이루어진다."고 하였다.

　임지룡(1997:164)은 기원전 3세기 아리스토텔레스는 "은유란 다른 사물에 속하는 명칭을 한 사물에 적용하는 것"으로 정의하고(시학), "일상 용어는 우리에게 이미 있는 것만을 가져다 주며, 어떤 참신한 것을 파악하게 되는 것은 은유로부터이다."(수사학)라고 하였다.

위의 (13)은 "실속이 없는 말을 하다"의 개념이니 〈실속 없는 언표성〉이 추가되고, 또 "거저 공으로 말하다"의 개념도 가지고 있어 〈공허한 연표성〉이 더 추가되며, (14)는 "마음은 그렇지 않으면서 겉으로 꾸며서 말하다"의 개념이므로 〈충심과 달리 꾸며서 언표성〉이 추가되어 분절한다.

(15) 말치레하다	(16) 말치장하다(-治粧-)
(17) 식언(飾言)하다	(18) 궤사(詭辭)하다
(19) 궤설(詭說)하다	(20) 궤언(詭言)하다

위의 (15)와 (16)은 "실속 없는 말로 겉만 꾸며서 말하다"의 개념을 공유하고 있어 〈실속 없는 언표성＋말치장 행위성〉이 공통으로 추가되며, (17)-(19)는 "거짓으로 꾸며서 말하다"의 개념을 공유하고 있어, 의도적으로 거짓말을 조작하는 내용이므로 〈거짓으로 꾸며서 언표성〉이 공통으로 추가된다. 그리고 (20)은 "간사스럽게 속여 꾸미어 말하다"의 개념이니, 간사스러움이 분절성을 지니고 있어 〈간사스럽게 기만성→꾸며서 언표성〉이 추가되므로 (15-19)와는 계단대립(Graduelle Opposition)53)을 이루고 있다.

---

53) Horst Geckeler(1973:25)는 "Graduelle Opposition sind solche Glieder durch verschiedene Grade oder Abstufungen derselben Eigenschaft gekennzeichnet sind…."라고 하였다.
허발(1977:54)은 이태리어의 온도 형용사의 계단대립을 다음과 같이 보여주고 있다.

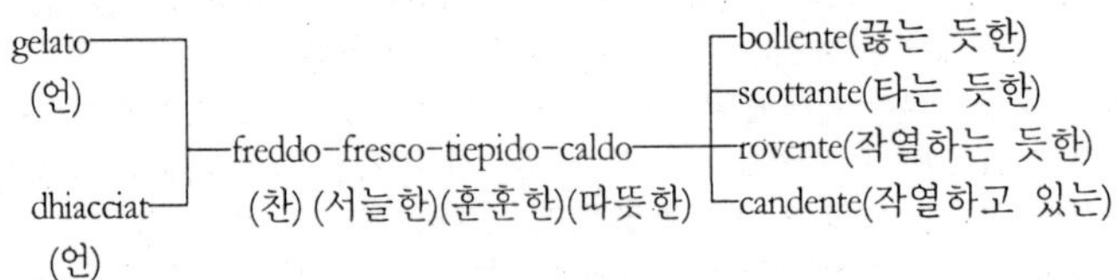

허발(1977:51)은 낱말의 계단대립을 다음과 같이 예시하고 있다.
frz——gele——froid——frais——tiede——chaud——brulaut
(언)　　(찬)　　(서늘한)　(훈훈한)　(따뜻한)　(타는 듯한)

(21) 조언(造言)하다   (22) 주작(做作)되다

(23) 주출(做出)되다   (24) 부작부언(做作浮言)하다

(25) 주장(譸張)하다   (26) 구허날무(構虛捏無)하다

위의 낱말들은 "없는 사실을 꾸며내어 말하다"의 내용을 함유하고 있어, 없는 사실을 의도적으로 조작하는 행위가 분절성을 지니고 있어 〈허위날조성→꾸미어 언표성〉이 공통으로 추가된다. 따라서 (21)은 "근거 없는 말을 꾸미어 하다"의 개념이니 〈사실 무근성→허위 조작성〉이 추가되고, (22)와 (23)은 "없는 사실을 꾸미어 만들다"의 개념을 공유하고 있어 〈허위날조성→꾸미어 언표성〉이 공통으로 추가되며, (24)는 "터무니없는 거짓말을 꾸며내다"의 개념이므로 〈터무니없는 허언 조작성〉이 추가된다. 그리고 (25)은 "터무니없는 거짓말을 하다"의 개념이니, 거짓말을 하는 행위가 분절성을 지니고 있으니 〈터무니없는 거짓말하는 행위성〉이 추가되고, (26)은 "터무니없는 말을 만들어 내다"의 개념이므로, 거짓의 조작이 문제가 되어 〈터무니없는 거짓말을 조작성〉이 추가되어 분절한다.

(27) 교어(巧語)하다   (28) 교언(巧言)하다

위의 낱말들은 "실상이 없이 교묘하게 꾸미어 말하다"의 개념을 공유하고 있어, 교묘하게 거짓말을 조작하는 것이 분절성이므로 〈사실 무근성→교묘히 꾸며서 언표성〉이 공통으로 추가되어 분절한다.

(29) 얼버무리다   (30) 얼버물다

위의 낱말들은 "이말 저말 뒤섞어서 똑똑치 않게 하다"의 개념을 공유하고 있어, 화자의 입장이 공경에 처한 것으로 이해되어 〈이말 저말 혼효

224

성→얼버무려 언표성〉이 공통으로 추가되고, 또 "음식을 잘 씹지 않고 삼키다"의 개념도 공유하고 있으므로 〈음식물을 씹지 않고 삼키는 행위성〉을 가지고 동작동사의 낱말밭에서도 분절하며, "여러 가지를 대충 섞어 버무리다"의 개념도 공유하고 있어 〈여러 가지를 혼효성→대충 섞는 행위성〉도 공통으로 추가되어 동작동사의 낱말밭에서 분절한다.

(31) 너스레떨다[54]　　　　(32) 너스레부리다
(33) 무언(誣言)하다　　　　(34) 쏘개질하다

위의 (31)과 (32)는 "떠벌려 주선하는 솜씨로 엉터리를 치다"의 개념을 공유하고 있어, 엉터리의 행위가 어떤 일을 주선하는데 있으므로 〈허언성→엉터리 행위성→사건을 주선할 목적성〉이 공통으로 추가되고, (33)은 "없는 일을 있는 것처럼 거짓으로 꾸며 남을 해쳐서 말하다"의 개념이므로, 거짓말을 하는 행위가 남을 해치려는데 있다. 따라서, 〈허위날조성→상대 가해성〉이 추가되며, (34)는 "있는 일 없는 일을 얽어서 몰래 일러 바치어 방해하다"의 개념이니, 허위날조로 남을 방해하는데 목적이 있으므로 〈허위날조성→밀고성→상대를 방해성〉이 추가되어 분절한다.

(35) 허전(虛傳)되다　　　　(36) 허전관령(虛傳官令)하다
(37) 허전장령(虛傳將令)하다

위의 (35)는 "거짓말로 전달되다"의 개념이니 〈거짓말로 전달성〉이 추가되나, 그 목적은 무표이고, (36)은 "관청의 명령을 거짓 꾸며서 전하다"의 개념이므로 〈관청의 명령을 거짓으로 전달성〉이 추가되며, 또 "상사의

---

54) '너스레'는 흙구덩이나 그릇의 아가리 또는 바닥에 걸쳐놓는 막대기이다. 그 위에 놓은 물건이 빠지거나 바닥에 닿지 않게 하기 위함이다.

명령을 거짓 꾸며서 전하다"의 개념도 가지고 있어 〈상사의 명령을 거짓으로 전달성〉이 더 추가된다. 그리고 (37)은 "장수의 명령을 거짓 꾸며서 전하다"의 개념이니 〈장수의 명령을 거짓으로 전달성〉이 추가되고, 또 "윗사람의 명령을 거짓 꾸며서 전하다"의 개념도 가지고 있어 〈윗사람의 명령을 거짓으로 전달성〉이 더 추가되어 분절한다.

    (38) 비어(蜚語)하다   (39) 비언(飛言)하다
    (40) 혹세무민(惑世誣民)하다   (41) 서동부언(胥動浮言)하다

위의 (38)과 (39)는 "소문을 이리저리 퍼뜨려 세상을 현혹하게 만들거나 아무 근거 없이 말을 퍼뜨리다"의 개념을 공유하고 있어 〈유언비어 날조성→백성을 현혹성〉이 공통으로 추가되고, (40)은 "사람을 미혹시키고 세상을 속이다"의 개념이므로 〈백성과 세상을 미혹시키는 행위성〉이 추가되며, (41)은 "거짓말을 퍼뜨려서 인심을 소란하게 하다"의 개념이니 〈거짓말을 유포성→인심을 소란케 하는 행위성〉이 추가되어 분절한다.

앞에서 논의한 거짓말을 하는 자동사의 분절구조를 그림으로 그려보면 [그림67], [그림68]과 같은 수형도(tree diagram)가 된다.

2.13.2 마무리

현대 국어 자동사 가운데 거짓말에 관련된 41개의 낱말에 대하여 개별적인 분절성을 해명하였다. 이제 이것을 바탕으로 하여 전체적인 분절구조를 고찰하려 한다.

(1) 거짓말 자동사의 내용을 많이 분포된 순으로 살펴보면 다음과 같다.

거짓말하는 내용이 12개(29.27%)로 가장 많고, 허위날조하여 터무니없는 거짓말을 하는 내용이 6개(14.63%)로 다음으로 많으며, 유언비어를 날조하

[그림67] 거짓말하는 분절구조(1)

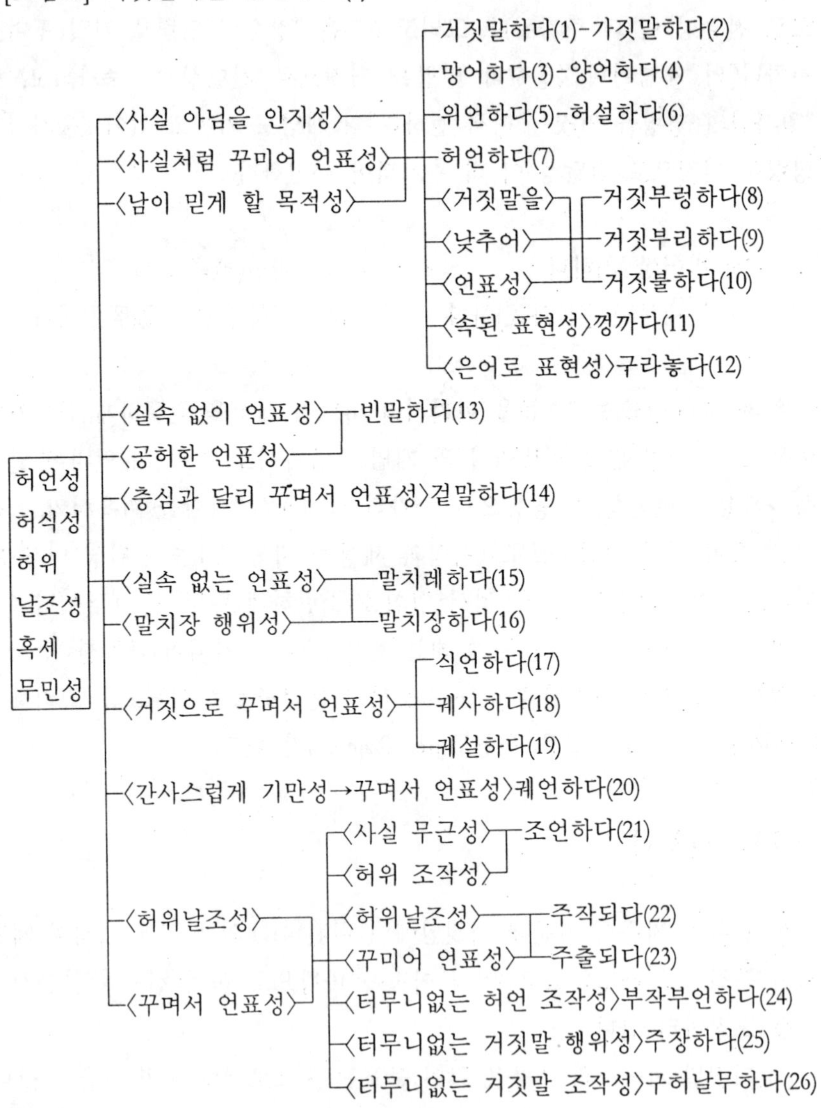

[그림68] 거짓말하는 분절구조(2)

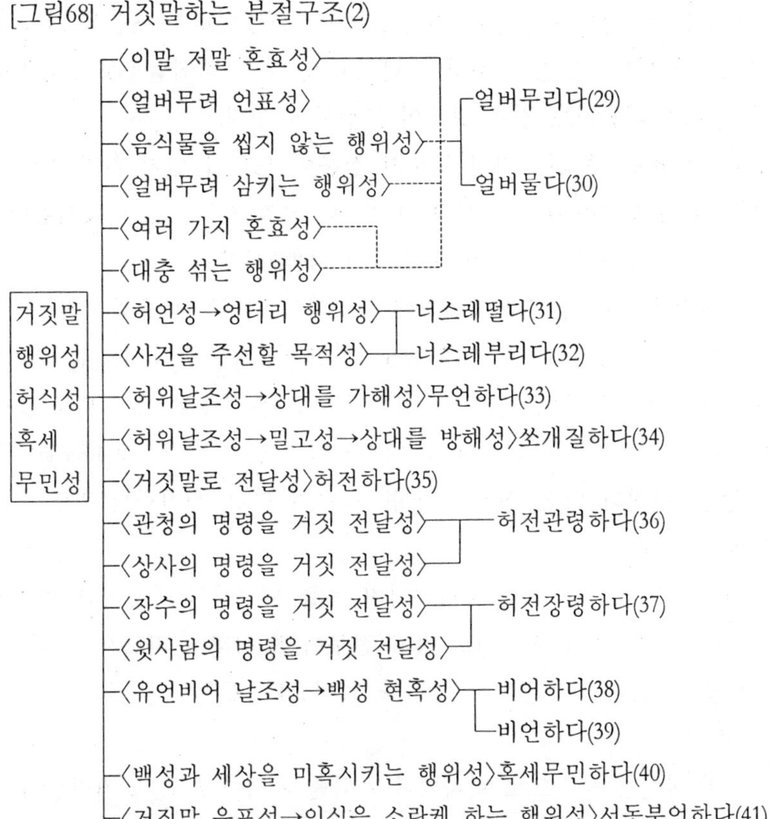

여 혹세무민하는 내용이 4개(9.76%)로 세 번째로 많다. 그리고 거짓으로 꾸며서 말하는 내용과 얼버무려 말하는 내용 및 터무니없는 거짓말을 하는 내용이 각각 2개(4.88%)이며, 실속 없이 공허하게 말하는 내용, 충심과 달리 꾸며서 말하는 내용, 간사스럽게 거짓으로 꾸며서 말하는 내용, 허위 날조하여 상대를 가해하는 내용, 허위로 밀고하여 상대를 방해하는 내용, 거짓으로 전달하는 내용, 관청의 명령을 거짓으로 전달하는 내용, 장수의 명령을 거짓으로 전달하는 내용 등이 각각 1개(2.44%)이다.

위와 같은 분포로 보아 우리 언어공동체는 거짓말하는 내용을 가장 부정적으로 바라보고 있는 세계상이 반영되어 있고, 허위날조하는 내용과 혹세무민하는 내용에도 깊은 관심이 표현되어 있다.

(2) 거짓말하는 주체는 거의 모두가 신분이 드러나 있지 않다. 막연한 일반인으로 추정되는 내용이 37개(90.24%)로 거의 전부이고, 아랫사람이 2개(4.88%)이며, 공무원과 군인이 각각 1개(2.44%)이다.

(3) 거짓말을 하는 상대나 거짓말에 등장되는 객체는 다음과 같다. 막연한 거짓말이 12개(29.27%)로 가장 많고, 허위날조가 9개(21.95%)로 다음으로 많으며, 거짓으로 꾸민 말과 백성이 각각 4개(9.76%)로 세 번째로 많다. 그리고 말치장과 얼버무리는 말 및 너스레떠는 말이 각각 2개(4.88%)이고, 빈말, 겉말, 관청의 명령, 상사의 명령, 장수의 명령, 윗사람의 명령 등이 각각 1개(2.44%)이다.

(4) 거짓말의 내용은 모두 바람직하지 못한 부정적인 내용이다. 따라서 부정적인 내용은 38개(92.68%)로 거의 전부이고, 상황에 따라서 긍정적으로 이해될 수 있는 내용은 '얼버무리다, 얼버물다, 겉말하다' 등 3개(7.32%)이다.

(5) 우리 국어는 수적으로 한자어가 우위를 차지하고 있다. 거짓말의 낱말밭에서도 이러한 현상이 드러나, 한자어는 26개(63.41%)로 과반수가 훨씬 넘고 있으며, 우리 고유어는 14개(34.15%)에 불과하다. 그리고 한자어와 고유어가 융합된 혼종어는 '말치장하다' 1개(2.44%)이고, 서구 외래어는 하나도 없다.

2.14 허풍떨다

2.14.1 허풍떠는 내용

이 부분밭은 허풍을 떨거나 과장하여 말하는 내용이므로 〈허풍떠는 행위성〉, 〈과장된 언표성〉이 내용에 따라 부가된다.

(1) 과장(誇張)되다   (2) 거짓말보태다

위의 (1)은 "사실보다 지나치게 말하다"의 개념이니 〈사실보다 과장성〉이 추가되고, 또 "허풍을 떨며 말하다"의 개념도 가지고 있어 〈허풍떠는 행위성〉이 더 추가되며, "불려서 말하다"의 개념일 경우는 〈과장하여 언표성〉이 추가된다. 그리고 (2)는 "사실보다 과장하여 말하다"의 개념이니 〈거짓말을 보태어 언표성〉이 추가되어 분절한다.

(3) 큰소리치다   (4) 대어(大語)하다
(5) 대언(大言)하다   (6) 대언장담(大言壯談)하다
(7) 대언장어(大言壯語)하다   (8) 호언장담(豪言壯談)하다

위의 (3-5)는 "덮어놓고 자신 있게 말하거나 또는 거드럭거리며 배때벗게 말하다"의 개념을 공유하고 있어 〈무모한 장담성〉과 〈거드럭거리며 천하게 언표성〉이 내용에 따라 공통으로 추가되고, 또 "큰소리로 야단치다"의 개념도 공유하고 있어 〈고성으로 질책성〉도 공통으로 추가된다. 그리고 (6-8)은 "제 분수에 당치 않는 말을 희떱게 지껄이다"의 개념을 공유하고 있어 〈분수에 넘치는 호언장담성〉이 공통으로 추가되어 분절한다.

(9) 산소리하다   (10) 광치다

(11) 떠벌리다   (12) 떠벌이다[55]

위의 (9)는 "어려운 가운데에서도 속이 살아서 남에게 굽죄이지 않으려고 큰소리를 하다"의 개념이니 〈어려운 경지에 봉착성→자존심의 손상에 대한 우려성→허장성세로 언표성〉이 추가되고, (10)은 "사실보다 크게 떠벌리어서 자랑하다"의 개념이므로 〈사실보다 과장성→거짓 과시성〉이 추가되고, 또 "광을 내다"의 개념도 가지고 있어 〈뽐내는 행위성〉이 더 추가된다. 그리고 (11-12)는 "지나치게 과장하여 떠벌리어 놓다"의 개념을 공유하고 있어 〈지나친 과장성→떠벌리는 행위성〉이 공통으로 추가되고, 또 "굉장한 규모로 차리다"의 개념도 공유하고 있어 〈대규모로 준비성〉도 공통으로 추가되어 분절한다.

(13) 흥감하다   (14) 흥감부리다

(15) 흥감피우다

위의 낱말들은 "너털웃음을 웃으며 재치 있는 말로 실지보다 지나치게 떠벌리다"의 개념을 공유하고 있어 〈너털웃음을 웃는 행위성＋재치 있는 언표성→지나친 과장성〉이 공통으로 추가되나, (13)은 〈상태성〉이 강하고, (14-15)는 〈의도성〉이 공통으로 가미되어 있다.

---

55) 신현숙(1986:92)은 "흉내말의 어근을 움직이는 표현으로 바꾸기 위하여 선택한다. 동적 의미를 내포한 어근보다 정적 의미가 두드러진 어근을 선택하는 것이 자연스럽다(망설/꿈적/울적/글성). 또한 소리와 관련되는 어근도 동적인 의미를 인지하기 쉬운 큰 소리보다 정적인 소리처럼 인지하는 작은 소리와 관련되는 경향이 있다. 그리고 어근이 지시하는 움직임이 일어나는 출발점에 초점을 두어 표현할 때 선택되는 형식이다. 이른바 화자가 초점을 맞춘 영역에서 없던 움직임이나 상태가 일어난 것처럼 인지하여 표현한 것이다. '벌떡이다/파닥이다/펄럭이다'처럼 순간적 움직임과 잘 결합한다"고 하였다.

(16) 풍떨다(風-)   (17) 풍치다(風-)

(18) 허풍떨다(虛風-)   (19) 허풍치다(虛風-)

(20) 건풍떨다(乾風-)

위의 (16-19)는 "너무 지나치게 과장하여 말하다"의 개념을 공유하고 있
어 〈지나친 과장성＋허풍떠는 행위성〉이 공통으로 추가되고, (20)은 "터무

[그림69] 허풍떠는 분절구조(1)

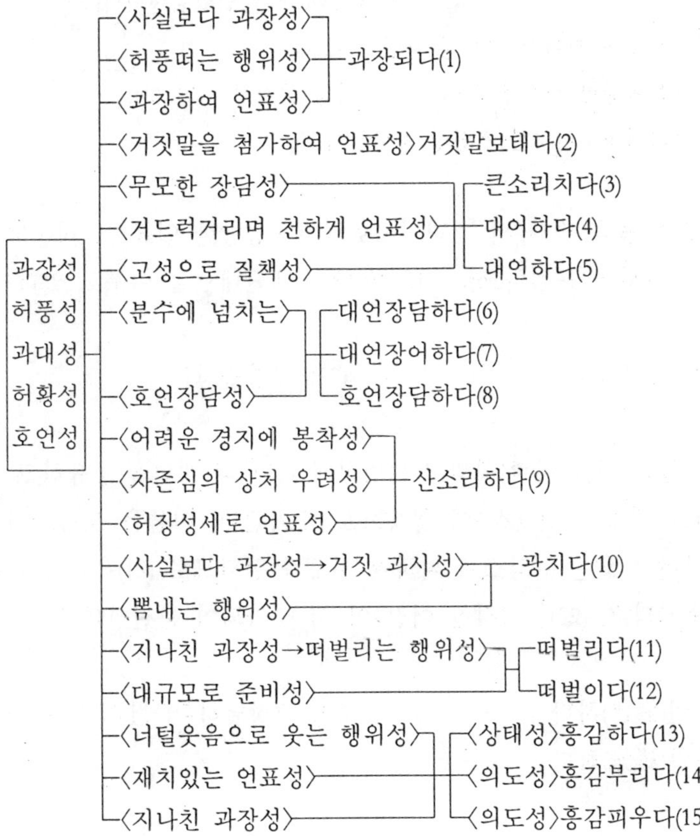

[그림70] 허풍떠는 분절구조(2)

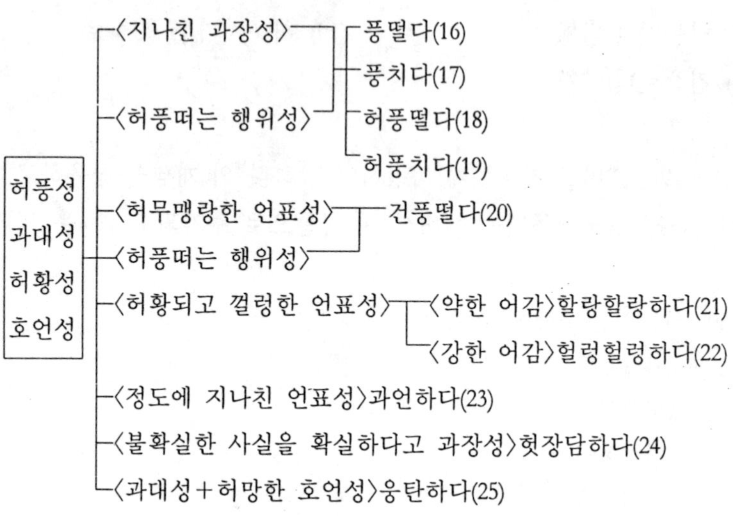

니없는 말로 허풍을 떨다"의 개념이므로 〈허무맹랑한 언표성→허풍떠는 행위성〉이 추가되어 분절하므로, (16-19)와는 계단대립을 이루고 있다.

    (21) 할랑할랑하다   (22) 헐렁헐렁하다

위의 낱말들은 "언행이 허황되고 껄렁하게 하다"의 개념을 공유하고 있어 〈허황되고 껄렁한 언행성〉이 공통으로 추가된다. 이들은 모음교체로 어감의 차이에서 오는 뉘앙스에 의하여 서로 분절되므로 (21)은 〈약한 어감〉이 더 추가되고, (22)는 〈강한 어감〉이 더 추가되어 분절한다.

    (23) 과언(過言)하다   (24) 헛장담하다(-壯談-)
    (25) 웅탄(雄誕)하다

위의 (23)은 "정도에 너무 지나치게 말하다"의 개념이므로 〈정도에 지나친 언표성〉이 추가되고, (24)는 "확실치 않거나 안 될 것을 확실하게 된다고 자신 있게 큰소리를 하다"의 개념이므로 〈불확실한 사실을 확실하다고 과장하여 언표성〉이 추가되며, (25)는 "과대하고 허망한 호언을 하다"의 개념이니 〈과대성＋허망한 호언성〉이 추가되어 분절한다.

앞에서 논의한 과장과 허풍떠는 자동사의 분절구조는 [그림69], [그림70]과 같다.

2.14.2 마무리

현대 국어 자동사 가운데 허풍떠는 25개의 낱말에 대하여 개별적인 분절성을 해명하였다. 이제 이것을 바탕으로 하여 전체적인 분절구조를 고찰하려 한다.

(1) 허풍떠는 자동사의 내용을 많이 분포된 순으로 살펴보면 다음과 같다. 허풍떠는 자동사의 내용은 중복되는 내용이 있어 어휘의 수는 31개로 늘어난다. 사실보다 과장하여 허풍떠는 내용이 5개(16%)로 가장 많고, 무모하게 장담하는 내용, 거드럭거리며 천하게 말하는 내용, 큰소리로 야단치는 내용, 분수에 넘치게 호언장담하는 내용, 너털웃음을 웃으며 재치 있게 과장하는 내용이 각각 3개(9.68%)로 다음으로 많으며, 지나치게 과장하여 떠벌리는 내용과 허황하고 껄렁하게 말하는 내용이 각각 2개(6.45%)이다. 그리고 거짓말을 보태는 내용, 어려운 경지에서 굽죄지 않으려고 허풍떠는 내용, 사실보다 과장하여 자랑하는 언행, 허무맹랑하게 허풍떠는 내용, 정도에 지나치게 말하는 내용, 헛장담하는 내용, 과대하고 허망하게 호언하는 내용 등이 각각 1개(3.23%)로 분포되어 있다.

(2) 허풍떠는 주체를 많이 분포된 순으로 살펴보면 다음과 같다. 분수에

넘치게 장담하는 사람이 7명(16%)으로 가장 많고, 지나치게 과장하여 허풍떠는 내용이 5명(20%)으로 다음으로 많으며, 사실보다 과장하여 말하는 사람이 4명(16%)이다. 그리고 너털웃음을 웃으며 재치있게 과장하는 사람이 3명(12%)이고, 허황되고 껄렁하게 말하는 사람이 2명(8%)이며, 거짓말을 보태어 말하는 사람, 산소리하는 사람, 정도에 지나치게 말하는 사람, 헛장담하는 사람 등이 각각 1명(4%)이다.

(3) 허풍떠는 대상이나 그에 등장되는 객체는 중복되는 내용이 많이 있어 어휘의 수는 38개로 늘어난다. 허풍이 8개(21.05%)로 가장 많고, 과장이 6개(15.79%)로 다음으로 많으며, 장담과 호언장담이 각각 4개(10.23%)로 세 번째로 많다. 그리고 거드럭거리는 행위, 큰소리, 너털웃음, 재치있는 말 등이 각각 3개(7.89%)이고, 거짓말, 자존심, 어려운 경지, 뽐내는 행위, 정도에 지나친 말, 불확실한 사실, 헛장담 등이 각각 1개(2.63%)이다.

(4) 허풍을 떨거나 장담하는 내용은 모두가 바람직하지 못한 부정적인 내용이다.

(5) 우리 국어는 수적으로 한자어가 우위를 차지하고 있다. 그런데, 허풍떠는 낱말밭에서는 우리 고유어가 11개(44%)이고, 한자어는 8개(32%)이며, 고유어와 한자어가 융합된 혼종어는 6개(24%)이다. 그리고 서구 외래어는 하나도 없는 것이 특징이다.

2.15 식언하다

2.15.1 식언하는 내용

이 부분밭은 약속대로 시행하지 않는 내용(inhalt)을 함유하고 있어 〈식언성, 위언성, 변명성, 기만성〉이 부가된다.

   (1) 식언(食言)하다   (2) 위언(違言)하다

   (3) 이언(二言)하다   (4) 일구이언(一口二言)하다

   (5) 일구양언(一口兩言)하다

위의 (1)은 "한 번 입 밖에 낸 말을 도로 입 속에 넣는다는 뜻으로 약속 대로 실행하지 않다"의 개념이니 〈약속 위반성＋식언성〉이 추가되고, 또 "거짓말을 하다"의 개념도 가지고 있어 〈거짓말 행위성〉이 더 추가된다. 이 낱말은 비유적 표현(figurative language)을 하고 있어 〈비유적 표현성〉이 더 추가되며, (2)는 "자기가 한 말을 자기가 어기다"의 개념이니 〈약속 위반성, 자기 기만성〉이 추가되고, 또 "이치에 어긋난 말을 하다"의 개념도 가지고 있어 〈불합리한 언표성〉이 더 추가된다. 그리고 (3-5)는 "한 번 말 한 것을 뒤집어 다시 말하다"의 개념을 공유하고 있어 〈일구이언성〉이 공통으로 추가되는 유의어이므로 한 동아리에 묶었다. 다만 (3)은 "두 번 말 하다"의 개념도 가지고 있어 〈2회 언표성＋재언성〉이 더 추가되므로 그만 큼 정보량(entropy)[56]이 크다.

   (6) 변사(變辭)하다   (7) 뱐덕떨다

   (8) 뱐덕부리다

위의 (6)은 "먼저 한 말을 이리저리 자꾸 고치다"의 개념이니 〈먼저 한 말을 고치는 행위성〉이 추가되고, (7)과 (8)은 "매우 요랬다 조랬다하는 언 행을 하다"의 개념을 공유하고 있어 〈매우 뱐덕스러운 언행성＋행위의 변 화무쌍성〉이 공통으로 추가되어 분절한다.

---

56) 金芳漢 譯(1982:230)은 "한 커뮤니케이션 기호에 포함된 정보를 정보량(entropy)이라 한 다. 대치의 가능성이 크면 클수록 그 기호가 전하는 정보량도 크다. 그러나 정보의 예 측 가능성은 적다."고 하였다.

    (9) 발라맞추다   (10) 외면수새하다(外面-)

위의 (9)는 "슬슬 꾸며대어 가지고 알랑알랑하며 한때 속여 넘기다"의 개념이니 〈가식으로 알랑대는 행위성→상대를 기만성〉이 추가되고, 또 "겉을 꾸미어 둘러대어 넘기다"의 개념도 가지고 있어 〈겉을 꾸며 기만성〉이 더 추가되며, (10)은 "마음 속은 딴판인데 겉으로만 그럴싸하게 발라맞추다"의 개념이므로 〈표리부동성→가식으로 발라맞추는 행위성〉이 추가되어 분절한다.

    (11) 둘러대다   (12) 변명(辨明)하다
    (13) 변백(辨白)하다

위의 (11)은 "그럴듯한 말로 꾸며대다"의 개념이니 〈그럴듯하게 꾸며대는 행위성〉이 추가되고, 또 "없는 돈이나 물건 같은 것을 변통하여 대다"의 개념도 가지고 있어 〈돈, 물건을 변통성〉이 더 추가되며, "내둘러서 대다"의 개념일 경우는 〈내둘러대는 행위성〉도 더 추가되어 분절한다. 그리고 (12-13)은 "어떤 잘못에 대하여 구구한 구실로 그 이유를 말하다"의 개념이니 〈구구한 변명성〉이 공통으로 추가되고, 또 "사리를 분별하여 똑똑히 밝히다"의 개념도 가지고 있어 〈분명히 사리 분별성〉이 더 추가되어 분절한다.

    (14) 핑계하다   (15) 핑계대다
    (16) 자구(藉口)하다   (17) 추담(推談)하다
    (18) 탁사(託辭)하다   (19) 천산지산(天山地山)하다

위의 낱말들은 "어떤 사태를 피하거나 사실을 감추려고 다른 말을 방패

막이로 이러저러하게 내세우다"의 개념이니 〈핑계대는 행위성→사실을 은폐할 목적성〉이 공통으로 추가되고, 또 "어떤 생각을 이루기 위해 공연히 엉뚱한 근거나 이유를 갖다. 대다"의 개념도 공유하고 있어 〈엉뚱한 근거나 이유를 제시성→자기의 생각을 관철할 목적성〉이 더 추가되며, "양심에 꺼리거나 잘못된 일에 대하여 다른 일의 탓으로 이렇게 저렇게 돌리어 말하다"의 개념도 공유하고 있으므로 〈양심에 가책성＋실수성→원인 전가성→둘러대는 행위성〉도 공통으로 추가된다. 다만 (19)는 "이말 저말을 하여 여러 가지 핑계를 늘어놓다"의 개념이니 〈다양하게 꾸며서 언표성→핑계대는 행위성〉이 더 추가되고, 또 "갖가지로 엇갈리고 뒤섞이어 갈피를 잡을 수가 없다"의 개념도 더 가지고 있어 〈복잡 다양하게 뒤얽힌 상태성→판별하기 곤란성〉이 더 추가되어 분절한다.

(20) 얼넘어가다

(21) 알랑뚱땅하다

(22) 얼렁뚱땅하다

(23) 엉이야벙이야하다

(24) 엉야벙야하다

위의 (20)은 "얼버무려 넘어가다"의 개념이니 〈얼버무려 넘어가는 행위성〉이 추가되고, (21-22)는 "살짝 엉터리를 부리며 얼김에 남을 속여 넘기다"의 개념을 공유하고 있어 〈살짝 엉터리부리는 행위성→상대를 기만성〉이 공통으로 추가되며, (23-24)는 "일을 어물어물 꾸며대다"의 개념을 공유하고 있어 〈어물어물 꾸며대는 행위성〉이 공통으로 추가되어 분절한다.

(25) 피탈(避脫)하다

이는 "핑계하여 피하여 벗어나다"의 개념이니 〈핑계대는 행위성→낭패를 모면성〉이 추가되어 분절한다.

앞에서 논의한 식언과 핑계대는 자동사의 분절구조는 [그림71], [그림72]
와 같다.

[그림71] 식언하는 분절구조(1)

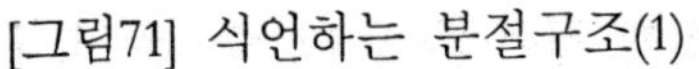

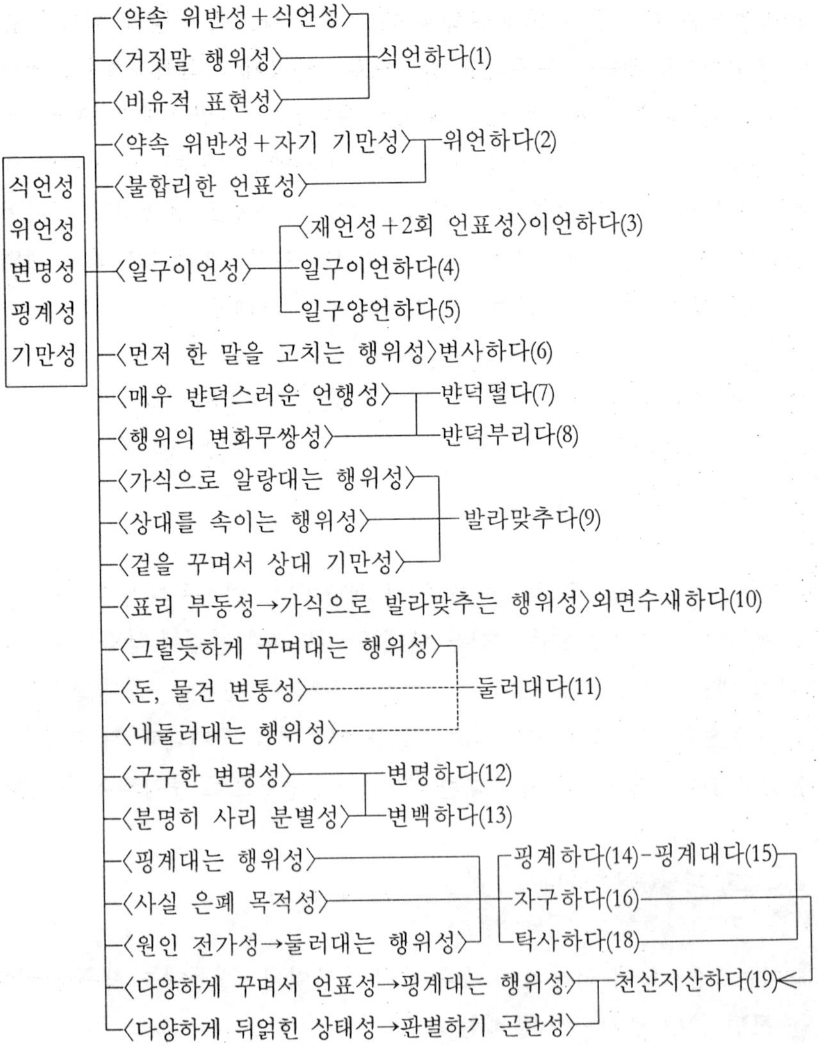

[그림72] 식언하는 분절구조(2)

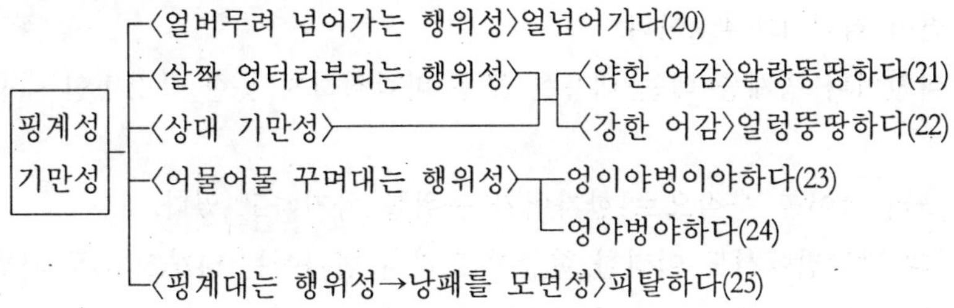

2.15.2 마무리

현대 국어 자동사 가운데 식언에 관련된 25개의 낱말에 대하여 개별적인 분절성을 해명하였다. 이제 이것을 바탕으로 하여 전체적인 분절구조를 고찰하려 한다.

(1) 식언 자동사의 내용을 많이 분포된 순으로 살펴보면 다음과 같다.

일구이언하는 내용이 6개(24%)로 가장 많고, 핑계대어 사실을 은폐하는 내용이 5개(20%)로 다음으로 많으며, 그럴듯하게 둘러대는 내용과 어물어물 꾸며대어 낭패를 모면하는 내용이 각각 3개(12%)이다. 그리고 매우 반덕스러운 언행, 거짓으로 알랑대며 발라맞추는 내용, 살짝 엉터리를 부려 남을 속이는 내용이 각각 2개(8%)이고, 식언으로 약속을 위반하는 내용과 내용을 얼버무리는 행위가 각각 1개(4%)이다.

(2) 식언이나 핑계를 대는 주체는 일언이언하는 사람이 6명(24%)으로 가장 많고, 핑계대는 사람이 5명(20%)으로 다음으로 많으며, 변명하는 사람이 3명(12%)이다. 그리고 반덕부리는 사람, 거짓으로 발라맞추는 사람, 엉터리를 써서 남을 기만하는 사람, 어물어물 꾸며대는 사람이 각각 2명(8%)이고, 약속을 위반하는 사람과 사건을 얼버무리는 사람이 각각 1개(4%)이다.

(3) 식언이나 핑계를 말하는 대상이나 객체는 일구이언이 6개(24%)이고, 핑계가 5개(20%)이며, 상대의 기만이 4개(16%)이다. 그리고 반덕부리는 언

행, 변명, 가식적 언행, 얼버무리는 언행이 각각 2개(8%)이며, 낭패와 위기의 모면이 각각 1개(4%)이다.

(4) 식언이나 평계를 대는 내용은 모두 바람직하지 못한 부정적인 내용이다.

(5) 우리 국어를 수적으로 한자어가 우위를 차지하고 있다.

식언의 낱말밭에서도 이러한 현상이 드러나 한자어는 14개(56%)로 과반수가 넘고 있으며, 우리 고유어는 10개(40%)이다. 그리고 고유어와 한자어가 융합된 혼종어는 1개(4%)이고, 서구 외래어는 하나도 없는 것이 특징이다.

2.16 아첨하다

2.16.1 아첨하는 내용

이 부분밭은 "남의 마음에 들려고 간사를 부려 비위를 맞추어 알랑거리다"의 내용을 함유하고 있어 〈아첨성〉, 〈감언이설성〉, 〈면종복배성〉이 내용에 따라 부가된다.

(1) 아첨(阿諂)하다	(2) 미첨(媚諂)하다
(2) 아종(阿從)하다	(4) 아유(阿諛)하다
(5) 아부(阿附)하다	(6) 아당(阿黨)하다
(7) 유녕(諛佞)하다	(8) 유미(諛媚)하다
(9) 호미(狐媚)하다	(10) 영미(佞媚)하다
(11) 사녕(邪佞)하다	(12) 첨녕(諂佞)하다
(13) 첨미(諂媚)하다	(14) 첨유(諂諛)하다
(15) 첨곡(諂曲)하다	(16) 식사(飾辭)하다
(17) 작간(作奸)하다	(18) 간녕(奸佞)하다

위의 낱말들은 "남의 마음에 들려고 간사를 부려 비위를 맞추어 알랑거리다"의 개념을 공유하고 있어 〈간사 부리는 행위성→알랑거려 환심을 사는 행위성→아첨성〉이 공통으로 추가되는 유의어이므로 한 동아리에 묶었다.

(19) 감언(甘言)하다   (20) 비나리치다
(21) 알랑거리다   (22) 알랑알랑하다
(23) 알짱거리다   (24) 알짱알짱하다
(25) 얼쩡거리다   (26) 얼쩡얼쩡하다
(27) 얼쭝거리다   (28) 얼쭝얼쭝하다

위의 (19)는 "남의 비위를 맞추기 의하여 듣기 좋게 말하다"의 개념이니 〈감언성→남의 환심을 살 목적성〉이 추가되고, (20)은 "아첨해서 환심을 사다"의 개념이므로 〈아첨성→환심을 회득할 목적성〉이 추가되며, (21-24)는 "남의 비위를 맞추거나 환심을 사려고 그럴 듯이 교묘한 말로 다랍게 아첨하는 것을 자꾸 하다"의 개념을 공유하고 있어 〈교묘한 말로 계속 아첨성→환심을 살 목적성〉이 공통으로 추가된다. 이들은 접사와 음운 교체로 어감의 차이에서 오는 뉘앙스에 의하여 서로 분절되므로 (21)은 〈연속성＋약한 어감〉, (22)는 〈단속성＋약한 어감〉, (23)은 〈연속성＋중간정도의 어감〉, (24)는 〈단속성＋중간정도의 어감〉이 각각 더 첨가되어 분절한다. 그리고 (25-28)은 "근사한 말로 얼렁거리며 남을 속이다"의 개념을 공유하고 있어 〈근사한 언표성＋얼렁거리는 행위성→상대를 기만할 목적성〉이 공통으로 추가되고, 또 "일도 없으면서 공연히 자꾸 이리저리 돌아다니다"의 개념도 공유하고 있으므로 〈용무 없이 공연히 계속 배회성〉도 공통으로 추가된다. 이들은 접사와 모음의 교체로 어감의 차이에서 오는 뉘앙스에 의하여 서로 분절되므로 (25)는 〈연속성＋강한 어감〉, (26)은 〈단속성

＋강한 어감〉, (27)은 〈연속성＋매우 강한 어감〉, (28)은 〈단속성＋매우 강한 어감〉이 각각 더 추가되어 서로 분절한다.

(29) 잔꾀말하다
(30) 교어(嬌語)하다
(31) 교언(嬌言)하다
(32) 교언영색(巧言令色)하다[57]

위의 (29)는 "얕은 꾀를 써서 말하다"의 개념이니, 잔꾀를 쓰는 이유가 남을 속이거나 남의 환심을 사려는 의도로 이해되어 〈얕은 꾀를 써서 언표성→남을 기만할 목적성〉이 추가되고, (30-31)은 "요염하게 교태를 띠고 말하다"의 개념을 공유하고 있어, 교태를 부리는 목적은 남의 환심을 사기 위함이니 〈요염한 교태로 언표성→남의 환심을 사게 할 목적성〉이 공통으로 추가된다. 그리고 (32)는 "남에게 아첨하느라고 발라맞추는 말과 알랑거리는 짓을 하다"의 개념이니 〈알랑거리는 행위성＋교언영색성→아첨성〉이 추가되어 분절한다.

(33) 아양떨다
(34) 아양부리다
(35) 아양피우다
(36) 꼬리치다

위의 낱말들은 "귀염을 받으려고 일부러 애교 있는 말이나 행동을 활발히 하다"의 개념을 공유하고 있어 〈의도적으로 애교 있는 언행성→귀염 받을 목적성〉이 공통으로 추가된다. 다만 (36)은 "꼬리를 좌우로 흔들다"의 개념도 더 가지고 있어 〈꼬리치는 행위성＋비유적 표현성〉이 더 추가되어 분절한다.

---

57) 〈論語〉에 『巧言令色 鮮二矣』라는 말이 보인다.

(37) 사탕발림하다(砂糖–)　　　　(38) 감언이설(甘言利說)하다

　위의 (37)은 "달콤한 말로 남의 비위를 맞추어 살살 달래다"의 개념이니 〈감언성→남의 환심을 추구성→회유성〉이 추가되고, (38)은 "남의 비위에 맞게 꾸미거나 이로운 조건을 내세워 그럴듯하게 꾀다"의 개념이므로 〈비위 맞추는 행위성＋이로운 조건을 제시성→유혹성〉이 추가되어 분절한다.

(39) 간질간질하다　　　　　　　(40) 깐질깐질하다
(41) 간능부리다　　　　　　　　(42) 연사질하다

　위의 (39)와 (40)은 "그럴 듯도 하고 아니 그럴 듯도 한 말이나 행동으로 자꾸 남의 마음을 자릿자릿하게 하다"의 개념을 공유하고 있어 〈계속 그럴듯한 언행성→남의 심정 자극성→자기 의도대로 실행할 목적성〉이 공통으로 추가된다. 이들은 평음과 경음의 교체로 어감의 차이에서 오는 뉘앙스에 의하여 서로 분절되므로 (39)는 〈약한 어감〉이 더 추가되고, (40)은 〈강한 어감〉이 더 추가되어 분절한다. 그리고 (41)은 "남의 환심을 사려고 능청스러운 언행을 하다"의 개념이니 〈능청스런 언행성→남의 환심을 살 목적성〉이 추가되고, (42)는 "교묘한 말로 남을 꾀어 그의 심중을 말하게 하다"의 개념이므로 〈교묘한 말로 유혹성→상대의 심중을 염탐성〉이 추가되어 분절한다.

(43) 언구럭부리다　　　　　　　(44) 언구럭쓰다

　위의 낱말들은 "사특하고 교묘한 말로 남의 속셈을 떠보는 등 남을 농락하는 언행을 하다"의 개념을 공유하고 있어 〈사특하고 교묘히 언표성→남의 심중을 염탐성→남을 농락성〉이 공통으로 추가된다. 그런데 우리 언

어 현실에 사용되고 있는 '언구럭쓰다'는 어휘 사전(辭典)에 공백(lexical gap)으로 되어 있다.

[그림73] 아첨하는 분절구조(1)

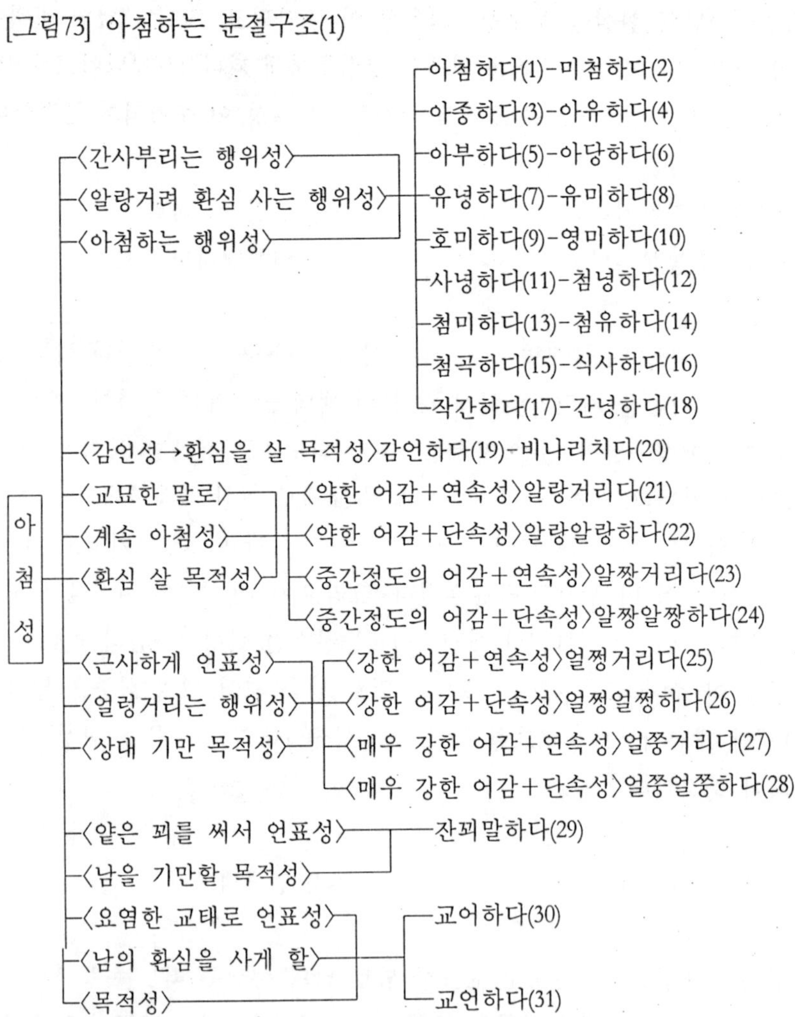

[그림74] 아첨하는 분절구조(2)

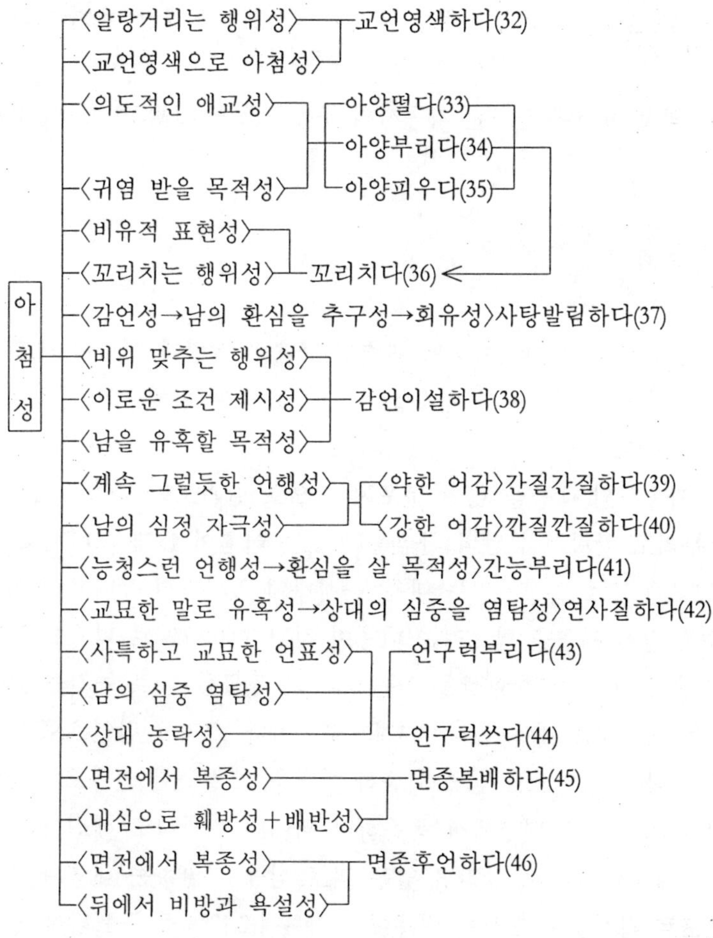

(45) 면종복배(面從腹背)하다   (46) 면종후언(面從後言)하다

위의 (45)는 "겉으로 받들어 복종하는 체하면서 내심으로는 훼방하고 배반하다"의 개념이니 〈겉으로 복종성→내심으로 훼방성＋배반성〉이 추

가되고, (46)은 "보는 앞에서 복종하는 체하면서 뒤에서 비방과 욕설을 하다"의 개념이므로 〈면전에서 복종성→뒤에서 비방과 욕설성〉이 추가되어 분절한다.

앞에서 논의한 아첨에 관련된 자동사의 분절구조는 [그림73], [그림74]와 같다.

2.16.2 마무리

현대 국어 자동사 가운데 아첨에 관련된 46개의 낱말에 대하여 개별적인 분절성을 해명하였다. 이제 이것을 바탕으로 하여 전체적인 분절구조를 고찰하려 한다.

(1) 아첨 자동사의 내용을 많이 분포된 순으로 살펴보면 다음과 같다.

간사를 부리고 알랑거려 남의 환심을 사려는 아첨이 18개(39.13%)로 가장 많고, 교묘한 말로 알랑거리는 내용, 근사하게 얼쩡거려 상대를 속이는 내용, 아양을 떨어 귀염을 받으려는 내용이 각각 4개(8.7%)로 다음으로 많으며, 요염한 교태로 남의 환심을 사는 내용과 교묘한 말로 농간을 부려 남의 심중을 염탐하는 내용이 각각 3개(6.52%)이다. 그리고 감언으로 남의 환심을 사는 내용, 감언으로 남을 회유하는 내용, 그럴듯한 언행으로 남의 심정을 자극하는 내용, 면전에서 복종하나 뒤에서 비방하고 배신하는 내용이 각각 2개(4.35%)이다. 그리고 얕은 꾀로 남을 기만하는 내용과 능청스런 언행으로 확신을 유도하는 내용이 각각 1개(2.17%)로 분포되어 있다.

(2) 아첨하는 주체는 막연히 아첨하는 사람이 24명(52.17%)으로 가장 많고, 근사하게 알랑거려 남을 속이는 사람, 애교를 떨어 귀여움을 받으려는 사람, 감언이설로 남을 유혹하는 사람이 각각 4명(8.7%)으로 다음으로 많으며, 요염한 교태로 아첨하는 내용과 교묘한 말로 남의 속셈을 알아보는 사람이 각각 3명(6.52%)이다. 그리고 면전에서 복종하고 뒤에서 배신하는

사람이 2명(4.35%)이고, 잔꾀를 써서 남을 속이는 사람과 간능부리는 사람이 각각 1명(2.17%)으로 분포되어 있다.

(3) 아첨하는 대상이나 아첨할 때 사용되는 객체는 중복되는 내용이 많아 어휘의 수는 64개로 늘어난다. 아첨이 22개(34.38%)로 가장 많고, 남의 환심이 8개(12.5%)로 다음으로 많으며, 요염한 교태가 7개(10.94%)이다. 그리고 교묘한 말과 상대에 대한 기만이 각각 5개(7.81%)이고, 남의 비위와 남의 심중이 각각 3개(4.69%)이며, 감언, 배신, 욕설, 비방, 복종 등이 각각 2개(3.13%)이다. 끝으로 얕은 꾀가 1개(1.56%)로 분포되어 있다.

(4) 아첨하는 내용은 모두 바람직하지 못한 부정적인 내용이다.

(5) 우리 국어는 한자어가 수적으로 우위를 차지하고 있다. 국어사 전반을 통하여, 국어는 중국어와 가장 광범위하고 긴 접촉관계를 수립하여 왔다. 국어를 표기하기에 알맞은 고유 문자를 가지지 못한 채 수립된 중국어와의 접촉에서 국어는 심원한 영향을 받아왔다. 애초에 소수의 어휘 차용에서 차자표기법을 창안했고 드디어 한문 전부를 문자언어에 수용하게 되었다. 그래서 순수한 한문과 고유 국어문을 생각할 수 없게 되어 국한문 혼용체가 쓰이게 되었다(沈在箕, 1983:214).

아첨의 낱말밭에서도 이러한 현상이 드러나, 한자어는 25개(54.35%)로 과반수가 넘고 있으며, 우리 고유어는 20개(43.48%)이고, 한자어와 고유어가 융합된 혼종어는 1개(2.17%)이다. 그리고 서구 외래어는 하나도 없는 것이 특징이다.

2.17 좋지 않은 언어표현

2.17.1 좋지 않은 언어표현의 내용

이 부분밭은 언어표현이 좋지 않은 내용으로 크게 실언·상말·폭언·공갈·

이간질·변명 등 6개의 작은 밭으로 분류하여 논의하려 한다. 좋지 않은 언어표현의 상위 분절구조는 다음과 같다.

[그림75] 좋지 않은 언어표현 자동사의 상위 분절구조

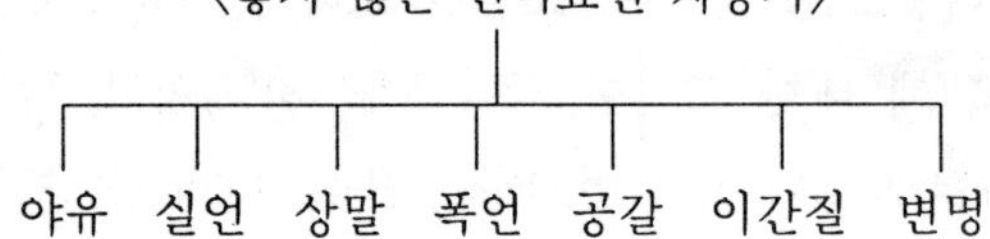

2.17.1.1 빈정거리는 분절

(1) 빈정거리다	(2) 빈정빈정하다
(4) 비웃적거리다	(4) 비웃적비웃적하다
(5) 밴죽거리다	(6) 밴죽밴죽하다
(7) 뱐죽거리다	(8) 뱐죽뱐죽하다
(9) 번죽거리다	(10) 번죽번죽하다
(11) 뻔죽거리다	(12) 뻔죽뻔죽하다

위의 (1-4)는 "남을 비웃는 언행으로 은근히 놀리다"의 개념을 공유하고 있어 〈남을 조소하는 언행성→야유성〉이 공통으로 추가되나, 이들은 접사의 교체와 음운첨가로 어감의 차이에서 오는 뉘앙스에 의하여 (1)은 〈연속성＋약한 정도〉, (2)는 〈단속성＋약한정도〉, (3)은 〈연속성＋강한 정도〉, (4)는 〈단속성＋강한 정도〉가 각각 더 추가되어 서로 분절한다. 그리고 (5-8)은 "언행이 흉물스럽고 익살스럽게 지껄이며 짓궂게 빈정거리다"의 개념을 공유하고 있어 〈흉물스런 언행성＋익살성→짓궂은 야유성〉이 공통으로 추가된다. 이들도 접사의 교체와 모음의 교체로 어감의 차이에서 오는 뉘앙스에 의하여 서로 분절되므로 (5)는 〈연속성＋매우 약한 어감〉, (6)은

〈단속성＋매우 약한 어감〉, (7)은 〈연속성＋약한 어감〉, (8)은 〈단속성＋약한 어감〉이 각각 더 추가되어 분절한다. 그리고 (9-12)는 "얼굴이 번하게 생긴 사람이 이죽이죽하면서 느물거리다"의 개념을 공유하고 있어, 언행의 주체자가 잘생긴 사람이고, 언행이 흉물스럽고 밉살스러우며 짓궂게 빈정거리는 개념이므로 〈[잘생긴 사람]→흉물스런 언행성＋가증성→짓궂은 야유성〉이 공통으로 추가된다. 이들도 접사의 교체와 자음과 모음의 교체로 어감의 차이에서 오는 뉘앙스에 의하여 서로 분절되므로 (9)는 〈연속성＋중간정도의 어감〉, (10)은 〈단속성＋중간정도의 어감〉, (11)은 〈연속성＋강한 어감〉, (12)는 〈단속성＋강한 어감〉이 각각 더 첨가되어 서로 분절한다.

(13) 흐물거리다

이는 "남을 비웃는 태도로 은근히 놀리다"의 개념이니, 언표자의 태도가 분절성이 되어 〈조소적인 태도로 은근히 희롱성〉이 추가되어 분절한다.

(14) 야기죽거리다	(15) 야기죽야기죽하다
(16) 야죽거리다	(17) 야죽야죽하다
(18) 약죽거리다	(19) 약죽약죽하다
(20) 익죽약죽거리다	(21) 익죽약죽하다
(22) 이죽거리다	(23) 이죽이죽하다
(24) 이기죽거리다	(25) 이기죽이기죽하다
(26) 이기죽부리다	(27) 이죽부리다

위의 낱말들은 모두 "자꾸 밉살스럽게 재깔이며 짓궂게 굴며 남을 비웃는 태도로 은근히 놀리다"의 개념을 공유하고 있어, 밉살스런 언표와 짓궂고 비웃는 태도가 변별력을 지니고 있으므로 〈가증스런 언표 계속성

+짓궂고 비웃는 태도성→남을 은근히 희롱성〉이 공통으로 추가된다. 이들은 접사의 교체와 모음의 교체로 어감의 차이에서 오는 뉘앙스에 의하여 서로 분절되므로 (14)는 〈연속성+약한 어감〉, (15)는 〈단속성+약한 어감〉, (16)은 〈연속성+유연성+약한 어감〉, (17)은 〈단속성+유연성+약한 어감〉, (18)은 〈연속성+경색성+약한 어감〉, (19)는 〈단속성+경색성+약한 어감〉, (20)은 〈연속성+변화성+약한 어감〉, (21)은 〈단속성+변화성+약한 어감〉, (22)는 〈연속성+중간정도의 어감〉, (23)은 〈단속성+중간정도의 어감〉, (24)는 〈연속성+중간정도의 어감〉, (25)는 〈단속성+중간정도의 어감〉, (26)과 (27)은 〈의도성+중간정도의 어감〉이 각각 더 첨가되어 서로 분절한다.

(28) 깐족이다　　　　　　　(29) 깐족거리다
(30) 깐족깐족하다

위의 낱말들은 "쓸데없는 말을 수다스럽고 밉살스럽게 지껄이며 질기둥이같이 짓궂게 비웃는 태도로 은근히 놀리다"의 개념을 공유하고 있어, 언표자의 태도가 수다스럽고 얄미우며 짓궂은 태도가 문제가 되므로 〈불요불급한 화제를 계속 수다성+비웃는 태도성+가증스런 언행성→남을 은근히 희롱성〉이 공통으로 추가된다. 이들도 접사의 교체로 어감의 차이에서 오는 뉘앙스에 의하여 서로 분절되므로 (28)은 〈1회성〉, (29)는 〈연속성〉, (30)은 〈단속성〉이 각각 더 추가되어 서로 분절한다.

(31) 희롱(戲弄)하다　　　　　(32) 조롱(嘲弄)하다
(33) 조별(誂瞥)하다　　　　　(34) 희롱질하다(戲弄-)
(35) 희롱지거리하다(戲弄-)

위의 낱말들은 "언행으로 남을 깔보고 비웃으며 실없이 놀리다"의 개념을 공유하고 있어, 언표자의 심리적인 태도와 언표의 태도가 분절성을 지니고 있으므로 〈남을 격멸성＋조소성→실없이 희롱성〉이 공통으로 추가되는 유의어이므로 한 동아리에 묶었다. 다만 (34)와 (35)는 희롱하는 행위를 부정적으로 보고, 속되게 표현한 말이므로 〈속된 표현성〉이 공통으로 더 추가되어 분절한다.

(36) 비양주다	(37) 비양하다
(38) 비양거리다	(39) 비양거리다

위의 낱말들은 "남을 빗대어 놓고 얄밉고 비웃는 태도로 은근히 놀리다"의 개념을 공유하고 있어, 언표자의 심적 상황과 얄밉고 비웃는 태도가 분절성을 지니고 있어 〈얄밉고 비웃는 태도성→남을 빗대어 은근히 희롱성〉이 공통으로 추가된다. 이들은 접사의 교체로 어감의 차이에서 오는 뉘앙스에 의하여 서로 분절되므로 (36)과 (37)은 〈의도적인 언행성〉, (38)과 (39)는 〈연속성〉이 각각 더 추가되어 서로 분절한다.

(40) 기롱(欺弄)하다	(41) 학극(謔劇)하다
(42) 학랑(謔浪)하다	(43) 부롱(浮弄)하다

위의 (40)은 "남을 속이어 희롱하거나 농락하다"의 개념이니 〈남을 기만성→희롱성＋농락성〉이 추가되고, 또 "실없는 말로 실없이 잘 웃고 몹시 지껄이다"의 개념도 가지고 있어 〈실없이 미소성＋실없이 몹시 수다성〉이 더 추가된다. 그리고 (41)과 (42)는 "실없는 말로 희롱하고 익살을 부리다"의 개념을 공유하고 있어 〈실없는 말로 희롱성→익살부리는 행위성〉이 공통으로 추가되고, (43)은 "들떠서 실없는 언행으로 남을 놀리다"의

252

개념이므로 〈흥분성→실없는 언행으로 희롱성〉이 추가되어 분절한다.

　앞에서 희롱에 관련된 43개 자동사에 대하여 개별적인 분절구조를 논의하였다. 이제 이것을 바탕으로 하여 전체적인 분절구조를 수형도(tree diagram)로 제시하려 한다.

[그림76] 빈정거리는 분절구조(1)

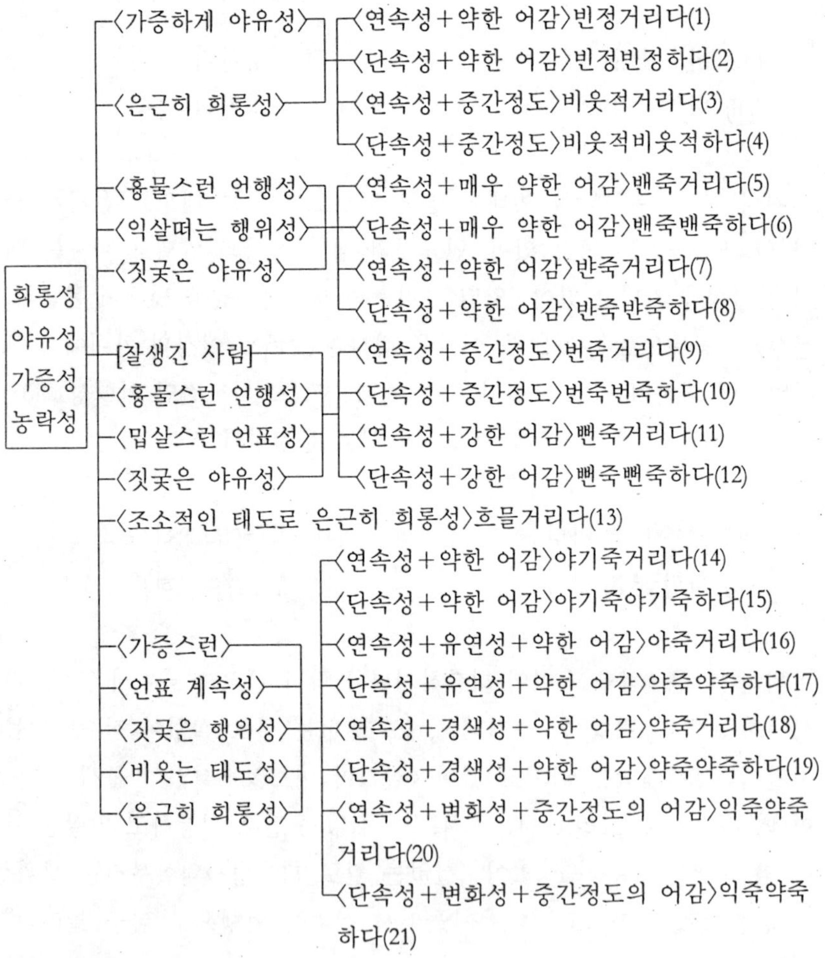

[그림77] 빈정거리는 분절구조(2)

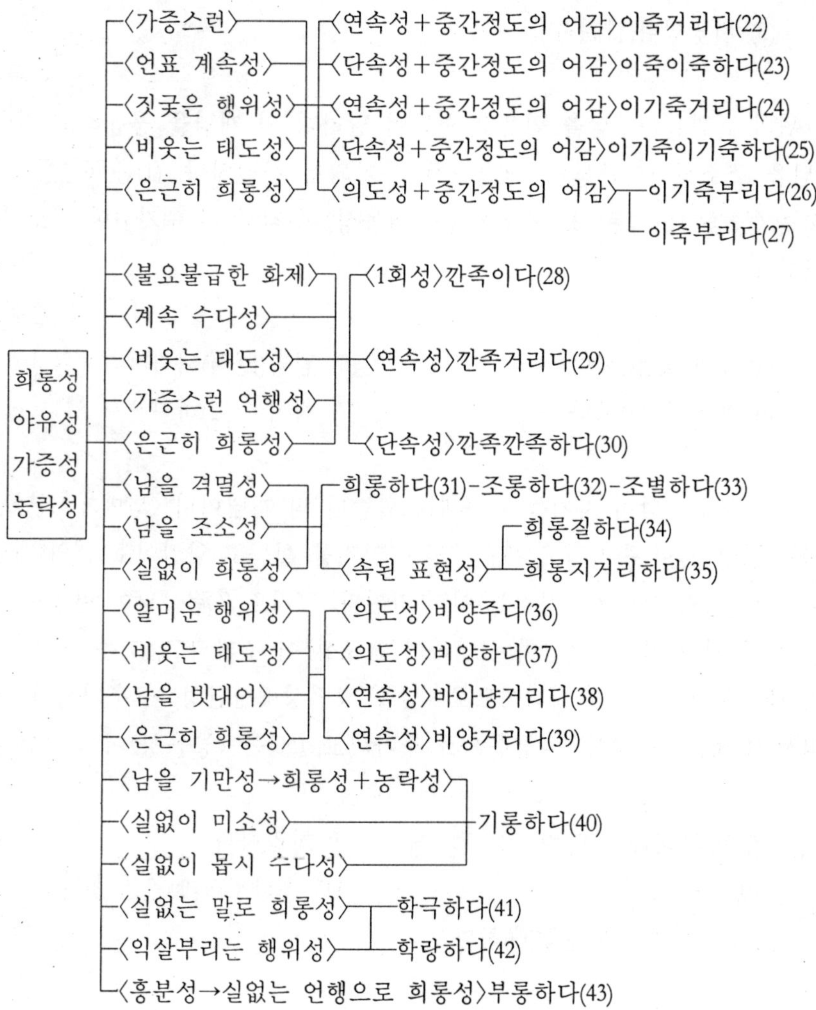

2.17.1.2 비방하는 분절

이 부분밭은 "남을 비웃고 헐뜯어 말하다"의 내용을 함유하고 있어 〈비방성, 힐난성, 악담성, 독설성〉이 내용에 따라 부가된다

　　(1) 방산(謗訕)하다　　　　　　　　(2) 비방질하다(誹謗-)
　　(3) 비방받다(誹謗-)

　위의 낱말들은 "남을 비웃고 헐뜯어 말하다"의 개념을 공유하고 있어 〈남을 조소성→힐난성〉이 공통으로 추가되어 분절하나, (1)은 〈능동성〉, (2)는 〈능동성＋속된 표현성〉, (3)은 〈피동성〉이 각각 더 추가되어 서로 분절한다.

　　(4) 폄론(貶論)되다　　　　　　　　(5) 폄박(貶薄)되다
　　(6) 폄사(貶辭)되다　　　　　　　　(7) 폄훼(貶毀)하다

　위의 (4)는 "남이 자기를 깎아내려 헐뜯다"의 개념이니 〈남에게 힐난당하는 입장성〉이 추가되고, (5)는 "남이 자기를 헐뜯고 얕잡아보다"의 개념이므로 〈남이 힐난성＋경멸성〉이 추가된다. 그리고 (6)은 "남이 헐뜯는 말을 하다"의 개념이니 〈남이 힐난하여 언표성〉이 추가되고, (7)은 "남을 깎아 내리고 헐뜯다"의 개념이므로 〈남을 경멸성＋힐난성〉이 추가된다. 따라서 (4-6)은 〈피동성〉이 공통으로 추가되고, (50)은 〈능동성〉이 첨가된다.

　　(8) 비의(非議)하다　　　　　　　　(9) 하리하다
　　(10) 하리놓다　　　　　　　　　　(11) 흥와조산(興訛造訕)하다
　　(12) 흥와주산(興訛做訕)하다

　위의 (8)은 "남을 비방하여 논하다"의 개념이니 〈남을 비방하여 논란성〉이 추가되고, (9-10)은 "남을 헐뜯어 윗사람에게 일러바치다"의 개념을 공유하고 있어 〈남을 비방성→윗사람께 무고성〉이 공통으로 추가된다. 그리고 (11-12)는 "있는 말 없는 말을 꾸며대어 남을 비방하다"의 개념을 공유

하고 있어 〈허위날조성→남을 비방성〉이 공통으로 추가되어 분절한다.

    (13) 훼단(毁短)하다   (14) 훼언(毁言)하다

    (15) 훼방(毁謗)하다   (16) 자방(訾謗)하다

    (17) 자훼(訾毁)하다   (18) 정가하다

    (19) 흉질하다(凶-)

위의 (13)은 "남의 결점을 들어서 헐뜯어 말하다"의 개념이니, 남의 결점을 말함이 분절성을 가지고 있으므로 〈남의 결점을 지적성→비방성〉이 추가되고, (14-17)은 "남을 헐뜯어서 비방하다"의 개념이니 〈남을 험담성→비방성〉이 공통으로 추가된다. 그리고 (18)은 "지난 허물이나 결함을 초 들어 자꾸 입에 담아 흉보다"의 개념이니 〈과거의 과실, 결함을 폭로성→계속 비방성〉이 추가되고, (19)는 "악담하다"의 개념이므로 〈악담성〉이 추가되며, 또 "비방하다"의 개념도 가지고 있어 〈비방성〉이 더 추가되어 분절한다. 이 낱말은 흉보는 행위를 좋지 않게 생각하는 우리 언어공동체의 세계상이 반영되어 있고, 〈속된 표현성〉이 더 첨가된다.

    (20) 육갑하네하다(六甲-)

이는 "남의 언행을 얕잡아서 말하다"의 개념이니 〈남의 언행을 속되게 표현성〉이 추가되어 분절한다.

    (21) 훼욕(毁辱)하다   (22) 험구(險口)하다

    (23) 험구덕(險口德)하다   (24) 험담(險談)하다

    (25) 험언(險言)하다

256

위의 낱말들은 "남을 헐뜯어 욕하다"의 내용(inhalt)을 함유하고 있으므로 〈남을 비방성→욕설성〉이 공통으로 추가된다. 따라서 (21)은 "남을 헐뜯어 욕하다"의 개념이니 〈남을 비방성→욕설성〉이 추가되고, (22-25)는 "남의 흠을 들추어 헐뜯어 말하거나 험상궂은 욕설을 잘 퍼부어 대다"의 개념을 공유하고 있어 〈남의 결점을 공개성→흉악하게 빈번히 욕설성〉이 공통으로 추가되어 분절한다.

    (26) 악구(惡口)하다   (27) 악설(惡舌)하다
    (28) 악담(惡談)하다   (29) 악언(惡言)하다

위의 낱말들은 "남에게 나쁜 말을 하다"의 개념을 공유하고 있어 〈남에게 악담성〉이 공통으로 추가되고, 또 "남을 해치려고 음흉한 말을 하다"의 개념도 공유하고 있으므로 〈음흉한 말로 언표성→남을 해칠 목적성〉도 공통으로 추가되어 분절한다. 이 낱말은 불교에서는 십악(十惡)[58]의 하나이다.

    (30) 야살까다   (31) 야살떨다
    (32) 야살부리다   (33) 야살피우다

위의 낱말들은 "되바라지고 얄망궂으며 성질이 까다로워 요망하게 굴다"의 개념이니 〈편협성＋가증성＋괴팍한 성미성→요망한 언행성〉이 공통으로 추가되어 분절한다. 이들은 접사의 교체로 어감의 차이에서 오는

---

58) 불교에서 말하는 十惡은 다음과 같다.
    몸, 입, 뜻의 三業으로 짓는 열 가지 죄악이다. 곧, 殺生, 偸盜, 邪淫 같은 身業과 妄語, 綺語, 兩舌, 惡口 같은 口業과 貪慾, 瞋恚, 愚癡 같은 意業을 말한다. 이 十惡은 十不善業, 十重罪라고도 한다.

뉘앙스에 의하여 서로 분절하므로 (30)은 〈속된 표현성〉, (31)은 〈높은 정도〉, (32)는 〈의도적 행위성〉, (33)은 〈의도성＋낯이 간지러운 상태성〉이 각각 더 추가되어 분절한다.

(34) 독언(毒言)하다　　　　　(35) 독설(毒舌)하다

위의 (34)는 "남의 명예를 손상시키는 말을 하다"의 개념이니 〈독언성→남의 명예를 손상성〉이 추가되고, (35)는 "독살스럽게 혀를 놀려 남을 해치는 말이나 욕설을 하다"의 개념이므로 〈독설성→남을 해치는 행위성〉과 〈독설성→남을 해치는 욕설성〉이 내용이 따라 추가되어 분절한다.

(36) 피방(被謗)되다　　　　　(37) 저주(詛呪)되다

위의 (36)은 "비방을 당하다"의 개념이므로 〈비방을 당하는 상태성〉이 추가되며, 또 "비난을 받다"의 개념도 가지고 있어 〈비난을 받는 상태성〉이 더 추가되고, (37)은 "미워하는 상대에게 재앙이나 불행 같은 것이 있게 되도록 해달라고 빌다"의 개념이니 〈증오의 대상에 재앙, 불행이 오게 기원성＋저주성〉이 추가되고, 또 "미움을 받아서 아주 불행한 일을 당하다"의 개념도 가지고 있어 〈남의 저주로 불행을 초래성〉이 더 추가되어 분절한다.

앞에서 논의한 비방에 관련된 37개 자동사에 대하여 개별적인 분절성을 논의하였다. 이제 이것을 바탕으로 하여 전체적인 분절구조를 수형도 [그림78], [그림79]로 제시하려 한다.

2.17.1.3 욕설하는 분절

이 부분밭은 "남의 인격을 무시하는 모욕적인 말이나, 남을 저주하는

258

말이나, 미워하는 말을 하다"의 내용을 함유하고 있어 〈욕설성〉이 공통으로 부가되고, 또 〈남의 인격 무시성→모욕적인 언표성〉과 〈남을 저주하는 언표성〉 및 〈남을 증오하는 언표성〉이 내용에 따라 부가된다.

   (1) 욕(辱)하다   (2) 욕설(辱說)하다
   (3) 욕설질하다(辱說-)   (4) 욕지거리하다(辱-)

[그림78] 비방하는 분절구조(1)

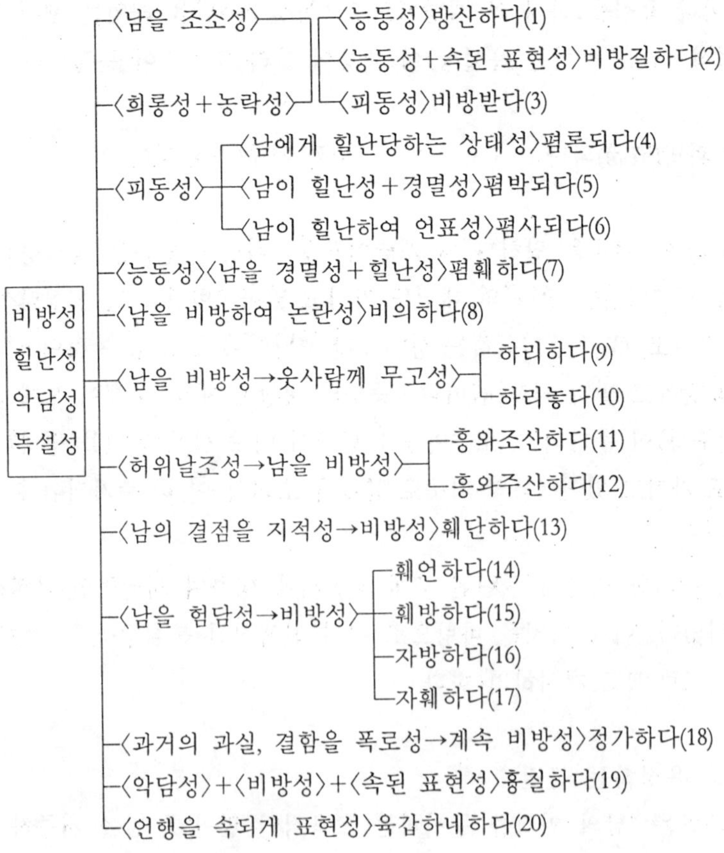

[그림79] 비방하는 분절구조(2)

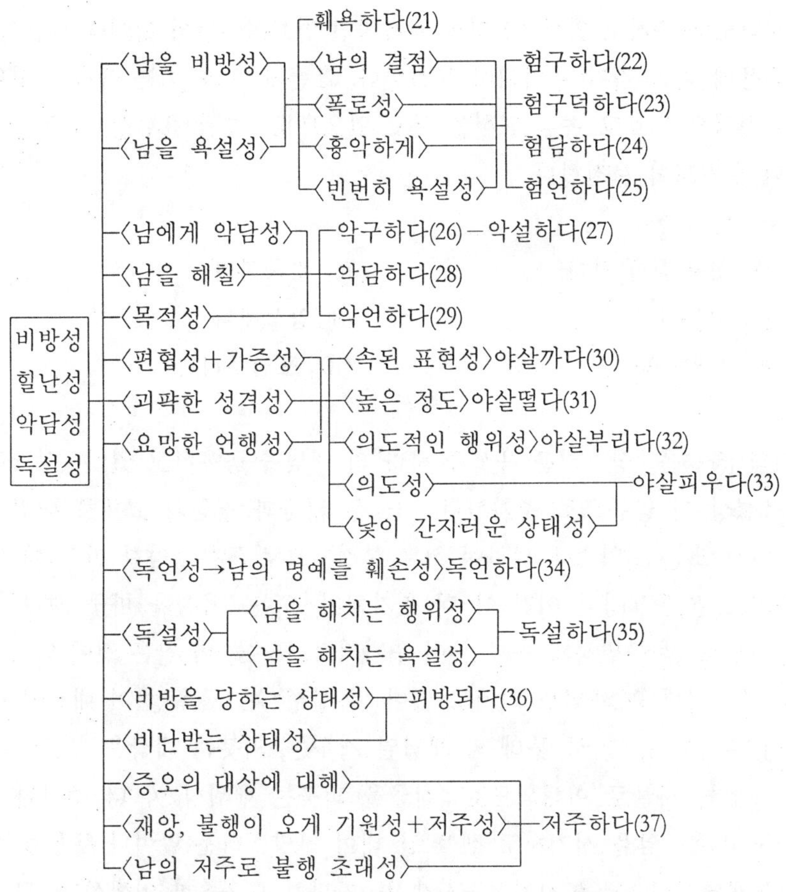

위의 낱말들은 "남의 인격을 무시하는 모욕적인 말이나 남을 저주하는
말이나 남을 미워하는 말을 하다"의 개념을 공유하고 있어 〈욕설성→남의
인격 무시성→모욕적인 언표성〉, 〈욕설성→남을 저주하는 언표성〉, 〈남을
증오하는 언표성〉이 공통으로 추가되고, 또 "남의 잘못을 꾸지람하다"의
개념도 공유하고 있으므로 〈남의 잘못을 질책성〉도 공통으로 추가되며,

"인격상으로 몹시 부끄러운 말을 하여 남의 명예를 더럽히는 말을 하다"
의 개념도 공유하고 있어 〈인격상 치욕적인 언표성→남의 명예를 훼손성〉
이 내용에 따라 각각 추가되어 분절한다. 그런데 (3)과 (4)는 욕하는 행위
를 부정적으로 보고 속된 표현을 하고 있으므로 〈속된 표현성〉이 공통으
로 더 추가되어 분절한다.

(5) 상욕(常辱)하다	(6) 쌍욕하다
(7) 퍼붓다	(8) 암상내다
(9) 포달하다	(10) 포달부리다

　위의 (5-6)은 "상스러운 욕설을 하다"의 개념을 공유하고 있어 〈상스러
운 욕설성〉이 공통으로 추가된다. 이들은 평음과 경음의 교체로 어감의
차이에서 오는 뉘앙스에 의하여 서로 분절되므로 (5)는 〈약한 어감〉이 더
추가되고, (6)은 〈강한 어감〉이 더 추가되며, (7)은 "욕설을 마구 하다"의
개념이므로 〈무분별하게 욕설성〉이 추가되고, 또 "눈·비 같은 것이 억세게
마구 쏟아지다"의 개념도 가지고 있어 〈폭설성〉과 〈폭우성〉이 내용에 따
라 더 추가되며, "퍼서 붓다"의 개념일 경우는, 퍼붓는 대상은 무표이나,
풀 수 있는 사물로 이해되므로 〈사물을 퍼붓는 행위성〉이 더 추가된다.
그리고 (8)은 "남을 시기하고 샘을 잘 내어 잔망스러운 말이나 행동을 하
다"의 개념이니 〈남을 시기성＋시샘성→잔망하고 옹졸한 언행성〉이 추가
되고, (9)와 (10)은 "남을 시기하고 샘이 잘 나서 악을 쓰며 함부로 욕을 하
며 대들다"의 개념을 공유하고 있어 〈시샘과 시기심 야기성→악을 쓰며
무분별하게 욕설성→대드는 행위성〉이 공통으로 추가되어 분절한다.

(11) 뒷욕하다(-辱-)	(12) 뒷욕질하다(-辱-)
(13) 관정발악(官庭發惡)하다	(14) 호년하다(呼-)

위의 (11-12)는 "어떤 일이 다 끝난 뒤에 욕을 하다"의 개념을 공유하고 있어 〈사건 종료 후에 욕설성〉이 공통으로 추가되고, 또 "직접 맞대놓고는 말을 못하고 본인이 없는 곳에서 욕하다"의 개념도 공유하고 있어 〈상대가 없는 곳에서 욕설성+비겁한 행위성〉이 더 추가되나, (12)는 뒤에서 욕하는 행위를 부정적으로 생각하여 속된말로 표현하고 있으므로 〈속된 표현성〉이 더 추가된다. 그리고 (13)은 "관가에서 심문할 때에 관원에게 악을 쓰며 욕설을 하거나 비방하는 등 강경하게 반항하다"의 개념이니 〈관가에서 심문성→[피의자]→관원에게 악을 쓰며 욕설성+비방성→강경히 반항성〉이 추가되고, (14)는 "여자에게 이년, 저년하며 말하다"의 개념이므로 〈여자에게 이년 저년하는 욕설성+비어로 표현성〉이 추가되어 분절한다.

(15) 욕먹다(辱-)   (16) 욕보다(辱-)
(17) 무사득방(無事得謗)하다

위의 낱말들은 모두 상대방에게 욕설을 듣거나 비방을 당하거나 꾸지람을 듣는 내용이므로 〈상대방이 욕설성+비방성+질책성〉이 공통으로 추가되고, 〈피동적으로 욕설 청취성〉도 공통으로 추가된다. 따라서 (15)는 "남으로부터 욕설을 듣다"의 개념이니 〈남에게 욕설 듣는 상태성〉이 추가되고, 또 "남으로부터 악평을 듣다"의 개념도 가지고 있어 〈남에게 악평 듣는 상태성〉이 더 추가되며, "꾸지람을 듣다"의 개념일 경우는 〈꾸지람 듣는 상태성〉이 더 추가된다. 그리고 (16)은 "모욕적인 말을 듣거나 하여 인격상 몹시 부끄러움을 당하다"의 개념이니 〈모욕적인 말을 청취성→인격상 수치심을 당하는 상태성〉이 추가되고, 또 "몹시 고생스럽거나 수고스러운 일을 겪다"의 개념도 가지고 있어 〈격심한 고생과 수고를 체험성〉이 더 추가되며, "강간을 당하다"의 개념일 경우는 〈강간을 당하는 상태성〉이 더 추가된다. (17)은 "아무 까닭 없이 남에게 욕을 보다"의 개념이니 〈까닭

없이 욕을 당하는 상태성〉이 추가되어 분절한다.

[그림80] 욕설하는 분절구조

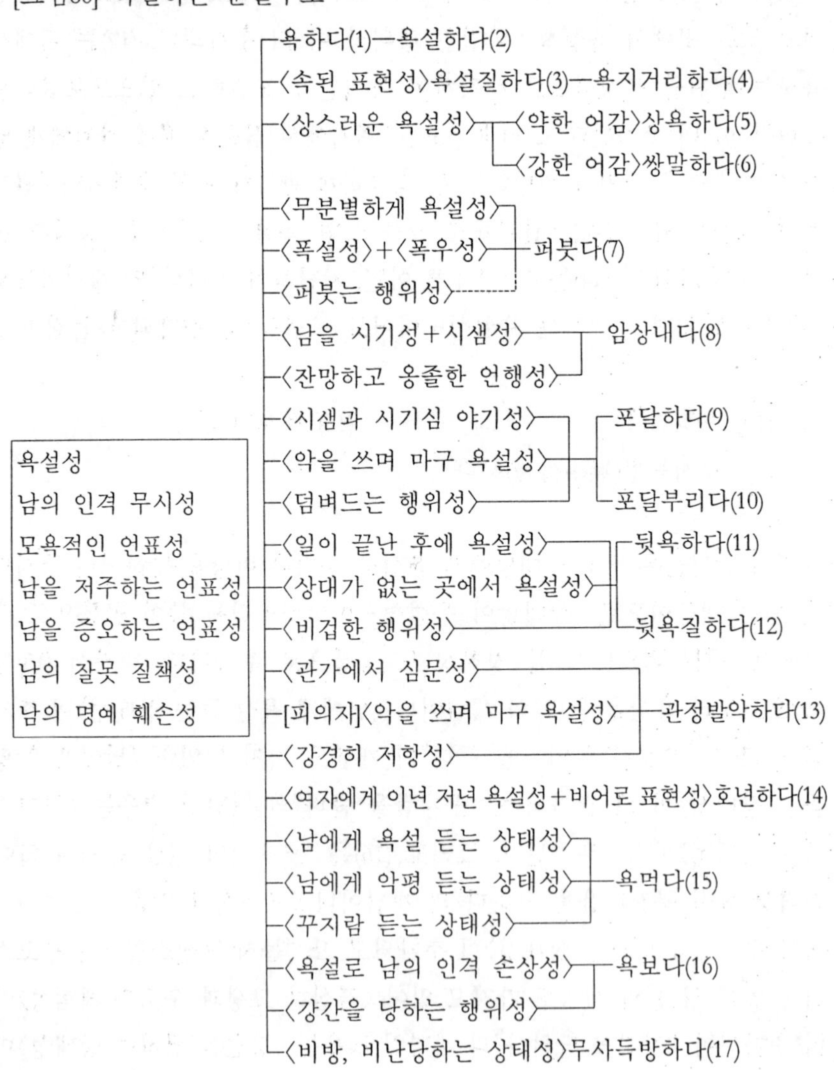

앞에서 논의한 욕설에 관련된 17개 자동사에 대하여 개별적인 낱말의 분절성을 논의하였다. 이제 이것을 바탕으로 하여 전체적인 분절구조를 [그림80]의 수형도로 제시하려 한다.

2.17.1.4 음담하는 분절

이 부분밭은 "색에 관한 음탕한 이야기를 하다"의 내용을 함유하고 있어 〈음담성, 패설성, 추담성〉이 부가된다.

    (1) 음담(淫談)하다   (2) 음담패설(淫談悖說)하다

위의 (1)은 "색에 관한 음탕한 이야기를 하다"의 개념이니 〈색에 관한 음탕한 담화성〉이 추가되고, (2)는 "음탕하고 덕의에 벗어난 상스러운 이야기를 하다"의 개념이므로 〈음탕성＋덕의에서 이탈성→상스러운 담화성〉이 추가되므로, (1)과는 계단대립(Graduelle Oposition)을 이루고 있다.

    (3) 추담(醜談)하다   (4) 추설(醜說)하다
    (5) 추언(醜言)하다   (6) 유언(蕘言)하다

위의 낱말들은 "추잡하고 음란한 말을 하다"의 개념을 공유하고 있어 〈추잡하고 음란한 담화성〉이 공통으로 추가되는 유의어이므로 한 동아리에 묶었다.

음담에 관련된 자동사의 분절구조는 [그림81]과 같다.

[그림81] 음담하는 분절구조

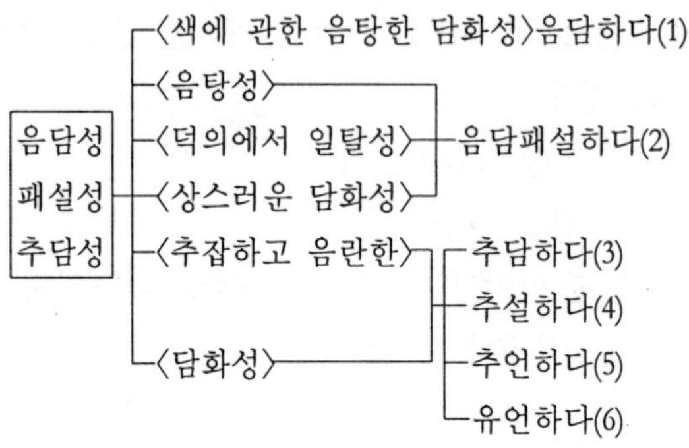

2.17.2 마무리

현대 국어 자동사 가운데 못된 언어표현에 관련된 100개의 낱말에 대하여 개별적인 분절성을 해명하였다. 이제 이것을 바탕으로 하여 전체적인 분절구조를 고찰하려 한다.

못된 언어표현 관련된 낱말의 분포는 다음과 같다.

〈표1〉 못된 언어표현의 분포도

내용	희롱	비방	욕설	추담	계
어휘수	43	37	17	6	100
백분율	42.75%	35.92%	16.51%	5.83%	100%

(1) 못된 언어표현 자동사의 내용을 많이 분포된 순으로 살펴보면 다음과 같다.

① 조소하며 짓궂게 은근히 희롱하는 내용이 15개(34.88%)로 가장 많고, 남을 경멸하고 조소하며 실없이 희롱하는 내용이 5개(11.63%)로 다음으로 많으며, 가증스럽게 은근히 야유하는 내용, 흉물스럽게 익살떨며 짓궂게

야유하는 내용, 잘 생긴 사람이 밉살맞고 짓궂게 야유하는 내용, 얄밉게 비웃으며 남을 빗대어 은근히 희롱하는 내용이 각각 4개(9.31%)이다. 그리고, 불요불급한 화제를 가지고 계속 수다떨며 은근히 희롱하는 내용이 3개(6.98%)이고, 익살을 떨며 실없는 말로 희롱하는 내용이 2개(4.05%)이며, 남을 속이어 실없이 희롱하는 내용과 흥분하여 실없는 언행으로 희롱하는 내용이 각각 1개(2.33%)이다.

② 희롱하는 주체는 남을 비웃으며 짓궂게 계속 희롱하는 사람이 15명(34.88%)으로 가장 많고, 흉물스럽게 익살떨며 야유하는 사람이 8명(18.61%)으로 다음으로 많으며, 남을 비웃고 경멸하며 희롱하는 사람이 5개(11.63%)이다. 그리고 얄밉게 은근히 빈정거리는 사람과 비양거리는 사람이 각각 4명(9.31%)이고, 쓸데없는 화제를 가지고 계속 깐죽거리는 사람이 3명(6.98%)이며, 남을 속이고 실없이 희롱하는 사람과 흥분하여 실없는 언행으로 희롱하는 사람이 각각 1명(2.33%)이다.

③ 희롱하는 대상이나 희롱 중에 드러나는 객체는 중복되는 내용이 많이 있어, 어휘의 수는 109개로 늘어난다. 이들의 내용은 다음과 같다. 은근한 희롱이 23개(21.1%)이고, 비웃는 태도가 22개(20.18%)이며, 가증스런 야유가 19개(17.43%)이다. 그리고 익살스런 언행이 12개(11.01%)이고, 짓궂은 야유와 흉물스런 언행이 각각 8개(7.34%)이며, 경멸과 실없는 희롱이 각각 5개(4.89%)이다. 불요불급한 화제가 3개(2.75%)이고, 기만과 실없는 미소 및 실없는 수다가 각각 1개(0.92%)이다.

④ 남을 희롱하는 내용은 모두 바람직하지 못한 부정적인 내용이다. 그리고 낱말의 차원에서 살펴보면 다음과 같다. 이죽거리는 내용이 15개(34.88%)이고, 빈정거리는 내용이 13개(30.23%)이며, 희롱하는 내용이 8개(18.61%)이다. 그리고 비양하는 내용이 4개(9.31%)이고, 깐죽거리는 내용이 3개(6.98%)이다.

⑤ 우리 국어는 수적으로 한자어가 우위를 파지하고 있다. 그런데 희롱

의 낱말밭에서는 고유어가 35개(81.4%)로 절대 다수이고, 한자어는 6개(13.95%)이며, 고유어와 한자어가 융합된 혼종어는 2개(4.65%)이다. 그리고, 서구 외래어는 하나도 없다.

(2) 비방하는 자동사는 37개이다. 이들의 내용은 다음과 같다.

① 비방을 당하는 내용과 남의 결점을 들어 험담하는 내용 및 남을 비방하고 욕하는 내용이 각각 5개(13.51%)이고, 남을 비방하는 내용, 악담하는 내용, 야살떠는 내용이 각각 4개(10.81%)이며, 남을 비방하여 윗사람께 고해 바치는 내용과 허위날조하여 남을 비방하는 내용 및 욕설을 퍼붓는 내용이 각각 2개(5.41%)이다. 그리고 언행을 속되게 표현한 내용과 남을 저주하는 내용이 각각 1개(2.71%)이다.

② 비방을 하는 주체는 중복되는 내용이 있어 어휘의 수는 46개로 늘어난다.

남의 결점을 들어 비방하는 사람이 6명(13.04%)이고, 힐난 당하는 사람과 욕설하고 비방하는 사람이 각각 5명(10.87%)이며, 남을 비방하는 사람, 허위날조로 무고하는 사람, 악담하는 사람, 성격이 괴팍한 사람, 익살떠는 사람이 각각 4명(8.7%)이다. 그리고 남을 농락하는 사람이 3명(6.52%)이고, 없는 사실을 꾸며 남을 비방하는 사람, 독설로 남의 인격을 손상시키는 사람, 악담으로 남을 해치는 사람이 각각 2명(5.41%)이고, 흉보는 사람, 남의 언행을 비웃는 사람, 남을 저주하는 사람이 각각 1명(2.17%)이다.

③ 비방의 대상이나 비방에 사용되는 객체는 중복되는 내용이 많아 어휘의 수는 55개로 늘어난다. 이들의 내용은 다음과 같다.

비방, 남의 결점, 악담, 험담이 각각 5개(9.09%)이고, 힐난, 경멸, 괴팍한 성격이 각각 4개(7.27%)이며, 조소, 희롱, 농락이 각각 3개(5.54%)이다. 그리고 윗사람, 무고, 허위날조, 독설이 각각 2개(3.64%)이고, 과거의 과실, 과거의 결함, 재앙, 불행, 저주가 각각 1개(1.82%)이다.

④ 우리 국어는 수적으로 한자어가 우위를 차지하고 있다. 이러한 현상

은 비방하는 낱말밭에서도 나타나 한자어는 27개(72.97%)로 절대 다수이고, 우리 고유어는 6개(16.22%)이며, 혼종어는 4개(10.81%)이다. 그리고 서구 외래어는 하나도 없다.

(3) 욕설에 관련된 자동사는 17개이다. 이들의 내용은 다음과 같다.

① 막연히 욕하는 내용이 4개(23.53%)이고, 남을 시기하여 마구 욕설하는 내용과 욕을 먹고 인격에 손상을 당하는 내용이 각각 3개(17.65%)이며, 상스럽게 욕하는 내용과 일이 끝난 후에 욕하는 내용이 각각 2개(11.76%)이다. 그리고 욕설을 퍼붓는 내용과 심문하는 관리에 마구 욕하며 강경히 저항하는 내용 및 여자에게 이년 저년 하는 내용이 각각 1개(5.88%)이다.

② 욕설하는 주체는 중복되는 내용이 있어 어휘의 수는 20개로 늘어난다. 이들의 내용은 다음과 같다. 욕하는 사람이 4명(20%)이고, 남을 시기하여 마구 욕하는 사람과 욕을 먹고 인격에 손상을 당하는 사람 및 마구 욕하는 사람이 각각 3명(15%)이며, 상스럽게 욕하는 사람과 비겁하게 뒷욕을 하는 사람이 각각 2명(10%)이다. 그리고 옹졸한 사람과 여자에게 이년 저년 하는 사람이 각각 1개(5%)이다.

③ 욕설을 당하는 대상과 욕설을 하는 중에 나타나는 객체는 중복되는 내용이 있어 어휘의 수는 21개로 늘어난다. 즉 욕설이 7개(33.33%)이고, 시기가 3개(14.29%)이며, 상말과 뒷욕이 각각 2개(9.52%)이다. 그리고 심문의 피의자, 관청, 여자, 꾸지람, 인격, 비난, 비방이 각각 1개(4.76%)이다.

④ 욕설하는 내용은 모두 바람직하지 못한 부정적인 내용이다. 그러나 일방적으로 욕설을 당하는 처지라면 긍정적인 내용이 있을 수 있을 것으로 이해된다. 따라서 '욕먹다, 욕보다, 무사득방하다'는 긍정적인 내용으로 이해해도 좋을 듯하다.

⑤ 욕설하는 낱말밭에서 혼종어가 7개(41.77%)로 가장 많고, 한자어는 6개(35,29%)이며, 우리 고유어는 4개(23.53%)이다. 그리고 서구 외래어는 하나도 없다.

(4) 음담하는 자동사는 6개이다. 이들의 내용은 다음과 같다.

① 추잡하고 음란한 담화를 하는 내용이 4개(66.67%)이고, 음담하는 내용과 음담패설하는 내용이 각각 1개(16.67%)이다.

② 음담하는 주체는 추잡하고 음란한 이야기를 하는 사람이 4명(66.67%)이고, 음담하는 사람과 음담패설하는 사람이 각각 1명(16.67%)이다.

③ 음담하는 대상이나 음담 중에 드러나는 객체는 다음과 같다. 추담이 4개(66.67%)이고, 음담과 음담패설이 각각 1개(16.67%)이다.

④ 음담하는 자동사 6개는 모두 한자어이다.

2.18 실언하다

2.18.1 실언하는 내용

실언의 부분밭은 "실수로 말을 잘못하다"의 내용을 함유하고 있어 〈실언성, 췌언성〉이 공통으로 부가된다.

(1) 말실수하다(-失手-)	(2) 실언(失言)하다
(3) 실구(失口)하다	(4) 일구(逸口)하다
(5) 실어(失語)하다	

위의 낱말들은 "실수로 말을 잘못하다"의 개념을 공유하고 있어 〈실언성〉이 공통으로 추가된다. 다만 (4)는 "말을 지나치게 하다"의 개념도 가지고 있어 〈지나치게 언표성〉이 더 추가되고, (5)는 "말을 잊어버리거나 또는 말을 바르게 못하다"의 개념도 가지고 있어 〈실어성〉과 〈바르지 못한 언표성〉이 내용에 따라 추가되어 분절한다.

(6) 실없이하다　　　　　　　　(7) 말안되다

(8) 오론(誤論)하다　　　　　　　(9) 패담(悖談)하다

(10) 패설(悖說)하다

　　위의 (6)은 "말이나 짓이 착실하거나 미덥지 않게 하다"의 개념이니, 언행이 불성실하거나 신빙성이 없음이 분절성이므로 〈불성실한 언행성〉이나 〈실답지 않은 언행성〉이 내용에 따라 추가되고, (7)은 "말하는 것이 사리에 맞지 않다"의 개념이므로, 언어에서 사리의 여부가 분절성을 지니고 있으므로 〈사리에 맞지 않는 언표성〉이 추가되며, (8)은 "이치에 닿지 않는 말을 하다"의 개념이니, 말이 이치에 맞는가 안 맞는가가 문제가 되어 〈언어 도단성〉이 추가된다. 그리고 (9-10)은 "사리에 어그러진 말을 하다"의 개념을 공유하고 있어 〈사리에 어긋난 언표성〉이 공통으로 추가되는 유의어이므로 한 동아리에 묶었다.

(11) 개소리하다　　　　　　　　(12) 개소리치다

(13) 개소리괴소리하다　　　　　(14) 개수작하다(-酬酌-)

(15) 개나발불다

　　위의 낱말들은 말하는 내용(inhalt)을 비유적으로 표현(figurative language)하고 있고 속된 표현을 하고 있으므로 〈비유적 표현성〉과 〈속된 비어성〉이 공통으로 부가된다. 따라서 (11-12)는 "조리 없이 마구 지껄이는 당치도 않은 말을 욕으로 이르는 말"의 개념을 공유하고 있어, 부조리한 말과 욕된 표현이 분절성을 지니고 있어 〈부조리한 언표성＋무모한 발언성＋상대의 말에 욕설성〉이 공통으로 추가되고, (13)은 "개가 짖는 소리나 고양이의 울음소리라는 뜻으로, 조리 없이 되는 대로 지껄이다"의 개념이므로 〈횡설수설성〉이 추가된다. 그리고 (14-15)는 "이치에 맞지도 않는 말을 마

구 지껄이다"의 개념을 공유하고 있어 〈언어도단의 말을 마구 표현성〉이
공통으로 추가되어 분절한다.

    (16) 천와(舛訛)하다

이는 "글이나 말이 그릇되다"의 개념이니 〈어문이 그릇된 상태성〉이 추
가된다

    (17) 군말하다   (18) 군소리하다
    (19) 생소리하다   (20) 선소리하다

위의 (17-18)은 "하지 않아도 좋을 때에 쓸데없이 말하다"의 개념을 공
유하고 있어, 말하는 시기나 분위기가 문제가 되어 〈분위기를 몰각성→췌
언성〉이 공통으로 추가된다. 그런데 (18)은 "잠이 들렀을 때에 꿈결에 말하
다"의 개념도 가지고 있어 〈몽예성〉이 더 추가되고, 또 "되게 앓을 때에
정신 없이 말하다"의 개념도 더 가지고 있으므로 〈질병으로 심한 통증성
→헛소리 행위성〉도 더 첨가되어 분절하므로, (17)보다 정보량(enyropy)이
더 크다. 그리고 (19)는 "생으로 이치에 맞지도 않는 말을 하다"의 개념이
니, 이치에 맞지 않는 정도가 문제가 되어 〈얼토당토 않는 언표성〉이 추가
되고, 또 "새삼스럽게 말하다"의 개념도 가지고 있어 〈새삼스런 언표성〉이
더 추가되며, (20)은 "사리에 맞지 않는 말을 하다"의 개념이므로, 이 낱말
도 사리의 여부가 분절성을 지니고 있어 〈부조리한 언표성〉이 추가되며,
또 "덜된 소리를 하다"의 개념도 가지고 있어 〈덜된 소리로 언표성〉이 더
추가되어 분절한다. 앞에서 논의한 실언하는 분절구조는 다음과 같다.

[그림82] 실언하는 분절구조

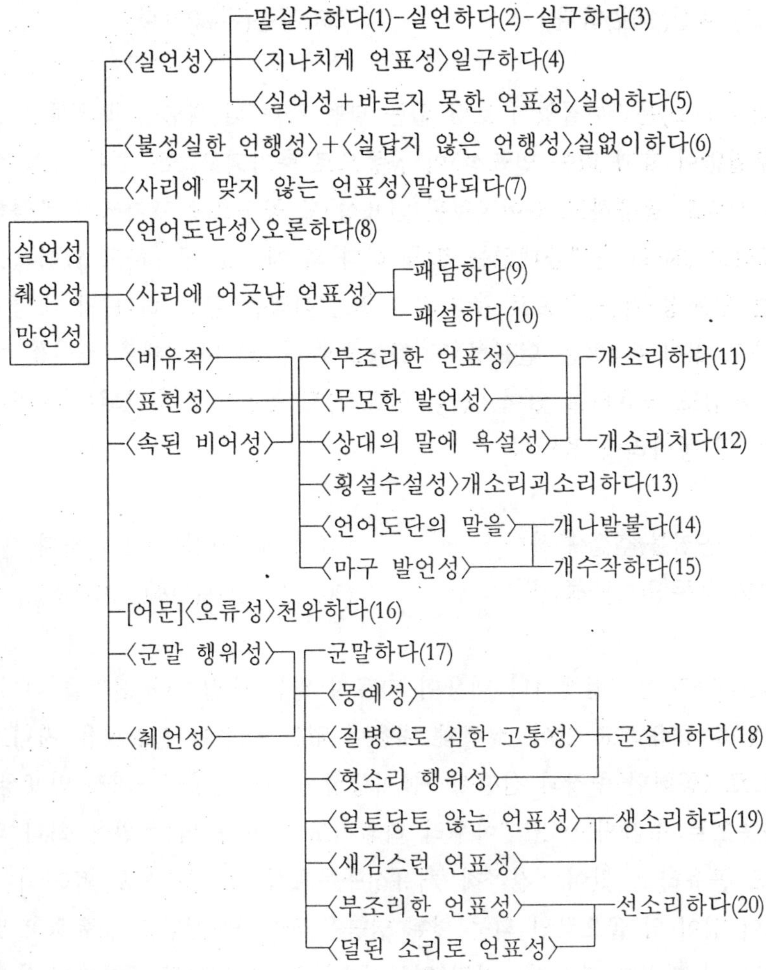

다음 (21-35)까지는 불필요한 헛된 말을 하는 내용이다.

(21) 도구(徒口)하다　　　　　　(22) 도언(徒言)하다

    (23) 도비순설(徒費脣舌)하다   (24) 객담(客談)하다

    (25) 객설(客說)하다   (26) 객론(客論)하다

위의 (21-23)은 "부질없이 보람 없는 말을 하다"의 개념을 공유하고 있어 〈부질없이 효과 없는 언표성〉이 공통으로 추가되고, 또 "헛된 말을 하다"의 개념도 공유하고 있어 〈헛된 언표성〉도 공통으로 추가되어 분절한다. 그리고 (24-26)은 "쓸데없는 말을 하다"의 개념을 공유하고 있어 〈불필요한 언표성〉이 공통으로 추가되고, 또 "객적은 말을 하다"의 개념도 공유하고 있어 〈객적은 언표성〉도 공통으로 추가되며, "괜한 소리를 하다"의 개념도 공유하고 있어 〈괜한 언표성〉도 공통으로 추가되는 유의어이므로 한 동아리에 묶었다.

    (27) 공염불(空念佛)하다   (28) 도구염불(徒口念佛)하다

    (29) 구두선(口頭禪)하다   (30) 구두삼매(口頭三昧)하다

위의 (27-28)은 "실행이나 내용이 따르지 않는 주장이나 선전을 하다"의 개념을 공유하고 있어, 실행과 내용이 없는 주장이 분절성을 지니고 있으므로 〈공허한 주장과 선전성→불이행성＋내용 전무성→거짓 언표성〉이 공통으로 추가되고, 또 "아무리 타일러도 허사가 되는 말을 하다"의 개념도 공유하고 있어 〈간곡히 개유성→무효성〉도 공통으로 추가되며, "신심이 없이 입 끝으로만 외는 헛된 염불을 하다"의 개념도 공유하고 있어 〈부처의 법력을 불신성→거짓 염불성＋불교 신앙성〉도 공통으로 추가된다. 그리고 (29-30)은 "실행이 따르지 않는 헛된 말을 하다"의 개념을 공유하고 있어 〈실행 없는 헛된 언표성〉이 공통으로 추가되고, 또 "불교에서 경문의 글귀만 읽을 뿐 참된 선을 실행하지 않다"의 개념도 공유하고 있어 〈건성으로 독경성→참된 선은 불이행성＋불교 신앙성〉도 공통으

로 추가되어 분절한다.

(31) 엉정벙정하다   (32) 입방아찧다
(33) 주담(酒談)하다   (34) 주정부리다(酒酊-)
(35) 주정질하다(酒酊-)

위의 (31)은 "너절하게 쓸데없는 말을 하다"의 개념이니 〈너절한 언표성〉이 추가되고, 또 "쓸데없는 것을 죽 늘어놓다"의 개념도 가지고 있어 〈불필요한 내용을 나열성〉이 더 추가되며, (32)는 "어떤 사실을 화제로 삼아서 쓸데없는 말을 방정맞게 자꾸 하다"의 개념이므로 〈불요불급한 화제를 선정성→방정맞게 계속 언표성〉이 추가된다. 그리고 (33)은 "술김에 쓸데없고 실없는 말을 지껄이다"의 개념이니, 객적은 말의 원인이 술에 취한 것이므로 〈음주성→쓸데없고 실없는 담화성〉이 추가되고, (34-35)는 "술에 취하여 정신 없이 말이나 행동을 마구 난잡하게 하다"의 개념을 공유하고 있어 〈만취성→의식이 혼미성→난잡한 언행성+주정부리는 행위성〉이 공통으로 추가된다. 다만 (35)는 주정부리는 행위를 속되게 표현하였으므로 〈속된 표현성〉이 더 추가되어 분절한다. 따라서 우리 언어공동체(Sprachgemeinschaft)는 술에 취하여 난잡하게 하는 언행을 부정적으로 바라보고 있는 세계상이 드러나 있다.59) 앞에서 논의한 필요하지 않은 헛된

---

59) 이병찬·신수종(1984:637)은 "1847년 Grimm은 '민족이란 동일 언어를 사용하는 인간의 총화이다'고 하였고, Schill은 '언어는 국가의 거울이다. 우리가 이 거울을 드러다 보고 있으면 거기에서 우리들 자신의 거대하고 탁월한 모습이 비쳐온다'고 한 것은 언어를 동일 공통체의 심성의 반영과 연관시켜 보려고 한 것이다."라고 하였다.
  "Humboldt는 언어는 세계의 내적 형식이며, 인간이 가진 힘의 총화와 부단한 상호작용이 있어서 공동 형성의 힘이라는 것이다. 언어의 차이는 기호나 음성의 차이가 아니라 세계관 그 자체의 차이이고, 그것은 Ergon(作品)이 아니라 Energeia(活動)이며, 생성된 것이 아니라 생성되는 것이다. 언어는 민족 정신의 외모와 같다. 그들의 언어는 그들의 심성이고, 그들의 심성은 그들의 언어다."라고 하였다.

말을 하는 분절구조는 다음과 같다.

[그림83] 헛된말하는 분절구조

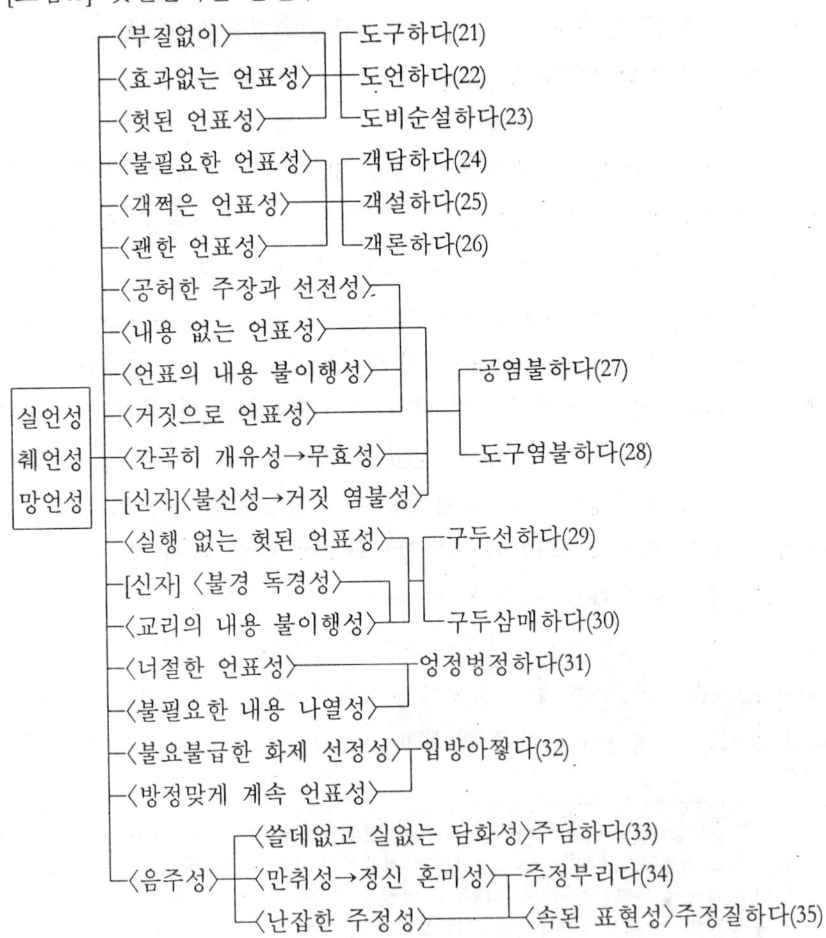

다음 (36-55)까지는 함부로 말하는 내용이다.

(36) 마구발방하다   (37) 붓날다

(38) 횡담(橫談)하다   (39) 어불택발(語不擇發)하다

(40) 방담(放談)하다   (41) 방어(放語)하다

(42) 방언(放言)하다   (43) 종담(縱談)하다

(44) 광언(廣言)하다   (45) 솔구이발(率口而發)하다

위의 낱말들은 "법도 없이 언행을 함부로 하다"의 내용을 함유하고 있어, 언어표현이 중구난방이며 사리에 어긋난 내용이 분절성을 지니고 있으므로 〈중구난방성＋사리에 어긋난 언표성＋함부로 언행성〉이 공통으로 추가된다. 따라서 (36)은 "법도 없이 언행을 함부로 하다"의 개념이니 〈무법으로 함부로 언행성〉이 추가되고, (37)은 "말이나 짓이 경솔하고 들뜨다"의 개념이므로 〈경솔하고 들뜬 언행성〉이 추가되며, (38)은 "사뭇 함부로 지껄이다"의 개념이니 〈계속 함부로 담화성〉이 추가된다. 그리고 (39)는 "말을 삼가지 아니하고 함부로 하다"의 개념이니 〈경솔히 함부로 언표성〉이 추가되며, (40-44)는 "무책임하게 또는 거리낌 없이 함부로 말하다"의 개념을 공유하고 있어 〈무책임하고 무모한 담화성〉과 〈함부로 담화성〉이 내용에 따라 각각 추가된다. (45)는 "입에서 나오는 대로 마구 말하다"의 개념이니 〈무절제하게 마구 언표성〉이 추가되고, 또 "경솔하게 말을 하다"의 개념도 가지고 있어 〈경솔한 언표성〉이 더 추가되어 분절한다.

(46) 신구(信口)하다   (47) 호설(胡說)하다[60]

(48) 호언난설(胡言亂說)하다   (49) 교천언심(交淺言深)하다

위의 (46)은 "말을 할 때에 조심하지 아니하고 입에서 나오는 대로 하

---

60) 沈在箕(1983:355) 앞의 책 참조.

다"의 개념이니 〈경솔성→무절제한 언표성〉이 추가되고, (47-48)은 "함부로 되는 대로 지껄이다"의 개념을 공유하고 있어 〈함부로 경거망동하게 담화성〉이 공통으로 추가되며, (49)는 "사귄 지 얼마 되지 않는데 함부로 지껄이다"의 개념이니 〈단기간 친교성→우매하게 함부로 담화성〉이 추가되어 분절한다.

(50) 주접떨다   (51) 붖달다

위의 (50)은 "주접스러운 태도를 행동이나 말에 나타내다"의 개념이니 〈언행에 주접스런 태도가 반영성〉이 추가되고, (51)은 "언행이 부풀고 거세고 급하다"의 개념이므로 〈거세고 급하며 경거망동한 언행성〉이 추가되어 분절한다.

(52) 방언고담(放言高談)하다   (53) 방언고론(放言高論)하다
(54) 황태(荒怠)하다   (55) 추담(麤談)하다

위의 (52-53)은 "거침없이 큰 소리를 하다"의 개념을 공유하고 있어 〈거침없이 큰소리 치는 행위성〉이 공통으로 추가되고, (54)는 "언행이 거칠고 일을 게을리 하다"의 개념이므로 〈거친 언행성＋하는 일은 나태성〉이 추가되며, (55)는 "거칠고 어리석은 말을 하다"의 개념이니 〈거칠고 우매한 언행성〉이 추가되어 분절한다. 앞에서 논의한 함부로 말하는 분절구조는 다음과 같다.

[그림84] 함부로 말하는 분절구조

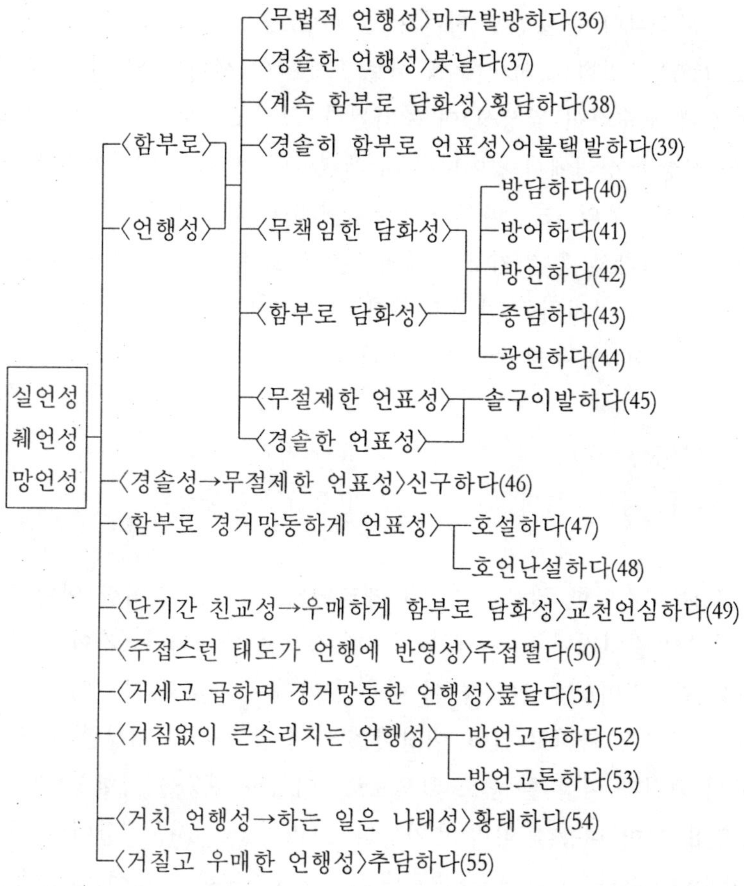

다음 (56-76)까지는 모순된 말을 하는 내용이다.

(56) 생청부리다   (57) 생청붙이다

(58) 위착나다(違錯-)   (59) 어스러지다

위의 (56-57)은 "모순되는 말을 하다"의 개념을 공유하고 있어, 말하는 내용 중에 모순점이 분절성을 지니고 있어 〈모순된 언표성〉이 공통으로 추가되고, (58)은 "말한 것의 전후에 서로 모순됨이 생기다"의 개념이므로 〈말한 전후에 모순점이 발생성〉이 추가된다. 그리고 (59)는 "말이나 행동이 사리에 정상적 상태에서 벗어나다"의 개념이니 〈언행에 이상이 발생성〉이 추가되고, 또 "옷의 솔기 따위가 어긋나게 되다"의 개념도 가지고 있어 〈옷의 솔기가 위착성〉을 가지고 상태의 밭에서도 분절하며, "음악이나 말 같은 것을 마음이 간지러울 만큼 잘하다"의 개념일 경우는 〈음악, 언변을 잘하는 상태성〉이 더 추가되어 분절한다.

(60) 기어(奇語)하다　　　　(61) 어기뚱거리다
(62) 어기뚱어기뚱하다　　　(63) 귀둥대둥하다

위의 (60)은 "기이한 말을 하다"의 개념이니, 기이한 말이란 이야기의 내용이 기이한 것이거나 말 자체가 기이한 것으로 이해되어 〈기이한 내용을 담화성〉과 〈기이하게 언표성〉이 내용에 따라 추가되고, 또 "이상한 말을 하다"의 개념도 가지고 있어, 이상한 말이란 말 자체가 이상할 수도 있고, 언표의 행위가 이상 할 수도 있으므로 〈이상한 내용을 담화성〉과 〈이상하게 언표성〉이 내용에 따라 추가된다. 그리고 (62-63)은 "말이나 짓을 자꾸 엉뚱하게 하다"의 개념을 공유하고 있어 〈엉뚱한 언행성〉이 공통으로 추가되고, 또 "키가 큰 사람이 몸을 둔하게 움직이면서 잇달아 거들먹거리며 걷다"의 개념도 공유하고 있어 〈[키가 큰 사람]→우둔한 동작성→계속 거들먹거리며 보행성〉을 가지고 이동동사의 밭에서도 분절되며, "물체가 둔하게 좌우로 흔들리면서 느리게 잇달아 움직이다"의 개념일 경우는 〈[물체]→좌우로 우둔히 계속 이동성〉도 공통으로 추가되므로 동작동사의 낱말밭에서도 분절된다. 이 두 낱말은 접사의 교체로 어감의 차이에

서 오는 뉘앙스에 의하여 서로 분절하므로 (61)은 〈연속성〉이 더 추가되
고, (62)는 〈단속성〉이 더 추가되어 분절한다. (63)은 "언행을 대중없이 함
부로 하다"의 개념이니, 이는 언행의 태도가 문제가 되어 〈중구난방으로
언표성〉이 추가되어 분절한다.

    (64) 광담(狂談)하다   (65) 광언(狂言)하다
    (66) 괴망떨다(怪妄-)   (67) 괴망부리다(怪妄-)

위의 (64-65)는 "상식에 어긋난 미친 듯한 말을 하다"의 개념을 공유하
고 있어, 언표의 태도가 분절성을 지녀 〈상식에 상치된 미친 듯한 언표성〉
이 공통으로 추가되고, (66-67)은 "말이나 하는 짓이 괴상하고 망측하게
하다"의 개념을 공유하고 있으므로, 언행의 태도가 변별력을 가지고 있어
〈괴상하고 망측한 언행성〉이 공통으로 추가되어 분절한다.

    (68) 망담(妄談)하다   (69) 망발(妄發)하다
    (70) 망설(妄說)하다   (71) 망설(妄舌)하다
    (72) 망언(妄言)하다

위의 낱말들은 "망령된 생각이나 주장을 말하다"의 개념을 공유하고 있
어 〈망령된 생각, 주장을 언표성〉이 공통으로 추가되고, 또 "무의식중에
자기 또는 자기의 조상에게 욕이 되게 말하다"의 개념도 공유하고 있어
〈무의식중에 자기나 조상께 욕되게 언표성〉도 공통으로 추가되며, "망령
이나 실수로 언행이 잘못되다"의 개념도 공유하고 있어 〈망령성＋실수성
→잘못된 언행성〉도 공통으로 추가되어 분절한다.

    (73) 망령부리다(妄靈-)   (74) 망발풀이하다(妄發-)

위의 (73)은 "늙거나 정신이 흐려서 언행이 보통에 어그러지게 하다"의 개념이니 언행이 망령된 원인이 늙음에 있으므로 〈노령성→정신 혼미성→상식 밖의 언행성〉이 추가되고, (74)는 "망발한 것을 씻기 위하여, 그 말을 듣거나 그 행동을 당한 사람에게 음식을 한 턱 내서 사과하다"의 개념이므로 〈상대에게 망발성→상대에게 향응을 제공성→사과성〉이 추가되어 분절한다.

    (75) 기어(綺語)하다   (76) 식사(飾辭)하다

위의 (75)는 "교묘하게 꾸미어 말하다"의 개념이니, 말하는 태도가 문제가 되어 〈교묘하게 수식하여 언표성〉이 추가되고, 또 "신문·소설·시 등에서 교묘하게 꾸미어 표현하다"의 개념도 가지고 있어 〈신문·소설·시에서 교묘히 수식성〉이 더 추가되며, "불교에서 도리에 어긋나며 교묘히 꾸미어 말하다"의 개념일 경우는 〈교묘히 꾸미어 언표성→불교의 교리에 위배성〉이 더 추가된다. 그리고 (76)은 "듣기 좋게 꾸미어 말하다"의 개념이니 〈듣기 좋게 꾸미어 언표성〉이 추가되고, 또 "허식으로 말하다"의 개념도 가지고 있어 〈허식적인 언표성〉이 더 추가되어 분절한다.

앞에서 모순되게 말하는 내용에 대하여 논의하였다. 이제 이것을 바탕으로 하여 전체적인 분절구조를 수형도(tree diagram) [그림85]로 제시하려 한다.

2.18.2 마무리

지금까지 실언에 관련된 76개 자동사에 대하여 개별적인 분절성을 논의하였다. 이제 이것을 바탕으로 하여 전체적인 분절구조를 고찰하려 한다.

[그림85] 모순되게 말하는 분절구조

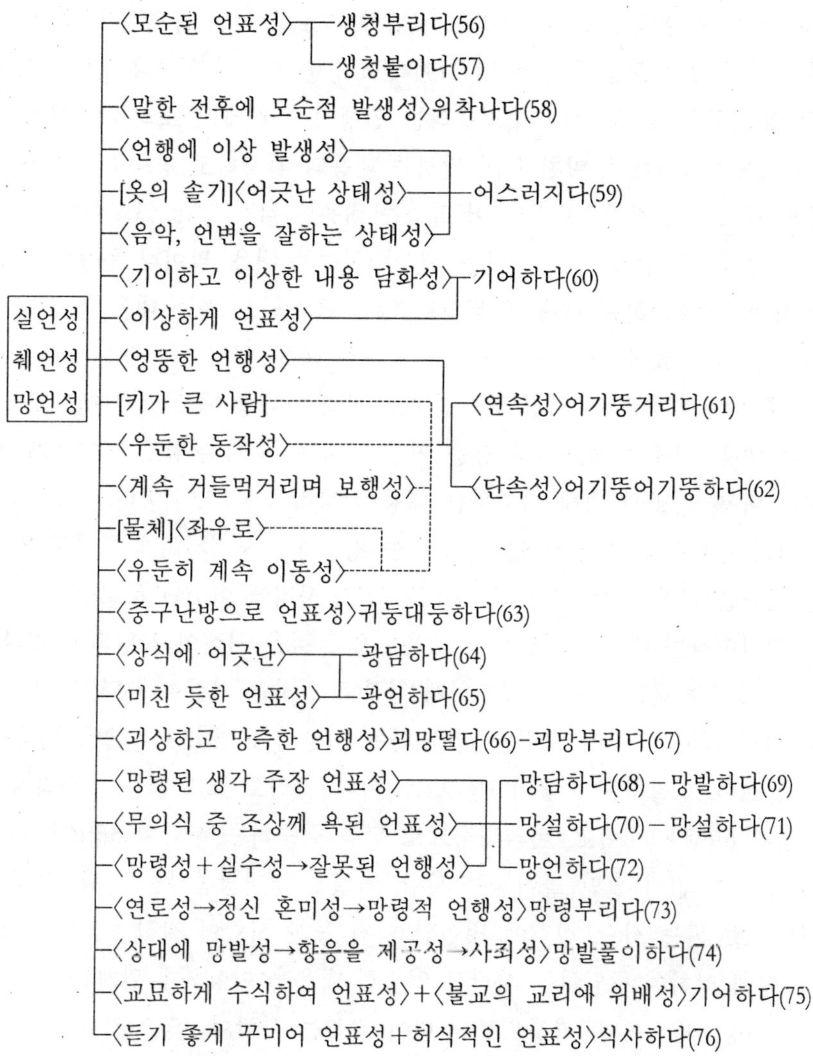

(1) 경솔하고 무절제하여 함부로 말하는 내용이 13개(17.11%)로 가장 많고, 사리에 어긋난 무모한 내용이 8개(10.53%)로 다음으로 많으며, 말실수

하는 내용과 망발하는 내용 및 부질없이 객적게 말하는 내용이 각각 6개 (7.89%)로 세 번째로 많다. 그리고 실행이 따르지 않는 공허한 내용과 앞 뒤가 맞지 않는 모순된 내용 및 기이하고 엉뚱하게 말하는 내용이 각각 4 개(5.26%)이고, 술에 취해 주정부리는 언행과 거칠게 큰소리치는 내용이 각각 3개(3.95%)이며, 미친 듯이 말하는 내용과 괴상하고 망측하게 말하는 내용, 교묘하게 거짓으로 꾸미어 말하는 내용이 각각 2개(2.63%)이다. 그리 고 불성실하고 실답지 않는 내용, 횡설수설하는 내용, 말이나 문장이 잘못 된 내용, 군소리하는 내용, 얼토당토 않는 생소리를 하는 내용, 선소리하 는 내용, 불필요한 내용을 너절하게 말하는 내용, 입방아를 찧는 내용, 사 귄 지 얼마 되지 않는 사람에게 함부로 말하는 내용, 주접스런 태도로 말 하는 내용, 일에는 게으르나 말을 거칠게 하는 내용, 거칠고 어리석게 말 하는 내용, 망발에 대해 사과하는 내용이 각각 1개(1.32%)이다.

위의 분포로 보아 우리 언어공동체는 경솔하고 무절제하게 함부로 말하 는 내용을 가장 부정적으로 인식하고 있고, 사리에 어긋난 무모한 언행이 나 말실수하는 내용과 망발하는 내용도에도 깊은 관심이 표현되어 있다.

(2) 실언을 하는 주체는 경솔하게 함부로 말하는 사람이 13명(17.11%)으 로 가장 많고, 사리에 어긋난 말을 하는 사람이 10명(13.16%)으로 다음으 로 많으며, 망발하는 사람이 7명(9.21%)이다. 그리고 효과 없는 헛소리하는 사람이 6명(7.89%)이고, 비의도적으로 말을 실수하는 사람이 5명(6.58%)이 며, 실행이 없이 말만 늘어놓는 사람, 거칠고 경거망동하는 사람, 앞뒤의 말이 모순되는 사람, 상식에 벗어난 미친 듯한 사람이 각각 4명(5.26%)이 다. 술에 취하여 주담하는 사람과 엉뚱한 내용을 이상하게 말하는 사람이 각각 3명(3.95%)이며, 거짓으로 꾸미어 말하는 사람이 2명(2.63%)이다.

(3) 실언하는 대상이나 말할 때에 등장되는 객체는 방담이 14개(18.42%) 이고, 언어도단이 10개(13.16%)이며, 망발이 7개(9.21%)이다. 그리고 쓸데없 는 말과 방언고담이 각각 6개(7.89%)이고, 말의 실수가 5개(6.85%)이며, 군

말, 공염불, 모순된 말, 기이한 말이 각각 4개(5.26%)이다. 주정부리는 말이 3개(3.95%)이고, 미친 듯한 말, 괴상망측한 말, 거짓으로 꾸미는 말이 각각 2개(2.63%)이며, 불성실한 언행, 너절한 말, 불요불급한 화제가 각각 1개(1.32%)이다.

(4) 실언하는 내용은 자기의 망발에 대해 상대에게 음식을 대접하며 사과하는 내용인 '망발풀이하다' 1개(1.32%)를 제외하면, 75개(98.68%) 모두가 바람직하지 못한 부정적인 내용이다. 그리고 비유적으로 표현한 말이 7개(9.21%)이고, 속되게 표현한 말이 5개(6.58%)이며, 비어로 표현한 말이 2개(2.63%)이다.

(5) 우리 국어는 수적으로 한자어가 우위를 차지하고 있다.

실언하는 낱말밭에서도 이러한 현상이 나타나 한자어는 46개(60.53%)이고, 우리 고유어는 21개(27.63%)이며, 한자어와 고유어가 융합된 혼종어는 9개(11.84%)이다. 그리고 서구 외래어는 하나도 없는 것이 특징이다.

2.19 상말하다

2.19.1 상말하는 내용

(1) 상말하다(常-)   (2) 쌍말하다

(3) 상소리하다(常-)   (4) 쌍소리하다

(5) 이어(俚語)하다   (6) 이언(俚言)하다

위의 (1-4)는 "품격이 낮은 상스러운 말을 하다"의 개념을 공유하고 있어 〈저속한 품격성→상말로 언표성〉이 공통으로 추가된다. 이들은 평음과 경음의 교체로 어감의 차이에서 오는 뉘앙스에 의하여 서로 분절되므로 (1)은 〈약한 어감〉, (2)는 〈강한 어감〉, (3)은 〈약한 어감+비어성〉, (4)는 〈강

한 어감＋비어성〉이 각각 더 추가되어 분절한다. 그리고 (5)와 (6)은 "항간에 떠돌며 쓰이는 속된 말을 하다"의 개념을 공유하고 있어 〈항간에 떠도는 속된 말로 언표성〉이 공통으로 추가되어 분절한다.

상말 자동사의 분절구조는 다음과 같다.

[그림86] 상말하는 분절구조

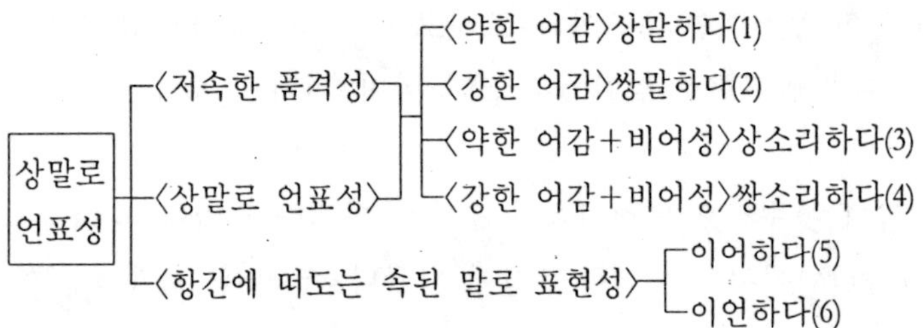

2.19.2 마무리

지금까지 상말에 관련된 자동사 6개에 대하여 개별적인 분절성을 논의하였다. 이들의 내용을 요약하면 다음과 같다.

상말을 하는 6개의 자동사의 내용은 품격이 없는 저속한 내용이 4개 (66.67%)이고, 항간에 떠도는 저속한 말이 2개(33.33%)이다. 그리고, 상말을 하는 주체는 모두 상말을 하는 사람이고, 상말하는 객체는 상말이 4개 (66.67%)이고, 이어가 2개(33.33%)이다. 상말의 내용은 모두 바람직하지 못한 부정적인 내용이다. 상말의 낱말밭에서 한자어와 우리 고유어 및 혼종어가 각각 2개(33.33%)이고, 서구 외래어는 하나도 없다.

2.20 폭언하다

2.20.1 폭언하는 내용

이 부분밭은 "난폭하게 말하다"의 내용을 함유하고 있으므로 〈폭언성, 난폭한 언행성〉이 부가된다.

    (1) 폭언(暴言)하다   (2) 포악부리다(暴惡-)

위의 (1)은 "난폭하게 말하다"의 개념이니, 말하는 행위가 분절성을 지니고 있으므로 〈난폭한 언표성〉이 추가되고, (2)는 "포악하게 말이나 짓을 하다"의 개념이니, 언행의 태도가 변별력을 가지고 있어 〈포악한 언행성〉이 추가되어 분절한다.

    (3) 노언(怒言)하다   (4) 발끈하다
    (5) 벌끈하다   (6) 불끈하다
    (7) 뻘끈하다   (8) 발끈거리다
    (9) 발끈발끈하다   (10) 불끈거리다
    (11) 불끈불끈하다   (12) 벌끈거리다
    (13) 벌끈벌끈하다   (14) 뻘끈거리다
    (15) 뻘끈뻘끈하다   (16) 뻘끈거리다
    (17) 뻘끈뻘끈하다

위의 낱말들은 "성이 나서 거칠게 말하다"의 내용을 공유하고 있어 〈분노성→거칠게 언표성〉이 공통으로 부가된다. 따라서 (3)은 "성이 나서 거칠게 말하다"의 개념이니 〈분노 야기성→거칠게 언표성〉이 추가되고, (4-

17)은 "웅숭깊지 못하고 포용성이 적어 걸핏하면 성을 내어 말하다"의 개념을 공유하고 있어 〈포용력 미약성→걸핏하면 성내어 언표성〉이 공통으로 추가된다. 이들은 접사와 모음 및 자음의 교체로 어감의 차이에서 오는 뉘앙스에 의하여 서로 분절한다. 따라서 (4-7)은 "갑자기 몹시 심하게 뒤집히다"의 개념을 더 공유하고 있어 〈순간 격심하게 전복성〉을 가지고 동작의 낱말밭에서도 분절하고, 또 "갑자기 몹시 되바라지게 위로 솟거나 치밀거나 또는 나타나다"의 개념도 공유하고 있으므로 〈갑자기 돌출성→상승 이동성〉과 〈갑자기 출현성〉이 내용에 따라 추가된다. 이들은 평음과 경음의 교체와 접사의 교체로 어감의 차이에서 오는 뉘앙스에 의하여 서로 분절하므로, (4)는 〈약한 어감〉, (5-6)은 〈중간정도의 어감〉, (7)은 〈강한 어감〉이 각각 더 추가되어 분절한다. 그리고 (8-17)은 "걸핏하면 늘 해바라지게 성을 내어 말하다"의 개념을 공유하고 있어 〈포용성이 미약성→걸핏하면 성을 내어 계속 언표성〉이 공통으로 추가되나, 이들도 어감에 의하여 (8)은 〈연속성+약한 어감〉, (9)는 〈단속성+약한 어감〉, (10)은 〈연속성+중간정도의 어감〉, (11)은 〈단속성+중간정도의 어감〉, (12)는 〈연속성+중간정도의 어감〉, (13)은 〈단속성+중간정도의 어감〉, (14)는 〈연속성+강한 어감〉, (15)는 〈단속성+강한 어감〉, (16)은 〈연속성+매우 강한 어감〉, (17)은 〈단속성+매우 강한 어감〉이 각각 더 추가되어 분절한다.

(18) 볼똑하다　　　　　　(19) 불뚝하다
(20) 볼똑거리다　　　　　(21) 볼똑볼똑하다
(22) 불뚱거리다　　　　　(23) 불뚱불뚱하다
(24) 불뚝거리다　　　　　(25) 불뚝불뚝하다

위의 낱말들은 "갑자기 불뚝 성을 내어 말하다"의 개념을 공유하고 있어 〈갑자기 불뚝 성내어 언표성〉이 공통으로 추가된다. 이들은 접사의 교

체와 모음의 교체로 어감의 차이에서 오는 뉘앙스에 의하여 서로 분절되
므로, (18)은 〈1회성＋약한 어감〉, (19)는 〈1회성＋강한 어감〉, (20)은 〈연속
성＋약한 어감〉, (21)은 〈단속성＋약한 어감〉, (22)는 〈연속성＋강한 어감〉,
(23)은 〈단속성＋강한 어감〉, (24)는 〈연속성＋매우 강한 어감〉, (25)는 〈단
속성＋매우 강한 어감〉이 각각 더 추가되어 분절한다. 그리고 (18-19)는
"갑자기 볼록 솟아 나와 불거지다"의 개념도 가지고 있어 〈갑자기 불거져
돌출성＋상승 이동성〉이 공통으로 더 추가되고, (21)과 (23) 및 (25)는 "여
러 군데가 볼똑 솟아오르다"의 개념을 공유하고 있어 〈여러 군데가 볼똑
돌출성＋상승 이동성〉이 공통으로 더 추가되어 분절한다.

    (26) 울뚝하다   (27) 울뚝불뚝하다
    (28) 울뚝울뚝하다

    위의 낱말들은 "성미가 급하여 참지 못하고 말과 행동을 마구 우악스럽
게 하다"의 개념을 공유하고 있어 〈급한 성미성→인내 부족성→우악스런
언행성〉이 공통으로 추가되고, 또 "고르지 못하게 불뚝불뚝 불거져 있다"
의 개념도 공유하고 있으므로 〈불규칙하게 불뚝불뚝 돌출된 상태성〉을
가지고 형용사의 밭에서도 분절된다. 이들은 음운의 교체로 어감의 차이
에서 오는 뉘앙스에 의하여 분절되므로 (26)은 〈1회성〉이 더 추가되고,
(27-28)은 〈단속성〉이 공통으로 더 추가되어 분절한다.
    앞에서 폭언에 관련된 28개 자동사에 대하여 개별적인 분절성을 논의
하였다. 이제 이것을 바탕으로 하여 전체적인 분절구조를 수형도로 제시
하려 한다.

288

[그림87] 폭언하는 분절구조(1)

─〈난폭한 언표성〉폭언하다(1)
─〈의도적으로 포악한 언행성〉포악부리다(2)
─〈분노성→거칠게 언표성〉노언하다(3)

─〈분노성〉
─〈거칠게 언표성〉
─〈포용력 미약성〉
─〈걸핏하면〉
─〈성내어 언표성〉
─〈순간 격심하게〉
─〈전복성〉
─〈갑자기 돌출성〉
─〈상승 이동성〉
─〈돌연 출현성〉

─〈1회성＋약한 어감〉발끈하다(4)
─〈1회성＋중간정도의 어감〉┬벌끈하다(5)
　　　　　　　　　　　　　　└불끈하다(6)
─〈1회성＋강한 어감〉뻘끈하다(7)
─〈연속성＋약한 어감〉발끈거리다(8)
─〈단속성＋약한 어감〉발끈발끈하다(9)
─〈연속성＋중간정도의 어감〉불끈거리다(10)
─〈단속성＋중간정도의 어감〉불끈불끈하다(11)
─〈연속성＋중간정도의 어감〉벌끈거리다(12)
─〈단속성＋중간정도의 어감〉벌끈벌끈하다(13)
─〈연속성＋강한 어감〉뻘끈거리다(14)
─〈단속성＋강한 어감〉뻘끈뻘끈하다(15)
─〈연속성＋매우 강한 어감〉뻘끈거리다(16)
─〈단속성＋매우 강한 어감〉뻘끈뻘끈하다(17)

─〈갑자기〉
─〈불뚝 성내어〉
─〈언표성〉

─〈1회성＋약한 어감〉볼똑하다(18)
─〈1회성＋강한 어감〉볼뚝하다(19)
─〈연속성＋약한 어감〉볼똑거리다(20)
─〈단속성＋약한 어감〉볼똑볼똑하다(21)
─〈연속성＋강한 어감〉불뚱거리다(22)
─〈단속성＋강한 어감〉불뚱불뚱하다(23)
─〈연속성＋매우 강한 어감〉불뚝거리다(24)
─〈단속성＋매우 강한 어감〉불뚝불뚝하다(25)

[그림88] 폭언하는 분절구조(2)

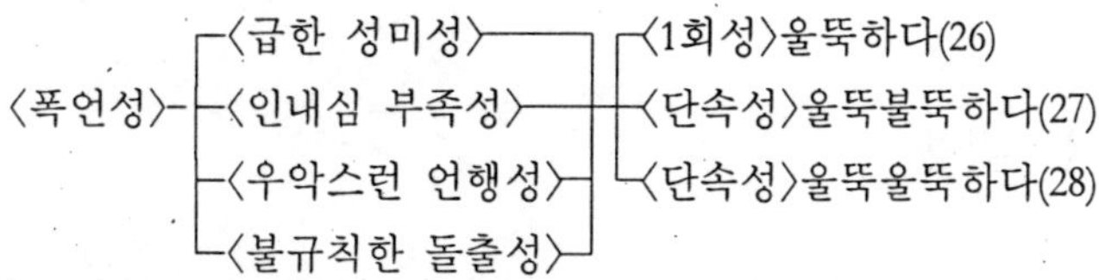

2.20.2 마무리

지금까지 폭언에 관련된 자동사 28개에 대하여 개별적인 분절성을 논의하였다. 이제 이것을 바탕으로 하여 전제적인 분절구조를 살펴보려 한다. 폭언 자동사의 내용을 많이 분포된 순으로 고찰하면 다음과 같다.

(1) 포용력이 적어 걸핏하면 화를 내며 발끈하는 내용이 14개(50%)로 과반수에 이르고 있고, 갑자기 성을 내어 볼똑거리는 내용이 8개(28.57%)이며, 성미가 급하여 참지 못하고 울뚝거리는 내용이 3개(1071%)이다. 그리고 의도적으로 폭언하는 내용이 2개(7.14%)이고, 화가 나서 폭언하는 내용이 1개(3.57%)이다.

(2) 폭언하는 사람들은 다음과 같다. 포용력이 적어 걸핏하면 화를 내어 발끈하는 사람이 14명(50%)이고, 갑자기 성을 내어 폭언하는 사람이 8명(28.57%)이며, 성미가 급한 사람이 3명(10.71%)이다. 그리고 포악부리는 사람이 2명(7.14%)이고, 분노하여 거칠게 말하는 사람이 1명(3.57%)이다.

(3) 폭언하는 대상이나 객체는 발끈거리는 말이 14개(50%)이고, 볼똑거리는 말이 8개(28.57%)이며, 울뚝하는 내용이 3개(1071%)이다. 그리고 폭언, 포악, 노언이 각각 1개(3.57%)이다. 폭언하는 내용은 모두 바람직하지 못한 부정적인 내용이다.

(4) 폭언하는 자동사의 낱말밭에서는 고유가가 25개(89.89%)로 거의 전부이고, 한자어는 2개(7.14%)에 불과하며, 혼종어는 1개(3.57%)이다.

2.21 공갈치다

2.21.1 공갈치는 내용

이 부분밭은 "남으로 하여금 공포심을 자아내게 하려고 을러서 무섭게 하다"의 내용을 함유하고 있어 〈공포적인 언행성→상대를 위협성→공포심을 조성할 목적성+공갈성, 위협성〉이 공통으로 부가된다.

(1) 공갈놓다(恐喝-) (2) 공갈때리다(恐喝-)
(3) 공갈치다(恐喝-) (4) 엄포놓다

위의 (1-3)은 "남으로 하여금 공포심을 자아내게 하려고 을러서 무섭게 하다"의 개념을 공유하고 있어, 남을 위협하고 공포감을 조성시키는 목적은 자기가 의도하는 목적을 성취함일 것이므로 〈공포적인 언행으로 위협성→공포심을 조성성→목적을 성취할 의도성〉이 공통으로 추가되고, 또 속된 표현으로 "거짓말을 하다"의 개념도 공유하고 있어 〈거짓말 행위성〉도 공통으로 추가되어 분절한다. 그리고 (4)는 "호통을 치거나 헛된 위협으로 으르다"의 개념이므로 〈호통성+헛된 위협성→목적을 성취할 의도성〉이 추가되어 분절한다.

(5) 딱다거리다 (6) 딱딱거리다
(7) 으르대다 (8) 으르딱딱거리다

위의 (5-6)은 "딱딱한 말씨로 자꾸 겁먹도록 을러대다"의 개념을 공유하고 있어 〈딱딱한 언표성→계속 위협성→상대에 겁주는 행위성→목적을 성취할 의도성〉이 공통으로 추가되고, (7)은 "상대에게 해를 입히려고 말이나 행동으로써 겁을 먹도록 함부로 자꾸 위협하다”의 개념이므로 〈언행으로 상대를 위협성→겁주는 행위성→상대를 상해할 목적성〉이 추가되며, (8)은 “상대에게 해를 입히려고 말이나 행동으로써 겁을 먹도록 위협하며 딱딱거리다”의 개념이니 〈언행으로 상대를 위협성→공포감을 야기성→딱딱거리는 행위성→상대를 상해할 목적성〉이 추가되어 분절하므로, (7)과는 계단대립(Graduelle Opposition)을 이루고 있다.

    (9) 협약(脅弱)하다   (10) 우격다짐하다

위의 (9)는 “약한 자를 을러 다잡다”의 개념이니 〈약자를 위협성→겁주는 행위성→목적을 성취할 의도성〉이 추가되고, (10)은 “억지로 우겨서 남을 굴복시키다”의 개념이므로 〈억지로 우기는 행위성→남을 굴복시키는 행위성〉이 추가되어 분절한다.

앞에서 공갈에 관련된 10개의 자동사에 대하여 개별적인 분절성을 논의하였다. 이제 이것을 바탕으로 하여 전체적인 분절구조를 수형도 [그림 89]로 제시하려 한다.

2.21.2 마무리

지금까지 공갈치는 자동사 10개에 대하여 개별적인 분절성을 논의하였다. 이제 이것을 토대로 하여 전체적인 분절구조를 요약하려 한다.

(1) 의도적으로 공갈치는 내용이 3개(30%)이고, 딱딱거리며 겁주는 내용과 으름장 놓는 내용이 각각 2개(20%)이며, 호통을 치어 헛된 위협을 하는 내용과 약자를 위협하는 내용 및 우격다짐하는 내용이 각각 1개(10%)이다.

(2) 공갈치는 주체는 다음과 같다. 공갈치는 사람이 3명(30%)이고, 딱딱거리는 사람과 으름장 놓는 사람이 각각 2명(20%)이며, 엄포놓는 사람과

[그림89] 공갈치는 분절구조

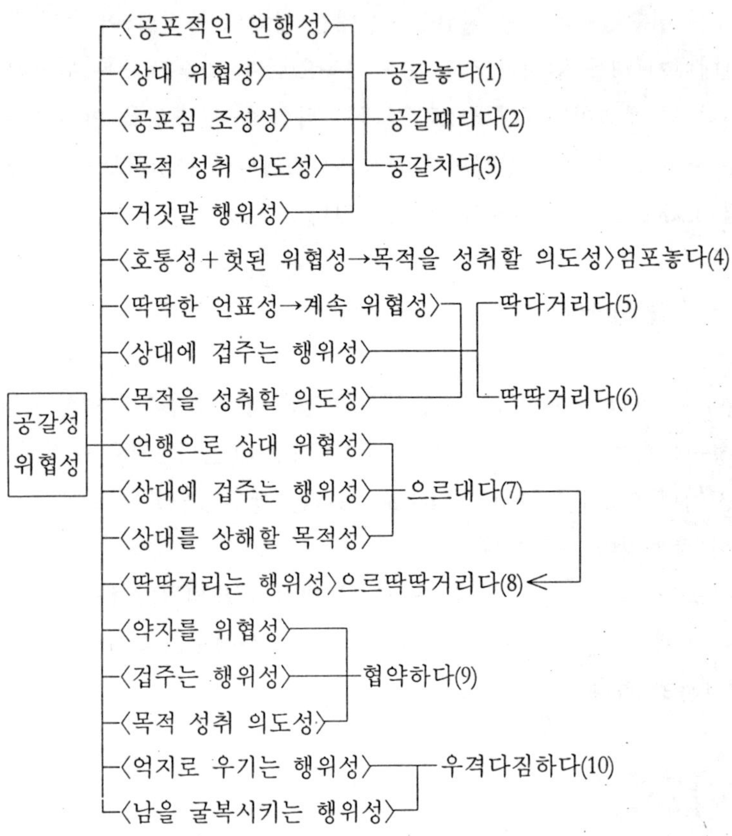

약자를 위협하는 사람 및 우격다짐으로 남을 굴복시키는 사람이 각각 1명
(10%)이다.

(3) 공갈치는 대상이나 객체는 공갈이 3개(30%)이고, 딱딱거리는 말과 을
러대는 말이 각각 2개(20%)이며, 엄포, 협박, 우격다짐이 각각 1개(10%)이다.

(4) 공갈치는 낱말밭에서는 고유어가 6개(60)이고, 혼종어는 3개(30%)이며,
한자어는 1개(10%)이다. 그리고 서구 외래어는 하나도 없는 것이 특징이다.

2.22 이간질하다

2.22.1 이간질하는 내용

이 부분밭은 "이쪽 저쪽 다니면서 이간을 붙이는 말을 하다"의 내용을
함유하고 있어 〈이간질 행위성, 부도덕한 언행성〉이 공통으로 부가된다.

(1) 이간질하다(離間-)   (2) 반간질하다(反間-)

(3) 말전주하다   (4) 언사질하다(言辭-)

(5) 간언(間言)하다   (6) 간언놓다(間言-)

(7) 간언들다(間言-)

위의 낱말들은 "이쪽 저쪽을 다니면서 말을 전하여 이간질을 하다"의
개념을 공유하고 있어 〈이쪽 저쪽에 말전주성→이간질할 목적성〉이 공통
으로 추가된다. 따라서 (1-2)는 "이간을 붙이는 말을 하다"의 개념을 공유
하고 있어 〈이간을 붙이는 언표성〉이 공통으로 추가되나, (2)는 우리 어휘
사전(語彙辭典)[61]에는 공백(lexical gap)으로 되어 있다. 그리고 (3-4)는 "이
쪽 저쪽 다니면서 말을 전하여 이간질하다"의 개념을 공유하고 있어 〈이
쪽 저쪽 왕래성→전언성→이간질할 목적성〉이 공통으로 추가되고, (5-6)

---

61) 김한영 외 2인 옮김(1998:186)에서 사전에 대하여, Samuel Johnson은 자신의 「사전」 서문
에서 다음과 같이 적었다. "선에 대한 기대에 이끌리기보다는 악에 대한 두려움에 쫓
기고, 칭찬의 희망 없이 비난에 노출되고, 오류에 인해 망신당하고, 게으름 때문에 처
벌받는 것이 저급한 직종에 종사하는 자들의 운명이다. 그곳에는 성공을 축하하는 박
수 갈채도, 근면함에 대한 보상도 없다. 그런 불행한 인간들 중 하나가 사전의 저자이
다."라고 말하였다.
　그리고 또 존슨의 사전에서는 사전 편찬인(lexicographer)을 "단어의 기원을 추적하고
그 의미를 상술하는 데 몰두하는, 단조롭고 지루한 일을 꾸준히 수행하는 무례한 일벌
레"라고 정의하고 있다.

은 "남을 이간하기 위하여 간언을 놓다"의 개념을 공유하고 있으므로 〈간언 행위성→이간질할 목적성〉이 공통으로 추가되며, (7)은 "잘 어울리는 일에 이간하는 말이 끼어 들다"의 개념이니 〈좋은 일에 간언이 개입성＋호사다마성→일에 나쁜 영향성〉이 추가되어 분절한다.

앞에서 논의한 이간질하는 7개의 자동사에 대하여 개별적인 낱말의 분절성을 고찰하였다. 이제 이것을 바탕으로 하여 전체적인 분절구조를 수형도로 제시하려 한다.

[그림90] 이간질하는 분절구조

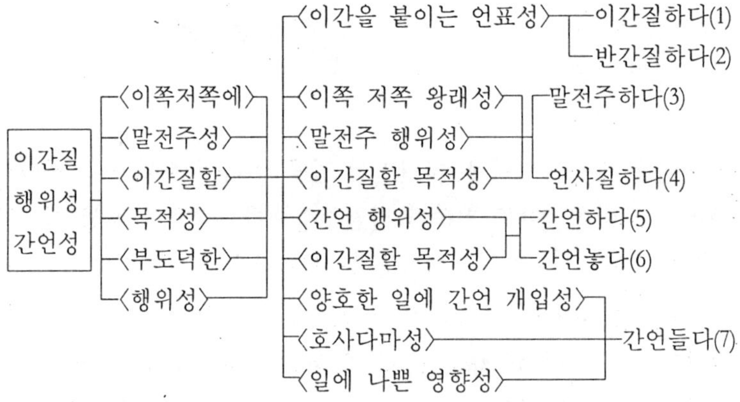

2.22.2 마무리

지금까지 이간질하는 자동사 7개에 대하여 개별적인 분절성을 논의하였다. 이들을 요약하여 보면 다음과 같다.

(1) 이쪽 저쪽 말을 전하여 이간질하는 내용이 4개(57.14%)이고, 간언으로 이간질하는 내용이 2개(28.57%)이며, 좋은 일에 간언이 끼어 드는 내용이 1개(14.29%)이다.

(2) 이간질하는 주체자는, 말전주로 이간질하는 사람이 4명(57.14%)이고, 간언을 하여 이간질하는 사람이 2명(28.57%)이며, 간언이 1개(14.29%)이다.

(3) 이간질하는 대상이나 객체는 다음과 같다. 이간질과 말전주 및 간언이 각각 2개(28.57%)이고, 좋은 일이 1개(14.29%)이다. 이간질의 내용도 모두 바람직하지 못한 부정적인 내용이다.

(4) 이간질하는 낱말밭에서는 고유어와 한자어가 융합된 혼종어가 5개(71.43%)이고, 한자어와 고유어는 각각 1개(14.29%)이며, 서구 외래어는 하나도 없다.

2.23 변명하다

2.23.1 변명하는 내용

이 부분밭은 "어떤 잘못에 대하여 구구한 구실로 이유를 밝히다"의 내용을 함유하고 있어 〈실수에 대해 구구하게 이유를 제시성＋변명성〉이 공통으로 부가된다.

(1) 변명(辨明)하다　　　　　(2) 변백(辨白)하다
(3) 발명(發明)하다　　　　　(4) 망변(妄辯)하다
(5) 해조(解嘲)하다　　　　　(6) 폭백(暴白)하다
(7) 발뺌하다

위의 (1-2)는 "어떤 잘못에 대하여 구구한 구실로 이유를 밝히다"의 개념을 공유하고 있어 〈실수에 대해 구구하게 이유를 제시성＋변명성〉이 공통으로 추가되고, 또 "사리를 분별하여 똑똑히 밝히다"의 개념도 공유하고 있어 〈사리를 분별성→분명히 사리를 규명성〉도 공통으로 추가된다.

그리고 (3)은 "무죄를 변명하여 밝히다"의 개념이므로 〈무죄를 변명성→무죄를 규명성〉이 추가되고, 또 "경사(經史)의 뜻을 스스로 깨달아서 밝히다"의 개념도 가지고 있어 〈경사의 뜻을 스스로 터득성→경사의 뜻을 규명성〉이 더 추가되며, (4)는 "조리에 닿지 않는 변명을 하다"의 개념이므로 〈조리에 어긋난 변명성〉이 추가된다. (5)는 "남의 조롱에 대해 변명하다"의 개념이니 〈남의 조롱에 대해 변명성〉이 추가되고, (6)은 "분한 사정을 들어 함부로 분개하여 말로 변명하다"의 개념이므로 〈원한을 제시성＋함부로 분개성→말로 변명성〉이 추가되며, 또 "무죄를 변명하여 밝히다"의 개념도 가지고 있어 〈무죄를 변명성→무죄를 규명성〉이 더 추가된다. 그리고, (7)은 "책임을 면하려고 변명하거나, 또는 그렇게 하려고 슬슬 피하다"의 개념이니 〈변명성→책임을 모면할 목적성〉과 〈슬슬 회피성→책임을 모면할 목적성〉이 내용에 따라 추가되어 분절한다.

(8) 말막음하다

이는 "남의 욕을 면하기 위하여 어름어름하여 그 책망을 막고 벗어나다"의 개념이니 〈어름어름 책망을 방어성→책망 탈피성→남의 욕설 모면성〉이 추가되어 분절한다.

앞에서 논의한 변명에 관련된 8개 자동사에 대하여 개별적인 분절성을 고찰하였다. 이제 이것을 바탕으로 하여 전체적인 분절구조를 수형도 [그림91]로 제시하려 한다.

2.23.2 마무리

지금까지 변명하는 자동사 8개에 대하여 개별적인 분절성을 논의하였다. 이제 이것을 바탕으로 하여 전체적인 분절구조를 요약하려 한다.

[그림91] 변명하는 분절구조

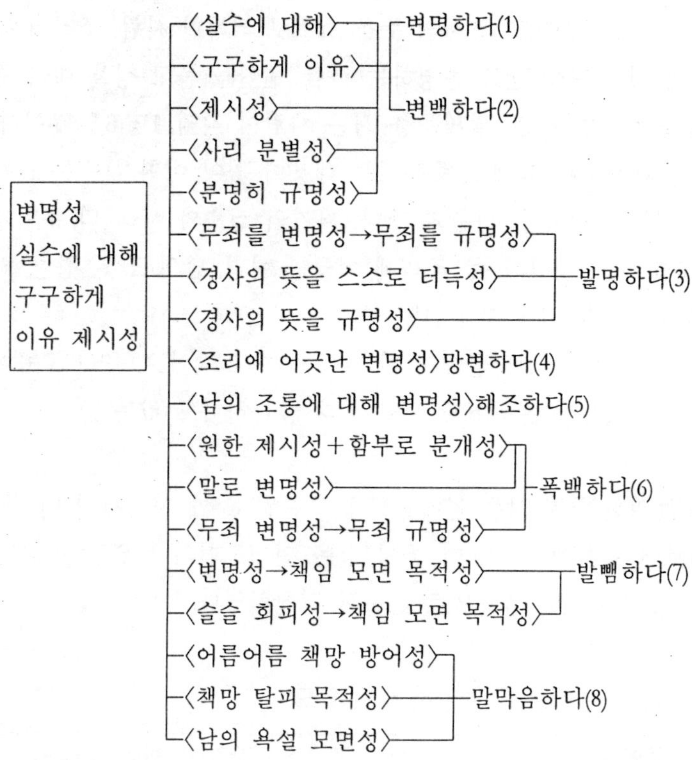

  (1) 변명하는 자동사는 모두 8개이나, 중복되는 내용이 있어 어휘의 수는 12개로 늘어난다. 이들의 내용은 다음과 같다.

  자신의 실수에 대해 구구하게 이유를 대는 내용과 사리를 분명히 밝히는 내용 및 무죄를 변명하는 내용이 각각 2개(16.67%)이고, 경사의 뜻을 규명하는 내용, 조리에 어긋난 변명을 하는 내용, 남의 조롱에 대해 변명하는 내용, 원한을 품고 성이 나서 말로 변명하는 내용, 발뺌하는 내용, 어름어름 책망을 회피하는 내용이 각각 1개(8.33%)이다.

  (2) 변명하는 주체도 중복되는 내용이 있어 어휘의 수는 12개로 늘어난

다. 이들의 내용은 변명하는 사람과 발명하는 사람 및 사리를 규명하는 사람이 각각 2명(16.67%)이고, 경사의 뜻을 스스로 터득한 사람, 조리에 어긋난 변명자, 남의 조롱을 받고 변명하는 사람, 원한을 품고 성을 내어 변명하는 사람, 발뺌하는 사람, 말막음을 하는 사람이 각각 1명(8.33%)이다

(3) 변명하는 대상이나 객체도 중복되는 내용이 있어 어휘의 수는 12개로 늘어난다. 이들의 내용은 다음과 같다. 자기의 실수와 사리 및 무죄가 각각 2개(16.67%)이고, 경사의 뜻, 조리에 어긋난 변명, 남의 조롱, 원한, 책임, 남의 욕설이 각각 1개(8.33%)이다.

(4) 변명하는 자동사의 낱말밭에서 한자어는 6개(75%)이고, 우리 고유어는 2개(25%)이다. 그런데 혼종어와 서구 외래어가 하나도 없는 것이 특징이다.

(5) 앞에서 논의한 좋지 않은 언어표현에 관련된 135개 자동사의 내용별 분포를 살펴보면 다음과 같다. 이 좋지 않은 언어표현의 낱말밭은 실언, 상말, 폭언, 공갈, 이간질, 변명으로 나누어 고찰하였다.

〈표2〉 좋지 않은 언어표현 자동사의 분포도

내용	실언	상말	폭언	공갈	이간질	변명	계
어휘수	76	6	28	10	7	8	135
백분율	56.3%	4.44%	20.74%	7.41%	5.19%	5.93%	100%

위의 분포로 보아 좋지 않은 언어표현에서 우리 언어공동체는 실언하는 내용을 부정적으로 보고 있으며, 실언에 대하여 경각심을 불러일으키고 있다. 그리고 남에게 폭언하는 내용에도 많은 관심이 표현되어 있고, 남에게 공갈치는 내용과 자기의 잘못을 변명하는 내용에는 약간의 관심이 드러나 있으나, 상말과 이간질에는 별로 관심이 드러나 있지 않다.

Ⅲ. 결 론

지금까지 일상언어에 관련된 자동사 1,409개에 대하여 개별 낱말의 분절성을 논의하였다. 이제 이것을 토대로 하여 전체적인 분절구조를 살펴보려 한다.

(1) 먼저 이 책에서 부분밭으로 분류하여 논의한 내용의 분포도를 보이면 다음 표와 같다.

〈표3〉 낱말밭의 분포도

낱말밭	좋지않은 언표	막연한 언표	담화	수다떨다	불평	질의응답
어휘수	238	172	162	144	111	109
백분율	16.89%	12.21%	11.5%	10.22%	7.88%	7.74%

낱말밭	불명확한 언표	꾸지람	아첨	거짓말	억지	함구	허풍떨다
어휘수	94	59	46	41	40	26	25
백분율	6.67%	4.19%	3.26%	2.91%	2.84%	1.85%	1.77%

낱말밭	식언	능변	재담	약속	말참견	잔소리	장담하다	계
어휘수	25	24	24	24	19	14	12	1409
백분율	1.77%	1.7%	1.7%	1.7%	1.35%	0.99%	0.85%	100%

위의 분포로 보아 우리 언어공동체는 좋지 않은 언어표현에 가장 큰 관심을 보이고 있고, 어떤 특정 대화가 아닌 막연히 말하는 내용도에도 깊

은 관심을 보이고 있으며, 이야기하는 내용에도 많은 관심이 드러나 있다. 그리고 시끄럽게 수다떠는 내용과 불평불만으로 투덜대는 내용 및 질의 응답에도 약간의 관심을 보이고 있으며, 불명확하게 말하는 내용과 꾸지람하는 내용 및 아첨하는 내용에도 얼마간의 관심이 표현되어 있다.

좀더 구체적으로 작은밭의 분포를 보이면 다음 표와 같다.

〈표4〉 부분밭 어휘의 분포도

내용	막연한 언표	수다떨다	불평	담화	밀담
어휘수	172	144	111	77	71
백분율	12.21%	10.22%	7.88%	5.46%	5.04%

내용	야유	망발	거짓말	응답	억지	비방
어휘수	43	41	41	41	40	37
백분율	3.05%	2.91%	2.91%	2.91%	2.84%	2.63%

내용	폭언	함구불언	식언	능변	약속	재담
어휘수	28	26	25	24	24	24
백분율	1.99%	1.85%	1.77%	1.7%	1.7%	1.7%

내용	말참견	머뭇거림	욕설	호응	모호함	헛된말	모순된 말
어휘수	19	19	17	17	15	15	14
백분율	1.35%	1.35%	1.21%	1.21%	1.06%	1.06%	0.99%

내용	잔소리	장담	정담	변명	이간질	독백	음담	계
어휘수	14	12	8	8	7	6	6	1409
백분율	0.99%	0.85%	0.57%	0.57%	0.5%	0.43%	0.43%	100%

이제 더 구체적인 낱말의 내용은 중복되는 내용이 있어 낱말의 내용은 1,418개로 늘어난다. 이들을 많이 분포된 순으로 고찰하려 한다.

소곤소곤 밀담하는 내용이 71개(5.01%)로 가장 많고, 투덜투덜 불평하는 내용이 55개(3.88%)로 다음으로 많으며, 계속 수다떠는 내용이 48개(3.39%)로 세 번째로 많다. 그리고 시끄럽게 떠드는 내용이 32개(2.26%)이고, 아첨하는 내용과 발끈하여 폭언하는 내용이 각각 28개(1.97%)이며, 빈정거리며 야유하는 내용과 망발하는 내용 및 경망스럽게 씨부렁거리는 내용이 각각 27개(1.9%)이다.

그리고 익살스럽게 재담하는 내용과 지나치게 과장하여 말하는 내용이 각각 24개(1.69%)이고, 여러 사람이 왁자지껄 떠드는 내용과 말을 못하고 머뭇거리는 내용 및 큰 소리로 야단치는 내용이 각각 21개(1.48%)이며, 남을 원망하는 내용과 능변으로 말을 잘하는 내용이 각각 20개씩(1.41%)이다. 깐죽거리며 희롱하는 내용과 농담하는 내용이 각각 19개씩(1.34%)이고, 더듬거리는 내용과 생떼쓰는 내용이 각각 18개씩(1.27%)이며, 함구무언하는 내용과 악담하는 내용이 각각 17개씩(1.2%)이다. 회포를 모두 푸는 내용, 모호하게 어름거리는 내용, 남을 비방하는 내용, 욕설하는 내용 실언하는 내용 등이 각각 16개(1.13%)이고, 어린애가 찡얼거리는 내용이 15개(1.06%)이며, 귀찮게 치근거리는 내용과 거짓말하는 내용이 각각 14개(0.99%)이다.

그리고 발언하는 내용, 질문에 대답하는 내용, 말참견하는 내용, 이러쿵저러쿵 잔소리하는 내용, 여자들이 중얼중얼 불평하는 내용, 어린애가 중얼중얼 불평하는 내용, 구구하게 변명하는 내용 등이 각각 13개(0.92%)이고, 횡설수설하는 내용이 12개(0.85%)이며, 무모하게 호언장담하는 내용과 아랫사람을 꾸중하는 내용 및 앞뒤가 맞지 않게 말하는 내용이 각각 11개씩(0.78%)이다. 진심을 토로하는 내용, 담소하는 내용, 굳게 약속하는 내용, 공갈치어 남을 위협하는 내용이 각각 10개씩(0.71%)이다. 비밀을 실토하는 내용, 확실하게 단정하는 내용, 쓸데없이 잡담하는 내용, 실실 웃으며 수다떠는 내용, 꾸지람을 듣는 내용 등이 각각 9개(0.63%)이고, 유아가 옹알이하는 내용, 말대꾸하는 내용, 서로 호명하는 내용, 허위날조하여 거짓말하는 내용, 식언하는 내용, 교언영색하는 내용, 부질없이 객담하는 내용 등이 각각 8개(0.56%)이며, 정담을 나누는 내용, 큰 소리로 귀따갑게 떠드는 내용, 무엇을 질문하는 내용, 질의응답하는 내용, 감언이설로 남을 유혹하는 내용, 이간질하는 내용, 변명하여 발뺌하는 내용, 맹서하는 내용 등이 각각 7개씩(0.49%)이다.

그리고, 공대말로 표현하는 내용, 하대말로 표현하는 내용, 호명에 대답하는 내용, 불만을 품고 심술부리는 내용, 불만으로 트집잡는 내용, 미소지으며 떼쓰는 내용, 궤변을 늘어놓는 내용, 음담패설하는 내용, 상소리하는 내용, 신중하게 발언하는 내용, 독백하는 내용 등이 각각 6개(0.42%)이고, 말문떼는 내용, 자신 있게 장담하는 내용, 구두시험을 보는 내용, 다짐받는 내용, 우물쩍 넘어가는 내용, 헛소리하는 내용, 잠꼬대하는 내용 등이 각각 5개(0.35%)이며, 장황하게 길게 말하는 내용, 한 말을 다시 하는 내용, 암호로 의사표시를 하는 내용, 말꼬리를 다는 내용, 뒷공론하는 내용, 웅변하는 내용, 즉석에서 대답하는 내용, 반문하는 내용, 묵묵부답하는 내용, 두려워서 함구하는 내용, 남의 발언을 막는 내용, 문책하는 내용, 혹세무민하는 내용, 군소리하는 내용, 공염불하는 내용 등이 각각 4개(0.28%)이다.

발성하는 내용, 말미를 생략하는 내용, 귀감이 되게 말하는 내용, 수화로 표현하는 내용, 변말로 표현하는 내용, 우의적으로 표현하는 내용, 냉정하게 말하는 내용, 의외의 말을 하는 내용, 술의 힘을 빌어 말하는 내용, 회고담을 이야기하는 내용, 결단하여 대답하는 내용, 무성의하게 코대답하는 내용, 동문서답하는 내용, 핀잔주는 내용, 허위로 전달하는 내용, 발라맞추는 내용, 주정부리는 내용 등이 각각 3개씩(0.21%)이다.

그리고 상용어로 말하는 내용, 불만을 품고 느리게 말하는 내용, 사건을 주선하기 위해 잡다하게 말하는 내용, 온건하게 말하는 내용, 큰 소리로 자기 주장을 설파하는 내용, 사리에 맞게 말하는 내용, 남을 대변하는 내용, 폐일언하고 단도직입적으로 결정하는 내용, 발언을 끝맺는 내용, 남이 모르는 말을 하는 내용, 흥미롭게 말하는 내용, 견해를 공식적으로 공포하는 내용, 괴상야릇한 이야기를 하는 내용, 진부한 내용을 말하는 내용, 담화회를 개최하는 내용, 체험담을 이야기하는 내용, 만담하는 내용, 말장난하는 내용, 대화로 연극하는 내용, 혀짤배기소리로 발언하는 내용, 흥얼거리는 내용, 쓸데없이 군더더기의 말을 하는 내용, 점장이에게 길흉을 물어보는 내용, 요구에 응낙하는 내용, 자문자답하는 내용, 아랫사람에게 답변하는 내용, 불교의 교리를 문답하는 내용, 맞장구치는 내용, 까닭 없이 호령하는 내용, 거만하게 꾸짖는 내용, 범법자를 성토하는 내용, 꾸지람을 듣고 다른 사람에게 화풀이하는 내용, 불평을 읊조리는 내용, 어떤 내용을 얼버무리는 내용, 엉터리로 사건을 주선하는 내용, 면종복배하는 내용, 거칠고 우매하게 말하는 내용 등이 각각 2개씩(0.14%)이다.

그리고 필담하는 내용, 언행에 애티가 나는 내용, 가는 음성으로 발언하는 내용, 두어 마디로 발언하는 내용, 어떤 일에 대하여 언급하는 내용, 자신에 대해 진술하는 내용, 발성을 중단하는 내용, 서두를 생략하는 내용, 중간을 생략하는 내용, 시조하듯 느리게 말하는 내용, 상세하게 표현하는 내용, 겸손하게 말하는 내용, 눈짓하는 내용, 화제를 전환하는 내용, 관대한 아량으로 활달하게 말하는 내용, 거만스럽게 말하는 내용, 격렬하게 말하는 내용, 말의 어느 부분을 강조하는 내용, 현학적으로 표현하는 내용, 다른 동사로 대치하여 말하는 내용, 짧게 표현하는 내용, 사담하는 내용, 공무에 대해 말하는 내용, 의문점을 말하는 내용, 폐단을 언급하는 내용, 폐단의 시정을 지적하는 내용, 먼 친척관계를 말하는 내용, 거명하여 말하는 내용, 교묘하게 꺼낸 말이 적중되는 내용, 유난스럽게 말하는 내용, 말발이 서는 내용, 설화에 대해 이야기하는 내용, 진실하게 말하는 내용, 고상한 내용을 말하는 내용, 진귀한 일에 대해 말하는 내용, 찾아와서 말하는 내용, 서서 이야기하는 내용, 남을 대신하여 말하는 내용, 쾌활하게 말하는 내용, 연극에 대하여 이야기하는 내용, 회견한 내용을 이야기하는 내용, 투쟁담을 이야기하는 내용, 시사담을 말하는 내용, 정치에 대해 이야기하는 내용, 재판에 대해 말하는 내용, 소나기처럼 말하는 내용, 많은 말 중에 더러 적중되는 내용, 자기 자신에 질문하는 내용, 문장 속에서 질문하는 내용, 자문에 응하는 내용, 찾아와서 질문하는 내용, 문책하는 내용, 성함을 질문하는 내용, 예절에 대해 묻는 내용, 말[馬]에 대해 묻는 내용, 경서의 난해점을 묻는 내용, 불치하문하는 내용, 시험삼아 질문하는 내용, 임금이 직접 묻는 내용, 글로 대답하는 내용, 윗사람이 답변하는 내용, 임금의 질문에 신하가 대답하는 내용, 불경스럽게 어른의 이름을 함부로 부르는 내용, 시대에 어긋난 발언을 하는 내용, 후보자를 구두로 추천하는 내용, 불경의 요의에 대해 질문하는 내용, 우문우답하는 내용, 글을 써서 문답하는 내용, 우문현답하는 내용, 기이하고 색다르게 대답하는 내용, 교리문답하는 내용, 청탁한 일이 거절되는 내용, 한편 말만 역성드는 내용, 언행을 삼가도록 단속하는 내용, 술에 취해 잔소리하는 내용, 웃어른의 언행을 지적하는 내용, 적반하장되는 내용, 유감의 뜻으로 혀를 차는 내용, 헛맹서하는 내용, 구두로 계약하는 내용, 헛장담하는 내용, 심문하는 관리에게 욕설하는 내용, 금방 사귄 사람에게 함부로 말하는 내용, 어름어름 책임을 회피하는 내용 등이 각각 1개(0.07%)이다.

위의 내용으로 보아 우리 언어공동체는 소곤소곤 밀담하는 내용에 가장 큰 관심을 보이고 있고, 투덜투덜 불평하는 내용에도 깊은 관심을 표현하고 있으며, 계속 수다떠는 내용과 시끄럽게 떠드는 내용에도 많은 관심을 보이고 있다. 그리고 아첨하는 내용과 발끈하여 폭언하는 내용 및 빈정거리며 야유하는 내용에도 얼마간의 관심이 드러나 있고, 또 망발하는 내용과 경망스럽게 씨부렁거리는 내용에도 약간의 관심이 표현되어 있다. 이렇게 많은 관심을 보이고 있는 내용들은 모두 바람직하지 못한 부정적인 내용으로 미루어 보아 언행에 조심하는 민족의 세계상이 언어 속에 반영되어 있음을 알 수 있다.

(2) 언어표현의 주체는 모두 사람이다. 이들 중 신분이 드러난 것 중 많이 분포된 순으로 고찰하면 다음과 같다.

말하는 주체가 일반인으로 간주되는 내용은 모두 1,193개(84.67)로 거의 전부이다. 신분이 명확히 들어난 것 중, 여러 사람이 57개(4.05%)로 가장 많고, 어린아이가 34개(2.41%)로 다음으로 많으며, 웃어른과 여자가 각각 13개(0.92%)로 세 번째로 많다. 그리고 아랫사람이 11개(0.78%)이고, 음주자가 7개(0.5%)이며, 사람의 혀가 6개(0.43%)이다. 사람의 입과 환자 및 시험관이 각각 5개(0.35%)이고, 잘 생긴 사람, 공연자, 웅변가, 임금, 학습자, 불교신자가 각각 4개(0.28%)이며, 농아가 3개(0.21%)이다.

발음기관, 자기 자신, 남녀, 일부의 사람, 점장이, 신하, 수험자, 선가의 스승, 공무원, 하느님이 각각 2개(0.14%)이고, 감옥의 수감자, 소수의 집단, 인품이 고매한 사람, 은둔생활자, 대변인, 친척, 단체, 만담가, 주인, 하인, 강사, 주례목사, 세례자, 입교자, 소인배, 공신, 피의자 등이 각각 1개(0.07%)이다.

위의 분포에서 여러 사람이 많은 것은 언어표현 중 여러 사람이 모여 함께 시끄럽게 떠드는 내용이 많기 때문이며, 어린아이와 여자가 많은 것은 밖으로 드러내어 불평을 할 수 없으므로 중얼거리며 불평하거나, 칭얼거리며 보채는 내용이 많기 때문이다. 그리고 웃어른과 아랫사람이 많은 것은 꾸지람을 하는 사람은 웃어른이고 듣는 사람은 아랫사람이기 때문이다.

(3) 말하는 대상이나 말할 때 등장하는 객체는 중복되는 것이 많아 객체의 수는 1572개로 늘어난다. 이들도 많이 분포된 순으로 고찰하려 한다.

수다스런 말이 114개(9.16%), 불평불만이 113개(7.19%), 밀담이 71개(4.52%), 상용어가 45개(2.86%), 야유와 희롱이 43개(2.74%), 망언과 거짓말이 각각

41개(2.61%), 고집이 40개(2.55%), 꾸지람이 37개(2.35%), 의문점이 31개 (1.97%), 아첨이 29개(1.84%), 폭언이 28개(1.78%), 우물쭈물하는 말과 호언 장담 및 비방이 각각 25개(1.59%), 능변, 재담, 응답, 칭호가 각각 24개 (1.53%), 함구무언이 22개(1.4%), 욕설이 19개(1.21%), 더듬는 말과 말참견 및 짜증이 각각 18개(1.15%), 웃음이 17개(1.08%)이다.

그리고 허물, 실언, 회포, 호통, 아양이 각각 16개(1.02%), 우수개소리가 15개(0.95%), 모호한 말과 헛된말 및 잔소리가 각각 14개(0.89%), 조소, 횡설 수설, 맹서, 험담이 각각 12개(0.76%), 일구이언, 발음기관, 농담, 원망이 각 각 11개(0.7%), 생각, 진정, 공감, 소문, 여론이 각각 10개(0.64%), 비밀, 잡담, 변명, 말대꾸가 각각 9개(0.57%), 정담과 입속말 및 군소리가 각각 8개 (0.51%), 언약, 단언, 이간질, 문답이 각각 7개(0.45%), 공대어, 하대어, 발음, 독백, 핑계, 음담패설, 상소리, 헛소리, 감정, 암호가 각각 6개(0.38%), 기만, 구두시험, 다짐, 묵묵부답, 남의 발언, 말꼬리가 각각 5개(0.32%)이다.

백성, 가언, 어문, 뒷말, 이야기, 한담, 진담, 트집, 동문서답이 각각 4개 (0.25%), 수화, 타인, 냉어, 취담, 술주정, 반문, 경서, 희답, 교리문답, 말미, 연극이 각각 3개(0.19%), 느낌, 상용어, 사연, 숙어, 괴담, 만담, 배신, 청중, 웅변, 길흉, 자문자답, 범죄자, 굿, 밀약, 명령, 사건, 성명, 담화회, 체험담, 회고담, 언어유희, 재치, 기지가 각각 2개(0.13%), 일, 신화, 전설, 동화, 회 상담, 회견담, 투쟁담, 시사담, 정치담, 변설, 생년월일, 예절, 말[馬], 필담, 태도, 내용, 필답, 하답, 상답, 회신, 칙답, 실력, 교양, 필문필답, 우문우답, 우문현답, 역성, 웃어른의 언행, 헛맹서, 서약, 저주, 자기 자신, 서두, 중간, 시조, 군사설, 겸양어, 눈짓, 대변, 막말, 화제, 속담, 격언, 동사, 사담, 공담, 폐단, 인척관계가 각각 1개(0.06%)이다.

(4) 말하는 동기를 알 수 있는 것은 모두 810개(57.49%)이다. 이들의 내 용 중 많이 분포된 순으로 고찰하여 보면 다음과 같다.

불평불만을 표출하기 위함이 121개(14.94%)로 가장 많고, 흥미를 유발하기 위함이 69개(8.52%)로 다음으로 많으며, 남을 질책하기 위함이 61개(7.53%)로 세 번째로 많다. 그리고 질문에 응답하기 위함이 55개(6.79%)이고, 남의 환심을 사기 위함이 46개(5.68%)이며, 불만스러워 남을 야유하기 위함이 43개(5.31%)이다. 남을 속이기 위함이 41개(5.06%)이고, 자기를 과시하기 위함과 남을 비웃고 비방하기 위함이 각각 37개(4.57%)이며, 비밀을 유지하기 위함이 35개(4.32%)이다. 그리고 자기의 책임을 모면하기 위함이 33개(4.07%)이다. 화풀이를 하기 위함이 30개(3.71%)이고, 자기의 주장을 관철하기 위함이 29개(3.58%)이며, 확답을 다짐두기 위함이 24개(2.96%)이다. 의문점을 풀기 위함이 20개(2.47%)이고, 품고 있는 생각을 토로하기 위함이 19개(2.35%)이며, 남에게 모욕을 주기 위함이 17개(2.1%)이다. 진실을 표출하기 위함이 15개(1.85%)이고, 지루함을 풀기 위함이 14개(1.73%)이며, 발성하기 위함과 의견을 진술하기 위함이 각각 11개(1.36%)이다. 그리고 남에게 위협을 주기 위함이 10개(1.23%)이고, 무엇을 요구하기 위함과 애정을 표현하기 위함이 각각 8개(0.99%)이며, 자기의 이익을 추구하기 위함이 7개(0.86%)이다. 위기를 모면하기 위함이 4개(0.49%)이고, 원만하게 일을 처리하기 위함과 자기의 태도를 확실히 표명하기 위함이 각각 2개(0.25%)이며, 언어의 불통을 해소하기 위함이 1개(0.12%)이다.

(5) 언어표현의 내용 중 바람직하지 못한 부정적인 내용은 '더듬는 말, 애매모호한 말, 머뭇거리는 언행, 불명확한 표현, 모순된 표현, 수다떠는 내용, 호언장담하는 내용, 남의 말에 쓸데없이 참견하는 내용, 잔소리, 억지쓰는 내용, 거짓말, 허풍떠는 내용, 식언, 아첨, 야유, 비양, 조소, 욕설, 음담, 실언, 폭언, 공갈, 이간질, 변명' 등의 내용으로 모두 764개(54.22%)로 과반수가 넘고 있으며, 바람직한 긍정적인 내용은 '담화, 정담, 재담, 약속' 등의 내용으로 모두 104개(7.38%)에 불과하다.

위의 분포로 보아 우리 언어공동체는 언어표현에는 조심하는 모습이 드러나 있으며, 남에게 피해를 주는 말을 삼가도록 경계하고 있음을 알 수 있다.

(6) 언어표현의 낱말밭에서 어종별의 분포는 다음과 같다.

〈표5〉 어종별 분포도

낱말밭 \ 어종	고유어	한자어	혼종어	서구외래어	계
말하다	42	117	13	O	172
	24.42%	68.02%	7.56%	O	100%
담화하다	71	80	10	1	162
	43.38%	49.38%	6.17%	0.62%	100%
불분명한 언표	76	16	2	O	94
	80.85%	17.02	2.13%	O	100%
수다떨다	124	19	1	O	144
	86.11%	13.19%	0.69%	O	100%
능변하다	5	18	1	O	24
	20.83%	75%	4.17%	O	100%
재담하다	21	2	O	1	24
	87.5%	8.33%	O	4.17%	100%
장담하다	4	8	O	O	12
	33.33%	66.67%	O	O	100%
질의응답하다	11	94	4	O	109
	10.09%	86.24%	3.67%	O	100%
말참견하다	12	5	2	O	19
	63.16%	26.32%	10.53%	O	100%
함구하다	4	21	1	O	26
	15.38%	80.77%	3.85%	O	100%
잔소리하다	10	4	O	O	14
	71.43%	28.57%	O	O	100%
꾸지람하다	16	35	8	O	59
	27.12%	59.32%	13.56%	O	100%
불평하다	110	1	O	O	111
	99.09%	0.91%	O	O	100%
억지쓰다	38	2	O	O	40
	95%	5%	O	O	100%

낱말밭 \ 어종	고유어	한자어	혼종어	서구외래어	계
약속하다	6	16	2	O	24
	25%	66.67%	8.33%	O	100%
거짓말하다	14	26	1	O	41
	34.15%	63.41%	2.44%	O	100%
허풍떨다	11	8	6	O	25
	44%	32%	24%	O	100%
식언하다	10	14	1	O	25
	40%	56%	4%	O	100%
아첨하다	20	25	1	O	46
	43.48%	54.35%	2.17%	O	100%
야유하다	35	7	1	O	43
	81.41%	16.28%	2.33%	O	100%
비방하다	6	27	4	O	37
	16.22%	72.97%	10.81%	O	100%
욕설하다	4	6	7	O	17
	23.53%	35.29%	41.77%	O	100%
음담하다	O	6	O	O	6
	O	100%	O	O	100%
실언하다	21	46	9	O	76
	27.63%	60.53%	11.84%	O	100%
상말하다	2	2	2	O	6
	33.33%	33.33%	33.33%	O	100%
폭언하다	25	2	1	O	28
	89.89%	7.14%	3.57%	O	100%
공갈치다	6	1	3	O	10
	60%	10%	30%	O	100%
이간질하다	1	1	5	O	7
	14.29%	14.29%	71,43%	O	100%
변명하다	2	6	O	O	8
	25%	75%	O	O	100%
계	707	615	85	2	1409
	50.18%	43.67%	6.03%	0.14%	100%

우리 국어는 수적으로 한자어가 우위를 차지하고 있다. 그런데 언어표현의 낱말밭에서는 우리 고유어가 707개(50.18%)로 과반수가 넘고 있고, 한자어는 615개(43.67%)에 불과하며, 한자어와 고유어가 융합된 혼종어는 85개(6.03%)이다. 그리고 서구 외래어는 '모롤로그(monologue)하다, 유모어(humour)하다' 두 개뿐이다.

(6) 언어표현 자동사의 어휘에서 비유적으로 표현된 낱말은 다음과 같다.

'시조하다, 너스레놓다, 너스레떨다, 개금하다, 굳다, 혀굳다, 혀쩔배기소리하다, 혀짜래기소리하다, 함호하다, 말공부하다, 말공부질하다, 몽중몽설하다, 몽중설몽하다, 지동지서하다, 발동하다, 깡다구부리다, 부르대다, 약팔다, 현하구변하다, 현하웅변하다, 현하지변하다, 동문서답하다, 문동답서하다, 동문빨래하다, 말추렴하다, 중뿔나다, 맞장구치다, 맞당단치다, 적반하장하다, 배참하다, 배치기하다, 혀차다, 쩟하다, 구라놓다, 산소리하다, 식언하다, 이언하다, 일구이언하다, 일구양언하다, 발라맞추다, 둘러대다, 천산지산하다, 꼬리치다, 사탕발림하다, 간질간질하다, 깐질깐질하다, 퍼붓다, 개소리하다, 개소리치다, 개소리괴소리하다, 개나발불다, 개수작하다, 생소리하다, 선소리하다, 공염불하다, 도구염불하다, 입방아찧다, 붓날다, 어기뚱거리다, 어기뚱어기뚱하다, 발뺌하다' 등 61개(4.33%)이다.

그리고 저속하게 표현된 낱말은 '혀굴리다, 혀놀리다, 반말지거리하다, 반말질하다, 비린내나다, 농지거리하다, 희학질하다, 귓속질하다, 말공부질하다, 서털구털하다, 콩팔칠팔하다, 엉버티다, 왕왕대다, 코대답하다, 대답질하다, 대꾸질하다, 말대답질하다, 말대꾸질하다, 퉁바리맞다, 잔말하다, 잔소리하다, 핀둥이쏘이다, 호령질하다, 호통질치다, 생때거리쓰다, 떼거리쓰다, 맹서지거리하다, 껑까다, 쏘개질하다, 광치다, 비나리치다, 연사질하다, 희롱질하다, 희롱지거리하다, 비방질하다, 흉질하다, 육갑하네하다, 욕설질하다, 욕지거리하다, 뒷욕질하다, 개소리하다, 개소리치다, 개소리괴소리하다, 개나발불다, 개수작하다, 주정질하다, 공갈때리다, 이간질하다, 반 간질하다, 언사질하다' 등 51개(3.62%)이다.

이들은 모두 언어표현 중 우리 민족이 부정적으로 바라보고 있는 세계 상이 반영된 낱말들이다.

(7) 낱말의 구성 형태를 살펴보면 다음과 같다.

'[한자어]+[-하다]'의 어형은 582개(41.31%)이고, '[한자어]+[-되다]'의 형 태가 13개(0.92%)이며, '[고유어]+[-하다]'의 형태가 112개(7.95%)이다. 그리 고 '[혼종어]+[-하다]'의 형태가 58개(4.12%)이다.

언어표현 자동사에서 의성어와 의태어로 이루어진 상징어는 모두 435 개(30.87%)로 매우 많은 어휘가 분포되어 있다. 이들만 가지고 그 분포를 살펴보면 다음과 같다. '[어근]+[-하다]'의 형태가 209개(48.05%)이고, '[어 근]+[-거리다]'의 형태가 208개(47.82%)로 매우 비슷한 분포이다. 그리고 '[어근]+[-이다]'의 형태가 13개(3%)이고, '[어근]+[-대다]'의 형태는 5개 (1.15%)에 불과하다. 따라서 상징어의 조어 방법은 [-하다]접사와 [-거리 다]접사가 생산성이 높은 것을 알 수 있다.

앞에서 논의한 이외의 조어 방법 중 많이 분포된 순으로 살펴보면 다음 과 같다.

'[단어]+[부리다]'(주정+부리다, 수다+부리다, 깡다구+부리다…)의 형 태가 33개(2.34%)로 가장 많고, '[단어]+[떨다]'(유난+떨다, 수다+떨다, 주 접+떨다…)의 형태가 23개(1.63%)로 다음으로 많으며, '[단어]+[치다]'(난장 +치다, 큰소리+치다, 공갈+치다…)의 형태가 19개(1.35%)로 세 번째로 많다. 그리고 '[단어]+[쓰다]'(문자+쓰다, 억지+쓰다, 생떼+쓰다…)의 형 태가 13개(0.9%)이고, '[단어]+[놓다]'(서두+놓다, 엄포+놓다, 간언+놓 다…)의 형태가 10개(0.71%)이며, '[단어]+[달다]'(말꼬리+달다, 말끝+달 다…)와 '[단어]+[피우다]'(수선+피우다, 야살+피우다…)의 형태가 각각 5 개(0.35%)이다.

그리고 ‘비린내＋나다’의 형태가 4개(0.28%), ‘법석＋놀다’, ‘새살＋굿다’, ‘말＋듣다’, ‘떠들어＋대다’, ‘속＋주다’, ‘욕＋먹다’ 등의 형태가 각각 3개 (0.21%), ‘말문＋떼다’, ‘말문＋막다’, ‘암상＋내다’, ‘억지＋세우다’, ‘다짐＋받 다’ 등의 형태가 각각 2개(0.14%)이다. 그 이외의 단어 형태를 형성하고 있 는 낱말은 54개(3.83%)로 분포되어 있다.

참고문헌

강경민(1987). "화제와 초점의 의미론". 「언어연구」 4. 한국현대언어학회.

강규선(1997). 「國語의 敬語法 研究」. 보고사.

강기룡(1991). "현대국어의 술(酒) 명칭에 대한 연구". 고려대 교육대학원(석사).

______(1993). "술잔 명칭의 낱말밭 고찰". 「우리어문연구」 8집. 국학자료원.

______(1995). "무덤 명칭의 낱말밭 고찰". 「우리말내용연구」 창간호. 국학자료원.

______(1997). "달(月) 명칭에 대한 고찰". 『一菴金應模敎授華甲紀念論叢』. 도서출판 박이정.

姜琪鎭(1985). "國語多義語의 意味構造". 「東國文學研究」 9. 東國大.

______(1987a). "國語多義語 研究의 方法論". 「장태진 박사 회갑기념 국어국문학 논총」. 삼영사.

______(1987b). "國語多義語의 意味構造". 「論文集」18. 弘益工傳.

姜吉云(1961). "代用語 '하다'에 對하여-「고등국어」를 中心으로-". 「국어국문학」 23. 국어국문학회.

강보유(1997). "'N1＋N2'형 합성명사에 대한 의미구조 분석". 「국어학 연구의 새 지평」. 태학사.

강무학(1985). 「한국의 세시풍속기」. 청화.

강상식(1987). 『현대국어의 집짐승 이름씨에 대한 연구』. 고려대학교 대학원 국어국문학과(석사).

강신항(1991). 「현대국어 어휘사용의 양상」. 太學社.

강위규(1990). "우리말 관용표현 연구". 부산대 대학원(박사).

강은국(1995), 「조선어 문형연구」. 도서출판 박이정.

姜憲圭(1968). "音聲象徵과 Sense 및 Meaning의 分化에 依한 語彙擴張研究". 「國語

敎育」 4. 國語敎育硏究會.

______(1988). 「韓國語語源硏究史」. 集文堂.

______(1993). "단어의 의미변화와 어사 분화 고찰". 『웅진어문학』 창간호. 웅진어
문학회.

고신숙(1987). 「조선어이론문법(품사론)」. 과학, 백과사전출판사.

고광주(1995). "〈냄새〉이름씨 낱말밭". 『우리말 내용연구』 2. 우리말내용연구회.

고명균(1991). "의미자질에 의한 어휘의 성분분석". 「우리어문학연구」 3. 한국외대
한국어교육과.

高永根(1974). 「現代國語의 接尾辭에 대한 構造的硏究」. 百合出版社.

______(1990). 「북한의 말과 글」. 을유문화사.

______(1994). 「통일시대의 언어문제」. 길벗.

______(1996). 『단어·문장·텍스트』. 한국문화사.

고창수(1992). "고대국어의 구조격 연구". 고려대 대학원(박사).

______(1992). "국어의 격이론". 『홍익어문』 10·11. 홍익어문연구회.

과학,백과사전출판사 편(1979). 「조선문화어문법」. 평양.

과학,백과사전출판사 편(1984). 「조선속담」. 평양.

과학원 조선어 및 조선어학연구소(1954). 「조선어철자법」. 과학원출판사.

곽재용(1994). "단음절 신체어휘의 통시적 고찰". 『국어국문학』 111. 국어국문학회.

곽재일(1993). "유해류 계통의 분류어휘집에 나타난 신체어(II)". 『영남어문학』 24.
영남어문학회.

곽재일(1993). "유해류 계통의 분류어휘집에 나타난 신체어(III)". 『경남어문논집』
6. 경남대 국어국문학과.

郭忠求(1996). "국어사전의 방언 표제어와 그 구성에 대한 고찰". 『국어교육연구』
3. 국어교육연구회.

______(1998). "육진방언의 어휘". 「國語 語彙의 基盤과 歷史」. 태학사.

구현정(1984). "한국어 요리동사의 의미연구." 건국대 대학원 논문집 19.

구현정(1995). "남성형-여성형 어휘의 형태와 의미연구". 「國語學」 25. 國語學會.

국어사정위원회(1966). 「조선말규범집」. 사회과학원출판사.

권경원(1988). 「전제와 함의 연구」. 한신문화사.

권경희(1994). "어휘연구의 방법론에 대하여". 『동남어문논집』 4. 동남어문학회.

權寧秀(1990). "이동동사 kommen, gehen/「오다」「가다」 대조 연구". 경북대 대학원 독어과(박사).

권미정(1996). "〈밭〉명칭에 대한 고찰". 『한국어내용론』 4. 한국어내용학회.

권재선(1989). 「국어학 발전사」. 우골탑.

奇周衍(1991). "近代國語의 派生語研究". 漢陽大 大學院(博士).

　　　　(1994). 「近代國語造語論研究(Ⅰ)」. 太學社.

김건환(1994). 「대비언어학」. 청록출판사.

김건환(1977). "우리말과 독일어의 의미면에서 대조연구". 「언어」 2-2. 한국언어학회.

김경숙(1993). "시간 개념어에 나타난 한국인의 의식구조에 관한 연구". 『효성어문학』 1. 효성어문학회.

金卿純 譯(1984). 「音樂鑑賞入門」. 德成女大出版部.

金璟姬(1995). 『性格』. 민음사.

김광언(1982). 「한국의 민속놀이」. 인하대 출판부.

김광해(1989). 「고유어와 한자어의 대응현상」. 탑출판사.

______(1989). "現代國語의 類意現象에 대한 研究 - 固有語對 漢字語의 一對多 對應現象을 中心으로-". 서울大 大學院(博士).

______(1990). "어휘교육의 방법". 「국어생활」 22. 국립국어연구소.

______(1990). "어휘소간의 의미관계에 대한 재검토". 「국어학」 20. 국어학회.

______(1993). 「국어어휘론 개설」. 집문당.

______(1993). "국어사의 시대구분과 국어 어휘사". 『안병희선생화갑기념논총』. 문학과지성사.

______(1994). "문체와 어휘". 『국어문체론』. 대한교과서(주).

______(1994). "한자 합성어". 「國語學」 24. 國語學會.

______(1998). "國語 數詞의 발달". 「國語 語彙의 基盤과 歷史」. 태학사.

김계곤(1976). "현대국어의 조어법연구". 「한글」 157. 한글학회.

_____·(1978). "현대국어의 조어법연구". 「눈뫼 허웅 박사 환갑기념논문집」. 동 간
　　　행위원회.

_____(1996). 『현대 국어 조어법 연구』. 도서출판 박이정.

金圭善(1987). "國語親族語의 研究". 慶北大 大學院(博士).

김기수(1993). "은유의 언어 구조". 경북대 대학원 영어영문학과(박사).

김기종(1989). 「조선말속담연구」. 동북조선민족교육출판사.

김기혁(1981). "국어 동사류의 의미구조". 「말」 6. 연세대 한국어학당.

김기혁(1994). "국어 동사연속구성의 통어 의미론". 「우리말글연구」 1. 우리말학
　　　회.

김기혁(1994). "문장접속의 통어적 구성과 합성동사의 생성". 「國語學」 24. 國語學
　　　會.

김기홍(1993). "감정개념의 정의". 『언어와언어학』 19. 한국외국어대.

김기찬(1986). "전제의 화용론적 연구". 효성여대 대학원(박사).

김남탁(1991). "의미의 중화현상". 「문학과 언어」 12. 경북대 국어국문학과.

金東昭(1968). "國語疊用 및 疊語研究". 慶北大 大學院(碩士).

김동수(1983). 「조선말례절집」. 과학,백과사전출판사.

金東彦 편(1993). 「國語를 위한 言語學」. 太學社.

_____(1994). "남북국어사전의 뜻풀이 비교연구". 「어문논집」 33. 고려대 국어국
　　　문학연구회.

_____(1995). "뜻풀이로 본 국어사전 편찬사". 『한국어학』 2. 한국어학회.

_____(1995). "국어사전과 방언". 「牛山李仁燮敎授華甲紀念論文集」. 同刊行委員
　　　會.

_____(1996). "개화기 번역문체 연구". 『한국어학』 4. 한국어학회.

_____(1997). "19세기 후기 황해도방언의 음운론적 연구". 『一簏金應模敎授華甲
　　　紀念論叢』. 도서출판 박이정.

金東旭 外(1990). 「韓國民俗學」. 새문사.

김동환(1991). 「단어조성론」. 대제각.

金得榥(1989). 「韓國宗敎史」. 大地文化社.

김명숙(1992). "영향동사의 의미확대 현상에 대한 연구". 연세대 대학원 영어영문학과(박사).

金命祚(1987). 「레크리에이션의 原理」. 螢雪出版社.

金命鎬·文榮漢(1993). 「敎養保健」. 연세대 출판부.

金明姬(1974). "韓國語 動詞의 意味構造에 關한 研究". 梨花女大 大學院(碩士).

______(1984). "국어동사구 구성에 나타나는 의미관계 연구－V1＋어＋V2 구조를 중심으로－". 梨花女大大學院(博士).

김무림(1989). "북한의 표준발음". 「북한의 어학혁명」. 백의.

김무림(1995). "어원론과 음운론". 『강릉어문학』. 강릉대 국어국문학과.

김무림(1997). "古典的 音韻論의 展開". 『一庵金應模敎授華甲紀念論叢』. 도서출판 박이정.

金文昌(1974). "國語慣用語의 研究". 「國語研究」 30. 國語研究會.

______(1983). ""손"의 語彙體系에 對하여". 「國語學資料論文集」. 大提閣.

______(1990). "국어어휘의미론 연구 약사". 국어학회 공동토론회 주제발표 요지.

金敏洙(1972). 「新國語學」. 一潮閣.

______(1983). 「國語意味論」. 一潮閣.

______(1986). "國語辭典: 그 表題語의 選定과 排列問題". 「국어생활」 7. 국립국어연구소.

______(1989). 「북한의 어학혁명」. 白衣.

______(1991). 「북한의 조선어 연구사」 1, 2, 3, 4권. 노진.

______ 편(1993). 「현대의 국어연구사」. 서광학술자료사.

______ 편저(1997). 「김정일시대의 북한 언어」. 태학사.

______(1997). 「北韓의 國語研究」. 一潮閣.

김민정(1996). "어휘화의 정도에 관한연구". 『국어국문학』 14. 동아대 국어국문학과.

金芳漢(1981). "기층에 대하여". 「한글」 172. 한글학회.

______ 譯(1984). 「一般言語學槪要」. 一潮閣.

______(1986). 「韓國語의 系統」. 民音社.

318

_______ 외 3인(1987). 「일반언어학」. 형설출판사.

_______(1992). 「언어학의 이해」. 民音社.

김병균(1988). "國語同音異義語硏究". 원광대 대학원(박사).

김병제(1991). 「조선어학사」. 대제각.

김보균(1996). "〈하늘〉명칭에 대한 고찰". 『한국어내용론』 4. 한국어내용학회.

김봉근(1994). "문체론의 발달". 『국어문체론』. 대한교과서(주).

김봉주(1984). 「형태론」. 한신문화사.

_______ 역(1986). 「意味의 意味」. 한신문화사.

_______(1988). 「개념학 – 의미론의 기초」. 한신문화사.

김상대(1995). "문장 성분론과 관련한 몇 문제에 대하여". 「牛山李仁燮敎授華甲紀
    念論文集」. 同 刊行委員會.

金尙敦(1990). "近代國語의 表記와 音韻變化 硏究". 高麗大 大學院(博士).

_______(1997). "훈민정음의 삼분적 요소에 대하여". 『一蓭金應模敎授華甲紀念論
    叢』. 도서출판 박이정.

金相泰 · 朴德根(1994). 「文體論」. 法文社.

김석득(1971). 「국어조어론」. 연세대 출판부.

_______(1988). "구성요소의 뜻과 총합체의 뜻과의 관계". 「동방학지」 59. 연세대.

김석득 외 2인(1995). 「당신은 우리말을 얼마나 아십니까?」. 샘터.

김석빈(1995). 『우리나라에서의 어휘정리』. 한국문화사.

金善豊(1993). 「민속문학이란 무엇인가」. 집문당.

김선희(1987). "현대국어의 시간어 연구". 연세대 대학원(박사).

_______(1990). "감정동사에 관한 고찰" 「한글」 208. 한글학회.

김성대(1977). "이조 중세 및 근세의 색채어 낱말밭에 대하여–독일 내용문법을
    중심으로–". 고려대 대학원(박사).

_______(1979a). "우리말 색채어 낱말밭–조선시대를 중심으로–". 「한글」 164. 한
    글학회.

_______(1979b). "세계의 언어화의 대하여". 「한글」 166. 한글학회.

_______(1991). 「도이치 언어학개론」. 檀國大 出版部.

김성렬(1995). "신소설 어휘 연구".『인문논총』6. 아주대 인문과학연구소.

김성환(1994). "〈코〉명칭에 대한 고찰".『우리말 내용연구』2. 우리말내용연구회.

김세중(1994). "국어 심리술어의 어휘의미 구조". 서울대 대학원(박사).

김승곤(1984).「한국어의 기원」. 건국대 출판부.

______(1986).「한국어 조사의 통시적 연구」. 대제각.

______ 외 4인 공역(1986).「단어통어론」. E.O. Selkirk(1984).「The Syntax of word」. M.I.T.10.

______(1992).「한국어의 토씨와 씨끝」. 서광학술자료사.

김승호(1993). "어휘사 기술과 언어의 화석".『국어국문학』12. 동아대 국어국문학과.

김양진(1994). "〈다툼〉을 나타내는 동사의 말낱밭".『한국어내용연구』1. 국학자료원.

金烈圭(1981).「韓國民俗과 文學硏究」. 一潮閣.

김영길 외(1986).「조선말소사전」. 학우서방.

김영선(1995).『한국어 맞선말 연구』. 세종출판사.

김영신(1982). "'釋譜詳節'의 어휘연구".「부산여대 논문집」15. 부산여대.

김영일(1988). "「벼(稻)」와 그 단어족 연구".「부산교대논문집」24-1. 부산교육대학.

金英俊 譯(1974).「意味論」. S.I. Hayakana 原著. 民衆書館.

김영진(1995). "〈비〉명칭에 대한 고찰".『우리말 내용연구』2. 우리말내용연구회.

김영진(1995). "〈비〉 명칭의 낱말밭 연구 -한자말을 중심으로", 고려대 교육대학원(석사).

김영황(1978).「조선민족어 발전 력사연구」. 과학,백과사전출판사.

김영황(1999).「조선언어학사연구」. 박이정.

김영희(1973). "한국어의 주관동사에 대하여".「연세어문학」4. 연세어문학회.

______(1985). "도이치말 내용중심 문법의 소고 - 어휘의 사실을 토대로-". 고려대 대학원(석사).

김옥녀(1994). "동사 유의어의 의미분석".『어문학교육』16.

김용구(1986).「조선어리론문법(문장론)」. 과학,백과사전출판사.

320

김용석(1972). "삼천포, 승주, 여천지방의 어휘". 「연세국문학」 3. 연세대.

______(1981). "유의어 연구—그 개념규정과 유형분류—". 「배달말」 5. 배달말학회.

金容煥(1986). 「宗敎現象의 理解」. 나무.

김원경(1997). "'에게'와 격". 『一菴金應模敎授華甲紀念論叢』. 도서출판 박이정.

김유정(1994). "〈물〉명칭의 말낱밭". 『한국어내용연구』 1. 국학자료원.

김윤학 외3인(1988). 「가게, 물건, 상호, 상품 이름 연구」. 과학사.

金應模(1975.12). "現代時調의 語彙論的 分析硏究". 高麗大 敎育大學院(석사).

______(1987.2). "상승이동 자동사에 대한 고찰". 「語文論集」 27. 高麗大 國語國文
     學硏究會.

______(1987.12). "국어순화". 「휘문」 55.

______(1988.10). "평행이동 자동사 연구—〈수단〉표현을 중심으로—". 「우리어문연
     구」 2. 우리어문연구회.

______(1989.2). "평행이동 자동사 연구—〈수반이동〉을 중심으로". 「휘문」 57.

______(1989.2). "전진이동 자동사에 대한 고찰 —〈속도〉표현을 중심으로—". 「語
     文論集」 28. 高麗大 國語國文學硏究會.

______(1989.6). "평행이동 자동사 연구—〈경로〉표현을 중심으로—". 「한글」 204.
     한글학회.

______(1989.7). "國語移動自動詞의 낱말밭 硏究". 高麗大 大學院(박사).

______(1989.9). 「國語平行移動自動詞 낱말밭」. 翰信文化社.

______(1990.2). "수직이동 자동사 연구—〈태도〉 표현을 중심으로—". 「語文論集」
     29. 高麗大 國語國文學硏究會.

______(1990.4). "수직이동 자동사 연구—〈수단〉표현을 중심으로—". 「韓國語學新
     硏究」. 翰信文化社.

______(1991.2). "수직이동 자동사 연구—〈목적〉 표현을 중심으로—". 「外大論叢」
     9. 釜山外大.

______(1991.3). "수직이동 자동사 연구—〈동반이동〉을 중심으로—". 「牛岩語文論
     集」 창간호. 釜山外大 國語國文學科.

______(1991.3). "수직이동 자동사 연구—〈과정〉표현을 중심으로—". 「한글」 211.

한글학회.

______(1991.10). "수직이동 자동사 연구—〈속도〉표현중 상승이동을 중심으로—". 「우리어문연구」 4, 5합집. 우리어문연구회.

______(1992.2). "수직이동 자동사 연구—〈속도〉중 하강이동을 중심으로—". 「外大論叢」 10. 釜山外大.

______(1992.3). "평행이동 자동사 연구—〈시간〉표현을 중심으로—". 「牛岩語文論集」 2. 釜山外大 國語國文學科.

______(1992.4). "수직이동 자동사 연구—〈속도〉표현중 상하이동을 중심으로—". 「홍익어문」 10, 11합집. 홍익어문연구회.

______(1992.7). "수직이동 자동사 연구—〈방향〉표현을 중심으로 (2)—. 「民族文化研究」 25. 高麗大 民族文化硏究所.

______(1992.11). "수직이동 자동사 연구—〈속도〉표현중 하강이동을 중심으로—". 「外大語文論集」. 第8輯. 釜山外大 語學硏究所.

______(1992.2). "수직이동 자동사 연구 (3)—〈방향〉표현을 중심으로 ①—". 「語文論集」 31. 高麗大 國語國文學硏究會.

______(1993.1). 「國語平行移動自動詞 낱말밭」. 翰信文化社(再版).

______(1993.3). "수직이동 자동사 연구—〈양태〉 표현을 중심으로—". 「한글」 219. 한글학회.

______(1993.5). 「國語移動自動詞 낱말밭 (1) 平行移動篇」. 書光學術資料社.

______(1993.5). 「國語移動自動詞 낱말밭 (2) 垂直移動篇」. 書光學術資料社.

______(1993.10). "수직이동 자동사 연구 (16)—〈시간〉—표현을 중심으로—". 「우리어문연구」 6·7합집. 국학자료원.

______(1993.12). "農事性 自動詞의 意味研究 (1)". 「語文論集」 32호. 高麗大 國語國文學硏究會.

______(1994.2). "농사성 자동사의 의미 연구 (3)" 「우리말내용연구」 1. 국학자료원.

______(1994.2). "喪禮에 관련된 自動詞의 낱말밭 研究" 「우암어문논집」 4. 釜山外大 國語國文學科.

______(1994.2). "婚姻과 관련된 自動詞의 낱말밭 연구" 「外大論叢」 12. 釜山外大.

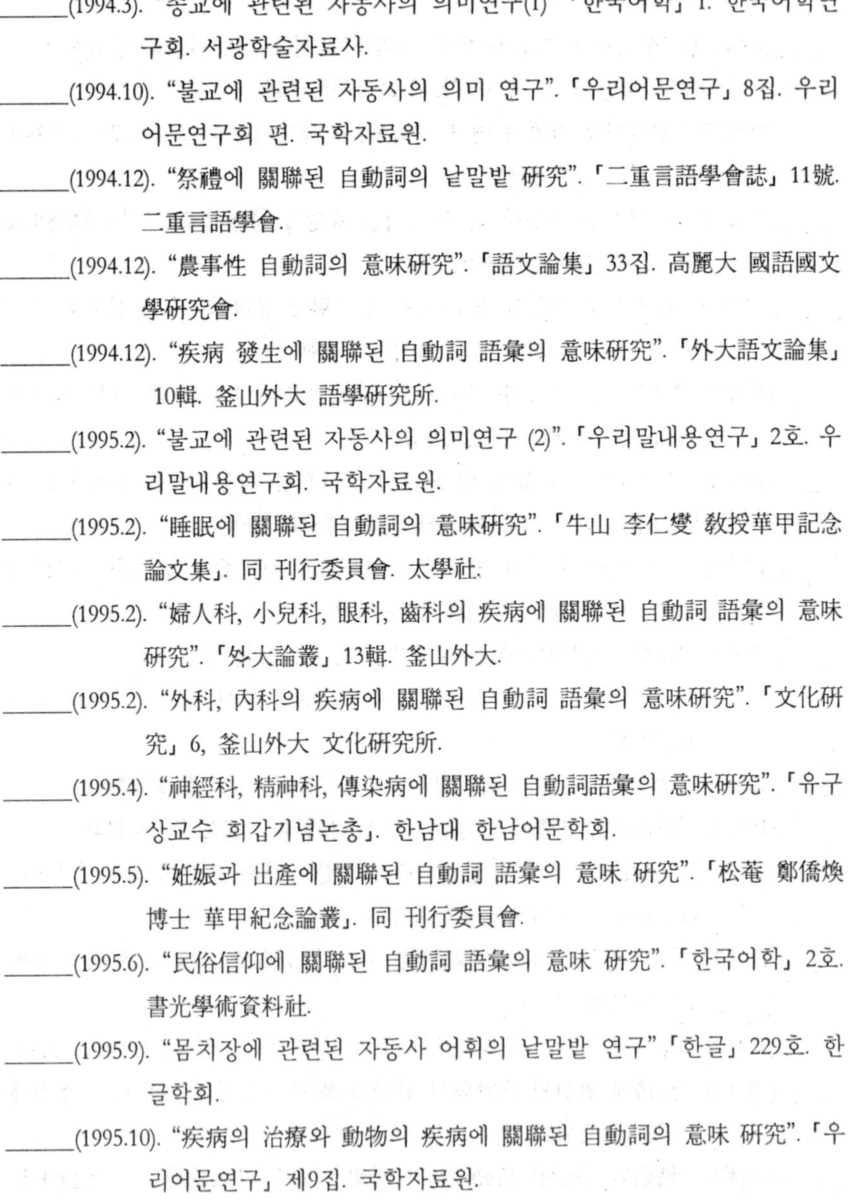

______(1994.3). "종교에 관련된 자동사의 의미연구(1)"「한국어학」1. 한국어학연구회. 서광학술자료사.

______(1994.10). "불교에 관련된 자동사의 의미 연구".「우리어문연구」8집. 우리어문연구회 편. 국학자료원.

______(1994.12). "祭禮에 關聯된 自動詞의 낱말밭 硏究".「二重言語學會誌」11號. 二重言語學會.

______(1994.12). "農事性 自動詞의 意味硏究".「語文論集」33집. 高麗大 國語國文學硏究會.

______(1994.12). "疾病 發生에 關聯된 自動詞 語彙의 意味硏究".「外大語文論集」10輯. 釜山外大 語學硏究所.

______(1995.2). "불교에 관련된 자동사의 의미연구 (2)".「우리말내용연구」2호. 우리말내용연구회. 국학자료원.

______(1995.2). "睡眠에 關聯된 自動詞의 意味硏究".「牛山 李仁燮 敎授華甲記念論文集」. 同 刊行委員會. 太學社.

______(1995.2). "婦人科, 小兒科, 眼科, 齒科의 疾病에 關聯된 自動詞 語彙의 意味硏究".「外大論叢」13輯. 釜山外大.

______(1995.2). "外科, 內科의 疾病에 關聯된 自動詞 語彙의 意味硏究".「文化硏究」6, 釜山外大 文化硏究所.

______(1995.4). "神經科, 精神科, 傳染病에 關聯된 自動詞語彙의 意味硏究".「유구 상교수 회갑기념논총」. 한남대 한남어문학회.

______(1995.5). "姙娠과 出産에 關聯된 自動詞 語彙의 意味 硏究".「松菴 鄭僑煥 博士 華甲紀念論叢」. 同 刊行委員會.

______(1995.6). "民俗信仰에 關聯된 自動詞 語彙의 意味 硏究".「한국어학」2호. 書光學術資料社.

______(1995.9). "몸치장에 관련된 자동사 어휘의 낱말밭 연구"「한글」229호. 한글학회.

______(1995.10). "疾病의 治療와 動物의 疾病에 關聯된 自動詞의 意味 硏究".「우리어문연구」제9집. 국학자료원.

______(1995.11). 「韓國語 宗敎 冠婚喪祭 自動詞 낱말밭」. 박이정.

______(1995.11). "불교에 관련된 자동사의 내용연구 (3)". 「語文論集」 34호. 高麗大 國語國文學硏究會.

______(1995.12). "書藝. 印刷. 出版에 關聯된 自動詞의 意味 硏究". 「外大語文論集」 11. 釜山外大 語學硏究所.

______(1996.2.25). "身體關聯 自動詞 語彙의 內容 硏究". 『牛岩語文論集』 6호. 釜山外大 國語國文學科.

______(1996.2.28). "잡기(도박, 바둑, 장기)에 관련된 자동사의 내용 연구". 『外大論叢』 14집. 釜山外大.

______(1996.2.28). "藝術에 關聯된 自動詞 語彙의 意味 硏究 (1)". 『文化硏究』 7. 釜山外大 文化硏究所.

______(1996.3.18). "餘暇善用에 關聯된 自動詞 語彙의 意味硏究". 「한국어학」 3호. 한국어학회.

______(1996.9.1). 「韓國語 身體關聯 自動詞 낱말밭」. 도서출판 박이정.

______(1996.11.30). "놀이 자동사 내용 연구". 「부산한글」 15집. 한글학회 부산지회.

______(1996.12.23). "傳承놀이 自動詞의 內容 硏究". 「民族文化 硏究」. 제29호. 高麗大 民族文化硏究所.

______(1996.12.30). "낚시·사냥·등산·야영에 관련된 동사의 내용 연구". 『外大語文論集』 12. 釜山外大 語文學硏究所.

______(1997.2.15). "술에 취하는 용어에 대한 내용 연구". 『교육과학연구』 2. 부산여대 교육과학연구소.

______(1997.2.20). "弓術·射擊·씨름에 關聯된 自動詞의 內容硏究". 『外大論叢』 16집. 釜山外大.

______(1997.2.25). "예술 용어 자동사의 내용 연구". 『우리어문연구』 10집. 우리어문학회.

______(1997.2.25). "국방의무 자동사의 내용 연구(1)". 『한국어학』 5. 한국어학회.

______(1997.2.25). "국방의무 자동사의 내용 연구(2)". 『牛岩語文論集』 7호. 釜山外大 國語國文學科.

324

______(1997.2.25). "싸움 자동사의 내용 연구".『睡蓮語文論集』23. 수련어문학회.

______(1997.3.31). "일방 가격(加擊) 자동사의 내용 연구".『文化硏究』8집. 釜山外大 比較文化硏究所.

______(1997.5.1).『韓國語 運動競技 自動詞 낱말밭』. 도서출판 박이정.

______(1997.5.13). "국방정책 자동사의 내용 연구".『由南 申碩煥博士回甲紀念論文集』. 동 간행위원회.

______(1997.6.30). "전쟁 자동사 내용연구".「嶺南語文學會」31輯. 嶺南語文學會.

______(1997.8.25). "전투 자동사의 내용연구 (1)".「한국어학」6. 한국어학회.

______(1997.8.30). "군사작전 자동사의 내용연구".「外大論叢」第17輯. 釜山外大.

______(1997.9.1).『韓國語 球技競技 自動詞 낱말밭』. 도서출판 박이정.

______ 편저(1997.9.27).『한국어의 이해와 전망』. 도서출판 박이정.

______ 편저(1997.9.27).『어문학에 담긴 술의 멋』. 도서출판 박이정.

______(1997.9.27). "談話 自動詞 內容 研究".『一菴金應模敎授華甲紀念論叢』. 동 간행위원회.

______(1997.9.30). "전투 자동사의 내용연구 (2)".「어문논집」36집. 안암어문학회.

______(1997.10.30). "침입·반란·의거·토벌·방어 자동사의 내용연구."「한국어 의미학」1. 한국어 의미학회.

______(1997.11.19). "언쟁과 논쟁 자동사의 내용연구."「牛岩語文論集」8호. 釜山外大 國語國文學科.

______(1997.11.30). "논의 자동사의 내용연구."「부산한글」16집. 한글학회 부산지회.

______(1997.12.25). "言語表現 自動詞의 內容研究".「우리어문연구」11집. 우리어문학회.

______(1997.12.30). "전쟁의 승패 자동사의 내용연구".「二重言語學會誌」14호. 二重言語學會

______(1998.1.10). "격퇴·공략·정벌 자동사의 내용연구".「추상과 의미의 실재 – 한결이승명박사 화갑기념논총」. 동 간행위원회.

______(1998.2.28). "출전·대적·공격 자동사의 내용연구".「比較文化研究」第9輯. 釜山外大 比較文化研究所.

______(1998.2.28). 「술어휘의 내용연구」. 부산외대 출판부.

______(1998.3.1.). 「韓國語 餘暇善用 自動詞 낱말밭」. 도서출판 박이정.

______(1998.8.25). "거짓말·허풍·식언·아첨 자동사의 내용연구." 「順天鄕語文論集」 第5輯. 順天鄕語文硏究會.

______(1998.8.30). "협오 자동사의 내용연구." 「어문논집」 38. 안암어문학회.

______(1999.6.5). 「한국어 싸움·국방의무 자동사 낱말밭」. 박이정.

______(1999.12.10). 「통일대비 남북한어 이해」. 세종출판사.

김인자(1984). "Leo Weisgerber의 인류 언어법칙에 대하여". 고려대 대학원(석사).

김일성(1964). "조선어를 발전시키기 위한 몇 가지 문제". 「문화어학습」 1969.2호.

김일성(1966). "조선어의 민족적 특성을 옳게 살려갈데 대하여". 「문화어학습」 1969.3호.」

김일성종합대학교 출판사(1979) .「조선문화어 문법규범」. 평양.

김일성종합대학출판사(1989). 「문화어문법규범」. 한국문화사.

김일웅(1982). "우리말 대용어 연구". 부산대 대학원(박사).

김일환(1996). "국어 관계절 연구". 고려대 대학원 국어국문학과(석사).

김재봉(1988). "착용동사의 낱말밭 연구". 고려대 교육대학원(석사).

______(1991) "「먹다」의 의미연구". 「우리어문연구」 4, 5합집. 우리어문연구회.

______(1993). "사회언어학의 이론에서 본 국어교육". 「우리어문연구」 6, 7합집. 국학자료원.

김재영(1991). "Leo, Weisgerber의 『의의영역』에 대한 연구". 고려대 대학원 독어독문학과(박사).

______(1994) "어휘형성과 확대에 대한 내용중심적 고찰". 「우리말 내용연구」 창간호. 국학자료원.

김재영(1995). "언어 행위의 화용론적 해석과 문장서법". 『우리어문연구』 9. 우리어문학회.

______(1996). 『성능중심 어휘론』. 국학자료원.

김재영(1996). "G. Ipsen의 분절구조 이론". 『한국어내용론』 4. 한국어내용학회.

김재임(1994). "〈떡〉명칭의 대한 고찰". 『한국어내용연구』 1. 국학자료원.

金點萬·張寅權 공저(1993). 「體育實技論」. 學文社.

김정숙(1989). "남북한 어휘비교". 「북한의 어학혁명」. 백의.

金正午 역(1982). 「視覺的 思考」(루돌프 아른하임 著). 이화여대 출판부.

김정은(1995). 「국어 단어형성법 연구」. 박이정.

金濟鉉(1992). 「시조 문학론」. 예전사.

김종록(1995). "스포츠 관련 어휘의 형태·의미론적 분석". 『국어교육연구』 27. 국어
　　　　교육연구회.

김종태(1976). "낱말과 어휘의 의미구조". 『부산대 문리과대학 논문집』 13. 부산대
　　　　문리과대학.

김종태(1984). "어휘의 의미구조". 「人文論叢」 25. 부산대.

金宗擇(1970). "同義語 意味平定". 「論文集」 6. 大邱敎育大.

______(1971). "意味衝突 (meaning clash) 現象에 대하여". 「국어 국문학」 51. 국어국
　　　　문학회.

______(1982a). 「國語活用論」. 형설출판사.

______(1982b). "국어의미론연구 30년". 「국어국문학」 88. 국어국문학회.

______(1985). "국어 친족어휘의 대립체계". 『소당 천시권박사회갑기념논총』. 동
　　　　간행위원회.

______(1992). 「국어 어휘론」. 탑출판사.

金鐘塡(1984). 「國語敬語法硏究」. 集文堂.

______(1994). 「國語語彙論硏究」. 한글터.

김종학(1996). "한국어의 기초어휘 연구". 중앙대 대학원(박사).

金俊燮(1968). "Semantics에 있어서 意味分析의 問題". 「語學硏究」 4-2. 서울大 語
　　　　學硏究所.

金鎭奎(1993). 「訓蒙字會語彙硏究」. 螢雪出版社.

金眞植(1991). 「類義語의 生成要因 硏究」. 충남대 대학원(박사).

______(1994). "국어 유의어 생성고 - 언어적 요인을 중심으로 -". 『연산도수희선
　　　　생화갑기념논총』. 동 간행위원회.

金鎭宇(1984). "말(言語)과 맘(心理)". 『말』 9. 연세대 한국어학당.

金鎭宇(1988). 「言語와 心理」. 翰信文化社.

______(1994). 「言語와 意思疏通」. 한신문화사.

金倉燮(1981). "現代國語의 複合動詞研究". 「國語研究」 47. 國語研究會.

김창섭(1985). "시각 형용사 어휘론". 『관악어문연구』 10. 서울대 국어국문학과.

김철남(1996). "국어 어휘화의 개념과 유형". 『부산한글』 14. 한글학회 부산지회.

______(1996). "우리말 어휘소 되기 연구". 동아대 대학원 국어국문학과(박사).

______(1997). 「우리말 어휘소 되기」. 한국문화사.

金泰坤(1983). 「韓國民間信仰研究」. 集文堂.

金泰琨(1989). 「중세국어의 다의어 연구: 고유어를 중심으로」. 중앙대 대학원(박사).

______(1994). "국어 어휘의 변천연구(1)". 『백록어문』 10. 제주대 국어교육학회.

김태옥 엮(1994). 『인지적 화용론: 적합성 이론과 커뮤니케이션』. 한신문화사.

김태옥(1995). "담화생산과 분석". 『현대언어학 지금 어디로』. 한신문화사.

김태옥, 이현호 공역(1994). 「인지적 화용론」. 한신문화사.

김태우(1992). "현대국어 시간부사의 낱말밭 연구". 부산외대 교육대학원(석사).

김태자(1993). "맥락분석과 의미 탐색". 『한글』 219. 한글학회.

김태자(1994). 「발화분석의 화행의미론적 연구」. 탑출판사.

김태곤(1995). "18세기 국어의 다의어 연구". 『국문학보』 13. 제주대 국어국문학과.

______(1995). "국어 어휘변천 연구 (2)". 『어문연구』 86. 한국어문연구회.

金韓坤(1967). "Korean Kinship Terminology : A Semantic Analysis". 「國語學研究」. 서울대 語學研究所.

______(1969). "意味論의 對象과 方法". 「語學研究」 5-2. 서울대 言語研究所.

金炯國(1996). 「意味의 本質」. 成均館大 出版部.

______(1996). 「意味의 構成」. 成均館大 出版部.

______(1996). 「意味의 疏通」. 成均館大 出版部.

김한영 외 2인 옮김(1998). 「언어본능」 상, 하. 그린비.

金亨奎(1974). 「國語學概論」. 一潮閣.

김형배(1997). 『국어 사동사 연구』. 도서출판 박이정.

金亨錫(1992). 「倫理學」. 三中堂.

김형주(1996).『우리말발달사』. 세종출판사.

______(1997).『우리말연구사』. 세종출판사.

김형철(1987).「19세기말 국어의 문체 구문 어휘연구」. 경북대 대학원(박사).

______(1994). "개화기 신문의 어휘연구".『어문논집』5. 경남대 국어교육과.

김혜숙(1991).「현대국어의 사회언어학적 연구—국어의 운용 실태와 방향」. 태학사.

김홍범(1993). "상징어의 형태와 의미구조 분석".『연세어문학』25.

______(1996). "한국어 상징어의 통사·의미론적 연구".『애산학보』17. 애산학회.

김홍수 편저(1996).「體育學의 構成原理」. 大庚.

金興洙(1989).「현대국어 심리동사 구문연구」. 塔出版社...

김희보(1986).「韓國의 옛詩」. 종로서적.

김희수(1992).『화술의 이론』. 전남대 출판부.

나익주(1995). "은유의 신체적 근거".『담화와 인지』1. 담화·인지 언어학회.

南廣祐(1962). "語彙考—시간의 뜻을 가진—".「慶北大學校」1. 慶北大.

______(1974).「國語學論文集」. 一潮閣.

南基心(1974). "反對語考".「國語學」2. 國語學會.

______(1995). "어휘의미와 문법".『東方學志』87. 연세대 국학연구원.

______(1996). "어휘의 의미와 문법".『동방학지』88. 연세대 국학연구원.

남기심, 고영근(1983).「국어의 통사·의미론」. 탑출판사.

남기심, 이정민, 이홍배(1985).「언어학개론」. 탑출판사.

남성우(1972). "國語類意語考".「國語學論集」5, 6합집. 檀國大.

______(1976). "中世 韓國語의 類意構造".「言語와 言語學」4. 韓國外大.

______(1981a). "後期 中世國語의 類意構造.「論文集」14. 韓國外大.

______(1981b). "近代國語의 意味構造".「국어국문학」76. 국어국문학회.

______(1985).「國語意味論」. 永信文化社.

______(1986).「十五世紀國語의 同義語研究」. 塔出版社.

______ 역(1988).「意味論」. 탑출판사.

______(1990). "國語의 語彙變化".「국어생활」가을호. 국립국어연구소.

______(1997). "한국어의 형성 과정".「語彙史研究」. 語彙史研究會.

남성우·정재영 공저(1990). 「북한의 언어생활」. 고려원.

노대규(1988). 「국어의미론 연구」. 翰信文化社.

______(1992). "국어의 입말과 글말의 의미론적 특성 연구". 「梅芝論叢」 9. 연세대
　　　　　매지학술연구소.

______(1996). 「한국어의 입말과 글말」. 국학자료원.

노명희(1998). "자연계 어휘의 변천사". 「國語 語彙의 基盤과 歷史」. 태학사.

노명환(1994). "문체 연구와 심리". 『국어문체론』. 대한교과서(주).

______(1994). "언어 교육과 문체". 『국어문체론』. 대한교과서(주).

노미숙(1991). "의미확장의 방법과 유형 : 동화에 쓰인 의미확장 표현을 중심으
　　　　　로". 상명여대 대학원(석사).

도원영(1995). "〈알림〉타동사의 낱말밭". 「우리말 내용연구」. 국학자료원.

류병호(1994). 「술 텔레비전」. 여민.

류상채(1993). 「약이 되는 술」. 서해문집.

류영남(1994). 「말글밭」. 육일문화사.

류웅달 역(1993). 「의미론 입문」. 한신문화사.

류제승(1995). 「전략과 전술」. 한울아카데미.

류현미(1991). "보조동사의 의미분석－'가다/오다', '놓다/두다'에 대하여". 「어문연
　　　　　구」 21. 어문연구회.

리득춘(1993). 『한조언어문자 관계사』. 도서출판 박이정.

리득춘(1994). "중국어에 기원을 둔 한국어 어휘의 유형". 『조선어한자어음연구』.
　　　　　도서출판 박이정.

리득춘(1996). 『조선어 어휘사』. 도서출판 박이정.

리상벽(1975). 「조선어 화술」. 사회과학출판사.

리서행 편수(1991). 「조선어 고어 해석」. 여강출판사.

리익선(1974). 「단어만들기 연구」. 사회과학출판사.

리형태, 류은종(1994). 『동의어, 반의어, 동음어 사전』. 한국문화사.

리홍연(1983). 「문화어문장론」. 김일성종합대학 출판사.

마성식(1991). 「국어 의미변화 유형론」. 한남대 출판부.

마성식(1993). "『눈』바탕 어휘 생성에 관한 연구".『한남대논문집』23. 한남대.

마성식(1993). "『입』바탕 어휘의 의미론적 생성 연구".『국어국문학』109.

문금현(1996). "국어 관용표현 연구". 서울대 대학원 국어국문학과(박사).

______(1998). "신체 어휘의 변천사".「國語 語彙의 基盤과 歷史」. 태학사.

문미선 외 2인 역(1996).「새로운 의미론」. 한국문화사. Schwarz · Chur 原著.

문병태(1989). "도상성으로 본 영어조건문의 의미". 충남대 대학원 영어영문학과
　　　　　(박사).

文洋秀 외 9인(1985).「現代言語學」. 翰信文化社.

문영호(1993).『조선어 빈도수사전』. 과학과백과사전종합출판사.

문용진(1987).「북한의 학교교육과정 연구」. 국토통일원.

문창덕 편(1988).「조선말 동의어사전」. 연변인민출판사.

문학이론연구회 편(1989).『文學槪論』. 새문사.

문화어학습 편집부(1975).「주체사상에 기초한 언어이론」. 사회과학출판사.

민병욱(1991).「戲曲文學論」. 民知社.

閔賢植(1986). "開化期 國語의 語彙에 대하여―사라진 고유어·한자어를 중심으
　　　　　로―".「국어생활」4. 국립국어연구소.

______(1995). "양태부사의 의미에 대하여".「牛山李仁燮敎授華甲紀念論文集」. 同
　　　　　刊行委員會.

______(1995). "국어 어휘사의 시대구분에 대하여".『국어학』25. 국어학회.

______(1998). "시간어의 낱말밭".「한글」240·241호. 한글학회.

______(1998). "시간어의 어휘사".「國語 語彙의 基盤과 歷史」. 태학사.

박갑수(1971). "청록집의 어휘고".「김형규 박사 송수기념논총」. 동간행위원회.

______(1994). "국어문체 연구사".『국어문체론』. 대한교과서(주).

박건식(1989). "북한의 어휘론".「북한의 어학혁명」. 북한언어연구회.

朴景燮(1994).「韓國의 禮俗硏究」. 서광학술자료사.

박경자 외 2인 역(1985).「심리언어학」. 한신문화사.

朴景賢(1986). "현대국어의 공간개념어의 의미연구". 명지대 대학원(박사).

朴景賢(1987).「現代國語의 空間槪念語硏究」. 한샘.

박금용(1986). "「주다」동사의 낱말밭 연구-현대국어를 중심으로-". 고려대 교육
　　　대학원(석사).

박기숙(1996). "중국어의 〈모친〉명칭에 대한 고찰".『한국어내용론』4. 한국어내용
　　　학회.

박덕유(1995). "담화분석 연구의 전개와 방향".『국어교육연구』7. 인하대 사범대.

朴綠潭(1996).「한국의 전통민속주」. 曉日文化社.

박명아(1993). "동음어에 관하여".『용운언어』3. 대전대.

朴文誠(1992). "現代國語敬語法의 社會言語學的研究".「大田語文研究」. 大田語文
　　　研究會.

박민규(1989). "어휘조사의 전산처리".「국어생활」16. 국립국어연구소.

박병수(1974). "The Korean Verb ha and Verb Complementation".「語學研究」10-1.
　　　서울대.

박병익(1989). "동사 '주다'의 3가지 용법".「한글」203. 한글학회.

朴炳采(1973).「高麗歌謠의 語釋研究」. 宣明文化社.

______ 외 6인(1981).「新國語學概論」. 螢雪出版社.

______(1989).「국어발달사」. 世英社.

______(1991).「論註 月印千江之曲」. 世英社.

朴秉喆(1997).「韓國語 訓釋 語彙 研究」. 이회문화사.

______(1997). "動詞類語 訓에 관한 通時的 考察".「국어학 연구의 새 지평」. 태학사.

박상훈 외 2인(1989).「우리나라에서의 어휘정리」. 白衣.

박선자(1994). "국어 한정 표현의 의미론적 특성 연구".「부산 한글」13. 한글학회
　　　부산지회.

______(1996).『한국어 어찌말의 통어의미론』. 세종출판사.

朴晟義(1957). "國文學 古典에 나타난 儒·佛·仙思想".「一石 李熙昇 先生 領壽紀念
　　　論叢」. 一潮閣.

박승덕(1985).「사회주의 문화건설리론」. 과학,백과사전출판사.

박양규(1985). "국어의 再歸動詞에 대하여".「國語學」14. 國語學會.

박여성(1984). "어휘소 구조에 대한 연구-특히 E. Coseriu의 어휘소론을 중심으

332

　　　　　　로-". 고려대 대학원(석사).

朴英燮(1994). 「開化期 國語 語彙資料集 (1) : 독립신문 篇」. 서광학술자료사.

______(1994). 「開化期 國語 語彙資料集 (2) : 新小說 篇」. 서광학술자료사.

______(1995). 「國語漢字語彙論」. 박이정.

朴英順(1984). 「韓國語統辭論」. 集文堂.

______(1986). "國語文法 敎育으로서의 意味論에 대하여". 「한국어문교육」 창간호.
　　　　　　고려대 사범대 국어교육학회.

______(1992). "國語 指示語의 類型". 『홍익어문』 10.11. 홍익어문연구회.

______(1993). 「현대 한국어 통사론」. 집문당.

______(1994). 「한국어 의미론」. 고려대 출판부.

______(1994). "'대다, 가다, 보다, 서다, 들다'의 의미에 대하여". 「한국어학」 창간
　　　　　　호. 한국어학회.

______(1994). "문체론의 본질". 『국어문체론』. 대한교과서(주).

______(1995). "국어 청유문의 구조와 의미". 「牛山李仁燮敎授華甲紀念論文集」. 同
　　　　　　刊行委員會.

______(1995). "이중언어능력과 인지기능". 『二重言語學會誌』 12. 二重言語學會

박영준(1991). "국어 명령문연구". 고려대 대학원(박사).

박영준(1993). "국어 관용어 사전편찬을 위하여". 「우리어문연구」. 국학자료원.

박영준(1994). 「명령문의 국어사적 연구」. 국학자료원.

박영준,최경봉 편(1996). 「관용어사전」. 태학사.

박영환(1990). "'본인'의 의미 기능". 「한남대 논문집」 21. 한남대.

______(1991a). 「指示語의 意味機能」. 韓南大 出版部.

______(1991b). 「국어학의 전개양상」. 韓南大 出版部.

박옥숙 옮김(1993). 「의미의 논리를 위하여」. 한국문화사.

박용순(1978). 「조선어 문체론연구」. 과학,백과사전출판사.

박이문(1997). "기호와 의미". 『언어·진리·문화』 1. 철학과현실사.

박인현(1992). "동사 '뜨다'의 의미 분석". 경북대 대학원(석사).

박정숙(1994). "상품 이름 연구". 건국대 교육대학원(석사).

박정한(1990). "E.Coseriu의 구조의미론 연구 - 어휘구조와 음운구조의 대비를 중심
　　　　으로 -". 부산대 대학원(박사).

　　　　(1994). "내용연구 토대로서의 「밭」개념". 「우리말 내용연구」 창간호. 국학
　　　　자료원.

박종갑(1996). 「국어의미론」. 박이정.

방종갑·오주영(1996). 『언어학개론』. 경성대 출판부.

朴鍾榮(1994). 「心理學槪論」. 大旺社.

박지홍(1978). "우리말 의미구조 연구". 「눈뫼 허웅 박사 회갑논문집」. 서울대 출
　　　　판부.

　　　　(1984). 「우리말의 의미」. 문성출판사.

박창해(1991). 「한국어 구조론 연구」. 탑출판사.

朴喆熙(1984). 『文學槪論』. 螢雪出版社.

朴亨達(1968). "Signifie의 機能理論". 「語學硏究」 4-1. 서울대.

박홍길(1997). 「우리말 어휘 변천 연구」. 세종출판사.

박효명(1995). "이동동사 run, walk와 creep의 의미확대에 대한 연구". 전남대 대학
　　　　원 영어영문학과(박사).

박희봉(1985). "의미연구의 방향과 어휘분절에 대하여". 고려대 대학원(석사).

裵大溫(1993). 「吏讀語彙論」. 螢雪出版社.

배도용(1994). "〈주다〉류 어휘의 의미분석". 부산외대 대학원(석사).

　　　　(1997). "한국어 머리(頭髮) 낱말밭의 내용 분석". 『一庵金應模敎授華甲紀念
　　　　論叢』. 도서출판 박이정.

배범석(1994). "용비어천가의 문체에 대한 일고찰". 「國語學」 24. 國語學會.

배성우(1996). "〈그릇〉명칭에 대한 고찰". 『한국어내용론』 4. 한국어내용학회.

배승호(1993). "현대국어 도의어 연구". 영남대 대학원(석사).

배해수(1981a). "홍길동전에 나타난 생명종식어의 고찰 - 자동사를 중심으로 -. 「全
　　　　南大學校 論文集」. 全南大.

　　　　(1981b). "현대국어 웃음 동사에 대하여". 「한글」 172. 한글학회.

　　　　(1982a). 「현대국어의 생명종식어에 대한 연구」. 태양출판사.

______(1982b). "냄새 형용사에 대하여"「語文論集」6. 全南大.

______(1983). "넓이 그림씨에 대한 고찰"「한글」182. 한글학회.

______(1984a). "빈부 그림씨에 대한 고찰".「文理大論文集」2. 高麗大.

______(1984b). "관계 그림씨에 대한 고찰".「한글」185. 한글학회.

______(1990).「국어내용연구-성격 그림씨를 중심으로-」. 高麗大 民族文化研究所.

______(1991). "어버이 명칭에 대한 고찰".「우리어문연구」. 4, 5합집. 우리어문연구회.

______(1992).「국어내용연구 (2)」. 국학자료원.

______(1994).「국어내용연구 (3)」. 국학자료원.

______(1995). "동적언어이론의 이해".「한국어 내용론」3호. 국학자료원.

배현숙(1989). "남북한 외래어 표기법 비교".「북한의 어학혁명」. 백의.

배현숙(1992). "언어에 나타난 성별 정형화".『홍익어문』10.11. 홍익어문연구회.

裵禧任(1988).「國語被動研究」. 高麗大 民族文化研究所.

白秉東(1994).「大學音樂理論」. 現代音樂出版社.

봉일원(1980). "언어와 언어공동체-Leo Weisgerber의 동적언어관에 입각하여-". 고려대 대학원(석사).

봉일원, 박여성(1996). "텍스트유형에 대한 구조·기능주의적고찰".『한국어내용론』4. 한국어내용학회.

북한언어연구회 편저(1989).「북한의 어학혁명」. 백의.

사회과학원 어학연구소(1961).「조선어문법 1(어음론·형태론)」. 학우서방.

사회과학원 어학연구소(1964).「조선어문법(문장론)」. 학우서방.

사회과학원 어학연구소(1971).「조선말규범집해설」. 사회과학출판사.

사회과학원 어학연구소(1981).「조선말규범집」. 사회과학출판사.

사회과학원 어학연구소(1992).「조선말대사전」2권. 사회과학출판사.

사회과학원 출판사 편(1973).「조선로동당 정책사(언어부문)」. 평양.

서경보(1974).「세계의 종교」. 乙酉文化社.

徐炳國(1975).「國語造語論」. 慶北大 出版部.

______(1975). "現代國語의 語構成研究". 慶北大 大學院(博士).

______(1981). 「응용국어학 논고」. 학문사.

서상규(1997). 「飜譯老乞大 語彙索引」. 박이정.

______(1997). 「老乞大諺解 語彙索引」. 박이정.

______(1997). 「平安監營重刊 老乞大諺解 語彙索引」. 박이정.

______(1997). 「重刊老乞大諺解 語彙索引」. 박이정.

______(1997). 「淸語老乞大諺解 語彙索引」. 박이정.

______(1997). 「蒙語老乞大諺解 語彙索引」. 박이정.

徐淵昊(1991). 「서낭굿 탈놀이」. 열화당.

서우석 역(1988). 「기호학이론」. 文學과 知性社.

徐在克(1975). 「新羅鄕歌의 語彙硏究」. 啓明大 韓國語學硏究所.

______(1980). 「中世國語의 單語族硏究」. 啓明大 出版部.

______(1990). 「국어어형론고」. 계명대 출판부.

徐廷國(1968). "國語基本語彙 硏究", 高麗大 大學院(석사).

______(1973). "어린이 노래歌詞의 語彙硏究". 「江陵敎大論文集」 5. 江陵敎大.

서정범(1989). 「우리말의 뿌리」. 고려원.

서정수(1975a). "동사 '하'의 기능". 「국어국문학」. 68, 69합본. 국어국문학회.

______(1975b). 「동사 '하'문법」. 형설출판사.

______(1978a). "국어조동사연구". 「언어」 3-2.

______(1978b). 「국어구문론연구」. 탑출판사.

______(1981). "합성어에 관한 문제". 「한글」 173, 174호. 한글학회.

______(1989). 「존대법의 연구」. 한신문화사.

______(1995). 「국어문법」. 뿌리깊은나무.

徐貞媛(1990). "국어사동문의 사동성 정도연구". 高麗大 大學院(석사).

서태길(1994). "〈자름〉타동사 말낱밭". 『한국어내용연구』 1. 국학자료원.

서태길(1996). "어휘 정보에 기초한 국어문법기능에 대한 연구". 고려대 대학원 국
        어국문학과(박사).

成光秀(1976a). "不完全名詞 + {하다, 이(다)}에 대한 生成論的 分析". 「語文論集」
        17. 高麗大 國語國文學硏究會.

______(1976b). "국어 간접피동에 대하여". 「문법연구」 3.

______(1977). "意味保存과 語彙分解의 문제점". 「國語學資料集」. 大提閣.

______ 외 2인(1986). 「國語意味論」. 開文社.

______(1986). "同意性과 反意性의 限界 - 意味記述 問題를 中心으로 -". 「師大論集」 11. 高麗大.

성낙수(1993). "대학생들의 은어 고찰". 『한국어문교육』 3. 한국교원대.

성낙수(1994). "대학생 은어의 조어법". 「우리말글연구」 1. 우리말학회.

成煥甲(1973). "同音異義語考 - 固有語의 調和 - 意味領域의 分化 -". 「國語學新研究」. 塔出版社.

______(1990). "借用語에 의한 意味擴大". 「國語學資料集」. 大提閣.

______(1991a). "意味의 上向과 卑下". 「도곡 정기호 박사 회갑기념논총」. 인하대 국어국문학과.

______(1991b). "意味의 縮小와 擴大". 「현산 김종훈 박사 회갑기념논문집」. 집문당.

손남익(1989). "약어 표기법". 「북한의 어학혁명」. 백의.

손남익(1994). "〈온도〉그림씨 말낱밭". 『한국어내용연구』 1. 국학자료원.

손남익(1995). "국어부사어 연구 : 정도부사의 통사·의미론적 연구를 중심으로". 고려대 대학원(박사).

______(1997). "낱말밭 연구사". 『一庵金應模教授華甲紀念論叢』. 도서출판 박이정.

손희하(1997). "15세기 새김 어휘 연구". 「국어학 연구의 새 지평」. 태학사.

宋基中(1998). "語彙 生成의 특수한 類型, 「漢字借用語」. 「國語 語彙의 基盤과 歷史」. 태학사.

宋順康(1993). 「國語 構造論」. 圓光大 出版部.

송 민(1990). "어휘변화의 양상과 그 배경". 「국어생활」 22. 국립국어연구소.

______(1997). "어휘사의 시대 구분". 「語彙史研究」. 語彙史研究會.

송영구 역(1993). 『담화분석』. 한국문화사.

송영주(1991). 「발화의 시간의미연구」. 한신문화사.

송영채(1992). "대중매체 속에서의 은유". 『언어학 논집』 6. 언어정보연구원.

송향근(1996). "남한과 북한의 국어사연구에 대한 고찰".『한국어학』4. 한국어학회.

송향근(1997). "언어의 재구-방법론과 문제점".『一庵金應模敎授華甲紀念論叢』. 도서출판 박이정.

손호민(1976). "Semantics of Compound Verd in Korea".「언어」1-1. 한국언어학회.

______(1978). "긴 형과 짧은 형".「語學硏究」14-2. 서울대.

宋秉鶴(1974). "「하」에 관한 연구". 忠北大 大學院(박사).

______(1983). "한국어의 Deictics 분석".「충남대 언어」4. 충남대.

______ 옮김.(1989).「언어와 언어학」. 한신문화사.

송영석(1974). "A Grammer of Coming".「언어」3-1. 한국언어학회.

宋喆儀(1985). "派生語形成에 있어서 語基의 意味와 派生語의 意味".『震檀學報』 60. 震檀學會.

시정곤(1994).「국어의 단어형성원리」. 국학자료원.

시정곤(1994). "'X를 하다' 'X하다'의 상관성".「國語學」24. 國語學會.

시정곤(1995). "어휘적 접미사와 의미결합의 긴밀성".「牛山李仁燮敎授華甲紀念論 文集」. 同 刊行委員會.

시정곤(1996). "형태·통사론의 최근 동향".『한국어학』3. 한국어학회.

시정곤(1997). "인칭접미사의 의미구조에 대하여".『一庵金應模敎授華甲紀念論 叢』. 도서출판 박이정.

신경철(1993). "數名어휘 고찰".『어문연구』24. 어문연구회.

신경철(1994). "『능엄경언해』주석문의 어휘 고찰".『국문학논집』14. 단국대 국어 국문학과.

신경철(1996). "住生活 字釋語彙의 변천 고찰".『한국어학』4. 한국어학회.

______(1998). "內訓 註釋文의 漢字語 語彙".「國語 語彙의 基盤과 歷史」. 태학사.

신수송(1980). "현대 독일어의 의미론 연구".「독일문학」24. 한국독어독문학회.

______(1981). "범주문법 이론에 의한 현대 독일어의 통사구조의 어휘해석 연구". 「독일문학」26. 한국독어독문학회.

______(1982). "몬테규문법이론에 의한 현대 독일어의 동사의미론 연구".「독일문 학」28. 한국독어독문학회.

신수송·이병찬(1984).「독어학 개론」. 한신문화사.

신수종·류수진(1995).「어휘기능문법」. 서울대 출판부.

신용태(1994).『재미있는 어원 이야기』. 서광학술자료사.

신익성(1972). "한국어 어휘연구를 위한 통계언어학의 원리와 방법".「語學硏究」 8-1. 서울大.

______(1974). "Weisgerber의 언어이론-해석과 주석적 비판-".「한글」153. 한글 학회.

______(1979). "Humboldt의 언어관과 변형생성이론의 심층구조".「語學硏究」15-1. 서울大.

______(1985). "한국말의 구조의미론을 위한 서설".『서울대 인문론총』14. 서울대 인문과학연구소.

신인철(1989).「영어통사론」. 한신문화사.

신지현(1992).「미용학개론」. 壽文社.

신현숙(1987). "의미와 의미연구의 위치정립을 위하여".「부암 김승곤박사 화갑기 념논문집」. 동 간행위원회.

______(1989). "한 의미영역의 동사와 그 분석".「한글」179. 한글학회.

______(1984). "동사 받다/얻다/버리다/잃다의 의미연구". 건국대 대학원(박사).

______(1986).「의미분석의 방법과 실제」. 한신문화사.

______(1990). "장(field)이론과 한국어의 의미연구"「자하어문논집」6, 7. 상명여대 국어교육과.

______(1991).「한국어 현상의미 연구」. 상명여대 출판부.

______(1991). "감각동사『보다』의 의미분석".「김영배 선생 회갑기념논총」. 경운 출판사.

______(1994). "Revist on Privative as a Semantic Feature".『언어』19-1. 한국언어학회.

______(1995). "명사 [집]의 형식과 의미 확장".『말』20. 연세대 한국어학당.

______(1996). "명사 [밥]의 형식과 의미 확장".『紫霞語文論集』11. 詳明語文學會.

심선우·박순혁 옮김(1996).『의미의 영역』. 한신문화사.

沈在箕(1976). "The Construction of Word-Meaning Structure.".「語學硏究」3-2. 서울大.

______(1971). "國語의 同意複合現象에 對하여".「國語學資料集」. 大提閣.

______(1983).「國語語彙論」. 集文堂.

______ 外二人(1981). "大學院 國語語彙論 敎材 開發을 위한 基礎的 硏究 (1)".「국
　　　　어교육」36.

______ 外二人(1989).「意味論序說」. 集文堂.

______(1989). "漢字語 受容에 關한 通時的 硏究".「國語學」18. 國語學會.

______(1990). "국어어휘의 특성에 대하여".「국어생활」22. 국립국어연구소.

______(1993). "우리말 사전의 한자어 처리에 관하여".『안병희 선생 화갑기념논
　　　　총』. 문학과지성사.

______(1994). "어원".『국어 어원연구 총서 (I)』. 태학사.

______(1995). "국어어휘의미론".『현대언어학 지금 어디로』. 한신문화사.

______(1997). "국어 어휘의 구조와 특징".「語彙史硏究」. 語彙史硏究會.

______編(1998).「國語 語彙의 基盤과 歷史」. 태학사.

안곤양(1992).「想醉」. 당그래.

안동환 옮김(1995).『과학과 인간의 목표』. 한국문화사.

안옥규(1996).「어원사전」. 한국문화사.

안인희(1976). "국어어휘의 의미론적 분류연구".「한글」157. 한글학회.

안정오(1985). "낱말 내용과 분절에 대한 연구". 고려대 대학원(석사).

______(1994). "'Energeia-언어학'의 실용적 요소".『텍스트언어학』2. 텍스트연구회.

양궁양석(1996). "중국어의 〈붕우〉명칭에 대한 고찰".『한국어내용론』4. 한국어내
　　　　용학회.

양동휘(1988).「한국어의 대용화」. 韓國硏究院.

梁明姬(1990). "서술성완결의 동사 '하-'".「周時經學報」6. 탑출판사.

양영희(1994). "국어대용어의 특성과 기능".「國語學」24. 國語學會.

양오진(1995). "〈불〉이름씨의 낱말밭 분석".『우리말 내용연구』2. 우리말내용연구회.

양인석(1971). "Neutralizability in Antonymy : A Semantic Analysis".「영어영문학」38.

양인석(1995). "어휘의미론".『현대언어학 지금 어디로』. 한신문화사.

______(1972). "Pragmatics of Going-Coming Compound Verb in Korean".「語文集」

11. 韓國外大.

양정석(1997). "어휘 잉여규칙과 동사 어휘들의 조직".『由南申碩煥博士回甲紀念論文集』. 창원대 출판부.

양정석(1995).「국어동사의 의미분석과 연결이론」. 박이정.

양태식(1982). "어휘소와 의미소".「논문집」28. 부산 수산대.

______(1983). "어휘의 의미구조".「논문집」30. 부산 수산대.

______(1985).「국어차원 낱말의 의미구조」. 태화출판사.

______(1988). "우리말 온도 어휘소무리의 의미구조".「한글」. 201, 202합집. 한글학회.

______(1992).「국어구조의미론」. 서광학술자료사.

어문학연구소 편(1991).「단어만들기 연구」. 대제각.

어문학연구소(1961).「말과 글의 문화성」. 과학원출판사.

어문학연구소(1970).「항일무장투쟁시기의 김일성동지의 언어사상과 그 빛나는 구현」. 사회과학출판사.

呂坤根(1984).「現代論理學」. 大英社.

여찬영(1994). "우리말 나비 명칭 연구".「우리말글연구」1. 우리말학회.

______(1994). "우리말 물고기 명칭어 연구".『한국전통문화연구』9. 효성여대 한국전통문화연구소.

______(1995). "우리말 패류 명칭어 연구".『한국학논집』22. 계명대 한국학연구원.

______(1998). "우리말 거미 명칭의 연구".「추상과 의미의 실제」. 한결 이승명박사 회갑기념논총.

연변대학 조선어문학연구소(1988).「조선어문학 론문집」. 연변대학 출판사.

염선모(1985).「국어문장의미의 연구」. 경북대 대학원(박사).

______(1987).「國語意味論」. 螢雪出版社.

______(1990). "의미의 성분분석에 대하여".「國語學資料論文集」. 大提閣.

______(1991). "국어어휘구조 연구".「국어국문학연구」19. 영남대 국문과.

오명옥(1995). "〈냄새〉명칭에 대한 고찰".『우리말 내용연구』2. 우리말내용연구회.

오승신(1996). "한국어 간투사 연구". 이화여대 대학원(박사).

와다 다카시로(1989). "북한의 국어사전."「북한의 어학혁명」. 백의.

왕한석(1990). "북한의 친족어". 「國語學」 20. 國語學會.

외국문교육도서출판사(1972). 「국한문독본」. 과학, 백과사전출판사.

우형식(1990). "국어타동구문에 관한 연구". 연세대 대학원(박사).

______(1991). "인지동사구문의 유형 분석". 「국어의 이해와 인식」. 한국문화사.

______ 편저(1994). 「국어정서법」. 부산외대 출판부.

______(1994). " '내리다' 동사 구문연구". 「우리말글연구 」1. 우리말학회.

______(1996). "의미역의 이중성문제". 『송암정교환박사회갑기념논총』. 동 간행위
        원회.

______(1997). "국어 분류사의 의미 범주화 분석". 『一庵金應模敎授華甲紀念論叢』.
        도서출판 박이정.

원영섭(1994). 『同音同意異字語』. 세창출판사.

원영섭(1995). 『同字異音異意語』. 세창출판사.

元隆喜(1996). 「우리술 전통민속주·가양주」. 正訓出版社.

元義範(1969). "極樂과 天國의 來世觀的 比較". 「佛敎學報」 6. 東國大.

원진숙(1994). 「작문교육의 이론적 기초와 방법론 연구」. 고려대 대학원(박사).

______(1995). 「논술 교육론」. 박이정.

원훈의(1996). 「국어과 교육연구」. 국학자료원.

柳龜相(1976). "同意重疊語의 構造". 「語文論集」 17. 高麗大 國語國文學硏究會.

兪憲善(1993). 「家庭生活寶鑑」. 신나라.

유송영(1990), "{을}의 통사·의미기능 연구". 高麗大 大學院(석사).

유송영(1994). "〈아픔〉그림씨에 대한 고찰". 『한국어내용연구』 1. 국학자료원.

유송영(1996). "국어 청자 대우의미의 교체사용과 청자 대우법체계". 고려대 대학
        원 국어국문학과(박사).

劉昌惇(1966). "同音語와 同義語", 「靑坡文學」 6. 淑明女大.

______(1978). 「語彙史研究」. 二友出版社.

유형선(1994). "현대국어 〈밥〉명칭에 대한 연구". 『한국어내용연구』 1. 국학자료원.

유형선(1995). "국어의 중출구문에 대한 통사·의미론적 연구". 고려대 대학원 국어
        국문학과(박사).

윤서석(1985).「한국식품사연구」. 신광출판사.

尹元徹 譯(1984).「宗敎學」. 展望社.

윤희수(1992). "낱말의 의미해석에 관한 심리언어학적 해석".『金烏工科大學校 論文集』13.

윤희원(1993). "의성어·의태어의 개념과 정의".『새국어생활』3-2. 국립국어연구원.

이건원 역(1987).「언화행위」. 한신문화사(Searle, J.R.).

李慶成(1982).「美術이란 무엇인가」. 一志社.

이경자(1994). "물형 낱말의 밭 구조".『언어』15. 충남대 어학연구소.

______(1994). "곡물 낱말 의미의 대립구조 고찰".『이화어문논집』13.

이경찬(1992).「한국인의 주도」. 자유문고.

이경희(1997). "현대국어의 음성상징에 나타난 부분중첩".『一薝金應模敎授華甲紀念論叢』. 도서출판 박이정.

이경희(1997). "현행 북한의 맞춤법 규정에 대하여".「김정일시대의 북한언어」. 태학사.

李寬珪(1986). "語彙意味의 成分分析方法".「한국어문교육」. 창간호. 고려대.

______(1986). "國語補助動詞 硏究". 高麗大 大學院(석사).

______(1990). "國語 對等構成에 대한 硏究". 高麗大 大學院(박사).

______(1992). "對等素의 再分析과 辨別資質".『홍익어문』10.11. 홍익어문연구회.

______(1992).「국어대등구성 연구」. 서광학술자료사.

______(1993). "기본문형의 몇 가지 문제".「우리어문연구」. 국학자료원.

______(1995). "합성동사 구성에 대한 고찰".『한국어학』2. 한국어학회.

______(1995). "국어의 문장구성 방법".「牛山李仁燮敎授華甲紀念論文集」. 同 刊行委員會.

李光來 譯(1997).『말과 사물』. 민음사.

이광호(1997). "청각장애아 일기문의 통시적 오류 고찰".『牛岩語文論集』7. 釜山外大 國語國文學科.

李光政(1987).「國語品詞分類의 歷史的 發展에 관한 硏究」. 翰信文化社.

______(1990). "고유어와 한자어의 어휘적 특성".「국어의미론」. 개문사.

이광호(1992). "국어 유의어의 통시적 연구." 경북대 대학원(박사).

이광호(1994). "정몽유어의 어휘·의미분류 체계". 『우리말의 연구』. 우골탑.

이광호(1995). 『類義語 通時論』. 이회문화사.

李奎浩(1978). 『말의 힘』. 第一出版社.

이기갑(1983). "유추와 의미". 『한글』 180. 한글학회.

______(1990). "방언 어휘론". 『방언학의 자료와 이론』. 지식산업사.

이기동(1977). "동사 '오다' '가다'의 의미분석". 「말」 2. 연세대.

______(1978). "조동사 '지다'의 의미연구". 「한글」 161. 한글학회.

______(1981). "언어와 의식". 「말」 6. 연세대.

______(1981). "언어와 지각". 『정형국교수정년기념논문집』. 연세대 영어영문학과.

______(1982). "언어와 인지". 『언어』 7-2. 한국언어학회.

______(1984). "다의어와 의미의 일관성". 『人文科學』 52. 연세대 인문과학연구소.

______(1985). "낱말풀이의 개념상의 일관성". 『羨鳥堂 金炯基先生 紀念 國語學論叢』.

______(1986). "낱말의 의미와 범주화". 『東方學志』 50. 연세대 국학연구소.

______(1987). "사전 뜻풀이의 검토". 『人文科學』 57. 연세대 국학연구소.

______(1991). "동사 '하다'의 문법". 「국어의 이해와 인식」. 한신문화사.

______(1986). 「언어와 인지」. 한신문화사.

______(1992). "다의 구분과 순서의 문제". 『국어생활』 2-1. 국립국어연구원.

______(1995). 『영어동사의 의미 上·下』. 한국문화사.

이기문(1978a). "語彙借用에 대한 一考察". 「언어」 3-1. 한국언어학회.

______(1979). 「國語史 槪說」. 民衆書館.

______(1991). 「國語語彙史硏究」. 東亞出版社.

______(1992). 「俗談辭典」. 一潮閣.

이기용(1992). "계산의미론에 입각한 한국어 분석". 『언어학과 인지』. 한국문화사.

이기용(1995). "상황의미론". 『현대언어학 지금 어디로』. 한신문화사.

이기우 옮김(1994). 「인지 의미론」. 한국문화사.

李基哲 外二人(1992). 「運動과 健康生活」. 부산외대 출판부.

이남덕(1987). 「한국어어원연구」. Ⅰ, Ⅱ, Ⅲ, Ⅳ. 이화여대 출판부.

李能和(1983). 「朝鮮道敎史」. 普成文化社.

이동혁(1997). "북한의 문체론 연구". 「김정일시대의 북한언어」. 태학사.

이덕호(1980). "언어차용에 관한 연구". 「한글」 169. 한글학회.

이동석(1995). "〈때림〉동사의 분절구조". 『우리말 내용연구』 2. 우리말내용연구회.

李敦柱(1979). 「漢字學總論」. 博英社.

______(1990). "漢字意味의 辨別性과 國語字釋의 問題". 「國語學資料論文集」. 大提閣.

李杜鉉(1971). "辟邪進慶의 歲時風俗". 『金亨奎博士 頌壽紀念論叢』. 一潮閣.

李杜鉉 外二人(1988). 「韓國民俗學槪說」. 學硏社.

이만기(1993). "북한 숙어의 개념론". 『인천국어교육』 9. 인천 국어교육연구회.

______(1994). "북한의 은어". 『극동문제』 181. 극동문제연구소.

이미영(1995). "〈눈〉명칭에 대한 고찰". 『우리말 내용연구』 2. 우리말내용연구회.

李秉根(1988). "開化期 語彙整理와 辭典編纂". 「周時經學報」 2. 탑출판사.

______(1997). "고양이(猫)의 語彙史". 「국어학 연구의 새 지평」. 태학사.

이병우(1985). "Leo Weisgerger의 어휘론 연구에 대하여". 고려대 대학원(석사).

이봉원(1997). "북한 표준발음의 실상". 「김정일 시대의 북한언어」. 태학사.

이상규(1991). "경북, 충북 접경지역의 어휘 분화". 『들메 서재극 박사 환갑기념논
          문집』. 동 간행위원회.

이상률 역(1994). 「놀이와 인간」. 문예출판사.

李相億(1972). "動詞의 特性에 對한 理解". 「語學硏究」 8-2. 서울大.

李相億(1991). 「言語學新論」. 開文社.

李相殷(1956). "祭祀의 意味 : 祖上崇拜思想의 再吟味". 「思想界」 2月 号. 思想界社.

李相日(1986). 「한국의 굿과 놀이」. 文音社.

이상태(1995).「국어 이음월의 통사·의미론적 연구」. 형설출판사.

이상혁(1994). "〈돌〉이름씨에 대한 고찰". 『한국어내용연구』 1. 국학자료원.

이상혁(1997). "우리말글 명칭의 역사적 변천과 그 의미". 『一蓭金應模敎授華甲紀
          念論叢』. 도서출판 박이정.

이서래(1986). 「한국의 발효식품」. 이화여대 출판부.

李奭周(1987). 「국어어구성연구 : 복합어와 파행어의 의미구조를 중심으로」. 중앙

대 대학원(박사).

이선영(1998). “음식명의 어휘사”.「國語 語彙의 基盤과 歷史」. 태학사.

李善浩(1994).「國防行政論」. 고려원.

______(1992). “國語 動詞 複合에 대한 考察”.『홍익어문』10.11. 홍익어문연구회.

이성만(1995). “언어학적 텍스트 이해의 의미론적 과제”.『텍스트언어학』3. 텍스트연구회.

이성우(1978).「韓國食生活硏究」. 향문사.

______(1981).「韓國食經大典」. 향문사.

______(1978).「韓國食品 社會史」. 교문사.

______(1978).「韓國食品 文化史」. 교문사.

이성준(1978). “독일어 어휘분절에 대한 소고”. 고려대 대학원(석사).

______(1984). “L. Weisgerber의 월구성안에 대한 연구”. 고려대 대학원 독어독문학과(박사).

______(1993).「언어내용이론」. 국학자료원.

______(1994). “작용중심 언어연구에 대한 개관”.「우리말 내용 연구」창간호. 국학자료원.

______ 옮김(1994).「언어학 개론」. 국학자료원.

______(1996). “빌헬름 폰 훔볼트의 언어관에 나타난 언어의 본질”.『한국어내용론』4. 한국어내용학회.

______(1998).「현대의미론의 방법」. 국학자료원.

이승렬(1994). “담화 표상구조에서 함의 영역”.『한국항공대논문집』32.

이수련(1988).「한국어 풀이씨의 공간론적 의미연구」. 부산대 대학원(박사).

______(1991). “‘바뀌다’ ‘달라지다’ ‘변하다’의 의미”.「국어국문학」28. 부산대 국어국문학과.

______(1996). “인지와 은유”.『동의어문논집』9. 동의대 국어국문학과.

______(1997). “견줌월의 의미·통사적 특성”.『一庵金應模敎授華甲念論叢』. 도서출판 박이정.

李崇寧(1954). “音聲象徵論-語感의 硏究”.「서울文理大學報」2. 서울大.

______(1962). "國語의 Polysemy에 대하여". 「서울文理大學報」 16. 서울大.

______(1967), "韓國語發達史－語彙史－". 「韓國文化史大系」 Ⅴ. 高麗大 民族文化 研究所.

______(1984). 「韓國造語論考」. 乙酉文化社.

李勝明(1972). "國語類意攷(其 一)". 「詩文學」 27. 한국어문학회.

______(1972). "國語類義攷(其 二)". 「어문논총」 7. 경북대.

______(1978). "국어 상대어의 구조적 양상". 「어문학」 37. 한국어문학회.

______(1978). 「國語語彙의 意味構造의 대한 硏究」. 螢雪出版社.

______(1992). "국어 색상어 연구". 『홍익어문』 10.11. 홍익어문연구회.

______(1995). "사회문맥과 의미변화". 『二重言語學會誌』 12. 二重言語學會.

______(1998). "국어 색채표시어군의 구조에 대한 연구". 「추상과 의미의 실제」. 한결 이승명 박사 회갑기념논총.

이승연(1995). "〈잠〉명칭에 대한 고찰". 『우리말 내용연구』 2. 우리말내용연구회.

이양혜(1997). "의미형태소의 파생접미사화". 『一庵金應模敎授華甲紀念論叢』. 도 서출판 박이정.

이영섭(1994). 「同音同義異字語」. 세창출판사.

______(1995). 「同字異音異義語」. 세창출판사.

李英憲(1995). 「形式意味論」. 한신문화사.

이오덕(1990). 『우리글 바로쓰기』. 한길사.

이옥련 외 3인(1997). 「남북한 언어연구」. 박이정.

이용성(1997). "최적성이론 개관". 『一庵金應模敎授華甲紀念論叢』. 도서출판 박이정.

李庸周(1969). "韓國語 어휘체계의 특징". 「국어교육」 15. 국어교육연구회.

______(1972). 「意味論槪論」. 서울大 出版部.

______(1974). 「國語漢字語에 관한 硏究」. 三英社.

______(1983). "韓國漢字語系 動詞의 語彙論的 機能". 「國語學資料論文集」. 大提閣.

______(1983). "韓國語 動詞의 意味論的 分類와 '-ㄴ다/-는 다'形의 意味에 관한 연구". 「師大論叢」 27. 서울사대.

______ 外 四人(1990). 「國語意味論」. 開文社.

______(1993). 「한국어의 의미와 문법 (1)」. 三知院.

이용주·이을한(1985). 「國語意味論」. 玄文社.

이원직(1992). "Hintika의 게임이론적 의미론". 『홍익어문』 10.11. 홍익어문연구회.

이원직(1994). "명제논리의 소고". 「한국어학」 창간호. 서광학술자료사.

______(1996). "어휘의미론의 현황과 전망". 『한국어학』 4. 한국어학회.

______(1997). "충남방언 연구". 『一庵金應模敎授華甲紀念論叢』. 도서출판 박이정.

李胤杓(1985). "國語親戚用語의 硏究－그 形態 및 意味分析을 中心으로－". 高麗大大學院(석사).

______(1989). "國語空範疇의 硏究". 高麗大 大學院(박사).

______(1996). 『韓國語 空範疇論』. 태학사.

李恩奉(1984). 「韓國古代宗敎思想」. 集文堂.

이은정(1988). 「한글맞춤법 표준어해설」. 대제각.

李乙煥(1973). 「一般意味論－言語思考 傳達의 理論－」. 開文社.

______(1974). 「言語學槪論」. 宣明文化社.

______(1980). 「國語의 一般意味論的 硏究」. 淑明女大 出版部.

______(1985). 『國語學 硏究』. 淑明女大 出版部.

______ 외 5인 (1989). 「國語學新講」. 開文社.

李應哲(1996). 「回春 藥酒」. 南山堂.

李翊燮(1985). "國語造語論의 몇 問題". 「東洋學」 五. 檀國大.

______(1986). 「國語學 槪論」. 開文社.

______(1992). 「國語表記法 硏究」. 서울大 出版部.

李益煥(1985). 「現代意味論」. 民音社.

______(1986). 「意味論槪論」. 翰信文化社.

______(1992). "국어사전 뜻풀이와 용례". 『새국어생활』 2-1. 국립국어연구원.

______(1995). "형식의미론". 『현대언어학 지금 어디로』. 한신문화사.

李仁燮(1981). "聯想語彙의 意味構造". 「해암 김형규 박사 고희기념론총」. 동 간행위원회.

______(1986). "韓國兒童의 言語發達硏究". 高麗大 大學院(박사).

______(1992). "語彙意味論". 「國語學硏究百年史」. 一朝閣.

이일호(1993). "의미현상으로서의 일치의 문제: 정보기반 접근방식". 경희대 대학
　　　원(박사)

이점출 옮김(1991). 「언어학개론」. 한신문화사.

______ G. Grewendorf, F. Hamm, W. Sternefeld(1987): Sprachliches Wissen Eine Einführung
　　　in morderne Theorien der grammatischen Beschreibung. Frankfurt,
　　　Suhrkamp.

이정민(1973). "Presupposition of theme for Verbs of chang (in Korean and English).
　　　「Foundation of Language」. 9.

이정식(1994). "〈슬프다〉류 그림씨 말낱밭".『한국어내용연구』1. 국학자료원.

______(1994). "국어 부정구문의 기저구조와 의미해석". 고려대 대학원 국어국문
　　　학과(석사)

이정식(1997). "「조선말대사전」의 특징". 「김정일시대의 북한언어」. 태학사.

이정희(1983). "Leo Weisgerber의 기능중심적 언어고찰에 대하여". 고려대 대학원
　　　(석사).

이종선(1993). "술[酒] 영칭에 관한 낱말밭 연구". 「牛岩語文論集」 3호. 釜山外大
　　　國語國文學科.

이종선(1995). 「현대국어의 중의구문 연구」. 부산외대 교육대학원(석사).

이종은(1995). "한국어 수분류사의 의미 분석". 상명여대 대학원 국어국문학과(석사).

이종철(1994). "과장표현의 화용론적 고찰".『호서어문연구』2. 호서대 국어국문학과.

李鐘學(1994). 「現代戰略論」. 博英社.

이주행(1995). "朴景利의 '土地'에 쓰인 語彙 硏究". 「牛山 李仁燮敎授 華甲紀念論
　　　文集」. 同 刊行委員會.

이창덕(1985). "동사 '하'의 연구". 「우리말 연구」 Ⅷ. 弘文閣.

이철용(1993). "의약서 어휘의 국어사적 연구". 한양대 대학원(박사).

이철호·김기영(1994). 「옛문헌에 의한 한국주의 종류와 제조기술」. 高麗大 民族文
　　　化硏究所.

이충우(1994). 「한국어 교육용 어휘연구」. 국학자료원.

이태영(1988). 「국어동사의 문법화 연구」. 한신문화사.

이현근(1992). "개념구조에 의한 단어의 다의성 연구". 『언어연구』 8. 한국현대언어학회.

______(1994). "단어의 개념구조와 인지 : hand의 경우". 『언어연구』 10. 한국현대언어학회.

______(1995). "원형이론과 개념론에 의한 어의 비교연구". 『언어연구』 11. 한국현대언어학회.

______(1996). "英語 記義의 槪念論的 硏究". 충남대 대학원 영어영문학과(박사).

李鉉洙(1989). 「性格 및 個人差의 心理學」. 祐成文化社.

이현호(1993). 『한국 현대시 담화-화용론적연구』. 한국문화사.

이혜영(1994). "단화표지 '글쎄'의 담화기능과 사용의미". 『이화어문논집』 13.

李昊烈(1997). "念素〈文〉의 意味 體系". 「국어학 연구의 새 지평」. 태학사.

이환묵 · 이석무 옮김(1987). 「오토예스퍼슨 문법철학」. 한신문화사.

이환묵 外 二人 편(1993). 「80년대 통사의미이론」. 한신문화사.

이효상(1993). "담화-화용론적 언어분석과 국어연구의 새 방향". 『주시경학보』 11. 탑출판사.

임경순(1994). "알타이제어 기초어휘의 의미망내 항목 대응고". 『전남대어문논총』 14.15.합집.

任東權(1983). 「韓國民俗學文化論」. 集文堂.

임소영(1994). "한국어 '중의성'의 유형과 그 특성". 『상명논집』 1. 상명여대 대학원.

임소영(1997) 『한국어 식물이름의 연구』. 한국문화사.

임여균(1996). "국어 정도부사의 의미에 대한 연구". 군산대 대학원(석사).

임지룡(1985). "어휘체계의 빈자리에 대하여". 「素堂 千時權 博士 회갑기념 국어학논총」 동간행위원회.

______(1989a). 「국어대립어의 의미 상관관계」. 형설출판사.

______(1989b). "국어 분류어휘집의 체계와 상관성". 「국어학」 19. 국어학회.

______(1990). "의미의 성분분석에 대한 종합적 검토". 「국어교육연구」 22. 경북대 사대 국어교육학회.

______(1991). “의미의 상하관계에 대하여”.『들메 서재극 환갑기념논문집』. 동 간
　　　행위원회.
______(1991). “국어 기초어휘에 대한 연구”.『국어교육연구』23. 경북대 사대 국
　　　어교육학회.
______(1993).『국어의미론』. 탑출판사.
______(1995a). “유사성의 인지적 의미분석”.『문학과 언어』16. 문학과 언어연구회.
______(1995b). “은유의 의미특성”.『韓國學論集』22. 계명대 한국학연구소.
______(1995c). “환유의 인지적 의미특성”.『국어교육연구』27. 국어교육연구회.
______(1995d). “어휘·의미연구의 성과와 전망”.『광복 50년의 국학, 성과와 전망
　　　논문집』. 한국정신문화연구원.
______(1996a). “의미의 인지 모형에 대하여”.『語文學』57. 한국어문학회.
______(1996b). “말실수의 인지적 의미분석”.『문학과 언어』17. 문학과 언어연구회.
______(1996c). “다의어의 인지적 의미특성”.『言語學』17. 한국언어연구회.
______(1996d). “혼성어의 인지적 의미특성”.『言語研究』13. 大邱言語學會.
______(1996e). “은유의 인지언어학적 의미분석”.『국어교육연구』28. 국어교육연
　　　구회.
______(1997). “연상도식의 인지적 의미분석”.『國文學』60. 한국어문학회.
______ · 한희수 역(1989).『어휘의미론』. 경북대 출판부.
______(1997).『인지의미론』. 탑출판사.
______(1997). “유표성의 인지적 의미분석”.『一麓金應模敎授華甲紀念論叢』. 도서
　　　출판 박이정.
임채섭(1989). “peirce의 意味論에 關한 硏究”. 전남대 대학원 철학과(석사).
임칠성(1997). “국어 어휘 계량의 단위 설정에 대하여”.『국어학 연구의 새 지평』.
　　　태학사.
임홍빈(1997).『북한의 문법론 연구』. 한국문화사.
임홍빈·한재영(1993).『국어 어휘의 분류목록에 대한 연구』. 국립국어연구원.
임환재(1972). “Hans Glinz의 언어이론에 대한 고찰 − Der deutsche Satz를 중심으
　　　로 − ”.『Turm』2. 고려대 독어독문학회.

______(1981). "Jost Trier 낱말밭이론에 대한 연구". 「독어독문학」 14.

______ 譯(1984). 「言語學史」. 經文社.

장경희(1985). 「현대국어의 양태범주 연구」. 탑출판사.

______(1997). "문체와 의미". 『국어문체론』. 대한교과서(주).

張基槿 編(1994). 「中國古典漢詩人選 李太白」. 世宗出版社.

______(1994). 「中國古典漢詩人選 白樂天」. 世宗出版社.

장기문(1992). "사람 이름씨에 대한 고찰-〈겉모양〉표현을 중심으로-".『홍익어
        문』 10.11. 홍익어문연구회.

______(1994a). "〈벗〉명칭에 대한 고찰". 「우리말 내용연구」 창간호. 국학자료원.

______(1994b). "아이 명칭에 대한 고찰 (1) : 〈출생〉을 중심으로". 「우리어문연구」.
        국학자료원.

______(1995). "아이 명칭에 대한 고찰 (2) : 〈성〉〈현황〉을 중심으로". 「우리말 내
        용 연구」 2. 국학자료원.

______(1995). "〈소〉명칭에 대한 고찰".『우리어문연구』 9. 우리어문학회.

______(1996). "〈여자〉명칭에 대한 고찰".『한국어내용론』 4. 한국어내용학회.

______(1997). "〈여자〉명칭에 대한 고찰 (3)".『一蓭金應模敎授華甲紀念論叢』. 도
        서출판 박이정.

張東煥(1964). "韓國語의 意味論的 構造에 관한 연구". 「論文集」 23-3. 서울大.

장병기(1992). "언어 구조와 사고".『홍익어문』 10.11. 홍익어문연구회.

장석진 엮음(1995).『현대언어학 지금 어디로』. 한신문화사.

장세경(1990). 「고대 차자 복수인명 표기연구」. 국학자료원.

張籌根(1988). 「韓國民俗學槪說」. 學硏社.

장영천(1983). "현대독어의 소어론 연구-득히 Leo Weisgerber의 이론을 중심으로-".
        고려대 대학원(박사).

______ 譯(1987). 「構造意味論과 낱말밭理論」. 集賢社.

장영희(1996). "현대국어 화식부사의 의미연구". 숙명여대 대학원(박사).

장은자(1996). "〈눈〉이름씨에 대한 고찰".『한국어내용론』 4. 한국어내용학회.

장은하(1997). "북한의 언어예절". 「김정일 시대의 북한언어」. 태학사.

장장명(1958). 「조선어 철자법해설」. 교육도서출판사.

장태진(1995). 「국어 변말의 연구」. 太學社.

______(1998). 「국어 변말의 어휘 개설」. 한국문화사.

장향실(1994). "전통옷 명칭 말낱밭".『한국어내용연구』1. 국학자료원.

전경욱(1993). 「민속극」. 한샘.

田秀泰(1986). "「가다」,「오다」의 의미연구".『韓國言語文學』24. 韓國言語文學會.

______(1987). 「國語 移動動詞의 意味研究」. 翰信文化社.

______(1989). "「國語文法」'짬듬갈'의 意味研究".「周時經學報」3. 탑출판사.

______(1989). "북한어 화술연구".「남북한 언어비교」. 녹진

______(1992). "주시경의 의미이론".『홍익어문』10.11. 홍익어문연구회.

______(1997). "시간 개념어의 반의 연구".『一庵金應模教授華甲紀念論叢』. 도서출판 박이정.

______(1997).『國語 反意語 意味構造』. 도서출판 박이정.

전수태·최호철(1989). 「남북한 언어비교」. 녹진.

田恩姃(1993). "국어동사결합에 대한 연구". 고려대 대학원(석사).

全在昊(1987). 「國語語彙史研究」. 慶北大 出版部.

______(1990). 「韓國語學論考」. 螢雪出版社.

______(1991). 「國語語彙史研究資料篇－歷代文獻의 語彙索引－」(Ⅰ), (Ⅱ), (Ⅲ). 弘文閣.

鄭卿一(1997). "『華東正音』東音의 특성과 韻母 체계".『一庵金應模教授華甲紀念論叢』. 도서출판 박이정.

정 광(1995). "국어사 자료의 전산화와 말모음(corpus)".「牛山李仁燮教授華甲紀念論文集」. 同 刊行委員會.

______(1997). "한국어의 형성 과정".「語彙史研究」. 語彙史研究會.

정근원 역(1994).『인간의 행동과 커뮤니케이션』(B.D. 루벤 저). 인문사.

정길남(1992). 「19세기 성서의 우리말 연구」. 서광학술자료사.

정동호 편저(1995). 「우리술 사전」. 중앙대 출판부.

정동환(1991). "국어대등합성어의 의미 관계연구".「한글」211. 한글학회.

______(1993). 「국어 복합어의 의미 연구」. 서광학술자료사.

정두영(1987). "言語 思考－범주화를 중심으로－".『李鐘贊敎授 華甲紀念論文集』. 동 간행위원회.

정명숙(1997). "북한의 띄어쓰기 규정과 실제 그리고 전망".「김정일 시대의 북한 언어」. 태학사.

鄭炳昱(1966). 「時調文學事典」. 新丘文化社.

鄭相珍(1995). 「우리 民俗의 理解」. 부산외대 출판부.

정순기 외(1981). 「현대조선말사전」. 과학,백과사전출판사.

정승혜(1997). "國語의 重疊에 대한 理論的 說明".『一庵金應模敎授華甲紀念論叢』. 도서출판 박이정.

정승혜(1997). "김일성 교시와 김정일의 언어이론".「김정일 시대의 북한언어」. 태학사.

鄭時鎬(1979). "Leo Weisgerber의 「言語硏究의 네 段階」에 관한 고찰". 서울大 大學院(석사).

______(1981). "Leo Weisgerber의 語階層개념".「독어독문학」 11. 慶北大.

______(1982a). "어장이론에 대한 연구－그 개념 규정을 중심으로－".「語文硏究」 7. 慶北大.

______(1982b). "語場硏究－意味素에 의한 分析을 중심으로－".「독어독문학」 12.

______(1983). "언어기호모델과 Henne/Wiegand의 어휘분석 원리".「語文硏究」 8. 慶北大.

______(1984). "계열적 장이론연구－형성과 배경 전개－". 서울大 大學院(박사).

______(1994). 「어휘장이론의 연구」. 경북대 출판부.

______(1996). "현대언어학의 이론적 배경－W. von Humboldt, L. Wittgentein, N. Chomsky 간의 상호 관련성을 중심으로－".『省谷論叢』 27-1. 省谷 學術文化財團.

______(1997). "세계관이란 무엇인가?".『一庵金應模敎授華甲紀念論叢』. 도서출판 박이정.

鄭在潤(1981). "國語動詞 意味構造 硏究". 高麗大 大學院(석사).

______(1989).「우리말 감각어연구」. 한신문화사.

______(1991). "國語溫度 感覺動詞의 語彙體系".「국어교육」75,76. 한국국어교육
    연구회.

정원수(1992).「국어의 단어형성론」. 한신문화사.

鄭元容(1996).『隱喩와 換喩』. 新知書院.

정유진(1997). "북한의 말다듬기".「김정일 시대의 북한언어」. 태학사.

정인수(1995). "국어 수행동사의 의미 기능".『영남어문학』28. 영남어문학회.

정인수(1996). "정도 형용사 구문의 의미".「嶺南語文學」29. 嶺南語文學會.

鄭珠里(1994). "國語 補文動詞의 統辭·意味論的 硏究". 고려대 대학원 국어국문학
    과(박사).

______(1994). "〈발화〉류 동사의 내용 연구".『한국어내용연구』1. 국학자료원.

______(1995). "동사의 문장 관련성에 대하여".『한국어학』2. 한국어학회.

______(1995). "{은}, {기}의 의미특성과 분포제약".「牛山李仁燮敎授華甲紀念論文
    集」. 同 刊行委員會.

______(1995). "동사의 의미구조 기술".「어문론집」33. 고려대 국어국문학연구회.

______(1997). "의미와 구조의 상관성에 대하여".『一麓金應模敎授華甲紀念論叢』.
    도서출판 박이정.

鄭鎭弘(1988).「韓國宗敎文化의 展開」. 集文堂.

______(1990).「宗敎學序說」. 展望社.

정철영(1993). "인지문법과 영어 기본동사의 의미확대 분석". 부산대 대학원 영어
    영문학과(박사).

鄭春會(1987). "범주의 원형이론과 의미 변화".『공주대학교 논문집』14.

______(1989). "元型 範疇論에 依한 記義硏究 - 英語 head, falt, cut를 중심으로 - ".
    忠南大 學院 英語英文學科(박사).

______(1995). "형용사 hot의 의미 분석".『언어연구』11. 한국현대언어학회.

정태구(1994). "'-어 있다'의 意味와 論項構造".「國語學」24. 國語學會.

정태룡 편저(1994).「우리말 상소리 사전」. 프리미엄 북스.

정태현(1987).『한국어와 철학적 분석』. 이화여대 출판부.

정혜령(1995). "'바람' 명칭에 대한 고찰". 고려대 교육대학원(석사).

정호완(1988). 「낱말의 형태와 의미」. 대구대 출판부.

______(1996). 「우리말의 상상력」. 정신세계사.

정희자(1997). "이, 그, 저의 담화 기능".『一庵金應模敎授華甲紀念論叢』. 도서출판 박이정.

조경숙(1994). "어휘의미 연구와 의미 성분분석".『어학교육』23. 전남대.

曺圭和(1994). 「服飾美學」. 修文社.

조남신(1993). "다의어의 어휘의미 계층과 의미배열".『人文科學』69-70. 연세대 인문과학연구소.

조남호(1990). "국어 어휘수집과 정리". 「국어생활」 22. 국어연구소.

______(1998). "內外 槪念語의 변천사". 「國語 語彙의 基盤과 歷史」. 태학사.

趙明翰(1981). 「言語心理學」. 正音社.

曺錫鍾(1988). 「言語와 言語學」. 한신문화사.

조숙환·이현호(1992).『언어학과 인지』. 한국문화사.

조숙환(1992). "심리 언급성과 국어 : 동사 양태소를 증심으로".『언어학과 인지』. 한국문화사.

趙信鎬(1985). "범주 분석과 단어의 의미 구조".『言語論叢』3. 啓明大 言語硏究所.

조용신(1988). "우리말 동사 '들다'의 다의성에 대한 연구". 「한글문화」 2. 한글학회 전라북도지회.

조의연(1996). "의미란 무엇인가? : 인지의미론과 해체주의".『담화와 인지』2. 담화·인지 언어학회.

조일영(1994). "국어 양태소의 의미기능 연구". 고려대 대학원 국어국문학과(박사).

______(1995). "선어말어미 '-더-'의 양태적 의미". 「牛山李仁燮敎授華甲紀念論文集」. 同 刊行委員會.

______(1997). "계약문 문체 시론".『一庵金應模敎授華甲紀念論叢』. 도서출판 박이정.

曺章煥 外 四人(1991). 「農學槪論」. 先進文化社.

조재수(1995). 「남북한말 비교사전」. 토담.

趙載潤(1988). "韓國俗談의 構造分析硏究". 高麗大 大學院(박사).

조정현(1991). 「다시 찾아야 할 우리술」. 서해문집.

조준학 외(1981). "한국인의 언어의식". 「어학연구」 17-2 서울대 어학연구소.

趙恒範(1984). "國語類義語의 通時的 考察". 「國語研究」 58. 서울大.

______(1988). "국어어휘론 연구사". 「國語學」 19. 國語學會.

______ 編(1994). 「國語語源研究叢說 (1)」. 太學社.

______(1994). "20세기 초의 국어어원 연구에 대하여". 『개신어문연구』 10.

______(1996). 「國語親族語의 通時的 研究」. 태학사.

______(1998). "동물 명칭의 어휘사". 「國語 語彙의 基盤과 歷史」. 태학사.

주신자·신현숙 옮김(1994). 「언어개념」. 한국문화사.

지인자(1995). "성공적인 의사소통의 기본 전제들". 『텍스트언어학』 3. 텍스트연구회.

池春相(1978). 「韓國의 民俗藝術」. 韓國文化藝術振興院.

車載銀(1992). "선어말어미 {-거-}의 변천연구". 고려대 대학원(석사).

蔡 琬(1986). 『國語 語順의 研究—反復 및 並列을 중심으로—』. 탑출판사.

千璣哲(1983). "國語의 動作動詞와 狀態動詞의 體系研究". 慶北大 大學院(박사).

______(1986). "漢字語 죽음표지 動詞類의 意味論的 分析". 「語文論叢」 20. 慶北大.

천기석 역(1986). 「論理意味論」. 정음사.

______ 역(1986). 「수리언어학개론」. 진명문화사.

______(1997). "우리말 고유어 다항동사의 특성". 『由南申碩煥博士回甲紀念論文
        集』. 창원대 출판부.

千素英(1990). 「古代國語의 語彙研究」. 高麗大 民族文化研究所.

______(1992). 「아리수리고마」. 문화운동.

______(1994). 「부끄러운 아리랑」. 현암사.

______(1996). 「언어의 이해」. 와우.

千時權·金宗澤(1973). 「國語意味論」. 螢雪出版社.

千時權(1977). "다의어의 의미분석". 「국어교육연구」 9. 경북대 사대 국어교육학회.

______(1978). "최근 의미론의 동향". 「국어교육연구」 10. 경북대 사대 국어교육학회.

______(1979). 「國語意味構造의 分析的研究」. 一心社.

______(1982). "국어미각어 구조". 「어문연구」 7. 경북대 어학연구소.

______(1983a). "신체 착탈어휘의 구조체계." 「국어교육연구」 15. 경북대 사대 국어교육연구회.

______(1983b) "국어 가열 요리동사의 체계." 「교육연구지」 25. 국어교육연구회.

천인순(1995). "일간신문의 표제어휘의에 관한 연구". 인하대 교육대학원(석사).

靑山秀夫(1992). "音聲象徵語의 意味表示에 대하여". 「國語學硏究百年史」. 一潮閣.

최경남·송권식(1992). 「조선말 성구사전」. 동북조선민족교육 출판사.

최경봉(1994). "관용어의 의미구조". 「어문론집」 33. 고려대 국어국문학연구회.

최경봉(1995). "〈흙〉명칭에 대한 고찰". 『우리말 내용연구』 2. 우리말내용연구회.

최경봉(1996). "명사의 의미 분류에 대하여". 『한국어학』 4. 한국어학회.

최경봉(1996). "국어 명사의 의미구조". 고려대 대학원 국어국문학과(박사)

최규수(1990). "우리말 주제어 연구". 부산대 대학원(박사).

최규일(1984). "한국어 화용론의 기술과 의미 해석". 「새결 박태권선생 회갑기념 논총」. 동 간행위원회.

______(1990). "우리말 {뜻}의 의미기능". 「국어국문학」 100. 국어국문학회.

최기호(1995). 『사전에 없는 토박이 말』. 토담.

최낙복(1988). "주시경 말본의 형태론 연구". 동아대 대학원(박사).

최범훈(1985). "국어색채어의 기원어 탐색". 「이을환 교수 화갑논문집」. 동 간행위원회.

최병우(1991). 「조선어학개론」. 대제각.

최보일(1978). "우리말 유의어에 관한 연구". 부산대 대학원(석사).

崔常壽(1985). 「韓國民俗놀이의 硏究」. 成文閣.

崔尙鎭(1988). 「國語意味論의 易學的方法論硏究 : 국어 의미론의 문법화를 위한 시론」. 경희대 대학원(박사).

崔承烈(1987). 「韓國語의 語源」. 한샘.

최영수(1984). "Leo Weisgerber의 조어론에 대하여". 高麗大 大學院(석사).

최완호·문영호(1990). 「조선어 어휘론 연구」. 탑출판사.

최윤갑 외6인(1994). 「중국·조선·한국·조선어 차이연구」. 한국문화사.

崔銀圭(1985). "現代國語 類義語의 意味構造". 「國語硏究」. 67. 國語硏究會.

崔恩淑(1994). “현대국어 중첩구문 연구”. 부산외대 교육대학원(석사).

최응구(1982). 「조선어문체론」. 료녕인민출판사.

崔在瑞(1978). 『文學原論』. 信元圖書.

崔在洪(1987). “現代國語語彙의 意味對立 類型에 대한 研究”. 「韓國語研究」 39. 경북대.

崔正錫 외 3인(1993). 『文學槪論』. 學文社.

최정후(1991). 「조선어 어학개론」. 대제각.

崔昌烈(1979). “動詞의 語彙的 意味와 文法性”. 「전북대학교 논문집」 21. 전북대.

______(1981). “개념의 구조와 어휘의 상관체계”. 「전북대학교 논문집」 28. 전북대.

______(1983). 「韓國語의 意味構造」. 翰信文化社.

______(1985). “우리말 시간계열어의 어원적 의미”. 「한글」 188. 한글학회.

______(1988). 「우리말 語源研究」. 一志社.

______(1993). 「어원산책」. 한신문화사.

______(1995). “우리말 속담의 변이형과 의미”. 『한글』 229. 한글학회.

______(1995). “우리말 속담의 어원과 의미”. 『새국어교육』 51. 한국국어교육학회.

崔昌祚(1984). 「韓國의 風水思想」. 民音社.

최호완·문영호(1980). 「조선어 어휘론연구」. 과학,백과사전출판사.

崔鎬哲(1984). “現代國語의 象徵語에 對한 研究”. 高麗大(석사).

______(1989). “북한의 어휘정리”. 「북한의 어학혁명」. 북한언어연구회.

______(1991). “북한의 어휘론사”. 「북한의 조선어 연구사」. 녹진.

______(1993). 「현대국어서술어의 의미연구」. 고려대 대학원(박사).

______(1994). “현대국어 가의소의 의미분석(1)”. 「한국어학」 창간호. 서광학술자료사.

______(1994). “어휘부의 의미론적 접근”. 『어문논집』 32. 高麗大 國語國文學研究會.

______(1994). “현대국어 규정소의 의미체계”. 「우리말 내용연구」 창간호. 국학자료원

______(1995). “意素와 異意에 대하여”. 「國語學」 25. 國語學會.

______(1996). “어휘의미론과 서술소의 의미분석”. 『한국어학』 4. 한국어학회.

______(1997). "현대국어 제한소의 의미체계 (1)". 『一蓭金應模教授華甲紀念論叢』. 도서출판 박이정.

최희수(1986). 「조선 한자음연구」. 흑룡강조선민족출판사.

최희수(1997). "한어(漢語)가 중국 조선어에 미친 영향". 「국어학 연구의 새 지평」. 태학사.

추신자(1995). "미국에서의 텍스트언어학의 연구 동향". 『텍스트언어학』 3. 텍스트 연구회.

表聖洙(1983). "神 稱號의 諸概念에 關한 言語學的 研究". 「삼육대논문집」 15. 삼육대.

河鐘吉(1997). "현대 한국어 비교구문의 의미연구". 고려대 대학원 국어국문학과 (박사).

하종길(1995). "〈힘〉명칭에 대한 고찰 (1)". 『우리말 내용연구』 2. 우리말내용연구회.

하치근(1989). 「국어파생 형태론」. 남명문화사.

하치근(1993). 「남북한 문법 비교연구」. 한국문화사.

한인희(1973). "국어어휘의 의미론적 분류연구－그림씨 어휘론 중심으로－". 「한글」 157. 한글학회.

韓政翰(1990). "국어 비유어 연구 : 차원 이론을 중심으로". 고려대 대학원(석사).

한정한(1994). "둥근모양 그림씨 말낱밭 연구". 『한국어내용연구』 1. 국학자료원.

허동진(1998). 「조선어학사」. 한글학회.

허 발(1974). "Leo Weisgerber－특히 그의 言語觀. 言語理論과 그것에 대한 批判에 대하여－". 高麗大 大學院(박사).

______(1976a). "Weisgerber의 Wortfeld Theorie의 동적 고찰에 대하여". 「한글」 157. 한글학회.

______(1976b). "Humboldt－Weisgerber의 언어본질론에서 본 언어 문제에 대하여－". 「高大文化」 16. 高麗大.

______(1976c). "낱말밭과 개념밭에 대하여". 「한글」 158. 한글학회.

______(1977a). "낱말밭이론". 「한글」 160. 한글학회.

______(1977b). "Coseriu의 어휘연구와 낱말밭". 「언어」 2. 한국언어학회.

360

______(1983). “세계의 언어화에 대하여”. 「한글」 182. 한글학회.

______(1985a). 「낱말밭이론」. 고려대 출판부.

______(1985b). 「언어내용의 핵심문제」. 고려대 출판부.

______(1985c). 「구조의미론」. E. Coseriu 원저. 고려대 출판부.

______(1986). 「언어내용론」. 고려대 출판부.

______(1989). 「언어내용연구」. 허발 박사 환갑기념 논문집.

______(1997). 『현대 의미론의 이해』. 국학자료원.

허 발 옮김(1993). 「모국어와 정신형성」. 文藝出版社.

허 웅(1975). 「言語學槪論」. 正音社.

______(1981). 「언어학-그 대상과 방법」. 샘문화사.

______(1988). 「국어학-우리말의 오늘·어제-」. 샘문화사.

허진순(1996). “프랑스 언어학에서 의미론의 대상과 방법”. 『부산한글』 15. 한글학
       회 부산지회.

홍기선(1995). “이동동사와 장소명사 표시”. 『어학연구』 31-3. 서울대 어학연구소.

홍대식 편역(1994). 「인간관계의 심리」. 養英閣.

洪琡基 譯(1992). 「性格心理學」. 博英社.

홍미랑(1989). “남북의 한자음 표기법 비교”. 「북한의 어학혁명」. 백의.

洪思滿(1984). “下義關係(hyponymy)와 含意”. 「牧泉兪昌均博士還甲紀念論文集」. 동
       간행위원회.

______(1985). 「國語語彙 意味硏究」. 학문사.

홍사만(1996). “‘마리/머리’ 고”. 『한국어학』 3. 한국어학회.

홍선희(1982). “우리말 색채어 낱말밭”. 「한성어문학」 1. 한성대.

홍승욱(1989). “영어 은유의 개념론적 해석”. 충남대학교 대학원 영문과(박사).

홍승우(1988). 「의미론 입문」. 청록출판사.

홍윤표(1993). 「國語史 文獻資料硏究(近代篇 1)」. 태학사.

______(1994). 「근대국어연구 (1)」. 태학사.

홍재성(1983). “이동동사와 행로(parcours)의 보어”. 「말」 3. 연세대.

홍종선(1990). 「國語體言化構文」. 高麗大 民族文化硏究所.

홍종선(1992). "국어의 위치어 연구".『홍익어문』10.11. 홍익어문연구회.

홍종선(1997). "국어사전 편찬, 그 성과와 과제 (2): 올림말 (1)".『一庵金應模敎授華甲紀念論叢』. 도서출판 박이정.

和田隆博(1990). "한국어의 '自感性' 感覺語 연구－日本語와 대조를 중심으로－". 高麗大 大學院(석사).

황금연(1997). "현대 한자어휘의 기원에 대한 고찰".「국어학 연구의 새 지평」. 태학사.

黃炳淳(1987).「國語의 相表示 複合動詞硏究」. 螢雪出版社.

황병순(1989). "감각동사 '보다'와 행위동사 '보다'".「배달말」14. 배달말학회.

黃善明(1985).「朝鮮朝 宗敎社會史 硏究」. 一志社.

황인권(1989). "남북한의 분장부호법 비교".「북한의 어학혁명」. 백의.

황종우(1995).「건강 이야기」. 아침.

황화상(1994). "국어 체언서술어의 연구". 고려대 대학원 국어국문학과(석사)

가정의학연구소(1994).「건강 한방 약주」. 가정의학연구소.

국어연구소(1985).「한자·외래어 사용실태조사 1」. 서울.

국어연구소(1986).「외래어 표기법 용례집(지명·인명) 1」. 서울.

국어연구소(1987).「한자어·외래어 사용실태조사 2」. 서울.

국어연구소(1988).「외래어 표기 용례집(일반용어)」. 서울.

국어연구소(1988).「한글 맞춤법해설」. 서울.

국립국어연구원(1989).「남북한 언어 차이조사 1(발음·맞춤법 편)」. 국립국어연구원.

국립국어연구원(1989).「남북한 언어 차이조사 2(고유어 편)」. 국립국어연구원.

국립국어연구원(1994).『신어의 조사연구』. 국립국어연구원.

국립국어연구원(1995).『95년 신어』. 국립국어연구원.

국립국어연구원(1996).『신어 조사연구』. 국립국어연구원.

국립국어연구원(1998).『북한 문학작품의 어휘』. 국립국어연구원.

문화부(1991).「국어 어문 규범집」. 대한교과서주식회사.

황희숙(1997). "은유와 의미".『언어·진리·문화』1. 철학과현실사.

황희영(1978). "한국 관용어 연구".「성곡논총」. 성곡학술문화재단.

高麗大學校 民族文化研究所編(1978). 「韓國文化史大系」 I.II.II.IV.V卷.

高麗大學校 民族文化研究所編(1982). 「韓國民俗大觀」 三·四卷.

古事成語刊行委員會 編(1982). 「古事成語事典」. 學院社.

古事成語刊行委員會 編(1987). 「古事成語事典」. 明文堂.

金光海(1987). 「類意語·反意語辭典」. 한샘.

김민수 편(1997). 「우리말 語源辭典」. 태학사.

南廣祐(1975). 「古語辭典」. 一潮閣.

남영신(1989). 「우리말 분류사전 (1) (이름씨편)」. 한강문화사.

______(1989). 「우리말 분류사전 (2) (풀이말편)」. 한강문화사.

______(1992). 「우리말 분류사전 (3) (꾸밈씨편)」. 한강문화사.

東亞出版社 編輯局(1987). 「漢韓大辭典」. 東亞出版社.

美術學會 編(1978). 「美學」. 문명사.

민속학회(1994). 「한국민속의 이해」. 문학아카데미.

民音社編(1977). 「康熙玉篇」. 民音社.

박용수(1989). 「우리말 갈래사전」. 한길사.

신기철·신용철(1980). 「새 우리말 큰사전」. 삼성출판사.

안옥규(1996). 「어원사전」. 한국문화사.

이은정(1994). 「국어학 언어학 용어 사전」. 국어문화사.

趙成植(1990). 「英語學辭典」. 新雅社.

조재수(1995). 「남북한말 비교사전」. 토담.

曺泰鉉(1987). 「體育百科事典」. 敎育書館.

耘虛龍夏(1980). 「佛敎辭典」. 東國譯經院.

柳昌惇(1990). 「朝鮮語辭典」. 延世大 出版部.

李家源·張三植 編著(1973). 「詳解韓字大典」. 裕庚出版社.

이정민·배영남(1982). 「언어학사전」. 한신문화사.

이희승(1975, 1986). 「국어대사전」. 민중서관.

최경남·송천식(1993). 「조선말 성구사전」. 한국문화사.

崔學根(1987). 「韓國方言辭典」. 明文堂.

한국정신문화원 편(1994). 「한국민족문화대백과사전」. 한국정신문화원.

한글학회 편(1992). 「우리말 큰사전」. 어문각.

한양대학교 가정대학(1994). 「한국의 전통 민속주」. 한양대 가정대학.

한춘섭 외 2인 편저(1985). 「한국시조큰사전」. 은지출판공사.

Aitchison, J.(1987). Words in the Mind: An Introduction to the Mental Lexicon. Oxford: Basil Blackwell.

__________(1990). "Language and Mind: Psycholinguistics", In Colling, E(ed), An Encyciolopedia of Language, London : Routledge.

Alerton, D. J.(1982). Valency and The English Verbs. Academic Press.

Allan, K.(1986). Linguistic Meaning. Vol 1-2, London and New York; Routledge & Kegan Paul.

Allen, R. L.(1966). The Verb System of Present day American English. The Hague.

Allenwood, J. Anderson, L. G. Dahlö(1977). Logic in Linguistics. Cambridge Textbook.

Allport, G. W.(1961). Pattern and growth in personality. New York; Holt, Rinehart & Winton.

Aristotle(1968). "Poetics". L. Golden & O. B. Haedison

Austin, J. L.(1962). How to do things with Word. New York. Oxford Univ Press.

Baldinger, K.(1988). Semantic Theory. Oxford. Basil Backwell. In: Satz und Wort im heutigen Deutschen Sprache der Gegenwart, Bd. 1. Düsseldorf.

Bierwisch, M.(1966). Grammatik des deutschen Verb. 4. Aufl. Berlin.

__________(1970). "Semantics", In Lyons, J(ed), New Horizons in Linguistics, Penguin Books.

Bloomfield, L.(1933). Language. London.

Bolinger, D.(1977). Meaning & Form. New York. Longman.

Cary, S.(1982). "Semantic development", In Wamer, E. & Gleitman, L. R.(eds), Language Acguisition, Cambridge University Press.

364

Chafe, W. L.(1973). Meaning and the Structure of Language. Chicago Univ. Press.

Clark, E. V.(1972). "On the child's acquisition of antonyms in two semantic field", Journal of Verbal Behavior 11.

Clark, H. H. & Clark, E. V.(1977). Psychology and Language, New York; Harcourt, Brace Jovanovich.

Clawson, M.(1964). "How Much Leisure, Now and in the Future?" (in) Charles worth, ed. Leisure in America; Blessin or Curse?

Coseriu, E.(1964). Pour une semantique diachronique Struturale. Travaux de Linguistique et de Littérature II.

__________(1966). Structure lexicale et enseignement du vocabulaire. Actes du Premier Colloque International de Linguistique Appliquée.

__________(1975). Vers une typologie champs lexicaux. Cahiers de Lexicologie 27.

__________(1976). Die funktionelle Betrachtung des Wortschatzes. In: Probleme der Lexikologie und Lexikographie. Sprache der Gegenwart 39. Schwann Düsseldorf.

Coseriu, E. & Geckeler, H.(1981). Trends in Structural Semantics, Gunter Narr Verlag Tübingen.

Cowie, A. P.(1982). "Polysemy and the structure of lexical field." Nottinggbam Linguistic Circular 11.

Cruse, D. A.(1975). "Hyponymy and Lexical hierarchies." Linguistcum (N.S.)6.

__________(1982). "On lexical ambiguity" Nottiggbam Linguistics circular 11.

__________(1986). Lexical Semantics, Cambridge Univ. Press.

__________(1990). "Language, Meaning and sense: Semantics", In Colling N. E. (ed), An Encyclopedia of Languase, London and New York: Routledge.

Crystal, D.(1987). The Cambridge Encyclopedia of Language, Cambridge University Press.

Dewty, D. R.(1979). Word Meaning and Montague Grammar. Dordrecht. Holland: D. Reidel.

Eysenk, H. J. & Eysenck, M. W. (1985). Personality and Individual Difference: A

National Science Approach. New York; Plenum Press

Farmer, A. K.(1984). Modularity in Syntax: A Study of Japanese and English. The MIT Press.

Fillmore, C. J.(1971). Coming and Going. From lecture on deixis. University of California, Summer Program in Liguistics, Santa Cruz.

Geckeler, H.(1973). Strukturelle Semantik des Französischen. Max Niemeyer Verlag. Tübingen.

Giese, H. & Schmidt, A.(1968). Studenten Sexulitiest. Hamburg; Rowohst.

Gipper, H.(1973). Der Inhalt des Wortes und die Gliederung des Wortschatzes. In: Duden. Bd. 4. Mannheim.

__________(1994). The Poetics of Nind: Figurative Thought, Language and Ungerstanding. Cambridge: Csmbridge University Prees.

__________(1996). What's cognitive abaut cognitive lingustics. In Casad, E.H.(ed). (1996)

Greenberg, J. H.(1978). Universal of Human Language. Vol. 3, Words Structure. Stanford University Press.

Greimas, A. J.(1971). Sémantique Structurale. Paris, Librairie Larousse.

Grice, H. P.(1968). Utter's meaning, Sentence-meaning and word-meaning. Foundation of Language.

Gruber, J. S.(1965). Studies in Lexical Relation. MIT Doctorial Dissertation.

__________(1976). Lexical Structure in Syntax and Semantics. Amsterdam: North-Holland.

Halle, M.(1973). Prolegomena to a Theory of Word Formation. Lingulstic Inquiry, 4-1.

Harris, R.(1973). Synonymy and Linguistic Analysis. Basil Blackwell.

Hayakawa, S. I.(1974). Language in Thought and Action. New York: Harcourt, Brace & World. Inc.

Helbig, Gerhard(1974). Geschichte der neueren Sprachwissenschaft, Leipzig. München.

Henne(1972). Semantik und Lexikographie Walter de Gruyter, Berlin. New York.

366

Henne, H. und Wiegand, H.(1969). Geometrische Modelle und das Problem der Bedeutung. In: Zeitschrift für Doalektologie und Linguistik 36.

Horberg(1970). Sprachliches Feld. (Die Lehre vom Sprachlichen Feld. Ein Beitrag zu ihrer Geschichit, Methodik und Auswendung). Düsseldorf.

Hock, H. H.(1986), Principles of Historical Linguistics, New York.

Hurford, J. R. & B. Heasley(1983). Semantics : A Coursebook. Cambridge University Press.

Humboldt, W. V.(1979). Werke Band 3, Schriften Zur Sprachphilosophie, Cottasche Buchhandlung. Stuttgart.

Ikagami, Yoshiko(1974). The Semisiological Structure of the English Verb of Motion. Tokyo: Saneido.

Ivič, Mika(1965), Trends in Linguistics. The Hague.

Jackendoff, R.(1972). Semantic Interpretation in Generative Grammar. The M.I.T. Press.

__________(1975). Morphological and Semantic Regularities in the Lexicon. Language. 51.

Jackson, H.(1988): Words and Their Meaning. New York : Longman.

Jespersen, Otto.(1964). Language : Its Nature, Development and Origin. New York: The Norton Library.

Kaplan, M.(1960). Leisure in America. A Social Inguiry.

Kastovsky, D.(1982): "Privative opposition' and lexical semantics", Stydia Anglica Posnaiensia 14

__________(1982): Wortbildung und Semantik. Düsseldorf: Schwann- Bagel.

Katz, J. J.(1972). Semantic Theory. New York: Harper & Row Publishers.

__________ & Forder(1963). The Structure of a Semantic Theory. Language 39-1.

__________ & P. M. Postal(1964). An Interated Theory of Lingustic Description. The M.I.T. Press.

Kempson, R. M.(1977). Semantic Theory. Cambridge University Press.

__________(1979). "Ambiguity and word meaning", In Greenbaum, S. et la.(eds),

Studies in English Linguistis, Longman.

Kuno, S.(1973). The Structure of Japanese Language. The M.I.T. Press.

Ladusaw, W. A.(1988). "Semantic Theory", In F. J. Newmeyer(ed) Linguistics. The Cambridge Survey Vol 1, Cambridge Univ. Press.

Lakoff, G. & M. Johnson(1980). Metaphors We Live By. Chicago University Press.

Langaker, R.(1991). Concept, Image and Symbol. New York ; Mouton de Gruyter.

Lazarus, R. S.(1969). Patterns of adjustment and human effectiveness. New York ; McGraw-Hill

Leech, J.(1974, 1981). Semantics. Harmondsworth: Penguin Books Ltd.

Leher, A.(1974). Smantic Fields and Lexical Structure. Amsterdam: North-Holland.

Lutzeier, P. R.(ed.)(1993). Studies in Lexical Field Theory. Tübingen: Max Niemeyer.

Lyons, J.(1977). Semantics, Ⅰ·Ⅱ. Cambridge Univ. Press.

__________(1981). Language, Meaning and Context. Bungay, Suffolk: The Chaucer Press.

McCawley(1973). Grammar and Meaning. Tokyo: Taishukan Publishing Co.

Martin, S.(1954). Korean Morphoponemies. Baltimore. Linguistic Sosiety of America.

Martin, A.(1971). Grundzüge der Allgemeinen Sprachwissenschaft W. Kohlhammer. Verlag.

Nida. E. A.(1975). Exploring Semantic Structure. München : Wilhelm Fink Verlag.

__________(1979). Componential Analysis of Meaning. (Approaches to Semantics). Moution Publishers. New York.

Ogden, C. K. & I. A. Richards(1923). The Meaning of Meaning. New York: Harcourt Brace. Jovanovich.

Palmer, F. R.(1965). A Lingustic Study of the English Verb. Longman.

__________(1976). Semantics. London. Cambridge Univ, Press.

Porzig, W.(1934). Wesenhafte Bedeutungsbeziehungen. in Beitrage zir Geshichte der Deutschen Sprache und Literatur, 58.

Pottier, B.(1964). Vers une sémantigue morderne. Travaux de Lingustigue et de

Litterature, Ⅱ.

___________(1976). Semantique et logique. Paris.

Ramstedt, G. J.(1939). A Korean Grammar. Helsink.

___________(1957). Einfuhrung in die Altaische Sprachwissenschaft. MSFOU 104.

Sapir, E.(1921). Language. New York. (dt Übers: Die Sprach. München. 1961).

Saussure, F. de.(1916). Course de linguistique générale, Paris.

Schaff, A.(1973). Einführung in die Semantik. RoRoRo Studium 31.

Searles, J. R.(1979). Expression and Meaning. Cambrige University Press.

Selkirk, E. O.(1982). The Syntax of Words. The M.I.T. Press.

Seuren, P. A.(1985). Discourse Semantics. New York; Basil Blackwell.

Shinha, A. K.(1972). On the Deictic Use of 'Coming' and 'Going' in Hindi. CLS Vol 8.

Slobin, D. I.(1978). Psycholinguistics. Second edition.

Stern, G.(1965). Meaning and Change of Meange. Indiana Univ. Press.

Strelau, I.(1983). Temperament, Personality, Activity. New York; Academic Press.

Taft, R.(1967). Extraversion, neuroticism and expressive behavior: An application of
          wallach's moderator effect to handwritting analysis. Journal of Presonality.

Talmy, L.(1975). Semantic and Syntax of Motion. Academic Press.

Tarski, A.(1956). Logic, Semantics, Metamathematics. London: Oxford Univ. Press.

Trier, J.(1934). Das Sprachliche Feld. In: Neue Jahrbücher für Wissenschaft und
          Jugendlbildung 10.

___________(1973). Der deutsche Worschatz im Sinnbezirk des Verstandes. Heidelberg.

Tondle Ladislav(1981). Problem of Semantics. London; D. Liedel Pub Co.

Turner, V.(1969). Ritual Presses. Aldine Publishing Co.

Ullmann, S.(1957). The Principales of Sempntics. Oxford: Basil Blackwell.

___________(1962). Semantics: An Introduction to Science of Meaning. Oxford Basil
          Blackwell.

___________(1973). Meaing and Style. Oxford Basil Blackwell.

Water, L. K & Kirk, W. E.(1968). Stimulus seeking motivation and risk taking behavior in a gambling situation. Educational and Psychological Measurement.

Weinreich, U.(1972). Exporation in Semantic Theory. The Hague: Mouton.

___________(1980). On Semantics. Univ of Pennsylvania Press.

Wunderlich, D. (1977). Foundation of Linguistics. (tranaled form German Grundlagen der Linguistik by Roger Lass). Cambridge University Press.

Weisgerber, L.(1957). Die Erforschung der Sparch "Zugiff" 1, Grundlinien einer inhaltbezogenen Grammatik. Wirkendes Wort, Heft 2.

___________(1962). Die Sprachliche Gestaltung der Welt. Pädagogischer Verlag. Schwann. Düsseldorf.

___________(1964). Das Menschheitsgesetz der Sprache. Quelle & Meyer Verlag. Heidelberg.

___________(1971). Grundzüge der Inhaltbezogenen Grammatik. Düsseldorf.

___________(1971). Die Muttersprache in Aufbau unserer Kultur. Pädagogicher Verlag. Schwann. Düsseldorf.

Wesselle, M. G.(1982). Cognitive Psychology. New York: Harper & Row, Publishers, Inc. (金慶麟 譯(1984). 「認知心理學」. 中央適性出版社).

Yates, A.(1973). Abnormality of psychomotor function: In H. J. Eysenck(ed), Handbook of Abnormal Psychology. London; Pitman.

Zuckerman, M.(1971). Dimension of sensation−seeking. Journal of Consulting and Clincal Psychology.

부　록

　※ 낱말밭의 어휘는 〈　〉속에 넣었고, 〈　〉속의 번호는 낱말밭 안에 있는 개별 낱말의 낱말 번호이다.

　이 부록은 「일상언어 자동사 낱말밭」의 어휘를 [-①]로 표시하고, 「언어표현 자동사 내용연구」의 어휘를 [-②]로 표시하여, 언어표현에 관련된 자동사의 어휘를 모두 수록했다. ①부분의 어휘는 주로 일상언어의 내용이고, ②부분의 어휘는 주로 실용어의 어휘이다.

(ㄱ)

가결(可決)되다〈논의104-②〉

가두선전(街頭宣傳)하다〈발표21-②〉

가두연설(街頭演說)하다〈연설9-②〉

가루다〈언쟁·논쟁102-②〉

가부결정(可否決定)하다〈논의102-②〉

가부취결(可否取結)하다〈논의103-②〉

가언(佳言)하다〈언표62-①〉

가언(嘉言)하다〈언표63-①〉

가언선행(嘉言善行)하다〈언표64-①〉

가장(嘉奬)되다〈칭찬15-②〉

가짓말하다〈거짓말2-①〉

가책(呵責)되다〈꾸지람67-①〉

가탈부리다〈불평42-①〉

가평(苛評)하다〈논의58-②〉

각설(却說)하다〈언표138-①〉

간간악악(侃侃諤諤)하다〈직언9-②〉

간녕(奸佞)하다〈아첨18-①〉

간능부리다〈아첨41-①〉

간담(懇談)하다〈담화80-①〉

간담회(懇談會)하다〈담화81-①〉

간악(侃諤)하다〈직언10-②〉

간알(干謁)하다〈전달5-②〉

간언(間言)하다〈이간질5-①〉

간언(諫言)하다〈직언14-②〉

간언놓다(間言-)〈이간질6-①〉

간언놓다(諫言-)〈직언15-②〉

간언들다(間言-)〈이간질7-①〉

간질간질하다〈아첨39-①〉

갈도(喝道)하다〈명령11-②〉

갈채(喝采)하다〈칭찬13-②〉

감노불감언(敢怒不敢言)하다〈함구무언
21-①〉
감언(甘言)하다〈아첨19-①〉
감언이설(甘言利說)하다〈아첨38-①〉
갑론을박(甲論乙駁)하다〈언쟁·논쟁155-②〉
강론(講論)하다〈논의49-②〉
강론회(講論會)하다〈논의50-②〉
강소(强訴)하다〈호소32-②〉
강술(講述)되다〈강의12-②〉
강연(講演)하다〈강의17-②〉
강연회(講演會)하다〈강의18-②〉
강의(講義)하다〈강의1-②〉
강조(强調)되다〈언표145-①〉
강해(講解)되다〈강의13-②〉
강호령하다(-號令-)〈꾸지람54-①〉
강화(講話)하다〈강의14-②〉
강화(降話)하다〈명령30-②〉
개구(開口)하다〈언표11-①〉
개금(開襟)하다〈언표85-①〉
개나발불다〈실언15-①〉
개발교수(開發敎授)하다〈강의15-②〉
개발적문답교수(開發的問答敎授)하다〈강
의16-②〉
개소리괴소리하다〈실언13-①〉
개소리치다〈실언12-①〉
개소리하다〈실언11-①〉
개수작하다(-酬酌-)〈실언14-①〉
개식사(開式辭)하다〈인사34-②〉
개유(開諭)하다〈직언34-②〉
개의(改議)하다〈회의16-②〉

개의(開議)하다〈회의33-②〉
개훼(開喙)하다〈말참견3-①〉
객담(客談)하다〈헛된말24-①〉
객론(客論)하다〈헛된말26-①〉
객설(客說)하다〈헛된말25-①〉
거리선전(距離宣傳)하다〈발표20-②〉
거리연설하다(-演說)〈연설10-②〉
거성명(擧姓名)하다〈언표155-①〉
거수표결(擧手表決)하다〈논의107-②〉
거식하다〈언표147-①〉
거짓말보태다〈허풍2-①〉
거짓말하다〈거짓말1-①〉
거짓부렁하다〈거짓말8-①〉
거짓부리하다〈거짓말9-①〉
거짓불하다〈거짓말10-①〉
격실거리다〈언표139-①〉
건백(建白)하다〈진술5-②〉
건악(謇諤)하다〈직언8-②〉
건언(建言)하다〈진술6-②〉
건의(建議)하다〈진술7-②〉
건풍떨다(乾風-)〈허풍20-①〉
겉말하다〈거짓말14-①〉
게두덜거리다〈불평21-①〉
게두덜게두덜하다〈불평22-①〉
게정거리다〈불평6-①〉
게정게정하다〈불평7-①〉
게정내다〈불평2-①〉
게정먹다〈불평3-①〉
게정부리다〈불평4-①〉
게정피우다〈불평5-①〉

격론(激論)하다〈언쟁·논쟁156-②〉
격절(激切)하다〈언표144-①〉
견책(見責)되다〈꾸지람68-①〉
견책(譴責)하다〈꾸지람69-①〉
곁다리들다〈말참견5-①〉
결답(決答)하다〈질의응답37-①〉
결례(缺禮)하다〈축하18-②〉
겸구(箝口)하다〈함구무언1-①〉
겸구고장(箝口枯腸)하다〈함구무언2-①〉
겸구물설(箝口勿說)하다〈함구무언3-①〉
겸사(謙辭)하다〈언표68-①〉
경균도름(傾囷倒廩)하다〈언표94-①〉
경청(傾聽)하다〈청취8-②〉
경해(驚駭)하다〈전달6-②〉
곁듣다〈청취4-②〉
계금(戒禁)하다〈직언37-②〉
계사(啓事)하다〈보고50-②〉
계상(啓上)하다〈진술2-②〉
계옥(啓沃)하다〈진술4-②〉
계청(計聽)하다〈청취24-②〉
고담방언(高談放言)하다〈언표118-①〉
고담웅변(高談雄辯)하다〈논의27-②〉
고담준론(高談峻論)하다〈논의21-②〉
고담활론(高談闊論)하다〈논의26-②〉
고문(顧問)하다〈질의응답7-①〉
고발(告發)되다〈고발1-②〉
고백(告白)하다〈진술17-②〉
고백성사(告白聖事)하다〈진술24-②〉
고별(告別)하다〈인사30-②〉
고별사(告別辭)하다〈인사41-②〉

고부(告訃)하다〈편지43-②〉
고성규조(高聲叫噪)하다〈수다떨다84-①〉
고성대질(高聲大叱)하다〈꾸지람52-①〉
고성대호(高聲大呼)하다〈질의응답69-①〉
고성준론(高聲峻論)하다〈언표119-①〉
고소(鼓騷)하다〈수다떨다142-①〉
고시랑거리다〈잔소리9-①〉
고시랑고시랑하다〈잔소리10-①〉
고자질하다〈소문32-②〉
고조(鼓譟)하다〈수다떨다143-①〉
고죄(告罪)하다〈진술23-②〉
고창(高唱)하다〈논의44-②〉
고함(鼓喊)하다〈절규23-②〉
고함고함(高喊高喊)하다〈절규5-②〉
고함대규(高喊大叫)하다〈절규9-②〉
고함지르다(高喊-)〈절규6-②〉
고함질하다(高喊-)〈절규10-②〉
고함치다(高喊-)〈절규7-②〉
고해성사(告解聖事)하다〈진술25-②〉
곡론(曲論)하다〈논의75-②〉
곡설(曲說)하다〈논의76-②〉
곡언(曲言)하다〈언표135-①〉
공갈놓다(恐喝-)〈공갈치다1-①〉
공갈때리다(恐喝-)〈공갈치다2-①〉
공갈치다(恐喝-)〈공갈치다3-①〉
공개표결(公開表決)하다〈논의109-②〉
공개회의(公開會議)하다〈회의22-②〉
공고(公告)되다〈발표3-②〉
공담(空談)하다〈논의80-②〉
공담(公談)하다〈언표150-①〉

공론(空論)하다〈논의81-②〉
공론(公論)하다〈회의41-②〉
공론공담(空論空談)하다〈논의83-②〉
공박전(攻駁戰)하다〈언쟁·논쟁151-②〉
공수받다〈전달30-②〉
공수주다〈전달31-②〉
공수하다〈전달29-②〉
공습경보(空襲警報)하다〈방송17-②〉
공시(公示)되다〈발표6-②〉
공염불(空念佛)하다〈헛된말27-①〉
공의(公議)하다〈논의20-②〉
공의(共議)하다〈회의40-②〉
공치사(空致辭)하다〈칭찬16-②〉
공치사(功致辭)하다〈칭찬19-②〉
공평(公評)되다〈논의55-②〉
공포(公布)되다〈발표5-②〉
공표(公表)되다〈발표4-②〉
과언(誇言)하다〈언표143-①〉
과언(過言)하다〈허풍23-①〉
과장(誇張)되다〈허풍1-①〉
관정 발악(官庭發惡)하다〈욕설13-①〉
괄이(聒耳)하다〈수다떨다140-①〉
광담(狂談)하다〈망발64-①〉
광언(狂言)하다〈망발65-①〉
광언(廣言)하다〈실언44-①〉
광치다〈허풍10-①〉
괘사떨가〈재담46-①〉
괘사부리다〈재담47-①〉
괴담(怪談)하다〈담화20-①〉
괴담이설(怪談異說)하다〈담화21-①〉

괴망떨다(怪妄-)〈망발66-①〉
괴망부리다(怪妄-)〈망발67-①〉
교리문답(敎理問答)하다〈질의응답102-①〉
교문작자(咬文嚼字)하다<모호한 언표
88-①>
교발기중(巧發奇中)하다〈언표159-①〉
교섭(交涉)하다〈회의38-②〉
교어(巧語)하다〈거짓말27-①〉
교어(嬌語)하다〈아첨30-①〉
교언(巧言)하다〈거짓말28-①〉
교언(嬌言)하다〈아첨31-①〉
교언영색(巧言令色)하다〈아첨32-①〉
교천언심(交淺言深)하다〈실언49-①〉
구검(拘檢)하다〈함구무언22-①〉
구답(口答)하다〈질의응답53-①〉
구두(甌頭)되다〈꾸지람71-①〉
구두계약(口頭契約)하다〈약속24-①〉
구두덜거리다〈불평19-①〉
구두덜구두덜하다〈불평20-①〉
구두변론(口頭辯論)하다〈진술16-②〉
구두삼매(口頭三昧)하다〈헛된말30-①〉
구두선(口頭禪)하다〈헛된말29-①〉
구두시문(口頭試問)하다〈질의응답97-①〉
구두시험(口頭試驗)하다〈질의응답98-①〉
구두심리(口頭審理)하다〈심문17-②〉
구두제소(口頭提訴)하다〈고발3-②〉
구두표결(口頭表決)하다〈논의106-②〉
구라놓다〈거짓말12-①〉
구령(口令)하다〈명령6-②〉
구론(口論)하다〈언쟁·논쟁148-②〉

구문(扣問)하다〈질의응답8-①〉

구비전승(口碑傳承)되다〈전달24-②〉

구선(口宣)하다〈전달9-②〉

구수(口受)하다〈청취17-②〉

구수응의(鳩首凝議)하다〈회의46-②〉

구수회의(鳩首會議)하다〈회의47-②〉

구술(口述)하다〈언표18-①〉

구술시험(口述試驗)하다〈질의응답99-①〉

구승(口承)하다〈전달23-②〉

구시렁거리다〈잔소리11-①〉

구시렁구시렁하다〈잔소리12-①〉

구약(口約)하다〈약속16-①〉

구언(苟言)하다〈호소7-②〉

구연(口演)하다〈언표20-①〉

구외불출(口外不出)하다〈함구무언17-①〉

구전(口傳)하다〈전달8-②〉

구전심수(口傳心授)하다〈전달18-②〉

구전하교(口傳下敎)하다〈전달21-②〉

구진(口陳)하다〈언표19-①〉

구허날무(構虛捏無)하다〈거짓말26-①〉

구화(口話)하다〈언표71-①〉

구흘(口吃)하다〈모호한 언표2-①〉

국죄(鞫罪)하다〈심문3-②〉

군말하다〈실언17-①〉

군사설하다(-辭說)〈언표54-①〉

군소리하다〈모호한 언표76-①, 실언18-①〉

굳다〈모호한 언표4-①〉

궁설(窮說)하다〈호소2-②〉

권간(勸諫)하다〈직언16-②〉

권설(勸說)하다〈직언30-②〉

권화(勸化)하다〈직언35-②〉

궤사(詭辭)하다〈거짓말18-①〉

궤설(詭說)하다〈거짓말19-①〉

궤언(詭言)하다〈거짓말20-①〉

귀거슬리다〈청취34-②〉

귀기울이다〈청취7-②〉

귀둥대둥하다〈망발63-①〉

귀따갑다〈수다떨다139-①, 청취37-②〉

귀뜨이다〈청취19-②〉

귀띄다〈청취20-②〉

귀띔질하다〈소문18-②〉

귀띔하다〈소문16-②〉

귀맛나다〈청취16-②〉

귀맛들다〈청취15-②〉

귀성거리다 〈잔소리13-①〉

귀에익다〈청취11-②〉

귀엣말하다〈담화94-①〉

귀재다〈청취10-②〉

귀주다〈청취33-②〉

귀착(歸着)되다〈논의89-②〉

귓속다짐하다〈다짐4-①〉

귓속말하다〈담화93-①〉

귓속질하다〈담화98-①〉

규간(規諫)하다〈직언20-②〉

규고(叫苦)하다〈질규30-②〉

규소(叫騷)하다〈절규15-②〉

규죄(糾罪)하다〈고발5-②〉

규탄(糾彈)되다〈고발4-②〉

규탄(糾彈)하다 〈언쟁·논쟁126-②〉

규호(叫號)하다〈절규27-②〉

376

규후(叫吼)하다〈절규28-②〉
극구(極口)하다〈칭찬9-②〉
극담(劇談)하다〈담화34-①〉
극수(戟手)하다〈절규13-②〉
근화(謹話)하다〈언표80-①〉
근화사례(近火謝禮)하다〈인사6-②〉
금구(噤口)하다〈함구무언5-①〉
기겁하다〈절규40-②〉
기견(起見)하다〈회의13-②〉
기급(氣急)하다〈절규41-②〉
기뇨(起鬧)하다〈언쟁·논쟁7-②〉
기례(起例)하다〈설명11-②〉
기론(起論)하다〈회의2-②〉
기롱(欺弄)하다〈야유40-①〉
기립표결(起立表決)하다〈논의108-②〉
기어(奇語)하다〈망발60-①〉
기어(綺語)하다〈망발75-①〉
기어(寄語)하다〈전달10-②〉
기어(騎語)하다〈질의응답13-①〉
기언(寄言)하다〈전달11-②〉
긴대답하다(-對答-)〈질의응답77-①〉
긴말하다〈언표51-①〉
까탈부리다〈불평43-①〉
깐족거리다〈야유29-①〉
깐족깐족하다〈야유30-①〉
깐족이다〈야유28-①〉
깐질깐질하다〈아첨40-①〉
깡다구부리다〈수다떨다105-①〉
깨죽거리다〈불평23-①〉
깨죽깨죽하다〈불평24-①〉

껑까다〈거짓말11-①〉
께죽거리다〈불평25-①〉
께죽께죽하다〈불평26-①〉
꼬리치다〈아첨36-①〉
꽥지르다〈꾸지람53-①〉
꾸중듣다〈꾸지람64-①〉
꾸지람듣다〈꾸지람65-①〉
꾸지람하다〈꾸지람15-①〉
끊어말하다〈언표129-①〉
끙짜놓다〈청취38-②〉
낑낑거리다〈억지쓰다31-①〉
낑낑하다〈억지쓰다32-①〉

(ㄴ)

나발거리다〈수다떨다9-①〉
나발나발하다〈수다떨다10-①〉
나불거리다〈수다떨다11-①〉
나불나불하다〈수다떨다12-①〉
낙낙(諾諾)하다〈명령28-②〉
난공(亂供)하다〈진술13-②〉
난상(爛商)하다〈논의34-②〉
난상공론(爛商公論)하다〈논의38-②〉
난상숙의(爛商熟議)하다〈논의35-②〉
난상토의(爛商討議)하다〈논의36-②〉
난의(爛議)하다〈논의37-②〉
난의(難疑)하다〈언쟁·논쟁149-②〉
난의문답(難疑問答)하다〈질의응답96-①〉
난장치다〈수다떨다113-①〉
난장판치다〈언쟁·논쟁116-②〉

난초(亂招)하다〈진술14-②〉
남남(喃喃)하다〈모호한 언표56-①〉
남남지성(喃喃之聲)하다〈모호한 언표57-①〉
납명(納名)하다〈전달7-②〉
납신거리다〈수다떨다13-①〉
납신납신하다〈수다떨다14-①〉
납함(納喊)하다〈절규17-②〉
낭독연설(朗讀演說)하다〈연설6-②〉
내간(內簡)하다〈편지28-②〉
내담(來談)하다〈담화29-①〉
내담(內談)하다〈담화86-①〉
내문(來問)하다〈질의응답9-①〉
내보(來報)하다〈보고37-②〉
내서(內書)하다〈편지29-②〉
내시(內示)하다〈소문17-②〉
내전(來電)하다〈전화·전보14-②〉
내찰(內札)하다〈편지30-②〉
내하(來賀)하다〈축하8-②〉
냉어(冷語)하다〈언표140-①〉
냉어침입(冷語侵入)하다〈언표142-①〉
냉화(冷話)하다〈언표141-①〉
너스레놓다〈언표60-①〉
너스레떨다〈거짓말31-①, 언표61-①〉
너스레부리다〈거짓말32-①〉
넉살부리다〈재담48-①〉
넋두리하다〈불평8-①〉
넌덕거리다〈재담44-①〉
넌덕부리다〈재담45-①〉
넘늘다〈능변21-①〉
노닥거리다〈재담42-①〉

노닥노닥하다〈재담43-①〉
노닥이다〈재담41-①〉
노언(怒言)하다〈폭언3-①〉
노총놓다〈소문12-②〉
노총지르다〈소문13-②〉
녹음방송(錄音放送)하다〈방송7-②〉
녹음유언(錄音遺言)하다〈전달27-②〉
녹화방송(錄畵放送)하다〈방송8-②〉
논가(論價)하다〈논의69-②〉
논강(論講)하다〈논의51-②〉
논결(論結)하다〈논의86-②〉
논결(論決)하다〈논의87-②〉
논고(論告)하다〈논의43-②〉
논과(論過)하다〈논의77-②〉
논구(論究)하다〈논의47-②〉
논급(論及)되다〈논의4-②〉
논단(論斷)되다〈논의91-②〉
논담(論談)하다〈논의46-②〉
논박(論駁)하다〈언쟁·논쟁152-②〉
논보(論報)하다〈보고40-②〉
논술(論述)되다〈논의1-②〉
논심(論心)하다〈언표86-①〉
논오(論誤)하다〈논의78-②〉
논의(論議)되다〈회의30-②〉
논인장단(論人長短)하다〈논의60-②〉
논쟁(論爭)하다〈언쟁·논쟁142-②〉
논전(論戰)하다〈언쟁·논쟁141-②〉
논정(論定)되다〈논의88-②〉
논죄(論罪)하다〈논의70-②〉
논증(論證)되다〈논의48-②〉

논진(論陳)되다〈논의2-②〉
논진(論盡)되다〈논의39-②〉
논판(論判)하다〈언쟁·논쟁147-②〉
논평(論評)하다〈논의54-②〉
놀소리하다〈모호한 언표58-①〉
농(弄)하다〈담화59-①〉
농구(弄口)하다〈고발8-②〉
농담(弄談)하다〈담화57-①〉
농말하다(弄-)〈담화60-①〉
농변(弄辯)하다〈담화64-①〉
농설(弄舌)하다〈담화62-①〉
농언(弄言)하다〈담화58-①〉
농지거리하다〈담화66-①〉
농치다(弄-)〈담화61-①, 직언31-②〉
농한희어(弄翰戲語)하다〈담화68-①〉
뇌고납함(擂鼓納喊)하다〈절규22-②〉
뇌까리다〈수다떨다141-①〉
누설(漏泄)되다〈소문1-②〉
눅치다〈직언33-②〉
눙치다〈직언32-②〉
느물거리다〈억지쓰다33-①〉
느물느물하다〈억지쓰다34-①〉
늠실거리다〈억지쓰다35-①〉
늠실늠실하다〈억지쓰다36-①〉
능설(能說)하다〈설명4-②〉

(ㄷ)

다닦질하다〈꾸지람29-①〉
다달거리다〈모호한 언표20-①〉

다달다달하다〈모호한 언표21-①〉
다듬작거리다〈모호한 언표5-①〉
다듬작다듬작하다〈모호한 언표6-①〉
다떠위다〈언쟁·논쟁115-②〉
다언혹중(多言或中)하다〈수다떨다144-①〉
다짐두다〈다짐3-①〉
다짐받다〈다짐2-①〉
다짐하다〈다짐1-①〉
다투다〈언쟁·논쟁13-②〉
다툼질하다〈언쟁·논쟁17-②〉
다툼하다〈언쟁·논쟁14-②〉
단언(斷言)하다〈언표128-①〉
단언(端言)하다〈직언2-②〉
단음(斷音)하다〈언표42-①〉
담설(談說)하다〈담화4-①〉
담소(談笑)하다〈담화7-①〉
담소자약(談笑自若)하다〈담화11-①〉
담화(談話)하다〈담화5-①〉
담화회(談話會)하다〈담화32-①〉
담회(談會)하다〈담화33-①〉
답(答)하다〈질의응답22-①〉
답간(答簡)하다〈편지49-②〉
답례(答禮)하다〈축하14-②〉
답문(答問)하다〈질의응답26-①〉
답배하다(答-)〈편지53-②〉
답변(答辯)하다〈질의응답40-①〉
답보(答報)하다〈보고43-②〉
답사(答辭)하다〈축하13-②〉
답서(答書)하다〈편지50-②〉
답수(答酬)하다〈질의응답27-①〉

답신(答申)하다〈편지55-②〉
답신(答信)하다〈편지56-②〉
답응(答應)하다〈질의응답24-①〉
답인사(答人事)하다〈축하12-②〉
답장(答狀)하다〈편지51-②〉
답전(答電)하다〈전화·전보20-②〉
답전갈(答傳喝)하다〈전달20-②〉
답조장(答弔狀)하다〈편지64-②〉
답찰(答札)하다〈편지52-②〉
답패(答牌)하다〈편지54-②〉
당론(讜論)하다〈논의18-②〉
당언(讜言)하다〈직언3-②〉
당의(讜議)하다〈논의19-②〉
대강(代講)하다〈강의6-②〉
대강(對講)하다〈강의7-②〉
대거리하다〈언쟁·논쟁111-②〉
대경대책(大驚大責)하다〈꾸지람47-①〉
대규(大叫)하다〈절규8-②〉
대기(對機)하다〈질의응답103-①〉
대기설법(對機說法)하다〈설명27-②〉
대꾸질하다〈질의응답49-①〉
대꾸하다〈질의응답44-①〉
대담(大談)하다〈장담56-①〉
대답(對答)하다〈질의응답21-①〉
대답질하다〈질의응답48-①〉
대론(大論)하다〈논의31-②〉
대론(對論)하다〈언쟁·논쟁143-②, 논의23-②〉
대변(代辯)하다〈언표123-①〉
대변(對辯)하다〈질의응답54-①〉

대성일갈(大聲一喝)하다〈꾸지람36-①〉
대성질호(大聲叱呼)하다〈꾸지람37-①〉
대어(對語)하다〈언표22-①〉
대어(大語)하다〈허풍4-①〉
대언(代言)하다〈언표122-①〉
대언(大言)하다〈허풍5-①〉
대언장담(大言壯談)하다〈허풍6-①〉
대언장어(大言壯語)하다〈허풍7-①〉
대질(對質)하다〈꾸지람24-①, 심문10-②〉
대질심문(對質審問)하다〈심문12-②〉
대호(大呼)하다〈질의응답68-①〉
대화극(對話劇)하다〈담화77-①〉
대화만담(對話漫談)하다〈담화45-①〉
더덜거리다〈모호한 언표22-①〉
더덜더덜하다〈모호한 언표23-①〉
더듬거리다〈모호한 언표7-①〉
더듬더듬하다〈모호한 언표8-①〉
더듬적거리다〈모호한 언표9-①〉
더듬적더듬적하다〈모호한 언표10-①〉
덕색질하다(德色-)〈칭찬20-②〉
덜퍽부리다〈억지쓰다18-①〉
덥적거리다〈말참견16-①〉
덥적덥적하다〈말참견17-①〉
덥적이다〈말참견18-①〉
뎅걸뎅걸하다〈수다떨다130-①〉
도강(盜講)하다〈강의11-②〉
도구(徒口)하다〈헛된말21-①〉
도구염불(徒口念佛)하다〈헛된말28-①〉
도달(導達)하다〈전달19-②〉
도란거리다〈담화100-①〉

도란도란하다〈담화101-①〉
도비순설(徒費脣舌)하다〈헛된말23-①〉
도언(徒言)하다〈헛된말22-①〉
도청(盜聽)하다〈청취31-②〉
독과(督過)하다〈꾸지람16-①〉
독백(獨白)하다〈담화161-①〉
독설(毒舌)하다〈비방35-①〉
독어(獨語)하다〈담화159-①〉
독언(獨言)하다〈담화160-①〉
독언(毒言)하다〈비방34-①〉
동문빨래하다〈질의응답94-①〉
동문서답(東問西答)하다〈질의응답92-①〉
동의(動議)하다〈회의10-②〉
동의(同議)하다〈회의15-②〉
되물음하다〈질의응답85-①〉
두덜거리다〈불평13-①〉
두덜두덜하다〈불평14-①〉
두런거리다〈담화102-①〉
두런두런하다〈담화103-①〉
둘러대다〈식언11-①〉
뒤떠들다〈수다떨다119-①〉
뒤스럭떨다〈수다떨다40-①〉
뒷공론하다(-公論-)〈언표169-①〉
뒷말하다〈언표167-①〉
뒷방공론하다(-房公論-)〈언표170-①〉
뒷소리하다〈언표168-①〉
뒷욕질하다(-辱-)〈욕설12-①〉
뒷욕하다(-辱-)〈욕설11-①〉
들레다〈수다떨다116-①〉
들컥거리다〈불평30-①〉

들컥들컥하다〈불평31-①〉
들컹거리다〈불평32-①〉
들컹들컹하다〈불평33-①〉
들큰거리다〈불평28-①〉
들큰들큰하다〈불평29-①〉
들통나다〈소문6-②〉
딱다거리다〈공갈치다5-①〉
딱딱거리다〈공갈치다6-①〉
떠들다〈수다떨다86-①〉
떠들썩거리다〈수다떨다90-①〉
떠들썩떠들썩하다〈수다떨다91-①〉
떠들어내다〈수다떨다88-①〉
떠들어대다〈수다떨다87-①〉
떠듬거리다〈모호한 언표11-①〉
떠듬떠듬하다〈모호한 언표12-①〉
떠듬적거리다〈모호한 언표13-①〉
떠듬적떠듬적하다〈모호한 언표14-①〉
떠뚜벅거리다〈모호한 언표15-①〉
떠뚜벅떠뚜벅하다〈모호한 언표16-①〉
떠뜻거리다〈모호한 언표17-①〉
떠벌리다〈허풍11-①〉
떠벌이다〈허풍12-①〉
떠죽거리다〈수다떨다42-①〉
떠죽떠죽하다〈수다떨다44-①〉
떠지껄이다〈수다떨다92-①〉
떠지껄하다〈수다떨다93-①〉
떠짓거리다〈수다떨다43-①〉
떼거리쓰다〈억지쓰다14-①〉
떼쓰다〈억지쓰다11-①〉
뙤뙤거리다〈모호한 언표18-①〉

뚜덜거리다〈불평15-①〉
뚜덜뚜덜하다〈불평16-①〉

(ㄹ)

라디오게임(radio game)하다〈방송9-②〉
레터(letter)하다〈편지19-②〉

(ㅁ)

마구발방하다〈실언36-①〉
막감개구(莫敢開口)하다〈함구무언19-①〉
막말하다〈언표132-①〉
만단설화(萬端說話)하다〈담화28-①〉
만단애걸(萬端哀乞)하다〈호소29-②〉
만단정회(萬端情懷)하다〈언표96-①〉
만담(漫談)하다〈담화44-①〉
만답(漫答)하다〈질의응답42-①〉
말건네다〈언표21-①〉
말결달다〈말참견6-①〉
말공대하다(-恭待-)〈언표24-①〉
말공부질하다(-工夫-)〈모호한 언표82-①〉
말공부하다(-工夫-)〈모호한 언표81-①〉
말꼬리달다〈언표162-①〉
말꼬리물다〈언표164-①〉
말꼬리잡다〈언쟁·논쟁93-②〉
말꼭지떼다〈언표12-①〉
말끊다〈함구무언25-①〉
말끝달다〈언표163-①〉
말끝잡다〈언쟁·논쟁94-②〉

말끝흐리다〈모호한 언표70-①〉
말나다〈소문3-②〉
말다툼질하다〈언쟁·논쟁34-②〉
말다툼하다〈언쟁·논쟁26-②〉
말대꾸질하다〈질의응답50-①〉
말대꾸하다〈질의응답45-①〉
말대답질하다(-對答-)〈질의응답47-①〉
말대답하다(-對答-)〈질의응답46-①〉
말더듬다〈모호한 언표1-①〉
말듣다〈꾸지람63-①〉
말떠러지다〈명령9-②〉
말막다〈함구무언23-①〉
말막음하다〈변명8-①〉
말문떼다〈언표13-①〉
말문막다〈함구무언24-①〉
말문열다〈언표14-①〉
말발서다〈언표161-①〉
말비치다〈소문19-②〉
말삼키다〈함구무언18-①〉
말새다〈소문4-②〉
말시비하다(-是非-)〈언쟁·논쟁30-②〉
말실수하다(-失手-)〈실언1-①〉
말싸움질하다〈언쟁·논쟁33-②〉
말싸움하다〈언쟁·논쟁25-②〉
말씀하다〈언표6-①〉
말씨름하다〈언쟁·논쟁32-②〉
말안되다〈실언7-①〉
말옮기다〈소문25-②〉
말전주하다〈이간질3-①〉
말조심하다〈언표79-①〉

말질하다〈언쟁·논쟁38-②〉
말짓기놀이하다〈담화46-①〉
말참견하다(-參見-)〈말참견1-①〉
말참례하다(-參禮-)〈말참견2-①〉
말추렴하다〈말참견7-①〉
말치레하다〈거짓말15-①〉
말치장하다(-治粧-)〈거짓말16-①〉
말타박하다〈꾸지람26-①〉
말하다〈언표5-①〉
말하대하다(-下待-)〈언표30-①〉
망담(妄談)하다〈망발68-①〉
망령부리다(妄靈-)〈망발73-①〉
망발(妄發)하다〈망발69-①〉
망발풀이하다(妄發-)〈망발74-①〉
망변(妄辯)하다〈변명4-①〉
망설(妄說)하다〈망발70-①〉
망설(妄舌)하다〈망발71-①〉
망어(妄語)하다〈거짓말3-①〉
망언(妄言)하다〈망발72-①〉
맞대꾸질하다〈질의응답52-①〉
맞대꾸하다〈질의응답51-①〉
맞욕하다(-辱-)〈언쟁·논쟁117-②〉
맞장구치다〈말참견10-①〉
맞장단치다〈말참견11-①〉
매리(罵詈)하다〈꾸지람31-①〉
맹박(猛駁)하다〈언쟁·논쟁157-②〉
맹서(盟誓)하다〈맹서6-①〉
맹서지거리하다(盟誓-)〈맹서10-①〉
맹언(盟言)하다〈맹서7-①〉
머무적거리다〈모호한 언표40-①〉

머무적머무적하다〈모호한 언표42-①〉
머뭇거리다〈모호한 언표41-①〉
머뭇머뭇하다〈모호한 언표43-①〉
면약(面約)하다〈약속18-①〉
면의(面議)하다〈논의24-②〉
면쟁(面諍)하다〈직언18-②〉
면쟁기단(面諍其短)하다〈직언19-②〉
면접시험(面接試驗)하다〈질의응답101-①〉
면종복배(面從腹背)하다〈아첨45-①〉
면종후언(面從後言)하다〈아첨46-①〉
면질(面質)하다〈꾸지람23-①, 심문11-②〉
면힐(面詰)하다〈꾸지람22-①〉
명답(明答)하다〈질의응답39-①〉
명령(命令)하다〈명령1-②〉
명령하달(命令下達)하다〈명령13-②〉
명언(明言)하다〈언표125-①〉
명제(命題)하다〈회의18-②〉
모놀로그(monologue)하다〈담화162-①〉
모독(冒瀆)하다〈언쟁·논쟁127-②〉
목어(目語)하다〈언표72-①〉
몽이(蒙耳)하다〈청취39-②〉
몽중몽설(夢中夢說)하다〈모호한 언표86-①〉
몽중설몽(夢中說夢)하다〈모호한 언표87-①〉
무고(誣告)되다〈고발6-②〉
무사득방(無事得謗)하다〈욕설17-①〉
무선송신(無線送信)하다〈전화·전보19-②〉
무언(誣言)하다〈거짓말33-①〉
묵묵부답(默默不答)하다〈질의응답107-①〉
묵언(默言)하다〈함구무언8-①〉
묵연부답(默然不答)하다〈질의응답106-①〉

문답(問答)하다〈질의응답79-①〉

문대(問對)하다〈질의응답100-①〉

문동답서(問東答西)하다〈질의응답93-①〉

문례(問禮)하다〈질의응답12-①〉

문명(問名)하다〈질의응답11-①〉

문법(聞法)하다〈청취25-②〉

문복(問卜)하다〈질의응답19-①〉

문부(聞訃)하다〈편지45-②〉

문선(問禪)하다〈질의응답104-①〉

문손(聞損)하다〈청취21-②〉

문수(問數)하다〈질의응답20-①〉

문안(問安)하다〈인사14-②〉

문안드리다(問安-)〈인사15-②〉

문자쓰다(文字-)〈언표146-①〉

문죄(問罪)하다〈심문4-②〉

문책(問責)하다〈꾸지람30-①〉

문통(文通)하다〈편지35-②〉

문후(問候)하다〈인사25-②〉

물똥싸움하다〈언쟁·논쟁24-②〉

물싸움하다〈언쟁·논쟁22-②〉

물쌈하다〈언쟁·논쟁23-②〉

미첨(媚諂)하다〈아첨2-①〉

밀담(密談)하다〈담화87-①〉

밀약(密約)하다〈약속20-①〉

밀어상통(密語相通)하다〈편지38-②〉

밀의(密議)하다〈회의23-②〉

밀통(密通)하다〈소문14-②〉

밀화(密話)하다〈담화89-①〉

(ㅂ)

바가지싸움하다〈언쟁·논쟁20-②〉

바득바득하다〈억지쓰다2-①〉

바득바득하다〈언쟁·논쟁61-②〉

바른말하다〈직언1-②〉

박론(駁論)하다〈언쟁·논쟁153-②〉

박수갈채(拍手喝采)하다〈칭찬14-②〉

반간질하다(反間-)〈이간질2-①〉

반론(反論)하다〈언쟁·논쟁150-②〉

반말지거리하다(半-)〈언표34-①〉

반말질하다(半-)〈언표35-①〉

반말하다(半-)〈언표33-①〉

반명(反命)하다〈보고39-②〉

반문(盤問)하다〈질의응답4-①〉

반문(反問)하다〈질의응답86-①〉

반전(反電)하다〈전화·전보21-②〉

반질(反質)하다〈질의응답87-①〉

반필면(反必面)하다〈인사11-②〉

반핵(盤覈)하다〈질의응답5-①〉

반호(攀號)하다〈절규33-②〉

반힐(盤詰)하다〈질의응답6-①〉

발간(發柬)하다〈편지24-②〉

발고(發告)되다〈고발2-②〉

발끈거리다〈폭언8-①〉

발끈발끈하다〈폭언9-①〉

발끈하다〈폭언4-①〉

발달다〈언표165-①〉

발동(發動)하다〈수다떨다83-①〉

발라맞추다〈식언9-①〉

발론(發論)하다〈회의3-②〉
발명(發明)하다〈변명3-①〉
발뺌하다〈변명7-①〉
발설(發說)하다〈소문10-②〉
발성(發聲)하다〈언표1-①〉
발악(發惡)하다〈억지쓰다17-①〉
발어(發語)하다〈언표16-①〉
발언(發言)하다〈언표17-①〉
발음(發音)하다〈언표2-①〉
발의(發意)되다〈회의4-②〉
발의(發議)하다〈회의5-②〉
발전(發電)하다〈전화·전보5-②〉
발표(發表)하다〈발표1-②〉
발훈(發訓)하다〈명령15-②〉
방구(防口)하다〈함구무언26-①〉
방담(放談)하다〈실언40-①〉
방론(放論)하다〈논의28-②〉
방산(謗訕)하다〈비방1-①〉
방성(放聲)하다〈절규4-②〉
방송(放送)하다〈방송1-②〉
방수(傍受)하다〈전화·전보25-②〉
방어(放語)하다〈실언41-①〉
방언(放言)하다〈실언42-①〉
방언고담(放言高談)하다〈실언52-①〉
방언고론(放言高論)하다〈실언53-①〉
방참(傍參)하다〈청취2-②〉
방청(傍聽)하다〈청취3-②〉
배참하다〈꾸지람72-①〉
배치기하다〈꾸지람73-①〉
백배치하(百拜致賀)하다〈축하10-②〉

밴죽거리다〈야유5-①〉
밴죽밴죽하다〈야유6-①〉
반덕떨다〈식언7-①〉
반덕부리다〈식언8-①〉
반죽거리다〈야유7-①〉
반죽반죽하다〈야유8-①〉
번고(煩告)하다〈소문33-②〉
번론(煩論)하다〈논의32-②〉
번설(煩設)하다〈잔소리6-①〉
번제(煩提)하다〈언표23-①〉
번죽거리다〈야유9-①〉
번죽번죽하다〈야유10-①〉
벋대다〈언쟁·논쟁95-②〉
벋서다〈언쟁·논쟁97-②〉
벋장대다〈언쟁·논쟁99-②〉
벌끈거리다〈폭언12-①〉
벌끈벌끈하다〈폭언13-①〉
벌끈하다〈폭언5-①〉
범휘(犯諱)하다〈질의응답70-①〉
법석거리다〈수다떨다98-①〉
법석구니놀다〈수다떨다104-①〉
법석구니놓다〈수다떨다103-①〉
법석놀다〈수다떨다100-①〉
법석놓다〈수다떨다101-①〉
법석법석하다〈수다떨다99-①〉
법석치다〈수다떨다102-①〉
버석이다〈수다떨다96-①〉
법석이다〈수다떨다96-①〉
법석하다〈수다떨다97-①〉
벽좌우(辟左右)하다〈담화92-①〉

변론(辯論)하다〈진술15-②〉
변명(辨明)하다〈변명1-①, 신언12-①〉
변백(辨白)하다〈변명2-①, 식언13-①〉
변사(變辭)하다〈식언6-①〉
변신(變信)하다〈언표78-①〉
변쓰다 〈언표76-①〉
변죽울리다(邊—)〈소문20-②〉
변죽치다(邊—)〈소문21-②〉
변풀이하다〈언표77-①〉
변하(抃賀)하다〈축하9-②〉
별말씀하다(別-)〈언표158-①〉
별말하다(別-)〈언표156-①〉
별소리하다(別-)〈언표157-①〉
보고(報告)하다〈보고35-②〉
보주(補註)하다〈설명8-②〉
복걸(伏乞)하다〈호소27-②〉
복명(復命)하다〈명령8-②, 보고38-②〉
복창(復唱)하다〈명령7-②〉
볼똑거리다〈폭언20-①〉
볼똑볼똑하다〈폭언21-①〉
볼똑하다〈폭언18-①〉
볼통거리다〈불평34-①〉
볼통볼통하다〈불평35-①〉
볼호령하다(-號令-)〈꾸지람56-①〉
봉박(封駁)하다〈언쟁·논쟁164-②〉
봉인즉설(逢人卽說)하다〈소문39-②〉
봉장(封狀)하다〈보고53-②〉
부결(否決)되다〈논의111-②〉
부고(訃告)하다〈편지42-②〉
부답(不答)하다〈질의응답105-①〉

부론(浮論)하다〈논의74-②〉
부롱(浮弄)하다〈야유43-①〉
부르대다〈수다떨다137-①〉
부르짖다〈절규26-②〉
부서(付書)하다〈편지20-②〉
부언(附言)하다〈언표166-①〉
부연(敷衍)하다〈설명6-②〉
부음(訃音)하다〈편지46-②〉
부이어(附耳語)하다〈담화96-①〉
부재다언(不在多言)하다〈언표133-①〉
부집하다〈언쟁·논쟁107-②〉
분부(分付)하다〈명령3-②〉
분의(紛議)하다〈논의33-②〉
분쟁(忿爭)하다〈언쟁·논쟁104-②〉
불감출성(不敢出聲)하다〈함구무언20-①〉
불끈거리다〈폭언10-①〉
불끈불끈하다〈폭언11-①〉
불끈하다〈폭언6-①〉
불뚱거리다〈폭언22-①〉
불뚱불뚱하다〈폭언23-①〉
불뚝거리다〈폭언24-①〉
불뚝불뚝하다〈폭언25-①〉
불뚝하다〈폭언19-①〉
불언(不言)하다〈함구무언6-①〉
불언불소(不言不笑)하다〈함구무언16-①〉
불언불어(不言不語)하다〈함구무언7-①〉
불치하문(不恥下問)하다〈질의응답15-①〉
불퉁거리다〈불평36-①〉
불퉁불퉁하다〈불평37-①〉
불평(不平)하다〈불평1-①〉

불호령하다(-號令-)〈꾸지람57-①〉
불휘(不諱)하다〈언표117-①〉
붓날다〈실언37-①〉
붐달다〈실언51-①〉
비나리치다〈아첨20-①〉
비론(比論)하다〈논의40-②〉
비린내나다〈언표36-①〉
비명(悲鳴)하다〈절규38-②〉
비명울리다(悲鳴-)〈절규39-②〉
비밀말하다(秘密-)〈담화88-①〉
비밀표결(秘密表決)하다〈논의110-②〉
비밀회(秘密會)하다〈회의25-②〉
비밀회의(秘密會議)하다〈회의24-②〉
비방받다(誹謗-)〈비방3-①〉
비방질하다(誹謗-)〈비방2-①〉
비사치다〈소문22-②〉
비소(悲嘯)하다〈절규32-②〉
비아냥거리다〈야유38-①〉
비양거리다〈야유39-①〉
비양주다〈야유36-①〉
비양하다〈야유37-①〉
비어(蜚語)하다〈거짓말38-①〉
비언(飛言)하다〈거짓말39-①〉
비웃적거리다〈야유3-①〉
비웃적비웃적하다〈야유4-①〉
비의(非議)하다〈비방8-①〉
비진사정(備盡事情)하다〈호소15-②〉
비평(批評)하다〈논의53-②〉
빈말하다〈거짓말13-①〉
빈정거리다〈야유1-①〉

빈정빈정하다〈야유2-①〉
빨끈거리다〈폭언14-①〉
빨끈빨끈하다〈폭언15-①〉
뻔죽거리다〈야유11-①〉
뻔죽뻔죽하다〈야유12-①〉
뻗대다〈언쟁·논쟁96-②〉
뻗서다〈언쟁·논쟁98-②〉
뻗장대다〈언쟁·논쟁100-②〉
뻘끈거리다〈폭언16-①〉
뻘끈뻘끈하다〈폭언17-①〉
뻘끈하다〈폭언7-①〉

(ㅅ)

사결(辭訣)하다〈인사31-②〉
사과(謝過)하다〈인사27-②〉
사녕(邪佞)하다〈아첨11-①〉
사담(私談)하다〈언표149-①〉
사랑속삭이다〈담화85-①〉
사랑싸움하다〈언쟁·논쟁18-②〉
사랑쌈하다〈언쟁·논쟁19-②〉
사례(謝禮)하다〈축하15-②〉
사별(辭別)하다〈인사32-②〉
사부랑거리다〈수다떨다56-①〉
사부랑사부랑하다〈수다떨다58-①〉
사분거리다〈억지쓰다19-①〉
사분사분하다〈억지쓰다20-①〉
사빙(使聘)하다〈인사23-②〉
사사(謝辭)하다〈축하16-②〉
사설(辭說)하다〈잔소리5-①〉

사어(私語)하다〈담화91-①〉
사정(事情)하다〈호소11-②〉
사정사정(事情事情)하다〈호소12-②〉
사죄(謝罪)하다〈인사28-②〉
사탕발림하다(砂糖-)〈아첨37-①〉
사후(伺候)하다〈인사16-②〉
산소리하다〈허풍9-①〉
삼자대면(三者對面)하다〈심문14-②〉
삼조대면(三造對面)하다〈심문13-②〉
삼조대질(三造對質)하다〈심문15-②〉
삽취(揷嘴)하다〈말참견12-①〉
상경(相敬)하다〈언표25-①〉
상기(上記)하다〈논의6-②〉
상담(常談)하다〈언표10-①〉
상답(上答)하다〈질의응답59-①〉
상략(上略)되다〈언표43-①〉
상론(詳論)하다〈논의57-②〉
상론(相論)하다〈회의39-②〉
상말하다(常-)〈상소리1-①〉
상보(詳報)하다〈보고42-②〉
상서(上書)하다〈보고51-②〉
상소(上疏)하다〈보고52-②, 직언29-②〉
상소리하다(常-)〈상소리3-①〉
상술(上述)하다〈논의7-②〉
상술(詳述)하다〈설명13-②〉
상앗대질하다〈언쟁·논쟁110-②〉
상언(詳言)하다〈언표59-①〉
상욕(相辱)하다〈언쟁·논쟁118-②〉
상욕(常辱)하다〈욕설5-①〉
상욕상투(相辱相鬪)하다〈언쟁·논쟁124-②〉

상전(相戰)하다〈언쟁·논쟁31-②〉
상주(上奏)하다〈직언25-②〉
상지(相持)하다〈언쟁·논쟁66-②〉
상호(相呼)하다〈질의응답66-①〉
상황보고(狀況報告)하다〈보고46-②〉
상후(上候)하다〈인사26-②〉
상힐(相詰)하다〈언쟁·논쟁128-②〉
새나가다〈소문5-②〉
새롱거리다〈수다떨다50-①〉
새롱새롱하다〈수다떨다51-①〉
새룽거리다〈수다떨다52-①〉
새룽새룽하다〈수다떨다53-①〉
새부랑거리다〈수다떨다57-①〉
새부랑새부랑하다〈수다떨다59-①〉
새살거리다〈수다떨다47-①, 재담29-①〉
새살궂다〈재담31-①〉
새살떨다〈모호한 언표93-①, 재담34-①〉
새살새살하다〈재담30-①〉
새설떨다〈재담35-①〉
새실거리다〈수다떨다48-①〉
새실거리다〈재담37-①〉
새실궂다〈재담32-①〉
새실떨다〈재담36-①〉
새실새실하다〈재담38-①〉
새해인사하다(-人事-)〈인사21-②〉
색론(色論)하다〈언쟁·논쟁161-②〉
생떼거리쓰다〈억지쓰다12-①〉
생떼쓰다〈억지쓰다13-①〉
생례(省禮)하다〈편지47-②〉
생방송(生放送)하다〈방송2-②〉

생소리하다〈실언19-①〉
생식(省式)하다〈편지48-②〉
생억지쓰다〈억지쓰다9-①〉
생청부리다〈망발56-①〉
생청붙이다〈망발57-①〉
생트집잡다〈불평41-①〉
생트집하다〈불평40-①〉
생호령(生號令)하다〈꾸지람55-①〉
서간(書簡)하다〈편지3-②〉
서간(書柬)하다〈편지4-②〉
서고(誓誥)하다〈맹서11-①〉
서독(書牘)하다〈편지5-②〉
서동부언(胥動浮言)하다〈거짓말41-①〉
서두놓다(序頭-)〈언표15-①〉
서맹(誓盟)하다〈맹서8-①〉
서명(誓命)하다〈맹서9-①〉
서발하다〈인사22-②〉
서사왕복(書辭往復)하다〈편지26-②〉
서슴거리다〈모호한 언표51-①〉
서신(書信)하다〈편지16-②〉
서약(書約)하다〈약속19-①〉
서약(誓約)하다〈약속22-①〉
서자(書字)하다〈편지6-②〉
서찰(書札)하다〈편지7-②〉
서척(敍戚)하다〈언표154-①〉
서척(書尺)하다〈편지8-②〉
서털구털하다〈모호한 언표90-①〉
서통(書通)하다〈편지34-②〉
서한(書翰)하다〈편지9-②〉
서함(書械)하다〈편지11-②〉

서함(書函)하다〈편지10-②〉
서회(敍懷)하다〈언표91-①〉
석명(釋明)되다〈설명18-②〉
선란(煽亂)하다〈수다떨다136-①〉
선문(先文)하다〈전달15-②〉
선문놓다(先文一)〈전달16-②〉
선성탈인(先聲奪人)하다〈언쟁·논쟁139-②〉
선성후실(先聲後失)하다〈언쟁·논쟁140-②〉
선소리치다〈절규16-②〉
선소리하다〈실언20-①〉
선어(善語)하다〈능변1-①〉
선언(宣言)하다〈발표7-②〉
선위설사(善爲說辭)하다〈능변3-①〉
선유(宣諭)하다〈발표16-②〉
선전(宣傳)되다〈발표18-②〉
선포(宣布)되다〈발표2-②〉
설경(說經)하다〈설명28-②〉
설교(說敎)하다〈설명24-②〉
설궁(說窮)하다〈호소3-②〉
설도(說道)하다〈설명25-②〉
설로(泄露)하다〈소문11-②〉
설론(舌論)하다〈언쟁·논쟁27-②〉
설루(說漏)되다〈소문2-②〉
설명(說明)되다〈설명1-②〉
설문(說文)하다〈설명21-②〉
설법(說法)하다〈설명26-②〉
설병(說病)하다〈설명23-②〉
설복(說服)하다〈직언36-②〉
설빈(說貧)하다〈호소4-②〉
설왕설래(說往說來)하다〈언쟁·논쟁88-②〉

설의(設疑)하다〈언표151-①〉
설전(舌戰)하다〈언쟁·논쟁28-②〉
설토(說吐)하다〈언표107-①〉
설통(說通)하다〈능변11-①〉
설파(說破)되다〈설명19-②〉
설폐(說弊)하다〈언표152-①〉
설폐구폐(說弊救弊)하다〈언표153-①〉
설화(說話)하다〈담화3-①〉
섬어(譫語)하다〈모호한 언표77-①〉
섬어(纖語)하다〈언표37-①〉
섭유(囁嚅)하다〈모호한 언표19-①〉
섭주(攝奏)하다〈말참견9-①〉
성명(聲明)하다〈발표11-②〉
성언(聲言)하다〈발표10-②〉
세담(細談)하다〈잔소리3-①〉
세문안(歲問安)하다〈인사19-②〉
세배(歲拜)하다〈인사18-②〉
세설(細說)하다〈잔소리4-①〉
세알(歲謁)하다〈인사20-②〉
소곤거리다〈담화104-①〉
소곤소곤하다〈담화105-①〉
소근거리다〈담화106-①〉
소근소근하다〈담화107-①〉
소담(笑談)하다〈담화6-①〉
소동(騷動)하다〈수다떨다131-①〉
소리지르다〈절규1-②〉
소리치다〈절규2-②〉
소문나다(所聞―)〈소문26-②〉
소문내다(所聞―)〈소문34-②〉
소문놓다(所聞―)〈소문35-②〉

소어(笑語)하다〈담화10-①〉
소언(笑言)하다〈담화9-①〉
소요(騷擾)하다〈수다떨다132-①〉
소요떨다(騷擾-)〈수다떨다133-①〉
소진(疏陳)하다〈설명3-②〉
소진(訴陳)하다〈진술12-②〉
속강(續講)하다〈강의2-②〉
속닥거리다〈담화132-①〉
속닥속닥하다〈담화133-①〉
속닥이다〈담화131-①〉
속달(速達)하다〈편지32-②〉
속달거리다〈담화147-①〉
속달속달하다〈담화148-①〉
속답(速答)하다〈질의응답36-①〉
속론(續論)하다〈논의25-②〉
속말하다〈언표99-①〉
속삭거리다〈담화117-①〉
속삭속삭하다〈담화118-①〉
속삭이다〈담화116-①〉
속살거리다〈담화119-①〉
속살속살하다〈담화120-①〉
속소리하다〈언표100-①〉
속주다〈언표101-①〉
속터놓다〈언표102-①〉
솔구이발(率口而發)하다〈실언45-①〉
솔다〈청취36-②〉
솔발놓다〈소문37-②〉
솔발치다〈소문38-②〉
송년사(送年辭)하다〈인사37-②〉
송덕(頌德)하다〈칭찬12-②〉

시사만평(時事漫評)하다〈논의64-②〉
시사해설(時事解說)하다〈설명22-②〉
시설거리다〈수다떨다49-①〉
시설거리다〈재담39-①〉
시설궂다〈재담33-①〉
시설떨다〈모호한 언표94-①〉
시설시설하다〈재담40-①〉
시시거리다〈담화72-①〉
시시덕거리다〈담화73-①〉
시시비비(是是非非)하다〈언쟁·논쟁50-②〉
시앗싸움하다〈언쟁·논쟁21-②〉
시야비야(是也非也)하다〈언쟁·논쟁53-②〉
시언(矢言)하다〈약속23-①〉
시적거리다〈언표49-①〉
시적시적하다〈언표50-①〉
시조(時調)하다〈언표48-①〉
식고(食告)하다〈축하17-②〉
식변(飾辯)하다〈능변2-①〉
식사(飾辭)하다〈망발76-①, 아첨16-①〉
식사(式辭)하다〈인사33-②〉
식언(飾言)하다〈거짓말17-①〉
식언(食言)하다〈식언1-①〉
신구(信口)하다〈실언46-①〉
신구(愼口)하다〈언표81-①〉
신기누설(神機漏泄)하다〈소문15-②〉
신랑이질하다〈언쟁·논쟁57-②〉
신랑이하다〈언쟁·논쟁56-②〉
신랭이질하다〈언쟁·논쟁58-②〉
신불림하다〈절규24-②〉
신서(信書)하다〈편지15-②〉

신성(晨省)하다〈인사8-②〉
신세타령(身世打令)하다〈호소5-②〉
신술(申述)되다〈진술9-②〉
신언(愼言)하다〈언표82-①〉
신주(申奏)하다〈직언26-②〉
신칙(申飭)하다〈직언22-②〉
신호(信號)하다〈언표73-①〉
실구(失口)하다〈실언3-①〉
실담(實談)하다〈언표104-①〉
실떡거리다〈수다떨다73-①〉
실떡실떡하다〈수다떨다74-①〉
실력담(實歷談)하다〈담화36-①〉
실례(失禮)하다〈축하19-②〉
실문(實聞)하다〈청취5-②〉
실실하다〈담화53-①〉
실어(失語)하다〈실언5-①〉
실언(失言)하다〈실언2-①〉
실없이하다〈실언6-①〉
실토(實吐)하다〈언표109-①〉
실토정(實吐情)하다〈언표105-①〉
실통정(實通情)하다〈언표106-①〉
심리(審理)되다〈심문16-②〉
심문(審問)하다〈심문1-②〉
심문받다(審問-)〈심문18-②〉
심어(深語)하다〈언표110-①〉
심의(審議)되다〈논의42-②〉
싸개나다〈언쟁·논쟁113-②〉
싸개통나다〈언쟁·논쟁114-②〉
싸부랑거리다〈수다떨다60-①〉
싸부랑싸부랑하다〈수다떨다62-①〉

392

싸우다〈언쟁·논쟁1-②〉
싸움지거리하다〈언쟁·논쟁6-②〉
싸움질하다〈언쟁·논쟁3-②〉
쌈박질하다〈언쟁·논쟁5-②〉
쌈질하다〈언쟁·논쟁4-②〉
쌈하다〈언쟁·논쟁2-②〉
쌍말하다〈상소리2-①〉
쌍소리하다〈상소리4-①〉
쌍욕하다〈욕설6-①〉
쌔부랑거리다〈수다떨다61-①〉
쌔부랑쌔부랑하다〈수다떨다63-①〉
쏘개질하다〈거짓말34-①〉
쏘곤거리다〈담화108-①〉
쏘곤쏘곤하다〈담화109-①〉
쏘군거리다〈담화110-①〉
쏙닥거리다〈담화138-①〉
쏙닥쏙닥하다〈담화139-①〉
쏙닥이다〈담화137-①〉
쏙달거리다〈담화151-①〉
쏙달쏙달하다〈담화152-①〉
쏙살거리다〈담화123-①〉
쏙살쏙살하다〈담화124-①〉
쑤군덕거리다〈담화129-①〉
쑤군덕쑤군덕하다〈담화130-①〉
쑤근거리다〈담화114-①〉
쑤근쑤근하다〈담화115-①〉
쑥더리공론하다(-公論-)〈담화145-①〉
쑥덕거리다〈담화141-①〉
쑥덕공론하다(-公論-)〈담화144-①〉
쑥덕쑥덕하다〈담화142-①〉

쑥덕이다〈담화140-①〉
쑥덕치다〈담화143-①〉
쑥덜거리다〈담화153-①〉
쑥덜쑥덜하다〈담화154-①〉
쑥드리공론하다(-公論-)〈담화146-①〉
쑥설거리다〈담화125-①〉
쑥설쑥설하다〈담화126-①〉
씨벌거리다〈수다떨다71-①〉
씨벌씨벌하다〈수다떨다72-①〉
씨벌이다〈수다떨다70-①〉
씨부랑거리다〈수다떨다66-①〉
씨부랑씨부랑하다〈수다떨다67-①〉
씨부렁거리다〈수다떨다68-①〉
씨부렁씨부렁하다〈수다떨다69-①〉
씨석거리다〈담화75-①〉
씨우적거리다〈불평10-①〉
씨우적씨우적하다〈불평11-①〉
씩둑거리다〈수다떨다75-①〉
씩둑꺽둑거리다〈수다떨다77-①〉
씩둑꺽둑하다〈수다떨다78-①〉
씩둑씩둑하다〈수다떨다76-①〉
씩설거리다〈수다떨다79-①〉

(ㅇ)

아가리질하다〈언쟁·논쟁39-②〉
아귀다툼하다〈언쟁·논쟁36-②〉
아당(阿黨)하다〈아첨6-①〉
아드등거리다〈언쟁·논쟁62-②〉
아드등아드등하다〈언쟁·논쟁63-②〉

아르랑거리다〈언쟁·논쟁67-②〉
아르랑아르랑하다〈언쟁·논쟁68-②〉
아르렁거리다〈언쟁·논쟁69-②〉
아르렁아르렁하다〈언쟁·논쟁70-②〉
아름거리다〈모호한 언표14-①〉
아름아름하다〈모호한 언표25-①〉
아름작거리다〈모호한 언표28-①〉
아름작아름작하다〈모호한 언표29-①〉
아릿거리다〈모호한 언표52-①〉
아릿아릿하다〈모호한 언표53-①〉
아물거리다〈모호한 언표30-①〉
아물아물하다〈모호한 언표31-①〉
아믈거리다〈모호한 언표32-①〉
아부(阿附)하다〈아첨5-①〉
아양떨다〈아첨33-①〉
아양부리다〈아첨34-①〉
아양피우다〈아첨35-①〉
아옹거리다〈언쟁·논쟁75-②〉
아옹다옹하다〈언쟁·논쟁76-②〉
아우성치다〈절규29-②〉
아유(阿諛)하다〈아첨4-①〉
아종(阿從)하다〈아첨3-①〉
아첨(阿諂)하다〈아첨1-①〉
악구(惡口)하다〈비방26-①〉
악다구니하다〈언쟁·논쟁120-②〉
악담(惡談)하다〈비방28-①〉
악새질하다〈언쟁·논쟁122-②〉
악설(惡舌)하다〈비방27-①〉
악쓰다〈절규11-②〉
악언(惡言)하다〈비방29-①〉

악언상가(惡言相加)하다〈꾸지람32-①〉
악언상대(惡言相待)하다〈언쟁·논쟁119-②〉
악장치다〈언쟁·논쟁106-②〉
악지부리다〈억지쓰다3-①〉
악지세우다〈억지쓰다4-①〉
악지쓰다〈억지쓰다5-①〉
악지질하다〈언쟁·논쟁123-②〉
안부(安否)하다〈인사12-②〉
안서(雁書)하다〈편지17-②〉
안신(雁信)하다〈편지18-②〉
안편지하다(-便紙-)〈편지27-②〉
알랑거리다〈아첨21-①〉
알랑뚱땅하다〈핑계21-①〉
알랑알랑하다〈아첨22-①〉
알짱거리다〈아첨23-①〉
알짱알짱하다〈아첨24-①〉
암상내다〈욕설8-①〉
암시주다(暗示—)〈소문23-②〉
암호(暗號)하다〈언표74-①〉
암호전보(暗號電報)하다〈전화·전보6-②〉
암호통신(暗號通信)하다〈전화·전보7-②〉
앙알거리다〈불평79-①, 원망6-②〉
앙알앙알하다〈불평80-①, 원망7-②〉
앙잘거리다〈원망10-②〉
앙잘앙잘하다〈원망11-②〉
앙탈부리다〈억지쓰다16-①〉
앙탈하다〈억지쓰다15-①〉
애걸(哀乞)하다〈호소26-②〉
애걸복걸(哀乞伏乞)하다〈호소28-②〉
애소(哀訴)하다〈호소17-②〉

애원(哀願)하다〈호소18-②〉
애헴하다〈전달3-②〉
애호(哀號)하다〈절규31-②〉
애호(哀呼)하다〈호소19-②〉
야경치다〈꾸지람44-①〉
야기부리다〈꾸지람45-①〉
야기쓰다〈꾸지람46-①〉
야기요단(惹起鬧端)하다〈언쟁·논쟁11-②〉
야기죽거리다〈야유14-①〉
야기죽야기죽하다〈야유15-①〉
야단(惹端)하다〈꾸지람40-①〉
야단나다(惹端-)〈꾸지람43-①〉
야단야단(惹端惹端)하다〈꾸지람41-①〉
야단치다(惹端-)〈꾸지람42-①〉
야료(惹鬧)하다〈언쟁·논쟁12-②〉
야살까다〈비방30-①〉
야살떨다〈비방31-①〉
야살부리다〈비방32-①〉
야살피우다〈비방33-①〉
야스락거리다〈능변18-①〉
야스락야스락하다〈능변19-①〉
야슬거리다〈능변16-①〉
야슬야슬하다〈능변17-①〉
야외강연(野外講演)하다〈강의19-②〉
야죽거리다〈야유16-①〉
야죽야죽하다〈야유17-①〉
약문(略文)하다〈논의14-②〉
약속(約束)되다〈약속14-①〉
약죽거리다〈야유18-①〉
약죽약죽하다〈야유19-①〉

약팔다(藥-)〈능변20-①〉
약필(略筆)하다〈논의13-②〉
약해(略解)하다〈설명12-②〉
양냥거리다〈불평12-①〉
양비대담(攘臂大談)하다〈언쟁·논쟁108-②〉
양비대언(攘臂大言)하다〈언쟁·논쟁109-②〉
양언(佯言)하다〈거짓말4-①〉
얘기하다〈담화2-①〉
어기대다〈언쟁·논쟁101-②〉
어기뚱거리다〈망발61-①〉
어기뚱어기뚱하다〈망발62-①〉
어눌(語訥)하다〈모호한 언표3-①〉
어름거리다〈모호한 언표26·46-①〉
어름어름하다〈모호한 언표27·47-①〉
어름적거리다〈모호한 언표48-①〉
어름적어름적하다〈모호한 언표49-①〉
어릿거리다〈모호한 언표54-①〉
어릿어릿하다〈모호한 언표55-①〉
어물거리다〈모호한 언표44-①〉
어물어물하다〈모호한 언표45-①〉
어물쩍거리다〈모호한 언표71-①〉
어물쩍하다〈모호한 언표73-①〉
어불택발(語不擇發)하다〈실언39-①〉
어스러지다〈망발59-①〉
어필(appeal)하다〈호소21-②〉
억지다짐하다〈다짐5-①〉
억지떼쓰다〈억지쓰다10-①〉
억지부리다〈억지쓰다6-①〉
억지세우다〈억지쓰다7-①〉
억지쓰다〈억지쓰다8-①〉

언거언래(言去言來)하다〈언쟁·논쟁91-②〉
언구럭부리다〈아첨43-①〉
언구럭쓰다〈아첨44-①〉
언급(言及)하다〈언표40-①〉
언론전(言論戰)하다〈언쟁·논쟁162-②〉
언명(言明)되다〈언표126-①〉
언사질하다(言辭-)〈이간질4-①〉
언삼어사(言三語四)하다〈언쟁·논쟁92-②〉
언상약(言相約)하다〈약속15-①〉
언소(言笑)하다〈담화8-①〉
언소자약(言笑自若)하다〈담화12-①〉
언송(言送)하다〈전화·전보11-②〉
언약(言約)하다〈약속17-①〉
언어유희(言語遊戲)하다〈담화47-①〉
언왕설래(言往說來)하다〈언쟁·논쟁90-②〉
언왕언래(言往言來)하다〈언쟁·논쟁89-②〉
언쟁(言爭)하다〈언쟁·논쟁29-②〉
언진(言盡)하다〈언표172-①〉
언질주다(言質—)〈소문24-②〉
언집(言執)하다〈억지쓰다1-①〉
언책(言責)하다〈꾸지람18-①〉
언파(言罷)하다〈언표171-①〉
언힐(言詰)하다〈꾸지람20-①〉
얼넘어가다〈핑계20-①〉
얼렁뚱땅하다〈핑계22-①〉
얼버무리다〈거짓말29-①〉
얼버물다〈거짓말30-①〉
얼쩡거리다〈아첨25-①〉
얼쩡얼쩡하다〈아첨26-①〉
얼쭝거리다〈아첨27-①〉

얼쭝얼쭝하다〈아첨28-①〉
엄포놓다〈공갈치다4-①〉
엉두덜거리다〈불평77-①〉
엉두덜엉두덜하다〈불평78-①〉
엉버티다〈수다떨다94-①〉
엉야방야하다〈핑계24-①〉
엉얼거리다〈불평81-①, 원망8-②〉
엉얼엉얼하다〈불평82-①, 원망9-②〉
엉이야벙이야하다〈핑계23-①〉
엉절거리다〈불평85-①, 원망12-②〉
엉절엉절하다〈불평86-①, 원망13-②〉
엉정벙정하다〈헛된말31-①〉
에헴하다〈전달4-②〉
여론화(與論化)되다〈회의14-②〉
여싯여싯하다〈모호한 언표35-①〉
여짓거리다〈모호한 언표33-①〉
여짓여짓하다〈모호한 언표34-①〉
역명(逆命)하다〈명령29-②〉
역설(力說)하다〈설명15-②〉
역이(逆耳)하다〈청취35-②〉
연강(連講)하다〈강의3-②〉
연담(戀談)하다〈담화84-①〉
연사질하다〈아첨42-①〉
연설(演說)하다〈연설1-②〉
연희(演戲)하다〈담화76-①〉
엿듣다〈청취30-②〉
영미(佞媚)하다〈아첨10-①〉
영변(英辯)하다〈능변14-①〉
영탄(詠嘆)하다〈언표97-①〉
예언(豫言)하다〈전달25-②〉

웅성웅성하다〈담화156-①〉
웅얼거리다〈모호한 언표61-①〉
웅얼웅얼하다〈모호한 언표64-①〉
웅절거리다〈불평87-①〉
웅절웅절하다〈불평88-①〉
웅탄(雄誕)하다〈허풍25-①〉
웍저그르하다〈수다떨다124-①〉
원대(怨懟)하다〈원망2-②〉
원망(怨望)하다〈원망1-②〉
원소(怨訴)하다〈호소25-②〉
원소(冤訴)하다〈호소31-②〉
원전(圓轉)하다〈언표136-①〉
원천우인(怨天尤人)하다〈원망14-②〉
위비언고(位卑言高)하다〈논의62-②〉
위언(僞言)하다〈거짓말5-①〉
위언(違言)하다〈식언2-①〉
위착나다(違錯-)〈망발58-①〉
위추리(僞推理)하다〈논의79-②〉
유낙(唯諾)하다〈명령26-②〉
유난떨다〈언표160-①〉
유녕(諛佞)하다〈아첨7-①〉
유모어(humour)하다〈재담26-①〉
유미(諛媚)하다〈아첨8-①〉
유세(遊說)하다〈연설11-②〉
유세여행(遊說旅行)하다〈연설12-②〉
유시(諭示)하다〈직언38-②〉
유언(莠言)하다〈음담6-①〉
유언(遺言)하다〈전달26-②〉
유유낙낙(唯唯諾諾)하다〈명령27-②〉
유포(流布)하다〈소문36-②〉

육갑하네하다(六甲-)〈비방20-①〉
윤강(輪講)하다〈강의5-②〉
으드등거리다〈언쟁·논쟁64-②〉
으드등으드등하다〈언쟁·논쟁65-②〉
으르대다〈공갈치다7-①〉
으르딱딱거리다〈공갈치다8-①〉
으르렁거리다〈언쟁·논쟁71-②〉
으르렁으르렁하다〈언쟁·논쟁72-②〉
으밀아밀하다〈담화90-①〉
은거방언(隱居放言)하다〈언표103-①〉
음담(淫談)하다〈음담1-①〉
음담패설(淫談悖說)하다〈음담2-①〉
음문(音問)하다〈인사24-②〉
음신(音信)하다〈편지36-②〉
응(應)하다〈질의응답30-①〉
응구(應口)하다〈질의응답23-①〉
응구첩답(應口輒答)하다〈질의응답81-①〉
응구첩대(應口輒對)하다〈질의응답35-①〉
응낙(應諾)하다〈질의응답31-①〉
응답(應答)하다〈질의응답25-①〉
응대(應對)하다〈질의응답29-①〉
응명(應命)하다〈명령25-②〉
응성(應聲)하다〈질의응답62-①〉
응알거리다〈모호한 언표62-①〉
응알응알하다〈모호한 언표65-①〉
응얼거리다〈불평97-①〉
응얼응얼하다〈불평98-①〉
응응거리다〈질의응답74-①〉
응응하다〈질의응답75-①〉
응절거리다〈모호한 언표63-①〉

응화(應和)하다〈질의응답76-①〉
의결(議決)하다〈논의85-②〉
의논(議論)하다〈회의31-②〉
의료(議了)하다〈논의117-②〉
의명(依命)하다〈명령12-②〉
의사(議事)하다〈회의32-②〉
의사방해(議事妨害)하다〈논의112-②〉
의약(議約)하다〈논의93-②〉
의정(議定)되다〈논의90-②〉
의호(依怙)하다〈말참견19-①〉
의혼(議婚)하다〈논의66-②〉
이간질하다(離間-)〈이간질1-①〉
이구(利口)하다〈능변4-①〉
이구전파(異口傳播)되다〈소문27-②〉
이기죽거리다〈야유24-①〉
이기죽부리다〈야유26-①〉
이기죽이기죽하다〈야유25-①〉
이러쿵저러쿵하다〈언쟁·논쟁43-②〉
이렇다저렇다하다〈잔소리7-①, 언쟁·논
쟁44-②〉
이령수하다〈절규45-②〉
이론(異論)하다〈논의71-②〉
이리쿵저리쿵하다〈언쟁·논쟁45-②〉
이실고지(以實告之)하다〈언표111-①〉
이실직고(以實直告)하다〈언표112-①〉
이야기하다〈담화1-①〉
이어(俚語)하다〈상소리5-①〉
이어(耳語)하다〈담화95-①〉
이언(俚言)하다〈상소리6-①〉
이언(二言)하다〈식언3-①〉

이의(異議)하다〈논의72-②〉
이의물론(已矣勿論)하다〈논의11-②〉
이주걱거리다〈수다떨다80-①〉
이주걱부리다〈수다떨다82-①〉
이주걱이주걱하다〈수다떨다81-①〉
이죽거리다〈야유22-①〉
이죽부리다〈야유27-①〉
이죽이죽하다〈야유23-①〉
이중방송(二重放送)하다〈방송6-②〉
익살부리다〈재담25-①〉
익죽약죽거리다〈야유20-①〉
익죽약죽하다〈야유21-①〉
인구전파(人口傳播)하다〈소문28-②〉
인기척내다(人-)〈전달1-②〉
인물평론(人物評論)하다〈논의63-②〉
인사(人事)하다〈인사1-②〉
인신공격(人身攻擊)하다〈언쟁·논쟁125-②〉
일갈대성(一喝大聲)하다〈꾸지람38-①〉
일구(逸口)하다〈실언4-①〉
일구양언(一口兩言)하다〈식언5-①〉
일구이언(一口二言)하다〈식언4-①〉
일기예보(日氣豫報)하다〈방송10-②〉
일문일답(一問一答)하다〈질의응답83-①〉
일일명령(一日命令)하다〈명령18-②〉
일하(一下)하다〈명령10-②〉
일호백락(一呼百諾)하다〈절규21-②〉
일호재락(一呼再諾)하다〈질의응답78-①〉
일후(一吼)하다〈절규12-②〉
입다툼하다〈언쟁·논쟁37-②〉
입담(立談)하다〈담화30-①〉

입론(立論)하다〈회의19-②〉
입문(入聞)하다〈소문31-②〉
입방아찧다〈헛된말32-①〉
입봉하다(-封-)〈함구무언15-①〉
입씨름하다〈언쟁·논쟁35-②〉
입이(立異)하다〈논의73-②〉
입인사하다(-人事-)〈인사4-②〉
입전(入電)하다〈전화·전보15-②〉
입짓하다〈언표3-①〉
입찬말하다〈장담52-①〉
입찬소리하다〈장담53-①〉

(ㅈ)

자구(藉口)하다〈핑계16-①〉
자그락거리다〈언쟁·논쟁77-②〉
자그락자그락하다〈언쟁·논쟁78-②〉
자답(自答)하다〈질의응답56-①〉
자문(自問)하다〈질의응답2-①〉
자문자답(自問自答)하다〈질의응답57-①〉
자방(訾謗)하다〈비방16-①〉
자백(自白)하다〈진술18-②〉
자분거리다〈억지쓰다21-①〉
자분자분하다〈억지쓰다22-①〉
자서(自敍)하다〈설명16-②〉
자언(自言)하다〈언표41-①〉
자주(自註)하다〈설명10-②〉
자찬(自讚)하다〈칭찬18-②〉
자화자찬(自畵自讚)하다〈칭찬17-②〉
자훼(訾毀)하다〈비방17-①〉

작간(作奸)하다〈아첨17-①〉
작나(作拏)하다〈언쟁·논쟁8-②〉
작뇨(作鬧)하다〈언쟁·논쟁9-②〉
작신거리다〈억지쓰다37-①〉
작신작신하다〈억지쓰다38-①〉
작요(作擾)하다〈언쟁·논쟁10-②〉
잔꾀말하다〈아첨29-①〉
잔말하다〈잔소리1-①〉
잔소리하다〈잔소리2-①〉
잘라말하다〈언표130-①〉
잠간(箴諫)하다〈직언21-②〉
잠꼬대하다〈모호한 언표80-①〉
잠청(潛聽)하다〈청취32-②〉
잡담(雜談)하다〈담화48-①〉
잡말하다(雜-)〈담화49-①〉
잡설(雜說)하다〈담화51-①〉
잡소리하다(雜-)〈담화50-①〉
장담(長談)하다〈언표52-①〉
장담(壯談)하다〈장담49-①〉
장알거리다〈불평89-①〉
장알장알하다〈불평90-①〉
장어(長語)하다〈언표53-①〉
장어(壯語)하다〈장담50-①〉
장언(壯言)하다〈장담51-①〉
재개의(再改議)하다〈회의17-②〉
재검토(再檢討)하다〈논의41-②〉
재깔거리다〈수다떨다22-①〉
재깔이다〈수다떨다21-①〉
재깔재깔하다〈수다떨다23-①〉
재담(才談)하다〈재담27-①〉

400

재변(才辯)하다〈재담28-①〉
재설(再說)하다〈언표55-①〉
재언(再言)하다〈언표56-①, 논의5-②〉
재자거리다〈수다떨다17-①〉
재자재자하다〈수다떨다18-①〉
재작거리다〈수다떨다19-①〉
재작재작하다〈수다떨다20-①〉
재잘거리다〈수다떨다15-①〉
재잘재잘하다〈수다떨다16-①〉
재재거리다〈수다떨다24-①〉
재재재재하다〈수다떨다25-①〉
재항변(再抗辯)하다〈심문21-②〉
쟁론(爭論)하다〈언쟁·논쟁144-②〉
쟁변(爭辯)하다〈언쟁·논쟁145-②〉
쟁알거리다〈불평91-①〉
쟁알쟁알하다〈불평92-①〉
쟁의(爭議)하다〈언쟁·논쟁146-②〉
쟁힐(爭詰)하다〈언쟁·논쟁129-②〉
저두부답(低頭不答)하다〈질의응답108-①〉
저주(詛呪)되다〈비방37-①〉
저주하다〈잔소리14-①〉
적반하장(賊反荷杖)하다〈꾸지람62-①〉
전간(傳簡)하다〈편지21-②〉
전갈(傳喝)되다〈전달14-②〉
전고(傳告)되다〈소문29-②〉
전보(電報)하다〈전화·전보1-②〉
전서(傳書)하다〈편지22-②〉
전술(前述)하다〈논의8-②〉
전술(傳述)하다〈전달22-②〉
전신(傳信)하다〈편지23-②〉

전어(傳語)되다〈전달12-②〉
전언(傳言)되다〈전달13-②〉
전전(輾轉)하다〈소문30-②〉
전진(前陳)하다〈논의9-②〉
전칭(傳稱)하다〈칭찬10-②〉
전화(電話)하다〈전화·전보8-②〉
전화걸다(電話-)〈전화·전보9-②〉
절규(絶叫)하다〈절규25-②〉
접이(接耳)하다〈담화97-①〉
정가하다〈비방18-①〉
정담(政談)하다〈담화43-①〉
정담(情談)하다〈담화78-①〉
정담(鼎談)하다〈회의29-②〉
정담연설(政談演說)하다〈연설7-②〉
정답(正答)하다〈질의응답38-①〉
정론(正論)하다〈논의17-②〉
정론(政論)하다〈논의61-②〉
정면공격(正面攻擊)하다〈언쟁·논쟁131-②〉
정설(情設)하다〈담화79-①〉
정약(訂約)하다〈논의92-②〉
정언(定言)하다〈언표127-①〉
정언(正言)하다〈직언4-②〉
정쟁(政爭)하다〈언쟁·논쟁158-②〉
정쟁(廷爭)하다〈언쟁·논쟁159-②〉
제성(齊聲)하다〈절규18-②〉
제성토죄(齊聲討罪)하다〈꾸지람60-①〉
제시(提示)되다〈회의12-②〉
제안(提案)하다〈회의7-②〉
제안설명(提案說明)하다〈회의11-②〉
제언(提言)하다〈회의8-②〉

제의(提議)하다〈회의9-②〉

제창(齊唱)하다〈절규20-②〉

조대(條對)하다〈질의응답88-①〉

조령모개(朝令暮改)하다〈명령19-②〉

조령석개(朝令夕改)하다〈명령20-②〉

조롱(嘲弄)하다〈야유32-①〉

조벌(誂覽)하다〈야유33-①〉

조사(弔辭)하다〈인사42-②〉

조술(祖述)하다〈설명20-②〉

조언(造言)하다〈거짓말21-①〉

조언(助言)하다〈진술8-②〉

조잘거리다〈불평64-①〉

조잘조잘하다〈불평66-①〉

조조(嘈嘈)하다〈담화99-①〉

종달거리다〈불평56-①〉

종달종달하다〈불평57-①〉

종담(縱談)하다〈실언43-①〉

종알거리다〈불평46-①〉

종알종알하다〈불평47-①〉

종잘거리다〈불평65-①〉

종잘종잘하다〈불평67-①〉

종종거리다〈원망3-②〉

좌담(座談)하다〈회의26-②〉

좌담회(座談會)하다〈회의27-②〉

좌론(座論)하다〈회의28-②〉

주내다(註-)〈설명7-②〉

주담(酒談)하다〈헛된말33-①〉

주례사(主禮辭)하다〈인사40-②〉

주론(主論)하다〈논의15-②〉

주벌(誅伐)하다〈꾸지람58-①〉

주벌(誅罰)하다〈꾸지람59-①〉

주설(註說)하다〈설명9-②〉

주소(奏疏)하다〈보고54-②〉

주원(呪願)하다〈절규46-②〉

주작(做作)되다〈거짓말22-①〉

주작부언(做作浮言)하다〈거짓말24-①〉

주장(誇張)하다〈거짓말25-①〉

주적거리다〈수다떨다45-①〉

주적주적하다〈수다떨다46-①〉

주절거리다〈불평68-①〉

주절주절하다〈불평69-①〉

주접떨다〈실언50-①〉

주정부리다(酒酊-)〈헛된말34-①〉

주정질하다(酒酊-)〈헛된말35-①〉

주출(做出)되다〈거짓말23-①〉

죽는소리하다〈호소1-②〉

준변(俊辯)하다〈능변15-①〉

준의(噂議)하다〈회의42-②〉

중계(中繼)되다〈방송5-②〉

중계방송(中繼放送)하다〈방송4-②〉

중덜거리다〈불평58-①〉

중덜중덜하다〈불평59-①〉

중략(中略)되다〈언표44-①〉

중뿔나다〈말참견8-①〉

중설(重說)하다〈언표57-①〉

중언(重言)하다〈언표58-①〉

중얼거리다〈불평50-①〉

중얼중얼하다〈불평51-①〉

중절거리다〈수다떨다38-①〉

중절중절하다〈수다떨다39-①〉

즉간(卽諫)하다〈직언17-②〉

즉답(卽答)하다〈질의응답34-①〉

즉석연설(卽席演說)하다〈연설4-②〉

즉흥연설(卽興演說)하다〈연설5-②〉

증언(證言)되다〈심문9-②〉

증인심문(證人審問)하다〈심문8-②〉

증질(證質)되다〈심문7-②〉

지그럭거리다〈언쟁·논쟁83-②〉

지그럭지그럭하다〈언쟁·논쟁84-②〉

지껄거리다〈수다떨다27-①〉

지껄이다〈수다떨다26-①〉

지껄지껄하다〈수다떨다28-①〉

지동지서(指東指西)하다〈모호한 언표89-①〉

지분거리다〈억지쓰다23-①〉

지분지분하다〈억지쓰다24-①〉

지싯거리다〈억지쓰다39-①〉

지싯지싯하다〈억지쓰다40-①〉

지언(知言)하다〈언표120-①〉

지언(至言)하다〈언표121-①〉

지저거리다〈수다떨다29-①〉

지저귀다〈수다떨다31-①〉

지저지저하다〈수다떨다39-①〉

지적거리다〈수다떨다32-①〉

지적지적하다〈수다떨다33-①〉

지절거리다〈수다떨다34-①〉

지절지절하다〈수다떨다35-①〉

지정불고(知情不告)하다〈보고57-②〉

지지거리다〈수다떨다36-①〉

지지버리다〈수다떨다37-①〉

지척(指斥)하다〈꾸지람61-①〉

지화(指話)하다〈언표70-①〉

직고(直告)하다〈언표114-①〉

직답(直答)하다〈질의응답33-①〉

직서(直敍)하다〈설명17-②〉

직설(直說)하다〈언표113-①〉

직언(直言)하다〈직언5-②〉

직접방송(直接放送)하다〈방송3-②〉

직접보고(直接報告)하다〈보고47-②〉

직토(直吐)하다〈언표115-①〉

진공(陳供)하다〈진술21-②〉

진담(陳談)하다〈담화22-①〉

진담(眞談)하다〈담화24-①〉

진담(珍談)하다〈담화26-①〉

진담누설(陳談漏說)하다〈담화23-①〉

진답(珍答)하다〈질의응답95-①〉

진사(陳謝)하다〈인사29-②〉

진설(珍說)하다〈담화27-①〉

진소(陳疏)하다〈보고55-②〉

진소(陳訴)하다〈호소10-②〉

진술(陳述)하다〈진술10-②〉

진안(瞋言)하다〈꾸지람48-①〉

진언(盡言)하다〈언표87-①〉

진언(進言)하다〈진술3-②〉

진정(陳情)하다〈진술11-②〉

진주(陳奏)하다〈진술1-②〉

질문(質問)되다〈질의응답1-①〉

질언(質言)하다〈언표131-①〉

질의(質議)하다〈논의45-②〉

질의응답(質疑應答)하다〈질의응답82-①〉

질정(質正)되다〈질의응답17-①〉

짓떠들다〈수다떨다89-①〉
징얼거리다〈불평99-①〉
징얼징얼하다〈불평100-①〉
징징거리다〈불평103-①〉
짖다〈수다떨다41-①〉
짜그락거리다〈언쟁·논쟁79-②〉
짜그락짜그락하다〈언쟁·논쟁80-②〉
짜그르르하다〈수다떨다127-①〉
짝자궁이하다〈언쟁·논쟁47-②〉
짝장귀일다〈언쟁·논쟁48-②〉
짝지그르하다〈수다떨다128-①〉
짬짜미하다〈약속21-①〉
짱알거리다〈불평93-①〉
짱알짱알하다〈불평94-①〉
재그락거리다〈언쟁·논쟁81-②〉
재그락재그락하다〈언쟁·논쟁82-②〉
쨍쨍거리다〈불평95·104-①〉
쨍쨍하다〈불평96-①〉
쩟하다〈불평45-①〉
쪼잘거리다〈불평70-①〉
쪼잘쪼잘하다〈불평71-①〉
쪽쪽거리다〈불평72-①〉
쫑달거리다〈불평60-①〉
쫑달쫑달하나〈불평61-①〉
쫑알거리다〈불평48-①〉
쫑알쫑알하다〈불평49-①〉
쫑잘거리다〈불평73-①〉
쫑잘쫑잘하다〈불평74-①〉
쫑쫑거리다〈원망4-②〉
쭈절거리다〈불평52-①〉

쭈절쭈절하다〈불평55-①〉
쭝덜거리다〈불평62-①〉
쭝덜쭝덜하다〈불평63-①〉
쭝얼거리다〈불평53-①〉
쭝얼쭝얼하다〈불평54-①〉
쭝절거리다〈모호한 언표66-①, 불평75-①〉
쭝절쭝절하다〈모호한 언표67-①, 불평76-①〉
쭝쭝거리다〈원망5-②〉
찌그럭거리다〈언쟁·논쟁85-②〉
찌그럭찌그럭하다〈언쟁·논쟁86-②〉
찌드럭거리다〈억지쓰다29-①〉
찌드럭찌드럭하다〈억지쓰다30-①〉
찡얼거리다〈불평101-①〉
찡얼찡얼하다〈불평102-①〉
찡찡거리다〈불평105-①〉

(ㅊ)

차문(借問)하다〈질의응답3-①〉
차문차답(且問且答)하다〈질의응답84-①〉
착신(着信)하다〈편지33-②〉
착전(着電)하다〈전화·전보16-②〉
찬양(讚揚)하다〈칭찬1-②〉
찰한(札翰)하다〈편지12-②〉
참소(讒訴)되다〈고발7-②〉
창달(暢達)하다〈전달17-②〉
창명(唱名)하다〈질의응답64-①〉
창알거리다〈불평106-①〉
창알창알하다〈불평107-①〉
채결(採決)되다〈논의105-②〉

책망(責望)하다〈꾸지람17-①〉
책문(責問)하다〈질의응답10-①〉
책언(責言)하다〈꾸지람19-①〉
챙알거리다〈불평108-①〉
챙알챙알하다〈불평109-①〉
처녀연설(處女演說)하다〈연설3-②〉
천산지산(天山地山)하다〈핑계19-①〉
천와(舛訛)하다〈실언16-①〉
첨곡(諂曲)하다〈아첨15-①〉
첨녕(諂佞)하다〈아첨12-①〉
첨미(諂媚)하다〈아첨13-①〉
첨유(諂諛)하다〈아첨14-①〉
첩보(牒報)하다〈보고41-②〉
첩보(諜報)하다〈보고48-②〉
첩보(捷報)하다〈보고49-②〉
청간(請簡)하다〈편지40-②〉
청강(聽講)하다〈강의10-②〉
청담(清談)하다〈담화25-①〉
청령(聽令)하다〈명령21-②〉
청명(聽命)하다〈명령22-②〉
청소(聽訴)하다〈청취28-②〉
청송(聽訟)하다〈청취29-②〉
청죄(聽罪)하다〈청취27-②〉
청찰(聽察)하다〈청취13-②〉
청찰(請札)하다〈편지41-②〉
청참(聽讒)하다〈청취26-②〉
청편지(請便紙)하다〈편지39-②〉
청화(聽話)하다〈청취1-②〉
체험담(體驗談)하다〈담화35-①〉
촉언(囑言)하다〈전달28-②〉

촉훈(促訓)하다〈명령17-②〉
촉휘(觸諱)하다〈질의응답71-①〉
총변(聰辯)하다〈능변7-①〉
추단(推斷)되다〈심문19-②〉
추담(麤談)하다〈실언55-①〉
추담(醜談)하다〈음담3-①〉
추담(推談)하다〈핑계17-①〉
추론(推論)되다〈논의3-②〉
추설(醜說)하다〈음담4-①〉
추언(醜言)하다〈음담5-①〉
축사(祝辭)하다〈축하3-②〉
축언(祝言)하다〈축하4-②〉
축하(祝賀)하다〈축하1-②〉
출령(出令)하다〈명령2-②〉
출반(出班)하다〈직언27-②〉
출반주(出班奏)하다〈직언28-②〉
출필고(出必告)하다〈인사10-②〉
충고(忠告)하다〈직언11-②〉
충신독경(忠臣篤敬)하다〈언표84-①〉
충언(忠言)하다〈직언12-②〉
췌담(贅談)하다〈담화54-①〉
췌사(贅辭)하다〈담화55-①〉
췌언(贅言)하다〈담화56-①〉
취담(醉談)하다〈담화17-①〉
취문(取問)하다〈심문5-②〉
취어(醉語)하다〈담화18-①〉
취언(醉言)하다〈담화19-①〉
취임사(就任辭)하다〈인사38-②〉
취조(取調)하다〈심문6-②〉
측이(側耳)하다〈청취9-②〉

치근거리다〈억지쓰다25-①〉
치근덕거리다〈억지쓰다27-①〉
치근덕치근덕하다〈억지쓰다28-①〉
치근치근하다〈억지쓰다26-①〉
치매(嗤罵)하다〈꾸지람25-①〉
치변(馳辯)하다〈능변5-①〉
치하(致賀)하다〈축하2-②〉
칙교(勅敎)하다〈발표13-②〉
칙권(勅勸)하다〈직언23-②〉
칙답(勅答)하다〈질의응답61-①〉
칙문(勅問)하다〈질의응답18-①〉
칙어(勅語)하다〈발표14-②〉
칙유(勅諭)하다〈발표15-②〉
칭굴(稱屈)하다〈호소23-②〉
칭도(稱道)하다〈칭찬4-②〉
칭사(稱辭)하다〈칭찬5-②〉
칭선(稱善)하다〈칭찬11-②〉
칭설(稱說)하다〈칭찬6-②〉
칭송(稱頌)하다〈칭찬7-②〉
칭술(稱述)하다〈설명14-②〉
칭얼거리다〈불평110-①〉
칭얼칭얼하다〈불평111-①〉
칭예(稱譽)하다〈칭찬3-②〉
칭원(稱寃)하다〈호소22-②〉
칭찬(稱讚)하다〈칭찬2-②〉

(ㅋ)

코대답하다(-對答-)〈질의응답43-①〉
콩팔칠팔하다〈모호한 언표91-①〉

쾌담(快談)하다〈능변8-①〉
쾌론(快論)하다〈능변9-①〉
큰소리치다〈꾸지람33-①〉
큰소리치다〈장담54-①, 허풍3-①〉
큰소리하다〈장담55-①〉

(ㅌ)

타보(打報)하다〈전화·전보3-②〉
타상(妥商)되다〈논의98-②〉
타의(妥議)되다〈논의99-②〉
타전(打電)하다〈전화·전보4-②〉
타협(妥協)하다〈논의97-②〉
탁사(託辭)하다〈핑계18-①〉
탁상공론(卓上空論)하다〈논의84-②〉
탁상연설(卓上演說)하다〈연설8-②〉
탄로나다(綻露-)〈소문7-②〉
탄박(彈駁)되다〈고발9-②〉
탄백(坦白)하다〈언표116-①〉
탄원(歎願)하다〈호소20-②〉
탄핵(彈劾)되다〈고발10-②〉
탈(頉)하다〈보고36-②〉
탐후(探候)하다〈인사13-②〉
태풍경보(颱風警報)하다〈방송16-②〉
태풍주의보(颱風注意報)하다〈방송13-②〉
터포(攄抱)하다〈언표88-①〉
터회(攄懷)하다〈언표89-①〉
토로(吐露)하다〈언표90-①〉
토론(討論)되다〈회의34-②〉
토론회(討論會)하다〈회의35-②〉

토의(討議)하다〈회의36-②〉
토정(吐情)하다〈언표95-①〉
토진간담(吐盡肝膽)하다〈언표108-①〉
토파(討破)되다〈언쟁·논쟁154-②〉
통방(通房)하다〈언표75-①〉
통부(通訃)하다〈편지44-②〉
통사정(通事情)하다〈호소13-②〉
통성(通姓)하다〈인사3-②〉
통성명(通姓名)하다〈인사2-②〉
통언(痛言)하다〈직언7-②〉
통음(通音)하다〈편지37-②〉
통인정(通人情)하다〈호소14-②〉
통전(通電)하다〈전화·전보2-②〉
통화(通話)하다〈전화·전보12-②〉
투덜거리다〈불평17-①〉
투덜투덜하다〈불평18-①〉
투쟁(鬪爭)하다〈언쟁·논쟁15-②〉
투쟁담(鬪爭談)하다〈담화41-①〉
투한(鬪狠)하다〈언쟁·논쟁16-②〉
퉁명부리다〈불평27-①〉
퉁바리맞다〈질의응답109-①〉
트집부리다〈불평38-①〉
트집쓰다〈불평39-①〉
티격태격하다〈언쟁·논쟁87-②〉

(ㅍ)

파담(破談)하다〈논의114-②〉
파의(罷議)하다〈논의115-②〉
파쟁(派爭)하다〈언쟁·논쟁160-②〉

팔자타령(八字打令)하다〈호소6-②〉
패담(悖談)하다〈실언9-①〉
패설(悖說)하다〈실언10-①〉
팍팍쏘다〈직언6-②〉
퍼붓다〈욕설7-①〉
편달(鞭撻)되다〈직언13-②〉
편담(遍談)하다〈언표98-①〉
편문(片聞)하다〈청취22-②〉
편언절옥(片言折獄)하다〈심문20-②〉
편언척자(片言隻字)하다〈언표148-①〉
편저(片楮)하다〈편지13-②〉
편지(便紙)하다〈편지1-②〉
편지(片紙)하다〈편지2-②〉
편지질하다(便紙-)〈편지25-②〉
편청(偏聽)하다〈청취23-②〉
폄론(貶論)되다〈비방4-①〉
폄박(貶薄)되다〈비방5-①〉
폄사(貶辭)되다〈비방6-①〉
폄훼(貶毁)하다〈비방7-①〉
평(評)하다〈논의52-②〉
평언교(片言交)하다〈언표65-①〉
평인사(平人事)하다〈인사5-②〉
평장(平章)하다〈논의56-②〉
폐구(閉口)하다〈함구무언4-①〉
폐론(廢論)하다〈논의116-②〉
폐식사(閉式辭)하다〈인사35-②〉
폐옥(蔽獄)하다〈논의101-②〉
폐일언(蔽一言)하다〈언표134-①〉
폐회사(閉會辭)하다〈인사36-②〉
포고(布告)되다〈발표12-②〉

포고(捕告)하다〈고발11-②〉
포달부리다〈욕설10-①〉
포달하다〈욕설9-①〉
포악부리다(暴惡-)〈폭언2-①〉
포함주다〈전달33-②〉
포함하다〈전달32-②〉
폭로(暴露)되다〈소문8-②〉
폭백(暴白)하다〈변명6-①〉
폭언(暴言)하다〈폭언1-①〉
폭탄선언(爆彈宣言)하다〈발표8-②〉
표결(表決)하다〈회의37-②〉
표명(表明)되다〈발표9-②〉
푸념하다〈불평9-①, 전달34-②〉
품명(稟命)하다〈명령23-②〉
풍떨다(風-)〈허풍16-①〉
풍치다(風-)〈허풍17-①〉
프로포즈(propose)하다〈회의6-②〉
피명(被命)하다〈명령24-②〉
피방(被謗)되다〈비방36-①〉
피탈(避脫)하다〈핑계25-①〉
핀둥이쏘이다〈꾸지람28-①〉
핀잔먹다〈꾸지람70-①〉
핀잔주다〈꾸지람27-①〉
필남(筆談)하나〈언표4-①〉
필답(筆答)하다〈질의응답55-①〉
필문필답(筆問筆答)하다〈질의응답89-①〉
필전(筆戰)하다〈언쟁·논쟁163-②〉
핑계대다〈핑계15-①〉
핑계하다〈핑계14-①〉

(ㅎ)

하게하다〈언표31-①〉
하답(下答)하다〈질의응답58-①〉
하략(下略)되다〈언표46-①〉
하령(下令)하다〈명령5-②〉
하례(賀禮)하다〈축하6-②〉
하리놓다〈비방10-①〉
하리하다〈비방9-①〉
하명(下命)하다〈명령4-②〉
하사(賀詞)하다〈축하5-②〉
하소연하다〈호소8-②〉
하소하다〈언표29-①〉
하수(賀壽)하다〈축하11-②〉
하오하다〈언표28-①〉
하의(賀儀)하다〈축하7-②〉
하합(呀呷)하다〈꾸지람21-①〉
학극(謔劇)하다〈야유41-①〉
학랑(謔浪)하다〈야유42-①〉
한담(閑談)하다〈담화13-①〉
한담객설(閑談客說)하다〈담화15-①〉
한담설화(閑談屑話)하다〈담화16-①〉
한화(閑話)하다〈담화14-①〉
할랑할랑하다〈허풍21-①〉
함구(緘口)하다〈함구무언9-①〉
함구무언(緘口無言)하다〈함구무언10-①〉
함구물설(緘口勿說)하다〈함구무언11-①〉
함구불언(緘口不言)하다〈함구무언12-①〉
함묵(緘默)하다〈함구무언13-①〉
함묵(含默)하다〈함구무언14-①〉

함성치다(喊聲-)〈절규19-②〉
함헌수작(喊喧酬酌)하다〈수다떨다138-①〉
함호(含糊)하다〈모호한 언표39-①〉
합쇼하다〈언표26-①〉
합시오하다〈언표27-①〉
합의(合議)되다〈논의100-②〉
합의이혼(合議離婚)하다〈논의68-②〉
합조(合調)하다〈방송18-②〉
항언(抗言)하다〈언쟁·논쟁103-②〉
항언(恒言)하다〈언표9-①〉
해라하다〈언표32-①〉
해설(解說)되다〈설명2-②〉
해어(解語)하다〈청취14-②〉
해조(解嘲)하다〈변명5-①〉
행문(行文)하다〈편지31-②〉
행호시령(行號施令)하다〈명령16-②〉
행회(行會)하다〈회의49-②〉
향인설화(向人說話)하다〈담화31-①〉
허론(虛論)하다〈논의82-②〉
허문(虛聞)하다〈청취6-②〉
허설(虛說)하다〈거짓말6-①〉
허성(虛聲)하다〈모호한 언표78-①〉
허언(虛言)하다〈모호한 언표79-①, 거짓
말7-①〉
허위자백(虛僞自白)하다〈진술22-②〉
허전(虛傳)되다〈거짓말35-①〉
허전관령(虛傳官令)하다〈거짓말36-①〉
허전장령(虛傳將令)하다〈거짓말37-①〉
허텅거리다〈모호한 언표92-①〉
허풍떨다(虛風-)〈허풍18-①〉

허풍치다(虛風-)〈허풍19-①〉
헌언(獻言)하다〈직언24-②〉
헐렁헐렁하다〈허풍22-①〉
헐후(歇後)하다〈언표47-①〉
험구(險口)하다〈비방22-①〉
험구덕(險口德)하다〈비방23-①〉
험담(險談)하다〈비방24-①〉
험언(險言)하다〈비방25-①〉
헛기침하다〈전달2-②〉
헛맹서하다(-盟誓-)〈맹서13-①〉
헛소리하다〈모호한 언표75-①〉
헛장담하다(-壯談-)〈허풍24-①〉
혀굳다〈모호한 언표36-①〉
혀굴리다〈언표7-①〉
혀놀리다〈언표8-①〉
혀짜래기소리하다〈모호한 언표38-①〉
혀짤배기소리하다〈모호한 언표37-①〉
혀차다〈불평44-①〉
현로(顯露)되다〈소문9-②〉
현하구변(懸河口辯)하다〈능변22-①〉
현하웅변(懸河雄辯)하다〈능변23-①〉
현하지변(懸河之辯)하다〈능변24-①〉
협상(協商)하다〈회의45-②〉
협상조약(協商條約)하다〈논의95-②〉
협약(協約)되다〈논의94-②〉
협약(脅弱)하다〈공갈치다9-①〉
협의(協議)하다〈회의44-②〉
협의이혼(協議離婚)하다〈논의67-②〉
협정(協定)되다〈논의96-②〉
호년하다(呼-)〈욕설14-①〉

호담(豪談)하다〈장담59-①〉
호들갑떨다〈수다떨다114-①〉
호들갑부리다〈수다떨다115-①〉
호령(號令)하다〈꾸지람34-①〉
호령질하다(號令-)〈꾸지람39-①〉
호령호령(號令號令)하다〈꾸지람35-①〉
호명(呼名)하다〈질의응답63-①〉
호미(狐媚)하다〈아첨9-①〉
호설(胡說)하다〈실언47-①〉
호소(呼訴)하다〈호소9-②〉
호어(豪語)하다〈장담58-①〉
호언(豪言)하다〈장담57-①〉
호언난설(胡言亂說)하다〈실언48-①〉
호언장담(豪言壯談)하다〈장담60-①〉
호언장담(豪言壯談)하다〈허풍8-①〉
호우경보(豪雨警報)하다〈방송14-②〉
호우주의보(豪雨注意報)하다〈방송12-②〉
호원(呼冤)하다〈호소24-②〉
호응(呼應)하다〈질의응답73-①〉
호천(呼天)하다〈절규34-②〉
호천(呼薦)하다〈질의응답72-①〉
호천고지(呼天叩地)하다〈절규35-②〉
호칭(呼稱)하다〈질의응답65-①〉
호칭(互稱)하다〈질의응답67-①〉
호통(號筒)하다〈꾸지람49-①〉
호통질치다(號筒-)〈꾸지람51-①〉
호통치다(號筒-)〈꾸지람50-①〉
호호(呼號)하다〈발표19-②〉
혹세무민(惑世誣民)하다〈거짓말40-①〉
혹평(酷評)하다〈논의59-②〉

혼선(混線)되다〈전화·전보17-②〉
혼신(混信)되다〈전화·전보18-②〉
혼야애걸(昏夜哀乞)하다〈호소30-②〉
혼잣말하다〈담화157-①〉
혼잣소리하다〈담화158-①〉
혼정(昏定)하다〈인사7-②〉
혼정신성(昏定晨省)하다〈인사9-②〉
홍경(弘經)하다〈발표22-②〉
홍계(弘戒)하다〈설명29-②〉
홍동(哄動)하다〈수다떨다85-①〉
홍수경보(洪水警報)하다〈방송15-②〉
홍수예보(洪水豫報)하다〈방송11-②〉
화의(和議)하다〈논의65-②〉
화충협의(和衷協議)하다〈논의30-②〉
화협(和協)하다〈논의29-②〉
확문(確聞)되다〈청취12-②〉
확언(確言)하다〈언표124-①〉
환담(歡談)하다〈담화82-①〉
환성지르다(歡聲-)〈절규43-②〉
환어(歡語)하다〈담화83-①〉
환언(換言)하다〈설명5-②〉
환영사(歡迎辭)하다〈인사39-②〉
환호(歡呼)하다〈절규42-②〉
환호작약(歡呼雀躍)하다〈절규44-②〉
황태(荒怠)하다〈실언54-①〉
회(會)하다〈회의21-②〉
회견담(會見談)하다〈담화40-①〉
회고담(懷古談)하다〈담화37-①〉
회구담(懷舊談)하다〈담화38-①〉
회담(會談)하다〈회의48-②〉

희영수하다(戱-)〈담화71-①〉
희학(戱謔)하다〈담화65-①〉
희학질하다(戱謔-)〈담화67-①〉
히히덕거리다〈담화74-①〉
힐거(詰拒)하다〈언쟁·논쟁132-②〉
힐난(詰難)하다〈언쟁·논쟁130-②〉
힐논의(詰論議)하다〈언쟁·논쟁138-②〉
힐론(詰論)하다〈언쟁·논쟁136-②〉
힐문(詰問)하다〈심문2-②〉
힐문답(詰問答)하다〈언쟁·논쟁137-②〉
힐항(頡頏)하다〈언쟁·논쟁133-②〉
힐항(詰抗)하다〈언쟁·논쟁134-②〉
힐항(頡抗)하다〈언쟁·논쟁135-②〉

찾아보기

[외국인 인명·작품]

著者略歷/ 金應模

　　忠比 沃川 出生
　　高麗大學校 文科大學 國語國文學科 卒業
　　同 大學院 碩士·博士課程 修了, 文學博士
　　徽文高等學校 敎師
　　高麗大學校 文科大學 講師
　　現 釜山外國語大學校 敎授

　　著書
　　『國語 平行移動 自動詞 낱말밭』(1989). 翰信文化社
　　『國語 移動自動詞 낱말밭(Ⅰ) 平行移動篇』(1993). 書光學術資料社
　　『國語移動自動詞 낱말밭(Ⅱ) 垂直移動篇』(1993) 書光學術資料社
　　『韓國語 宗敎·冠婚喪祭 自動詞 낱말밭』(1995), 도서출판 박이정
　　『韓國語 身體關聯 自動詞 낱말밭』(1996) 도서출판 박이정
　　『韓國語 運動競技 動詞의 낱말밭』(1997), 도서출판 박이정
　　『韓國語 球技競技 動詞의 낱말밭』(1997) 도서출판 박이정
　　『어문학에 담긴 술의 멋』(1997), 도서출판 박이정
　　『한국어학의 이해와 전망』(1998), 도서출판 박이정
　　『술어휘의 내용 연구』(1998), 세종출판부
　　『韓國語 餘暇善用 自動詞 낱말밭』(1998). 도서출판 박이정
　　『한국어 싸움·국방의무 자동사 낱말밭』(1999), 도서출판 박이정
　　『통일대비 남북한어 이해』(1999), 세종출판사

일상언어 자동사 낱말밭

저자 김응모 / 펴낸이 김진수 / 펴낸곳 한국문화사 / 주소 서울특별시 성동구 성수1가 2동 13-156 / 등록 2-1276 / 전화 (02)464-7708 · 3409-4488 / 팩시밀리 (02)499-0846 / 이메일 munhwasa@hanmail.net / 인쇄 2000년 6월 26일 / 발행 2000년 7월 1일 / 가격 **20,000**원 / 이 책의 내용은 저작권법에 따라 보호 받고 있습니다 / Copyright ⓒ 한국문화사 / ISBN 89-7735-745-4 93710